MW01406019

MURIENDO POR LA VERDAD

CLANDESTINOS DENTRO DE LA VIOLENTA NARCOGUERRA MEXICANA DE LOS PERIODISTAS FUGITIVOS DE BLOG DEL NARCO

DYING FOR THE TRUTH
UNDERCOVER INSIDE MEXICO'S VIOLENT DRUG WAR

BY THE FUGITIVE REPORTERS OF BLOG DEL NARCO

FERAL HOUSE — A BOOK FOR CHANGE

Most of the images in this book were supplied to Blog del Narco by readers, who took photos of these events in their neighborhoods on their cell phones. Others have been provided by drug cartel members, who wanted to show evidence of their actions. As a result, many images are low-resolution or taken in low light, and are not professional quality. However, they are the only evidence that exists of some of these atrocities.

A few professional photos submitted to Blog del Narco have been included in this book, with permission from the original photographer or agency. They include images on page 180 (courtesy STR/Getty Images), 209, 277, 324 (courtesy European Pressphoto Agency), page 207 (Margarito Perez/REUTERS) and page 297 (Henry Romero/REUTERS). All reasonable effort has been made to ascertain that the rest of the photographs in this book are non-professional. If any such photo has been misidentified, please notify the publisher and the photograph will be removed from all future editions of this book.

www.FeralHouse.com

DYING FOR THE TRUTH *Undercover Inside Mexico's Violent Drug War.*
Copyright © 2012 by Blog del Narco. All rights reserved. Printed in the U.S.
No part of this book may be used or reproduced in any manner whatsoever without written permission except in the case of brief quotations embodied in critical articles and reviews. For information, address

FIRST EDITION

ISBN 978-1-936239-57-3

10 11 12 13 14   DIX/RRD   10 9 8 7 6 5 4 3 2 1

Please note that this book contains graphic details and images. It should not be bought by, viewed by, or shared with minors. The intention of the following pages is to wake readers up to the reality of Mexico today by descending, with a magnifying glass, on the daily atrocities affecting millions of its residents and fast spreading unchecked across its borders.

Imagine that these streets are yours: where you drive to work, where your children play, where the people you love live. Because if we all don't start working toward a solution, and focusing the attention of the world's leaders and peacekeepers on the violent gang takeover of an entire country, they soon will be.

Este libro contiene imágenes y detalles gráficos. No debe ser comprado por, visto por ni compartido con menores de edad. La intención de las páginas a continuación es concientizar a los lectores sobre la realidad que hoy se vive en México, descendiendo con una lupa hacia las atrocidades diarias que afectan a millones de sus residentes y que rápidamente y sin restricciones cruzan las fronteras.

Imagina que estas son tus calles —por donde conduces al trabajo, donde juegan tus niños, donde viven tus seres queridos. Si no comenzamos a trabajar todos juntos por encontrar una solución —y concentramos la atención de los líderes y precursores de la paz del mundo en la violenta toma de un país de manos de pandillas—, la solución la encontrarán ellos.

To the good people of Mexico.

Para toda la gente buena de México.

What can happen to one can happen to all.
—Publilius Syrus, 1st century B.C.

Lo que le puede pasar a uno, le puede pasar a todos.
—Publilius Syrus, siglo I a.C.

ÍNDICE

x ...... **INTRODUCCIÓN**
Quiénes somos

8 ...... **ORIENTACIÓN**
Dónde vivimos

16 ...... **UN AÑO EN LA VIDA DE LA NARCOGUERRA MEXICANA**
Noticias del frente

18 ...... **MARZO 2010** *Una guerra de mentiras*

50 ...... **ABRIL 2010** *Vaciando los pueblos*

78 ...... **MAYO 2010** *La violencia se intensifica*

110 ...... **JUNIO 2010** *Masacre de inocentes*

136 ...... **JULIO 2010** *El amanecer sangriento del narcoterrorismo*

182 ...... **AGOSTO 2010** *La intimidación a través de la mutilación*

208 ...... **SEPTIEMBRE 2010** *Asesinando a los políticos*

226 ...... **OCTUBRE 2010** *Turistas y pacientes masacrados*

254 ...... **NOVIEMBRE 2010** *Los capos son llevados ante la justicia*

294 ...... **DICIEMBRE 2010** *Los niños se convierten en asesinos en serie*

326 ...... **ENERO 2011** *La guerra se extiende en el año nuevo*

356 ...... **FEBRERO 2011** *La masacre del día de San Valentín*

378 ...... **CONCLUSIÓN**
Enfrentando el presente y el futuro

388 ...... **AGRADECIMIENTOS**

CONTENTS

1 — **INTRODUCTION**
Who We Are

9 — **ORIENTATION**
Where We Live

17 — **A YEAR IN THE LIFE OF THE MEXICAN DRUG WAR**
Reports from the Front Lines

19 — **MARCH 2010** *A War of Lies*

51 — **APRIL 2010** *Emptying the Towns*

79 — **MAY 2010** *The Violence Escalates*

111 — **JUNE 2010** *Slaughter of the Innocents*

137 — **JULY 2010** *The Bloody Dawn of Narcoterrorism*

183 — **AUGUST 2010** *Intimidation Through Mutilation*

209 — **SEPTEMBER 2010** *Assassinating the Politicians*

227 — **OCTOBER 2010** *Tourists and Patients Slaughtered*

255 — **NOVEMBER 2010** *Capos Brought to Justice*

295 — **DECEMBER 2010** *Children Become Serial Killers*

327 — **JANUARY 2011** *War Expands in the New Year*

357 — **FEBRUARY 2011** *St. Valentine's Day Massacre*

379 — CONCLUSION
Facing the Present and the Future

382 — GLOSSARY OF KEY TERMS

389 — ACKNOWLEDGMENTS

INTRODUCCIÓN

QUIÉNES SOMOS

Vamos a contarte cuanto podamos sobre por qué elegimos crear y mantener el Blog del Narco, sin revelar ninguna información que nos identifique. Cuando comenzamos con este blog sabíamos que nos llegarían amenazas de muerte. Pero recientemente se han vuelto más serias.

Poco antes de completar este libro, dos personas —un joven y una joven que trabajaban con nosotros— fueron descuartizados y colgados de un puente en Tamaulipas, un estado al norte de México. Unos enormes cárteles escritos a mano —conocidos como narcomantas— junto a sus cuerpos mencionaban nuestro blog y declaraban que esto es lo que les ocurriría a los soplones de Internet. El mensaje concluía advirtiéndonos que los próximos seríamos nosotros.

Unos días más tarde ejecutaron a otra periodista en Tamaulipas, alguien que con frecuencia nos enviaba información. Los asesinos dejaron teclados, un ratón y otras partes de computadoras esparcidas encima de su cuerpo, así como una nota que, una vez más, mencionaba nuestro blog.

A pesar de todo esto, nos negamos a ser víctimas de la intimidación. Hasta este momento, en que escribimos esto, nunca habíamos confirmado que conocíamos a esta gente, para evitar que los narcoterroristas creyeran que nos asustaban o que nos dejábamos influenciar por sus amenazas. Jamás les daríamos esa satisfacción a los criminales.

Sin embargo los ataques continúan. En los últimos cuatro días nos han enviado fotografías de un total de nueve personas, muertas, con mensajes en la piel diciendo: "Siguen ustedes BDN".

Entonces, ¿por qué no nos detenemos?

Porque queremos un México mejor. Queremos que acabe esta pesadilla que vive la gente decente y trabajadora de por aquí. Se han dicho muchas cosas de los mexicanos, pero la mayoría no somos más que gente pobre que se desvive trabajando. Salimos de nuestras casas a las cinco de la mañana y no regresamos hasta la medianoche. Pero ahora, en vez de anhelar crecer y prosperar para que nuestras familias tengan una vida mejor, solo aspiramos a llegar vivos a casa. Es desgarrador. La guerra contra los cárteles y las batallas por las rutas de tráfico de drogas a los Estados Unidos, que antes se libraban exclusivamente entre cárteles, han destruido las vidas de millones de hombres, mujeres y niños inocentes.

La decisión de comenzar el blog surgió por casualidad en una conversación entre nosotros —un analista de sistemas y un joven periodista— a principios de 2010. Comenzamos a hablar de política y pronto caímos en el tema de la irresponsabilidad de los políticos que callaban y obliteraban las noticias acerca de la guerra de las drogas en México. Tantos de nuestros amigos nos contaban que iban a ir de vacaciones a las playas de Mazatlán en Sinaloa, sobre el Océano Pacífico o a Tamaulipas en la costa Atlántica, desconociendo totalmente el peligro y el riesgo que esto

INTRODUCTION

WHO WE ARE

We will tell you as much as we can about why we chose to create and maintain Blog del Narco without revealing any identifying information about ourselves. When we began this blog, we knew we'd receive death threats, but recently, they've become more serious.

Shortly before we completed this book, two people—a young man and woman who worked with us—were disemboweled and hung off a bridge in Tamaulipas, a state in the north of Mexico. Large handwritten signs, known as narcobanners, next to their bodies mentioned our blog, and stated that this was what happened to Internet snitches. The message concluded with a warning that we were next.

A few days later, they executed another journalist in Tamaulipas who regularly sent us information. The assassins left keyboards, a mouse, and other computer parts strewn across her body, as well as a sign that mentioned our blog again.

However, we refuse to be intimidated. Until writing this, we have never confirmed that we knew these people, so as not to let the narcoterrorists think we are scared or influenced in any way by their threats. We would never give criminals that satisfaction.

Yet the attacks continue. In the last four days, they've sent us photos of nine people, dead, with messages on their skin that read, "You're next, BDN."

So why do we refuse to stop?

Because we want a better Mexico. We want this nightmare to end for the decent and hard-working people here. A lot of things have been said of Mexicans, but most of us are simply poor people who break our backs working. We leave our homes at five in the morning and don't come back until midnight. Instead of hoping to grow and prosper so our families can have better lives, all we want is to make it home alive. And that's heartbreaking. The war against drug cartels and the resulting battles over drug-trafficking routes to the United States, once fought almost solely among cartel members, has destroyed the lives of millions of innocent men, women, and children.

The decision to start the blog emerged out of a chance conversation between a computer scientist and a young journalist in early 2010. We began talking about politics, and soon turned to the irresponsibility of officeholders who were silencing and spinning the news about Mexico's drug war. So many of our friends were telling us they were taking trips to the beaches of Mazatlán in Sinaloa on the Pacific Ocean for their vacation or to Tamaulipas on the Atlantic coast, completely unaware of the danger and the risk. Meanwhile, those who'd seen the horror firsthand had no place to share their stories and tell others about what was happening.

In talking, we discovered that, between the two of us, we'd been carjacked, robbed, and tortured. Our uncles, fathers, and loved ones, none of them involved with drugs or the cartels, had been kidnapped. These extortions decimated our families both emotionally and financially, and not all of our loved ones made it back alive. Even a four-year-old

implicaba. Entretanto, quienes habían visto el horror en directo, no tenían un espacio adecuado para compartir sus historias e informar a otros acerca de lo que estaba ocurriendo.

Conversando, descubrimos que, entre los dos, habíamos sido víctimas de secuestros de automóviles, de robos y de torturas. Han secuestrado a nuestros tíos, padres y demás seres queridos —nadie tenía nada que ver con los cárteles. Estas extorsiones han destruido a nuestras familias —tanto emocional como financieramente— y no todos nuestros seres queridos lograron salir de esto vivos. Hasta un familiar de apenas cuatro años regresó de la escuela un día y dijo: "Ey, hoy hubo una balacera. Los malos se disparaban entre ellos. Después unos hombres entraron a mi clase y nos dijeron que nos teníamos que quedar callados, y todos lloramos".

Estas situaciones les estaban ocurriendo a tantas personas conocidas. Nos indignaba como víctimas, como mexicanos, como seres humanos. Hasta que finalmente dijimos: "¿Por qué no lo hacemos? Tenemos las dos cosas que necesitamos: uno de nosotros es experto en computación y el otro tiene experiencia recabando información. ¿Por qué seguir callados?"

Ya era hora de dejar atrás nuestra indiferencia, de abrir una ventana y, sin cortinas ni persianas, permitirles a los ciudadanos observar la dura realidad que los rodea.

Desde el principio supimos que no podíamos compartir nuestra actividad con familia y amigos, ya que estaríamos poniendo en peligro sus vidas. Entonces, en secreto, comenzamos a invertir tiempo y dinero en el blog, sin esperar ningún tipo de remuneración a cambio. Simplemente queríamos publicar noticias sin filtro ni censura sobre la guerra del gobierno contra los delincuentes del crimen organizado —sobre las balaceras, las decapitaciones y tantos otros actos sangrientos que se daban a diario.

Estos eran eventos sobre los que los periodistas tanto de prensa como de televisión en México tendrían que haber estado informando a la gente, pero sus voces habían sido silenciadas. Incapaces de manejar a los cárteles, a los políticos se les hacía más fácil controlar los medios de comunicación a nivel regional y nacional. Mediante censura, amenazas y asesinatos, los periodistas, camarógrafos, presentadores y cualquiera relacionado con los medios minimizaban la crisis en que se sumía su nación. Como periodista, no podías decir que dos niños —de ocho y diez años— habían sido ejecutados y encontrados en una caja, porque no estaba permitido. Ciertas noticias que podrían haber salvado vidas, advirtiéndoles a los ciudadanos que evitaran ciertas zonas donde se producían balaceras, secuestros de vehículos y bloqueos, se daban muy poco. Pero estas cosas ocurrían. Entretanto, las promesas de seguridad que habían hecho los políticos no se materializaban y la gente sentía gran frustración e impotencia ante la creciente oleada de terror.

No solo los políticos se acostaban con los medios, sino que los cárteles también. Algunos periodistas inescrupulosos se referían a los capos como "hombres de negocios", dándole un nuevo significado ese término. ¿Por qué usaban, siendo periodistas de prestigio, una descripción que los legitimaba? La respuesta era simple: a menudo aparecían obsequios de tiendas exclusivas a sus puertas.

La creciente desconfianza en los medios tradicionales —ahora esclavos de dos amos: los políticos y los traficantes— atrajo a miles de personas al Blog del Narco. La promesa de anonimato logró que personas de todos los estratos nos enviara relatos de atrocidades de las que habían sido testigos, así como también fotografías tomadas con sus teléfonos celulares, para que pudiéramos hacer circular material que no aparecía en ninguna otra parte. Recibimos información de soldados, oficiales de policía, madres, hombres de negocios, estudiantes, trabajadores, periodistas y hasta de sicarios de los propios cárteles.

A medida que este influjo constante de información exclusiva fortalecía el vínculo de confianza con nuestro

relative came back from preschool one day and said, "Hey, there was a shootout today. Bad guys were shooting at each other. Then some men came into my classroom and said we should stay quiet, and everyone cried."

These things were happening to so many people we knew. It infuriated us as victims, as Mexicans, and as human beings. So we finally said, "Hey, why don't we do this? We have the two things we need: One of us is great with computers and the other has experience gathering information. Why stay quiet?"

It was time to leave our indifference behind, to yank open a window and enable citizens, with no shades or blinds, to observe the harsh reality around them.

From the beginning, we knew that we couldn't share our activities with family or friends, lest we put them at risk. Secretly, we began to invest time and money in the blog, without expecting any financial reward in return. We just wanted to post unfiltered, uncensored news about the government's war with the narcogangsters, about the shootouts, decapitations, and other bloody acts taking place on a daily basis.

These were events that print journalists and TV news anchors in Mexico should have been reporting to citizens, but their voices had largely been silenced. Unable to manage the cartels, politicians were finding it much easier to manage the local and national media. Because of censorship, threats, and assassinations, publishers, editors, writers, journalists, cameramen, news anchors, and anyone involved in mainstream media were downplaying the crisis engulfing their nation. As a journalist, you couldn't say that two children—eight and ten years old—had been executed and found in a box, because it wasn't allowed. Potentially lifesaving news reports warning citizens to stay out of areas where shootouts, carjackings, and blockades were occurring were rare. But these things continued to happen. Meanwhile, politicians' promises of safety for their constituents failed to crystallize into results, and people felt frustrated and impotent amid the surging terror.

Not only were government officials in bed with the media; so were the drug cartels. Unscrupulous reporters referred to drug kingpins as businessmen, giving new meaning to the noun. Why would renowned journalists use such a legitimizing word? The answer was simple: Gifts from high-end shops regularly showed up on their doorsteps.

Mounting distrust of traditional media—now enslaved by two masters, politicians and traffickers—brought people by the thousands to Blog del Narco. The promise of anonymity spurred people from all walks of life to send us eyewitness accounts of atrocities, as well as pictures snapped on their mobile phones, so that we could circulate material unavailable elsewhere. We received information from soldiers, police officers, mothers, businessmen, students, workers, journalists, even cartel gunmen.

As this steady flow of exclusive news strengthened the bond of trust with our audience, it strengthened the vitriol of our enemies. These people were not seeking to establish a dialogue; they wanted to kill us. These are individuals accustomed to getting rid of any problem that annoys them. And we had become the problem. With this blog, we had signed our own death warrants.

The site suffered hundreds of cyberattacks, and our in-box began to receive more and more threats from traffickers, various authorities, and other detractors. Even Google México, directly after hosting an "Ask the President" chat, blocked our site on their Blogger network.

So each day we were forced to dedicate more hours to keeping the site online and fed with information. It had become as demanding as a child, leaving no time for personal relationships. At the same time, we were forced to take greater measures to protect ourselves. We changed phone numbers, moved, and distanced ourselves from friends and family. We planned our days carefully and avoided any type of routine, which, if detected, could have meant our

público, también fortalecía la crueldad de nuestros enemigos. Esta gente no buscaba establecer un diálogo; querían matarnos. Estos son individuos acostumbrados a deshacerse de cualquier problema que los estorbe. Y nosotros nos habíamos convertido en el problema. Con este blog, habíamos firmado nuestras sentencias de muerte.

El sitio sufrió cientos de ataques virtuales y nuestra bandeja de entrada comenzó a recibir más y más amenazas de traficantes, de varias autoridades y de otros detractores. Hasta Google México, justo después de llevar a cabo el chat "Pregúntale al Presidente", bloqueó nuestro sitio de su red Blogger.

Entonces, todos los días le dedicábamos más y más horas a mantener el sitio en línea, alimentándolo de información. Se tornó tan demandante como un niño, dejándonos sin tiempo para nuestras relaciones personales. Al mismo tiempo, estábamos forzados a tomar medidas más extremas para protegernos. Cambiamos nuestros números de teléfono, nos mudamos y nos distanciamos de nuestros amigos y de nuestra familia. Planeábamos nuestros días con cuidado y evitábamos cualquier tipo de rutina, la cual, de ser detectada, podría significar nuestro fin. Cuando eres una persona extrovertida, es difícil guardar secretos con miembros de tu círculo social. Pero el apoyo y las contribuciones de nuestros lectores reafirmaron nuestro compromiso por seguir adelante.

Luego vino la difamación. La gran mayoría de la prensa mexicana nos dio la espalda. Algunos periodistas difundieron mentiras diciendo que grupos del crimen organizado escribían el Blog del Narco; otros decían que financiaban el sitio. Jamás hemos ni favorecido ni nos hemos opuesto a ningún grupo criminal; simplemente, hemos contado la verdad de la mejor manera posible. Y, a pesar de no tener ningún público en mente más que el pueblo mexicano, con el tiempo, empresas de seguridad internacionales, Gobiernos de otros países y organizaciones no gubernamentales empezaron a monitorear el Blog del Narco.

Los medios mexicanos nos han ofrecido cientos de miles de dólares por el blog, pero nos hemos negado a venderlo, porque creemos que quieren comprarlo por una razón. Y esa razón es no mantener a la gente informada.

Hemos recibido críticas por el carácter gráfico y horroroso de las fotografías y los videos que aparecen en el Blog del Narco. Sin embargo, jamás publicamos esas imágenes meramente para impresionar. Dado que los cárteles reclutan a sus sicarios en un estado y luego los transportan a alguna locación alejada para que sus familiares no sepan cuando mueren, publicar las caras de víctimas sin identificar acrecentaba las posibilidades de que seres queridos reconocieran y reclamaran los cuerpos. Esto tiene particular importancia dado que los cuerpos se deterioran rápidamente en la mayoría de las morgues y se depositan rápidamente en fosas comunes.

La otra razón por la cual publicábamos fotografías y videos era para mostrar una realidad sin distorsiones, y poner un freno a la glorificación de los capos por parte de niños mexicanos, de jóvenes y de la industria del entretenimiento. La fantasía del dinero y el lujo obtenidos al ingresar a ese submundo ha hecho presa fácil de adolescentes influenciables para quienes los reclutan desde los grupos narcos. Algunos jefes de cárteles nos han enviado fotografías suyas en fiestas con estrellas del espectáculo y viviendo una vida glamorosa, y esas nos hemos negado a publicarlas.

Afortunadamente, estas decisiones nos han dado resultados positivos. Diariamente recibimos mensajes de personas que dicen que dejaron de vender drogas porque no querían que sus familiares los vieran decapitados en nuestro blog o porque no querían que mataran a su niño de nueve meses, lo cual sucedió hace poco en el estado de Veracruz. Entretanto, ciudadanos comunes nos cuentan que ahora están formando su propia opinión acerca de la narcoguerra (en vez de aceptar la historia estándar del gobierno), y haciendo un esfuerzo por procurar su seguridad y evitar áreas peligrosas.

En otros mensajes hemos descubierto casos de corrupción —incluso algunos documentados en videos— que las autoridades intentaron barrer bajo la alfombra. Al exponerlos a millones de ciudadanos, quienes exigieron alguna

demise. When you're an outgoing person, it's hard to keep secrets from members of your social circle, but the support and contributions of our readers reaffirmed our commitment to forge ahead.

Then came defamation. Most of the Mexican media shunned us. Some reporters spread lies that DTOs (drug trafficking organizations) wrote Blog del Narco; others that they bankrolled the site. We have never favored or opposed any criminal group; we've simply told the truth to the best of our abilities. Although we had no target audience other than the Mexican people, over time international security firms, governments of other countries, and nongovernmental organizations began monitoring Blog del Narco.

We've even been offered hundreds of thousands of dollars for the blog by the Mexican media, but have refused to sell it because we believe they want to buy it for a reason. And that reason is not to keep people informed.

Along the way, we've received criticism for the graphic and jolting photographs and videos featured in Blog del Narco. However, we never publish images for the shock value. Because the cartels recruit their *sicarios* (or gunmen) in one state, then transport them to a distant location to prevent family members from knowing if and when they have been killed, publishing the faces of unidentified victims enhanced the possibility that loved ones might recognize and claim the body. This is particularly important since corpses deteriorate rapidly in most morgues, and are then quickly deposited in mass graves.

The other reason we published the photos and videos was to show the undistorted reality of the situation, and put a halt to the glamorization of drug kingpins by Mexican children, young adults, and the entertainment industry. Fantasies of money and luxury obtained by entering the underworld have made impressionable teenagers easy targets for recruitment by drug syndicates. Cartel bosses have even sent us photographs of themselves partying with pop stars and living glamorously; these we've refused to publish.

Fortunately, these decisions have yielded positive results. We receive daily e-mails from people saying they stopped selling drugs because they didn't want their relatives to see them decapitated on our blog, or they didn't want their nine-month-old baby to be killed (which recently happened in the state of Veracruz). Meanwhile, citizens tell us that they are now forming their own opinions about the drug war, rather than accepting the standard government story, and making efforts to stay safe and move out of dangerous areas.

In other blog posts, we've discovered corruption cases, including some documented on video that the authorities tried to sweep under the carpet. By exposing them to millions of citizens, who then demanded action from men and women in positions of public trust, officials who had previously avoided accountability were forced to respond.

In 2012, Blog del Narco recorded an average of 25 million monthly hits and was ranked among the 100 most-visited websites in Mexico by Alexa's search rankings, and in the top 4000 for the world. In the process, our workload tripled, as did the danger. We hope to be alive long enough to hold this book in our hands. It's very hard to write that we may have been killed by the time you read this. Our voices are shaking as we talk about it. But it's our reality. And we'd prefer to end our lives this way rather than live with the knowledge that we didn't do anything at all for our country.

If we are not here tomorrow or next week or next month, please spread the message that we should not fear those in power. We are Mexico, we are good, and there are more of us.

respuesta por parte de hombres y mujeres en puestos públicos, los políticos que antes habían evitado toda responsabilidad ahora estaban obligados a responder.

En 2012, el Blog del Narco registró un promedio de veinticinco millones de visitas por mes y fue clasificado entre los cien sitios más visitados en México por Alexa (y entre los cuatro mil sitios más visitados del mundo). En este transcurso nuestro trabajo se triplicó —así como lo hizo el peligro. Esperamos estar vivos el tiempo suficiente como para llegar a sostener este libro en nuestras manos. Es muy duro escribir que podríamos estar muertos para cuando leas esto. Nuestras voces tiemblan mientras hablamos del tema en este preciso instante. Pero es nuestra realidad. Y preferimos terminar nuestras vidas así y no vivir sabiendo que no hicimos nada por nuestro país.

Si no estamos aquí mañana o la semana que viene o el mes que viene, por favor transmitan el mensaje de que no debemos temer a aquellos que están en el poder. Estamos en México, somos gente buena, y hay más como nosotros.

[blog del NARCO]
www.blogdelnarco.com

ORIENTACIÓN
DÓNDE VIVIMOS

Somos bien educados y no solemos maldecir, pero vamos a decir esto porque así son las cosas: nuestro país está jodido. Lo ha estado por mucho tiempo.

Esto ocurre porque una persona empezó a correr por el país pegándole al panal y creyendo que se podría deshacer de las abejas. Pero cuando se hace eso, las abejas no mueren. Las abejas atacan.

Esa persona es Felipe Calderón, presidente de México de 2006 a 2012. Justo cuando parecía que finalmente empezábamos a prosperar económicamente, inició una guerra contra los cárteles. Y desde entonces, todos los años el país se ha tornado más caótico, peligroso y se ha sumido en la miseria mientras que los cárteles han adquirido más poder, riqueza y coraje.

¿Cuánta riqueza? México es la principal ruta de comercio por la que ingresan a los Estados Unidos drogas ilegales, y responsable del 70% de narcóticos extranjeros en ese país. Y dado que los Estados Unidos es el principal consumidor de drogas ilegales en el mundo, los cárteles mexicanos se llevan alrededor de $64,3 mil millones al año en ventas a ese país (en comparación con $500 millones al año de consumidores mexicanos).

Mientras escribimos esto, los cárteles están asesinando a gente en la frontera de los Estados Unidos, están haciendo conexiones con musulmanes extremistas en el Medio Oriente y estableciendo fortalezas en una docena de países en el oeste de África como entrada a Europa. Este no es meramente un problema mexicano. Es un problema de todos. De hecho, se estima que el 70% de armas utilizadas por los cárteles proviene de los Estados Unidos. Según la DEA (la Brigada Antidroga de los Estados Unidos) los cárteles mexicanos se han convertido en los grupos de crimen organizado más sofisticados y peligrosos que la agencia ha tenido que enfrentar jamás en la historia de los Estados Unidos.

Sin embargo, mientras que los ataques terroristas en Medio Oriente se informan sin demora en las primeras planas de los diarios norteamericanos, el asesinato en masa de civiles que se lleva a cabo a pocas millas de su frontera apenas si se menciona en la última página de los periódicos.

A pesar de que nuestro blog es muy leído, solamente está escrito en español. Por ello, antes de escribir un libro que será traducido al inglés, nos tomamos nuestro tiempo pensando en la mejor manera de despertar —y con suerte activar— al resto del mundo.

Con el tiempo nos dimos cuenta de que la respuesta estaba frente a nosotros: hacer lo que veníamos haciendo y contar la verdad sin filtros. Los hechos e imágenes son mucho más condenatorios que lo que podamos decir acerca de ellos. Por ello, las páginas a continuación relatan del año que comenzamos a cubrir la narcoguerra en México, contado a través de versiones editadas y actualizadas de informes que aparecieron en nuestro blog. Hemos elegido este período de tiempo porque pasó casi desapercibido en el mundo entero, y fue el punto decisivo cuando —solos y sin apoyo internacional de ninguna índole— nuestro país lenta y violentamente se desintegró y se volvió una guerra

ORIENTATION

WHERE WE LIVE

We are well educated and don't tend to curse, but we're going to say this because it's the way it is: Our country is fucked. It has been for a long time.

This is because a person ran around our country and began hitting the beehive, thinking he would get rid of the bees. However, when that happens, the bees don't die. The bees attack.

That person is Felipe Calderón, who was President of Mexico from 2006 to 2012. Just when it looked as though we were finally starting to prosper economically, he began a war against the drug cartels. And every year since then, the country has gotten more chaotic, dangerous, and destitute, while the cartels have gotten more powerful, wealthy, and daring.

How wealthy? Mexico is the main trade route through which illegal drugs enter the United States, accounting for 70 percent of the foreign narcotics there. And since the United States is the world's largest consumer of illegal drugs, Mexican cartels take in an estimated $64.3 billion annually from US sales (as opposed to less than half a billion per year from Mexican users).

As we write this, cartels are murdering people across the border in the United States, making connections with Muslim extremists in the Middle East, and establishing strongholds in roughly a dozen west African countries as a gateway to Europe. This is more than just a Mexican problem; it is everyone's problem. In fact, one study claims that an estimated seventy percent of guns used by the cartels come from the United States. According to the US Drug Enforcement Administration (DEA), Mexican cartels have become the most sophisticated and dangerous organized criminal group with which the agency has ever had to contend.

Yet, while nearly every terrorist attack in the Middle East is reported with diligence on the front pages of American newspapers, mass murders of civilians taking place just a few miles across the American border are barely mentioned.

Although our blog is widely read, it is written only in Spanish. So before writing a book that will be translated into English, we spent some time thinking about how best to wake up—and, we hope, activate—the rest of the world.

We eventually realized that the answer was in front of us: to do what we've been doing all along and tell the unfiltered truth. The facts and images are far more damning than anything we can say about them. So the pages that follow chronicle the year we started covering the Mexican drug war, as told through edited and updated versions of reports that appeared in our blog. We have selected this period because it passed almost unnoticed around the world, and was the turning point when—alone and without any international support—our country slowly and violently disintegrated into a war and narcoterrorism. You will witness for yourself the collapse of law and order; the corruption of politicians at the highest levels; the reckless disregard of not just criminals, but police and military, for the lives of women and children; and the rapidly increasing nightmare that life has become for most Mexicans.

contra el narcoterrosimo." Serán testigos del colapso de la ley y el orden, de la corrupción de los políticos en los más altos puestos, de la temeraria indiferencia hacia las vidas de mujeres y niños, no solamente por parte de criminales, sino también por la policía y los militares, y de la creciente pesadilla en que se ha transformado el día a día para la mayoría de los mexicanos.

Sin embargo, antes de leer acerca del año en que el terror se convirtió en realidad, puede ayudar conocer un poco la historia:*

El crecimiento de la industria de las drogas en México tuvo lugar cuando los cárteles colombianos decidieron utilizar pandillas mexicanas para transportar cocaína. En poco tiempo, en vez de pagarles a las pandillas con dinero en efectivo, comenzaron a entregarles entre el 30 y el 50% del producto como pago, lo cual le permitió a las pandillas distribuir drogas en vez de solamente transportarlas. Sumémosle a esto la heroína, la marihuana y las metanfetaminas que ya se producían en México y, con el correr del tiempo, los criminales comenzaron a lavar anualmente miles de millones de dólares procedentes de las drogas.

Un hombre en particular fue clave en esta transformación: Miguel "El Padrino" Ángel Félix Gallardo, quien había sido guardaespaldas del Gobernador de Sinaloa. Gallardo fue uno de los primeros capos mexicanos en transportar cocaína para los cárteles colombianos, más puntualmente para el Cártel de Medellín operado por Pablo Escobar.

Después de que soldados mexicanos destruyeran una plantación donde tenía a tres mil trabajadores cosechando marihuana por un valor de ocho mil millones de dólares, Gallardo ordenó secuestrar, torturar y ejecutar a un agente de la DEA. A esto le siguió una intensa persecución, por lo que pasó a la historia como la famosa cumbre en su residencia en Acapulco, distribuyó las plazas (las rutas de tráfico de drogas) manejadas por su Cártel de Guadalajara entre traficantes de menor rango para descentralizar el negocio, eludir a las autoridades y mantener el orden. Estas rutas vieron surgir a muchos de los cárteles que hoy manejan el negocio en México.

Con el fin de hacer crecer semejante operación ilícita a gran escala, los narcotraficantes sobornaban (les daban mordidas) a los oficiales de todos los rangos y estaciones en México, desde la policía local hasta los comandantes de zonas militares, gobernadores y representantes del Gobierno Federal. Este manejo no era innovador en lo más mínimo. El Partido Revolucionario Institucional (PRI), que gobernó en México desde su nacimiento en 1929 hasta 2000, creó arreglos mutuamente beneficiosos y lucrativos en cada sector de la sociedad —desde las escuelas hasta las compañías petroleras y los medios de comunicación.

Con el presidente de la nación, sus subordinados y las fuerzas armadas dictando la conducta de las empresas del narcotráfico, los cargamentos de narcóticos en México se recogían y entregaban a diferentes destinos con una rutina similar a la del correo. En retribución por su asistencia, los jefes narcos se manejaban con discreción y mostraban deferencia hacia las figuras públicas. Aparecían junto a gobernadores en las bodas de sus hijos y, aunque a menudo eran alérgicos a la política, ayudaban al hegemónico PRI a desacreditar a sus opositores asociándolos con el comercio narco.

A diferencia de los colombianos, los capos mexicanos no buscaban puestos políticos, ni vendían su mercadería dentro del país, ni apuntaban a gente inocente, ni cometían secuestros o invadían el terreno o la línea de productos (típicamente marihuana, heroína y cocaína) de sus competidores.

Cuando alguien trabajaba para un cártel, era un trabajo, no una condena a muerte como lo es ahora. Cada

La información histórica de esta sección ha sido recopilada de varias fuentes, las cuales nos han concedido el permiso para usar sus investigaciones y escritos, pero han pedido no recibir crédito.

Before reading about the year in which terror became reality here, however, it may help to be armed with a little background:*

The rise of the Mexican drug industry came about when Colombian cartels decided to use Mexican gangs to transport cocaine. Soon, instead of paying the gangs in cash, they gave them thirty to fifty percent of the cocaine, which enabled the gangs to distribute drugs instead of just transporting them. Add to this the heroin, marijuana, and meth already being grown or made in Mexico, and eventually the criminals were laundering billions of dollars in drug proceeds annually.

One man, in particular, was instrumental in this transformation: Miguel "The Godfather" Angel Félix Gallardo, a former bodyguard for the governor of Sinaloa. Gallardo was one of the first Mexican drug lords to transport cocaine for the Colombian cartels, specifically the Medellín Cartel run by Pablo Escobar.

After Mexican soldiers destroyed a plantation where he had three thousand farmers harvesting $8 billion worth of marijuana, Gallardo ordered a DEA agent kidnapped, tortured, and executed. An intense manhunt ensued. In a now-infamous narcosummit at his home in Acapulco, he distributed the *plazas* (drug trafficking corridors) run by his Guadalajara Cartel to lesser-known traffickers to decentralize the business, elude authorities, and maintain order. These routes gave rise to many of the cartels running the Mexican trade today.

In order to grow such a large-scale illicit operation, the narcotraffickers gave generous bribes (*mordidas*) to officials of every rank and station in Mexico, from local police to zonal military commanders to mayors, governors, and representatives of the federal government. This was hardly groundbreaking. The Partido Revolucionario Institucional (Institutional Revolutionary Party or PRI), which governed Mexico from its formation in 1929 until 2000, crafted mutually beneficial and lucrative arrangements with every sector of society, from schools to petroleum companies to the mass media.

With the nation's President, his underlings, and the armed forces dictating the conduct of drug enterprises, narcotics shipments in Mexico were picked up and delivered almost as routinely as the daily mail. In return for this assistance, cartel bosses behaved discreetly and showed deference to public figures. They appeared with governors at their children's weddings and, although often allergic to politics, helped the hegemonic PRI discredit its opponents by linking them to narcocommerce.

Unlike Colombians, Mexico's drug barons didn't seek elective office. Nor did they sell their merchandise within the country, target innocent people, engage in kidnapping, or invade the turf or product line (typically marijuana, heroin, and cocaine) of competitors.

When someone worked for a cartel, it was a job, not a death sentence as it is now. Each syndicate had its own geographic enclave and some had their own specialties. If one lord sought either to cross the territory of another or market his competitor's substance, he would first ask permission and, if granted, pay the appropriate fee, known as the *derecho de piso* or right of transit. They would not attack the families of other cartel chiefs. When it was necessary to settle a score or a debt, they executed their enemy in a remote location.

Occasionally a conflict got out of hand in a municipality, but then the governor would call in local officials and, if needed, request assistance from the military or the tough-as-nails agents of the Federal Judicial Police or the Federal Security Directorate to repress the offenders.

Historical information in this section has been compiled from several sources, which have granted permission to use their research and writing but requested not to be credited.

agrupación tenía su propio enclave geográfico y algunas tenían sus especialidades. Si un capo intentaba cruzarse al territorio de otro o comerciar con las sustancias de su competidor, primero pedía permiso y, si se le otorgaba, pagaba la tarifa correspondiente, conocida como derecho de piso o derecho al tránsito. No atacaban a las familias de otros capos. Cuando hacía falta aclarar cuentas o saldar deudas, ejecutaban a su enemigo en alguna locación remota al norte del Río Grande.

En ocasiones se descontrolaba algún conflicto en una municipalidad pero, en esos casos, el gobernador llamaba a oficiales locales y, de ser necesario, se pedía la asistencia de militares o agentes de la Policía Federal o del Departamento de Seguridad Federal para reprimir a los delincuentes.

Sin embargo, la ética de "vive y deja vivir" que regía estas actividades comenzó a cambiar en los años ochenta y noventa cuando la oportunidad de amasar grandes fortunas tuvo un crecimiento vertiginoso gracias a estos tres factores:

- La DEA, la Guardia Costera de los Estados Unidos y agencias relacionadas tomaron duras medidas ante el ingreso de drogas por vía aérea y marítima por el suroeste de los Estados Unidos, obligando a que los exportadores colombianos ingresaran la mayoría de su mercadería por América Central y México.

- El 1 de enero de 1994 se formó el Tratado de Libre Comercio de América del Norte (NAFTA), el cual multiplicó el comercio y estimuló el flujo de drogas hacia el norte al tiempo que, en dirección opuesta, ingresaban armas y dinero a México provenientes de los Estados Unidos.

- Estos eventos coincidieron con un aumento en victorias electorales del Partido Acción Nacional (PAN) de centro derecha, cuyos líderes buscaban terminar con el legado de corrupción del PRI.

La derrota del PRI de manos del candidato del PAN, Vicente Fox, tuvo elogios internacionales al ser visto como un paso adelante histórico en un país donde, hasta entonces, se decía: "La democracia existe 364 días al año, y solo falta el día de elecciones". Pero los mexicanos, deseosos de cambio, pronto se desencantaron.

A pesar de ser un gran candidato, Fox resultó ser un líder débil y desahuciado durante su sexenio. En particular, Fox no fue capaz de construir una política consistente con respecto a los grupos armados y sólidamente financiados que habían colonizado ciertas zonas del país. Y sus esfuerzos por controlarlos con la policía, que llevaba sus placas durante el día pero que durante la noche participaba en el negocio de los cárteles, fue inútil.

A pesar de la debilidad de Fox, el 2 de julio de 2006 se eligió a otro candidato sólido del PAN para sucederlo, Felipe Calderón Hinojosa, por un margen menor al uno por ciento. Al poco tiempo, luego de su asunción en diciembre de 2006, en su jura, Calderón —a diferencia del enfoque del PRI de "vivir y dejar vivir"— lanzó su versión nacional de "lucha contra las drogas". Y fue entonces que se desató la debacle.

Dadas la corrupción y la falta de profesionalismo de la policía local y estatal de México, el nuevo líder no tenía opción más que depender enteramente de la Policía Federal y del Ejército. El conflicto inicial contra el crimen organizado fue bautizado Operación Conjunta Michoacán y fue diseñado para combatir el tráfico de drogas en el estado natal del presidente, Michoacán, ubicado sobre el Océano Pacífico, puerto de entrada para la cocaína procedente de los países andinos y de precursores químicos para la producción de metanfetaminas. Envió 6.784 hombres armados al estado a destruir cultivos de drogas y a atacar cárteles como Los Valencia, Los Zetas y La Familia Michoacana.

El problema era que sus soldados estaban entrenados para perseguir, capturar y matar. En consecuencia,

However, the live-and-let-live ethos that enveloped these activities began to change in the 1980s and 1990s, when opportunities to make vast fortunes mushroomed due to three factors:

- The Drug Enforcement Administration (DEA), the U.S. Coast Guard, and related agencies cracked down on drugs entering the southeastern United States via boat and plane, forcing Colombian exporters to channel most of their merchandise through Central America and Mexico.

- On January 1, 1994, the North American Free Trade Agreement (NAFTA) took effect, which multiplied commerce and spurred the northbound flow of drugs while, in the other direction, assault weapons and cash entered Mexico from the United States.

- These events coincided with an upsurge in electoral victories by the center-right National Action Party (Partido Acción Nacional, or PAN), whose leaders sought to end the PRI's legacy of corruption.

The defeat of the PRI at the hands of the PAN's Vicente Fox won international accolades as a historic stride forward in a country where it was previously said, "Democracy exists 364 days a year and is only missing on Election Day." Mexicans who had looked forward to change were soon disappointed.

Although a superb campaigner, Fox turned out to be a hopeless and weak leader during his six-year term or *sexenio*. In particular, Fox was unable to construct a consistent policy with respect to the heavily armed, well-financed drug syndicates that had colonized certain regions of the country. In addition, his efforts to control them through the police, who often wore a badge during the day but did the bidding of cartels at night, were futile.

Despite Fox's weaknesses, on July 2, 2006, another PAN stalwart, Felipe Calderón Hinojosa, was elected to succeed him by a margin of less than 1 percent. Soon after his December 1, 2006 swearing in, Calderón, in contrast to the PRI's live-and let-live approach, launched his nation's version of a war against drugs. And this is when all hell broke loose.

Due to the corruption and unprofessionalism of Mexico's local and state police, the new leader had no choice but to depend heavily on elite Federal Police and the military. The initial conflict against DTOs was christened the Joint Michoacán Operation, and was designed to battle drug traffickers in the President's native state of Michoacán, which lies along the Pacific coast and is a port of entry for cocaine from Andean countries and precursor chemicals for producing methamphetamine. He sent 6,784 armed men into the state to destroy drug crops and attack such cartels as Los Valencias, Los Zetas, and La Familia Michoacana.

The problem was that his soldiers were trained to pursue, capture, and kill. As a result, human rights abuses occurred during showdowns with narcocriminals. The military repeatedly tried to cover up deaths of innocent people, including children. At times, terror reigned in the streets, and residents saw their towns and cities transformed into battlegrounds, with the military spearheading at least seven major missions in the drug-infested state of Michoacán. Many residents, rather than greeting Calderón's forces as heroes, felt as though enemies had invaded their state.

The President highlighted his efforts to make Mexicans feel safe again, and euphemistically referred to the deaths of noncombatants as the cost of war. Detractors criticized the conflict as Calderón's failed war.

Every chance he got, Calderón justified his mission to eradicate drug trafficking, which became no more than a chaotic parade of bullets and blood with dismal results. Each time a leader was killed or a cartel wounded, a vacuum appeared in which cartels and members violently fought for turf and leadership. The following five-and-a-half year

durante los enfrentamientos con los delincuentes del crimen organizado se perpetraron grandes abusos a los derechos humanos. Los militares intentaron encubrir muertes de gente inocente, incluyendo niños, repetidas veces. Por momentos reinaba el terror en las calles y los residentes veían a sus pueblos y ciudades transformados en campos de batalla, con los militares que encabezaron al menos siete misiones en el estado de Michoacán infestado de drogas. Muchos de los residentes, en vez de recibir a las fuerzas de Calderón como héroes, los sentían como enemigos que habían invadido su estado.

El presidente hizo hincapié en sus esfuerzos por lograr que los mexicanos se sintieran seguros una vez más, y se refirió eufemísticamente a las muertes de civiles como un "costo de guerra". Sus detractores criticaban el conflicto llamándolo "La Guerra Perdida de Calderón".

En cada oportunidad que tenía, Calderón justificaba su misión para erradicar el tráfico de drogas que se transformó en un desfile caótico de balas y sangre con resultados deprimentes. Cada vez que moría un capo o que se hería a un cártel, se abría un vacío en el que los cárteles y sus miembros se peleaban con violencia por el terreno y su liderazgo. Los cinco años y medio siguientes se vieron enturbiados por unas 70.000 muertes y un incremento en el tráfico de drogas, luchas de poder entre los cárteles, miedo de los mexicanos comunes y el intento de militarizar las zonas de conflicto. Entretanto, con tropas redestinadas luego de destruir campos de marihuana y amapolas para combatir a los cárteles, un efecto secundario de la guerra contra las drogas fue que en México se producían más drogas. Por ejemplo, a los tres años del reinado de Calderón, la producción estimada de heroína en México creció de ocho toneladas métricas a cincuenta.

En 2012, meses previo a las elecciones, las autoridades mexicanas hicieron declaraciones extrañas a la prensa indicando que estaban por capturar a varios de los líderes más buscados de los cárteles. Al final, no capturaron a ninguno de estos líderes y en su lugar dijeron que habían capturado a uno de sus hijos. Pronto descubrimos y le informamos al público que habían capturado al hombre equivocado.

Su error y cortina de humo solo sirvió para realzar el desespero de Calderón, quien buscaba mantener al partido PAN en el poder. En vez de ganarse seguidores, se ganaron a millones de mexicanos que finalmente se dieron cuenta de los grandes y frecuentes errores en el sexenio de Felipe Calderón Hinojosa. Y en diciembre de 2012, el candidato del PRI Enrique Peña Nieto tomó el poder por un márgen de menos del 7%. El dice que en vez de atacar a los carteles, su estrategia se enfoca en reducir la violencia. Pero el pueblo mexicano se mantiene escéptico, y le preocupa que la situación solo empeore en el siguiente sexenio.

Por ahora, tomemos estas consecuencias y múltiples batallas superpuestas, y sumémosles la vasta corrupción y el comportamiento temerario a todo nivel del gobierno y de la ley —además de los encubrimientos cotidianos de atrocidades y del silenciamiento de la prensa— y tendremos una situación en la que nadie sabe quién está de qué lado. Lo único que nos queda es una guerra donde nadie hace el bien, solo el mal.

Este es el México de hoy.

period was marred by some seventy thousand deaths, an increase in drug trafficking, power struggles by the cartels, fear among ordinary Mexicans, and attempts to militarize problem areas. Meanwhile, with troops redeployed from destroying marijuana and poppy fields to combating cartels, a side effect of the war on drugs was that more drugs were produced in Mexico. Three years into Calderón's reign, for example, estimated Mexican heroin production climbed from eight metric tons to fifty metric tons.

In 2012, months prior to the presidential election, Mexican authorities made strange declarations to the press, indicating that they were close to capturing several of the country's most-wanted cartel heads. In the end, they captured neither of the leaders, and instead claimed to have captured one of their sons. We soon discovered and helped inform the public that they had captured the wrong man.

Their mistake and smokescreen only served to highlight Calderon's despair in wanting to keep the PAN party in power. Instead of winning over followers, they gained millions of Mexicans who finally realized the big and frequent errors throughout Felipe Calderón Hinojosa's six-year term. And in December, 2012, PRI candidate Enrique Peña Nieto took power by a margin of less than seven percent. He claims that rather than attacking the cartels themselves, his strategy is to focus on reducing the violence. But the Mexican people remain skeptical, and worry that the situation will only worsen in the next sexenio.

For now, take these consequences and multiple overlapping battles, and add the widespread corruption and reckless behavior at every level of government and law enforcement—plus regular cover-ups of atrocities and a silencing of the press—and you have a situation in which no one knows whose side anyone is on. All you are left with is a war in which there is no good, only evil.

This is Mexico today.

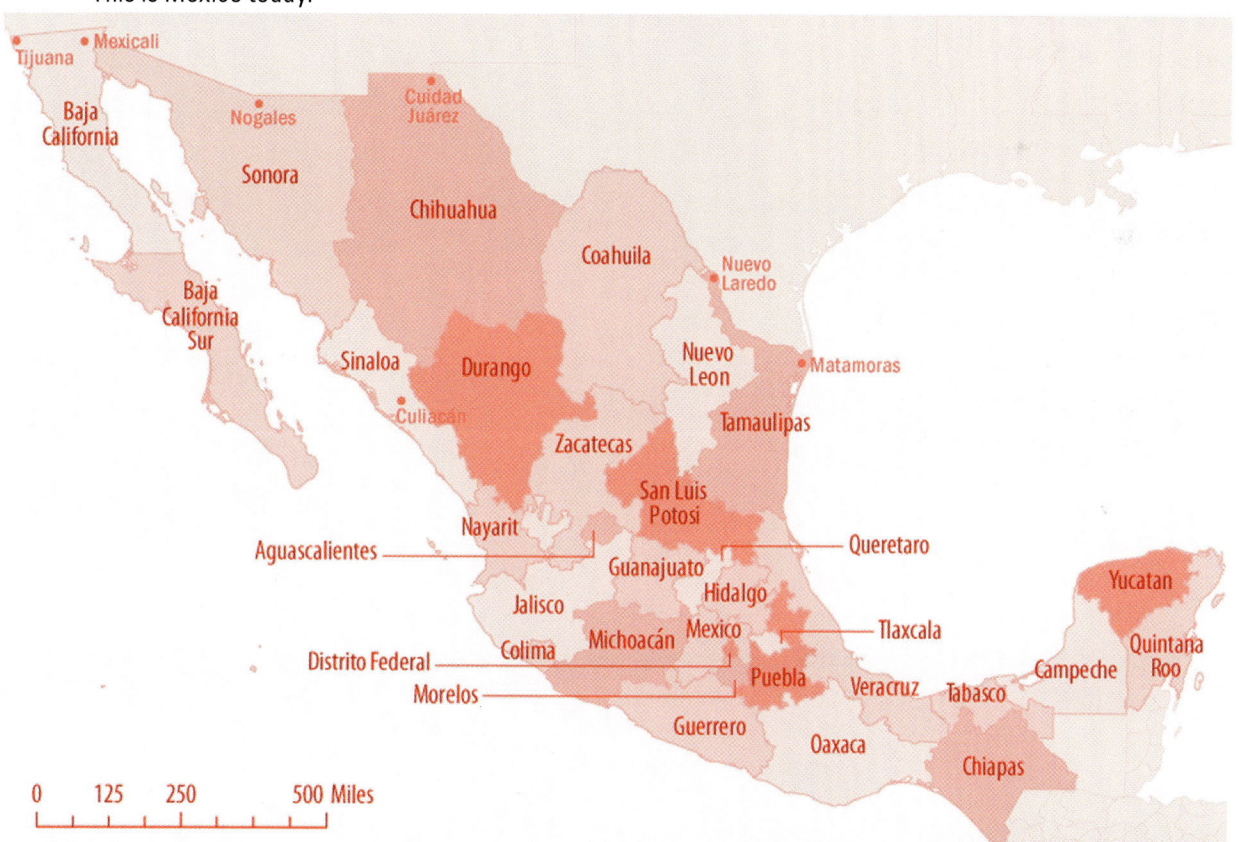

UN AÑO EN LA VIDA
DE LA NARCOGUERRA MEXICANA

NOTICIAS DEL FRENTE

A YEAR IN THE LIFE
OF THE MEXICAN DRUG WAR

REPORTS FROM THE
FRONT LINES

MARZO 2010
UNA GUERRA DE MENTIRAS

2 DE MARZO
LA GUERRA EXISTE
NO ES PSICOSIS

Durante la madrugada del sábado 27 de febrero, un fuerte enfrentamiento entre grupos rivales de la delincuencia organizada hizo que la pequeña ciudad de Camargo, Tamaulipas se convirtiera en un pueblo fantasma.

Una mujer de dicha comunidad logró filmar con su celular los restos de la fuerte balacera protagonizada por el Cártel del Golfo y Los Zetas. En su voz se podía escuchar impotencia de vivir en medio de la guerra que se sufre en México, con coraje decidió mostrar al mundo lo que ciertas autoridades llamaban psicosis.

La desconocida mujer narró el paisaje de muerte como si fuera escena de una película del oeste. Las calles de Camargo permanecían abandonadas, con casquillos de bala tirados por doquier, camionetas completamente destruidas por los impactos de alto calibre, casas y negocios dañados por las granadas de fragmentación, mientras que la gente se encontraba refugiada por el miedo de sufrir algún ataque.

Recorrer las calles no era tarea fácil ya que elementos del Ejército Mexicano rodeaban el lugar, con la supuesta intención de encontrar a los responsables de tan terrible caos. Sin embargo testigos aseguraban que hasta un niño podía ubicar a los delincuentes, y creían que en lugar de proteger a la ciudadanía del peligro, lo que hacían era impedir que saliera de Camargo.

Por más de seis minutos, con pena, rabia, impotencia y desesperación la anónima narró el infierno en que se había convertido vivir en su comunidad: "Esto no es nada para lo que estamos viviendo. Pareciera que el pueblo se encuentra secuestrado, no sé lo que ellos pelean. La gente está asustada, nadie sale de sus casas. Camargo vive del comercio. Somos una ciudad fronteriza, personas de Estados Unidos vienen, y es nuestra forma de vivir. Los delincuentes nos tienen cautivos, un día nos cortan la luz y otro el servicio de agua. Ya no tenemos comunicación con nadie; no tenemos ni semáforos porque cortaron los cables".

MARCH 2010
A WAR OF LIES

MARCH 2
THE WAR EXISTS
IT IS NOT PSYCHOSIS

At dawn on Saturday, February 27, a powerful confrontation among rival organized crime groups turned the small city of Camargo, Tamaulipas, into a ghost town.

A woman from the community managed to use her cell phone to film the end of this intense shootout between the Gulf Cartel and Los Zetas. You could hear the helplessness in her voice brought on by living amid the ongoing war in Mexico. With anger and courage, she decided to show the world what certain authorities called psychosis.

The unknown woman described the deathly landscape as if it were a scene from a Wild West movie. The streets of Camargo lay abandoned, with bullet casings scattered like leaves, remnants of trucks destroyed by the fusillade, and homes and stores pockmarked by fragments of hurled grenades. Meanwhile, the people took refuge, afraid of another attack.

Walking the streets was difficult, since members of the army had surrounded the area, claiming that they were attempting to track down those responsible for the chaos. Witnesses, however, claimed that even a child could find the criminals and believed that, rather than protecting the city, the soldiers were actually stopping residents from leaving.

"This is nothing compared to what we are living," the woman said with despair during her six-minute narration. "It seems as if the town was kidnapped; I don't know what they are fighting. People are scared. No one leaves their houses. Camargo lives off its commerce. We are a border town, people from the United States come here, and it is our way of life. The criminals have us as hostages. One day they cut the electricity; the other they cut the water. We no longer communicate with anyone. We don't even have traffic lights because they cut the cables."

3 DE MARZO
LA NUEVA FEDERACIÓN

Una extraña alianza se anunciaba, la unión entre el Cártel del Golfo (también conocido como el C.D.G.), el Cártel de Sinaloa y La Familia Michoacana, contra Los Zetas (también conocidos como los Z).

La Nueva Federación, también conocida como la Unión de Cárteles, decidió dar a conocer ciertos detalles de la guerra mediante una carta que explicaba a los mexicanos el nuevo modo de operar de las bandas del crimen organizado, con la finalidad de terminar con los atropellos de los que habían sido víctimas personas honradas. Ante la confusión, los mexicanos conocieron la intención de la guerra, sin embargo, aun con la explicación dada, estaba claro que el peligro apenas comenzaba.

Mensaje para el pueblo:

No se preocupen, no sean paranoicos esto pronto se va a acabar, es un reacomodo. Pronto se van a acabar las extorsiones, secuestros, derecho de piso. Habrá paz sin Z, se vivirá sin miedo.

Pueblo, no nos tenga miedo. Nuestra gente esta completamente identificada. Por eso decidimos rotular nuestras trokas. Traen la leyenda de C.D.G. y XXX M3.* [...] Están rotuladas para que el Ejército no nos confunda y no confundirnos, ya que ha habido rencillas, en diferentes puntos.

Las trokas que no estén rotuladas o con una Z, son guarros [guardaespaldas que protegen a los capos] o zetillas [jóvenes que trabajan para Los Zetas]. No se atraviese si ve balaceras, déjenos trabajar para erradicar esta basura.

La prensa esta callada por parte del acuerdo. Le damos los aplausos al Grupo Reforma por este espacio, no hay de otra, es la única forma. [...]

El protegido del Gobierno, El Chapito [El Chapo Guzmán, jefe del Cártel de Sinaloa], en conjunto con La Nueva Alianza se levantaron en armas para joder a los Z, porque estos últimos han desvirtuado el negocio del trasiego de la droga. Con sus levantones, cobro de piso, etcétera. Últimamente con sus tonterías, importándoles poco la libertad y tranquilidad del pueblo mexicano. [...]

Gente de Reynosa: No manden a sus hijos a la escuela, eviten salir si no es importante, hasta nuevo aviso, ya saben lo que está pasando en las calles.

Gente de Monterrey: Sigan sus vidas normalmente, pero estén al pendiente de cualquier situación, no entren en paranoia. Si la gente les quita la troka déjesela, no exponga su vida, de cualquier forma la recupera.

Gente: Quiten los vidrios polarizados, no se pasen, porque se confunden.

Papás: Verifiquen a sus chicos Jr. Cuiden que no se crean narcos, porque se confunde con la gente y le dan piso. El Gobierno y la prensa no están hablando o están virando las atenciones, es acordado. Estamos en guerra pronto pasará.

Si eres Z: corre, por que hay viene el monstruo.

Para los Guarros: los granadazos son para que se alineen con La Nueva.

Barbie: Sigues tú.

—*La Nueva Federación*

* *A través del libro encontrará descripciones de los carteles más importantes de México, sus orígenes, operaciones y líderes.*

Los puntos suspensivos dentro de mensajes de los narcos, así como en las interrogaciones, indican texto que se ha quitado, generalmente por ser repetitivo o demasiado detallado.

MARCH 3
THE NEW FEDERATION

A strange alliance had been declared: a union of the Gulf Cartel (referred to as C.D.G.), the Sinaloa Cartel, and La Familia Michoacana against Los Zetas (referred to as the Z).

The New Federation, also known as the Union of Cartels, decided to reveal certain details about the war through a letter to the Mexican people explaining their new modus operandi, which they said was to stop the abuse suffered by honest people. It was clear, however, that the danger was not about to end. It was just beginning.

Message to the People:

Don't worry, don't be paranoid; this will soon be over, it is a readjustment. Soon the extortions, the kidnappings, the paying of dues will end. There will be peace without the Z; you will live with no fear.

People, do not fear us. Our people are completely identifiable. That is why we decided to label our trucks. They have the inscription C.D.G. and XXX M3*..... They are labeled so that the army does not misidentify us and so we don't confuse each other, given that there have been fights at certain places.

The trucks that are unlabeled or carry a "Z" are Guarros [bodyguards who protect cartel leaders] or the Zetillas [youngsters who work for Los Zetas]. If you see a shooting, do not get in the way; let us do our job to eradicate this trash.

The press is quiet as part of our agreement. We applaud the Reforma newspaper group for this space, there is no alternative, it is the only way....

The government-protected El Chapito [Sinaloa Cartel boss "El Chapo" Guzmán] together with the New Federation revolted to screw the Z, because they have distorted the business of drug trafficking with their abductions, bribes, and so on—and lately with their stupidities, caring little about the Mexican people's liberty and peace....

People of Reynosa: Do not send your children to school, avoid leaving your house if it is not important, until further notice—you know what is happening on the streets.

People of Monterrey: Continue with your everyday lives, but stay alert in any situation; do not get paranoid. If people take your truck, let them; do not expose your life, you'll get the vehicle back.

People: Get rid of your tinted windows, don't push it, you could be confused with someone else.

Fathers: Make sure your children do not become drug dealers or traffickers, because they could be confused with other people and get bumped off.

The government and the press are not talking and are turning their attention elsewhere; this is part of our agreement. We are at war; it will soon pass.

If you are a Z: Run, the monster is coming.

To the Guarros: The grenades are meant to sway you to join the New Federation.

Barbie: You're next.

—The New Federation

---

* Descriptions of the major Mexican cartels, their origins, their operations, and their leaders have been placed throughout the book as sidebars. For information on other recurring characters, cartels, and terms in the drug war, see the Glossary.

Also note that ellipses in the body of narcomessages and interrogations indicate text that has been removed, usually because it was repetitive or overly detailed.

3 DE MARZO
TERROR EN TAMAULIPAS

Caracterizado por ser un estado de gente trabajadora, con muchas ganas de progresar y visiblemente influenciado por Estados Unidos, país vecino, Tamaulipas es un lugar que en últimas fechas ha sido de los más afectados por la ola de violencia, la vida de sus habitantes cambió repentinamente de un día a otro. Por muchos años fueron espectadores de la lucha territorial entre importantes narcotraficantes, bien conocían de ejecuciones entre los mismos delincuentes, fue así que la comunidad se acostumbró a que si trabajan honradamente, no tenían que temer ser víctimas de algún sicario.

Sin embargo las cosas habían cambiado. Tanto los ricos como los pobres comenzaron a temer. Extorsiones a los empresarios se hicieron frecuentes, no importaba si era un negocio pequeño, delincuentes exprimían las pocas o muchas ganancias cobrando cuotas, y cuando alguien se negaba a pagar, los resultados podían ser fatales.

Hasta los políticos del norte de México sabían que aunque gobernaran cierta población, no era seguro dormir en ella. Así fue que muchos alcaldes, jefes de policía y otros oficiales de Tamaulipas decidieron cruzar la frontera y establecer su residencia en los Estados Unidos. De forma discreta, poco a poco se volvió tradición, siendo acciones seriamente criticadas y reprobadas.

El propio Óscar Luebbert Gutiérrez, alcalde del PRI de Reynosa, Tamaulipas, se trasladaba diariamente a su casa en McAllen, Texas, por miedo a sufrir alguna agresión por parte del crimen organizado. Fuentes aseguran que el político había sido amenazado en muchas ocasiones.

En la guerra ya declarada los medios de comunicación locales también resultaron afectados, tenían que callar lo que sucedía. Al principio el hambre periodística hizo que muchos lucharan por su derecho a la información, pero los ataques se incrementaron. Levantones, granadas y ejecuciones hicieron que muchos se "alinearan" con los cárteles y dejaran de cumplir con la obligación de informar a la gente.

Un jefe de información de una importante televisora decidió pedir su cambio a su natal Monterrey y, al igual que otros de sus compañeros que habían huido de Tamaulipas, mencionaba que la amarga experiencia de ser callado por los narcos resultaba de lo peor que había pasado en su vida. Explicaba que era increíble haber llegado al punto en que hombres armados irrumpían diariamente para supervisar las noticias y decidir lo que se iba a publicar o transmitir. Obligado, por así decirlo, a extender la mano y recibir gratificaciones económicas por su colaboración, el profesional admitió que la paga no hizo que perdiera el miedo de morir.

Era inaceptable que en los noticieros no se hablara de los enfrentamientos que sucedían a todas horas del día y que en muchas ocasiones dejaban muertos inocentes. Los tamaulipecos protestaban de deversas formas. Pero ni el agua y el jabón iban a poder borrar la sangre que había quedado derramada en las calles. Fue así como la sociedad apostó por cambiar su forma de vida. Los paseos nocturnos dejaron de volverse frecuentes, así las reuniones discretas en alguna casa eran la opción más confiable. Muchos, los que pudieron, se fueron de Tamaulipas, los que se quedaron optaron por llevar un estilo de vida sencillo, dejando los lujos a un lado.

MARCH 3
TERROR IN TAMAULIPAS

Known as a northeastern state of hardworking people determined to prosper, and strongly influenced by the United States, Tamaulipas has turned into a killing field. For many years, its residents were mere observers of the territorial fight among major drug traffickers. They were all too familiar with the executions among criminals, and the links that governors apparently had with the DTOs. But, at the same time, they knew that if they worked honestly, they did not have to fear death at the hands of hit men.

However, things have changed. Both the rich and the poor have become equally fearful. Even small businesses, once immune from extortion, are now being squeezed by criminals, who have them hand over their small profits in installments. If anyone refuses to pay, the consequences can be fatal.

Even the politicians in northern Mexico know that, although they govern certain towns, it isn't safe to sleep in them. This is why many mayors, police chiefs, and other officials in Tamaulipas have established residences in the United States. Some citizens without this option have criticized and condemned this cross-border movement by the influential and affluent.

Even Óscar Luebbert Gutiérrez, the PRI mayor of Reynosa, commutes daily from his home in McAllen, Texas, fearing an attack by organized crime groups. He has reportedly been the target of numerous threats.

The war has also affected the local media. Although warned to keep quiet, at first journalistic hunger made many of them fight for the right to information even as attacks increased. Revolts, grenades, and executions made many align themselves with the cartels and give up their professional obligation to inform the people.

As was the case with coworkers who had fled the state, a well-known television news director requested a transfer to his native state of Monterrey. He explained that it was shocking to have reached the point where armed men burst in the TV station on a daily basis to supervise the news and decide what's going to be published and broadcast. The news director admitted that payment for collaborating with the desperados did not end up making him feel any safer.

It was unacceptable that the news never mentioned the around-the-clock confrontations in which many innocent people perished. The people of Tamaulipas protested in many ways, but not even soap and water could cleanse the blood that had been shed on the streets. So the people have now changed their way of life, indulging in fewer luxuries (which attract the attention of gangsters) and opting to enjoy discreet gatherings in someone's home rather than nightly walks outside. Those who could have already left the state.

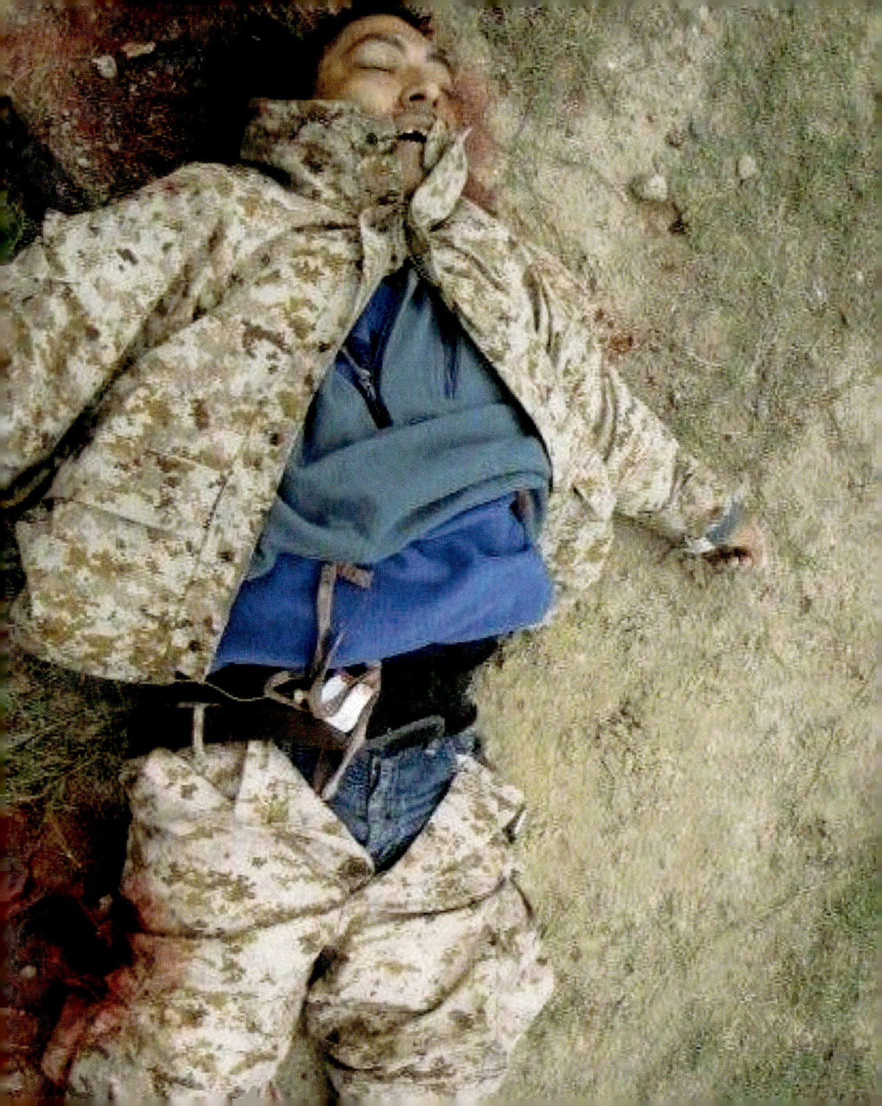

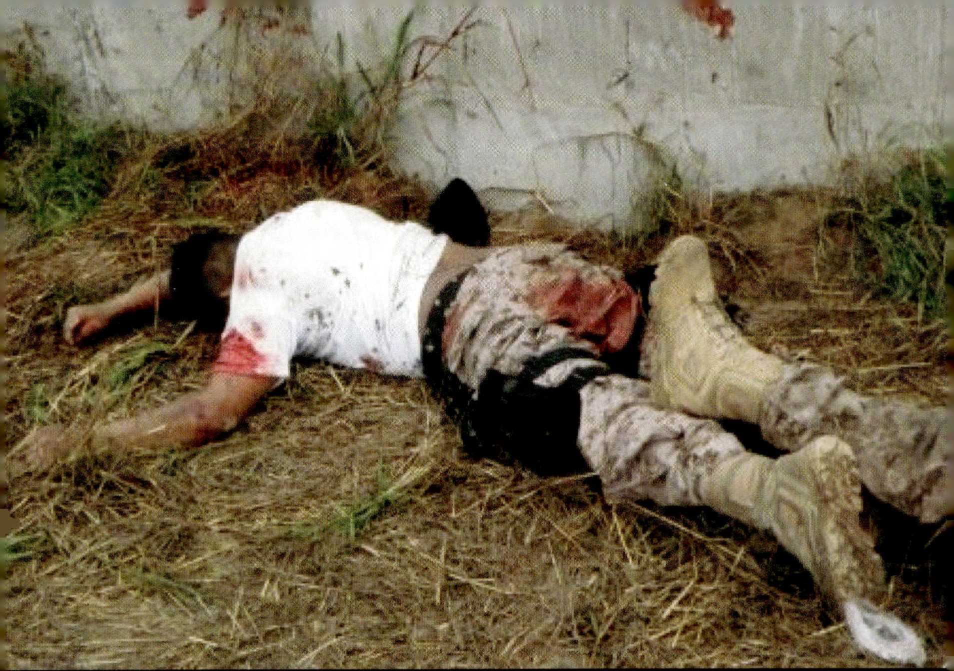

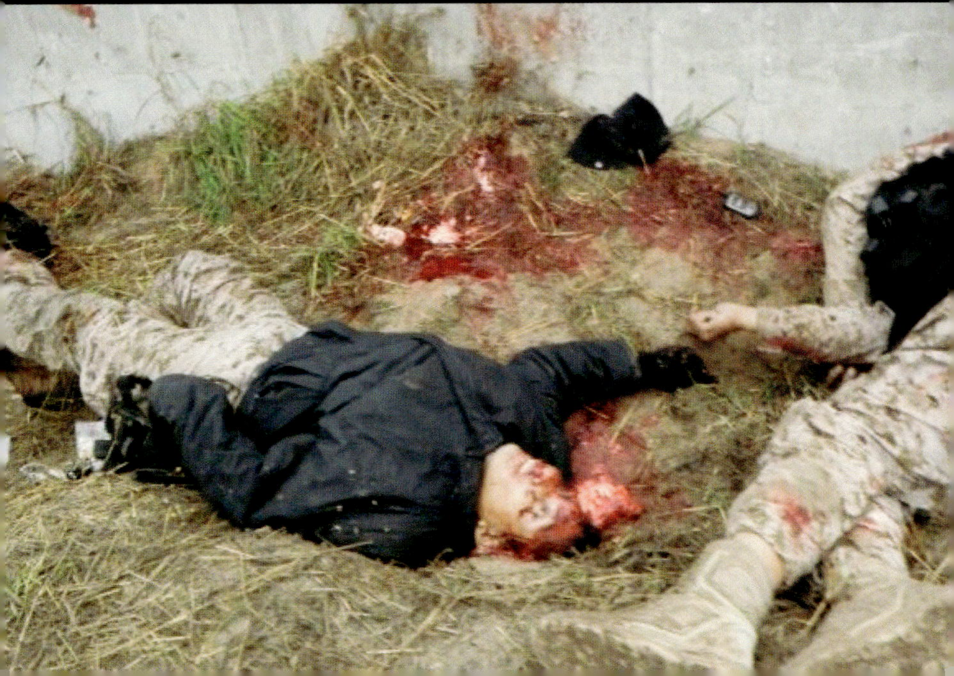

4 DE MARZO
ENFRENTAMIENTO EN ANÁHUAC DEJA DIEZ MUERTOS

Anáhuac, poblado del estado de Nuevo León solía ser un lugar tranquilo, niños jugaban en las calles, jóvenes visitaban la plaza principal, familias tenían paz. Pero la paz se vio interrumpida durante la mañana del 3 de marzo, debido a un enfrentamiento entre integrantes del crimen organizado y elementos Militares, que causó alarma entre la población de 18.480 residentes.

Mediante llamadas telefónicas, se dio aviso a las autoridades de que ocurría una balacera y elementos de la Marina Armada de México acudieron al sitio, pero para su desgracia habían llegado tarde. Encontraron un escenario de muerte: cuatro sicarios, entre ellos una mujer, quedaron tendidos, mientras que dos elementos del Ejército murieron en la violenta situación.

Los niños de la localidad estaban a punto de salir de clases, fue así que maestros decidieron resguardarse junto a sus alumnos para no exponerse a resultar heridos por alguna bala.

Padres de familia sufrieron horas de angustia, no podían recoger a sus hijos de los planteles educativos, y no sabían si se encontraban bien. Ante dicha batalla, una escuela cercana presentó impactos de bala en la fachada.

Minutos después del hallazgo, se dio un choque entre un comando armado y efectivos, las balas no cesaban en la carretera que lleva a Sabinas, Coahuila.

Cuatro gatilleros perdieron la vida, sin embargo, otro comando armado logró rescatar dos de los cuerpos, huyendo del lugar.

Un testigo anónimo envió estas fotografías exclusivas de ambos enfrentamientos. Las fuertes imágenes presentaban los cuerpos de los sicarios y efectivos que perdieron la vida.

MARCH 4
TEN DEAD IN ANÁHUAC CLASH

Anáhuac, a municipality in Nuevo León, used to be a tranquil place, with children playing in the streets, teenagers congregating in the main plaza, and families living in harmony. This peacefulness changed on the morning of March 3, when drug cartel members and soldiers clashed in the streets, spreading alarm throughout the city of 18,480 people.

Authorities, alerted to the shootout by phone calls, summoned help, but the Marines arrived too late. They found six dead: Four killers (including a woman) and two soldiers lay sprawled in blood.

Instead of letting students out of school, teachers took refuge in classrooms with their kids to avoid getting hit by a stray bullet.

Parents suffered hours of distress: They couldn't pick up their children and had no way of finding out if they were okay. Shots pockmarked the façade of one local school.

Minutes later, another confrontation broke out between armed commandos and a military squad, with bullets rocketing over the highway that leads from Anáhuac to Sabinas, Coahuila.

Four gunmen died in the exchange of fire, but a mercenary managed to rescue two of the bodies and flee the scene.

An anonymous witness sent these exclusive photos of both clashes. The strong images reveal the bodies of the sicarios (hit men) and soldiers who lost their lives.

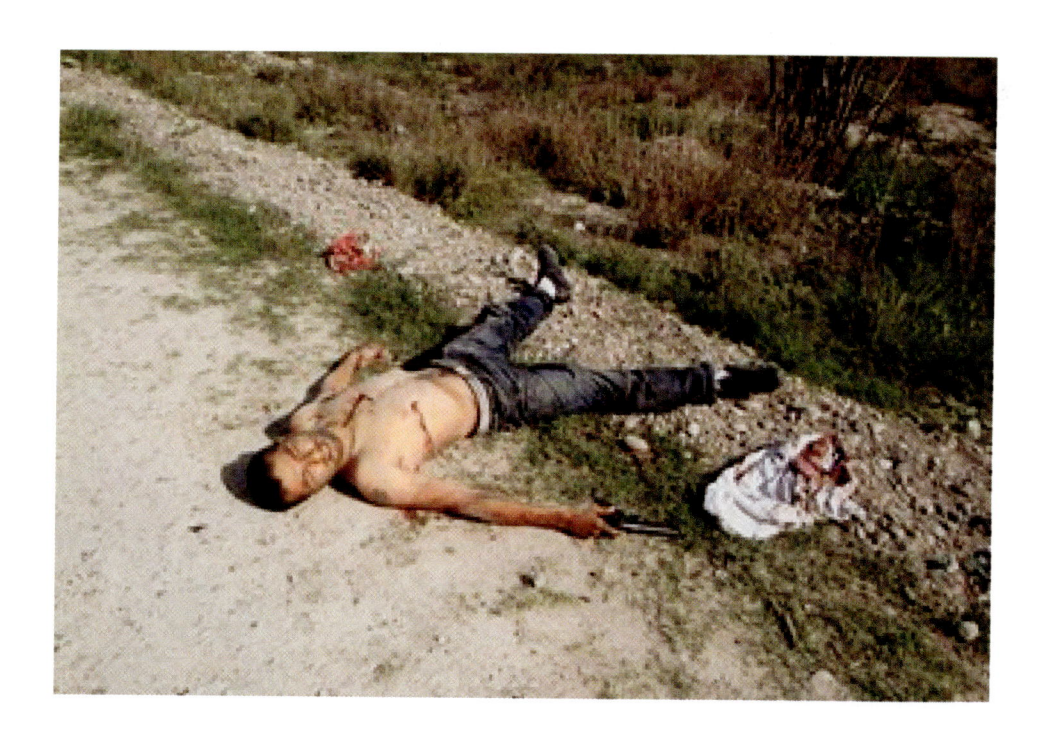

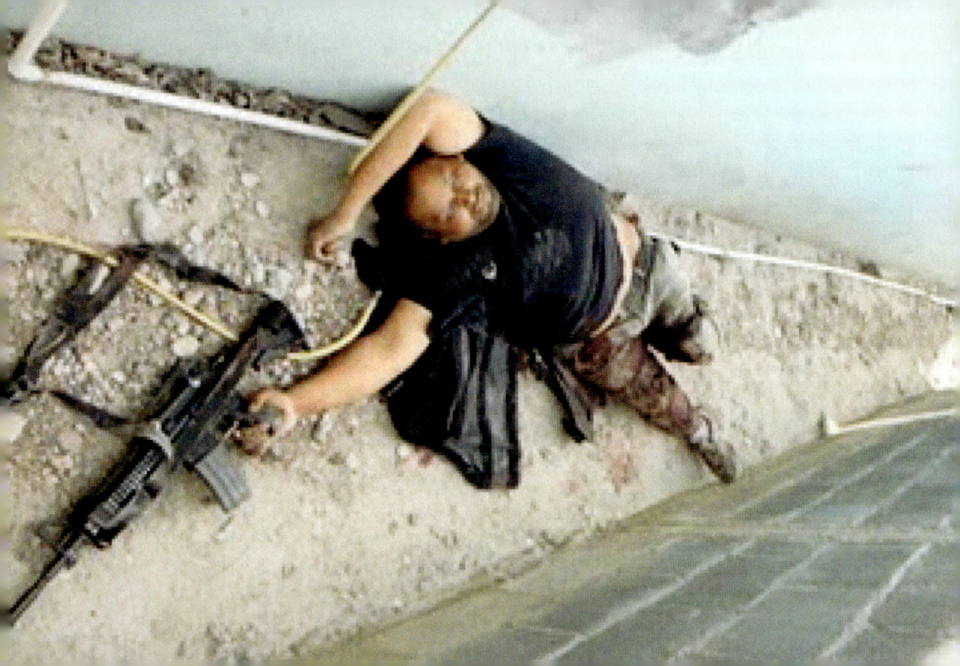

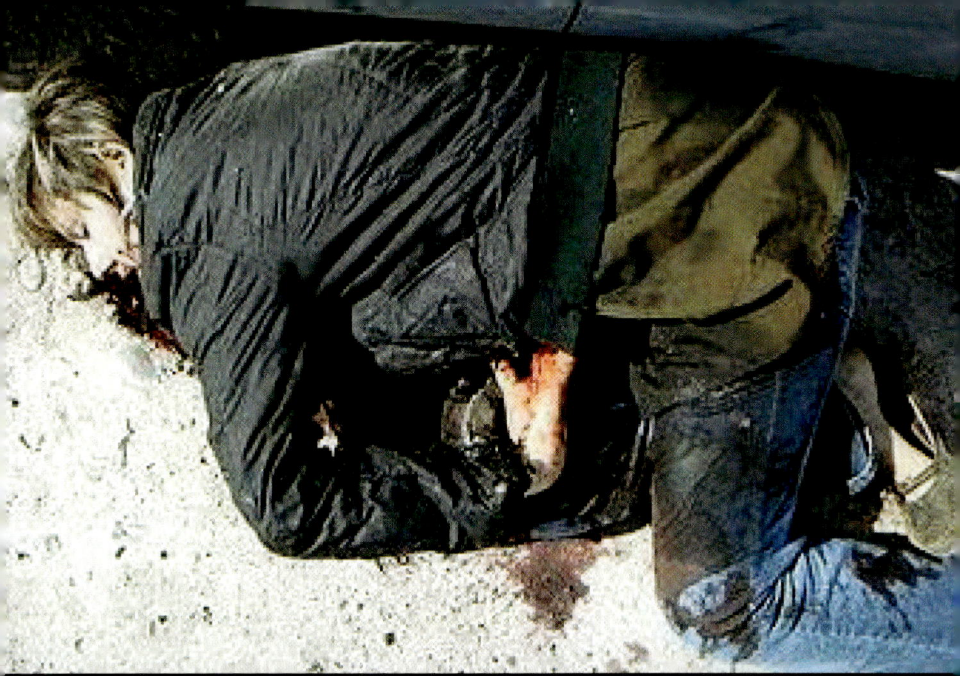

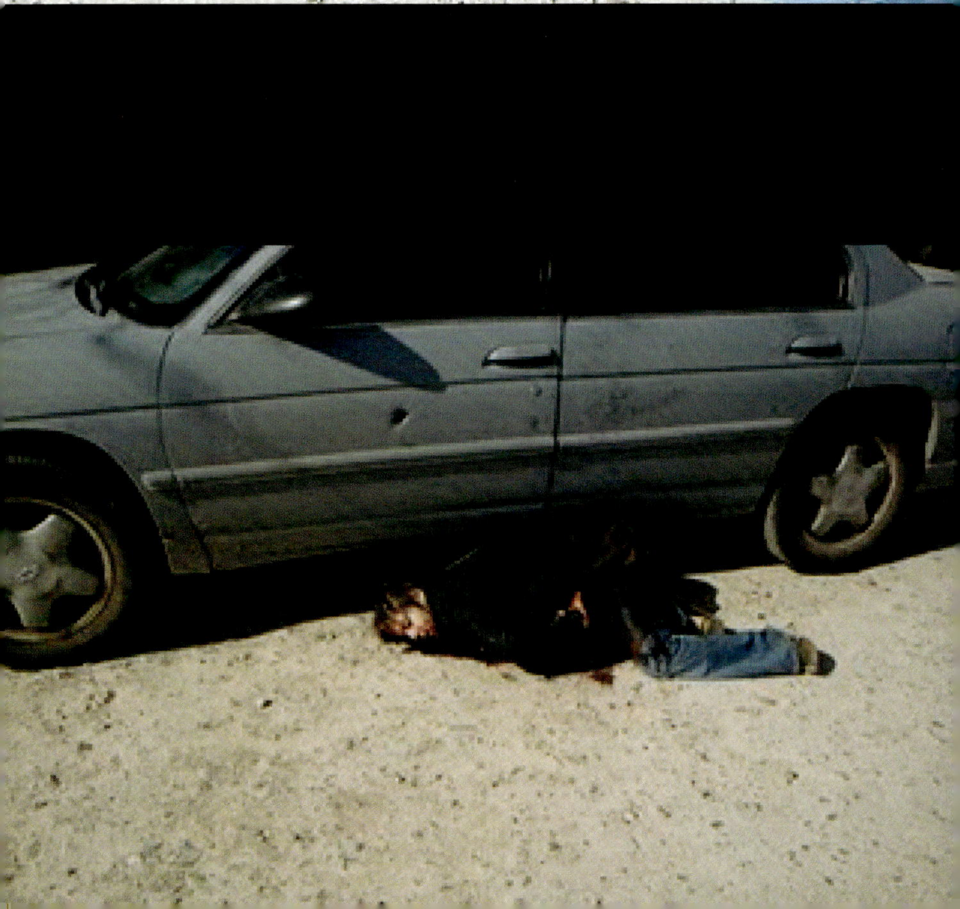

5 DE MARZO
LANZAN GRANADAS A POLICÍAS EN NUEVO LEÓN Y GUERRERO

Informes aseguran que autoridades tanto del estado de Nuevo León como de Guerrero, con anterioridad ya habían recibido advertencias de ataques por parte del crimen organizado.

Para el día 4 de marzo las amenazas ya se habían vuelto realidad. Durante la madrugada, comandos armados atacaron con granadas de fragmentación varias instalaciones policíacas en los estados de Nuevo León y Guerrero.

Un grupo de hombres lanzó una granada de fragmentación al cuartel de la Policía en la población de Las Horquetas, Guerrero. Un par de horas después del primer granadazo, otro grupo de la delincuencia arrojó una granada frente a las instalaciones de la Policía Federal, ubicadas en Cruz Grande, Guerrero.

Los ataques causaron gran movilización por parte de las autoridades, quienes ya esperaban más reacciones violentas. Fue así que no resultaron tan sorprendidos al recibir un reporte que alertaba sobre otro atentado en el municipio de Atoyac de Álvarez, aunque la granada de fragmentación no logró estallar.

Mientras tanto, en el municipio de Guadalupe, Nuevo León, también sucedió un hecho similar, cuando sicarios lanzaron granadas a los patios de las instalaciones de la Policía de dicho municipio, aunque solo se reportaron daños materiales. Después de este ataque, Edward Guevara, titular de la Dirección de Policía y Tránsito de Guadalupe, presentó su renuncia, alegando motivos personales, sin embargo, fuentes aseguran que había recibido amenazas de muerte.

Muchos creen que los ataques, las ejecuciones y las amenazas que recibe la policía local resultan de los pactos que hacen elementos de la policía con miembros de Los Zetas.

MARCH 5
POLICE HEADQUARTERS ATTACKED

Reports confirm that drug syndicates had warned officials both in the northeastern state of Nuevo León and the southwestern state of Guerrero of impending attacks.

By March 4, 2010, the threats became a reality. At daybreak, commandos hurled fragmentation grenades at various police headquarters in Nuevo León and Guerrero.

A group of men threw a fragmentation grenade at police headquarters in Las Horquetas, Guerrero. A few hours after the first grenade exploded, another criminal group dropped one in front of the Federal Police headquarters in the impoverished Guerrero village of Cruz Grande.

The attacks spurred a massive mobilization as authorities prepared for more violence. They were not surprised when a report warned that another fragmentation grenade had been thrown in nearby Atoyac de Álvarez, although it didn't explode.

Meanwhile, in Guadalupe, Nuevo León, sicarios lobbed grenades into police headquarter courtyards, though only adjacent buildings were damaged. The blasts prompted Guadalupe's Police Chief and Transit Director Edward Guevara Martínez to leave his posts. He cited personal reasons for resigning, but sources revealed that he had received death threats.

Many believe that the attacks, executions, and threats against the lives of local police are a result of the officers making deals with members of Los Zetas.

7 DE MARZO
MUEREN MÁS POLICÍAS EN GUERRERO

Un grupo de cuarenta hombres armados realizó una cruel emboscada a elementos policíacos en Pungarabato, Guerrero, matando a un oficial y dejando a otros dos gravemente heridos. Al pasar unas horas, nuevamente el poblado se tensó con violencia. Diez policías cenaban en una taquería a tan solo unas cuadras de la cabecera municipal, cuando un comando armado ingresó al lugar para disparar con sus armas AK-47 y AR-15, lanzando también una granada de fragmentación.

En el restaurante quedó muerto el oficial Luis Gómez Santana, mientras que dos policías resultaron heridos, así como personas inocentes que se encontraban consumiendo alimentos.

Esa misma madrugada en la comunidad de Petatlán, dos elementos de la Policía Estatal fueron acribillados por un grupo de sicarios, quienes huyeron del lugar, para más tarde acudir a la casa de Anacleto Flores Valle, quien recientemente había sido nombrado director de Seguridad Pública del mencionado lugar.

El comando armado atacó con balas y granadas el domicilio del funcionario, matando a su hija, Lizbeth Flores Agatón, de veintitrés años de edad. Informes revelan que Benjamín Hernández Vélez, militar activo y esposo de Lizbeth, también resultó con lesiones de gravedad. Un policía que servía como escolta personal de Flores Valle, también perdió la vida en el ataque al intentar defenderse de los sicarios. Otros dos elementos recibieron impactos de bala, sin embargo lograron sobrevivir.

MARCH 7
MORE POLICE OFFICERS DIE

A group of forty armed men ambushed and killed one police officer and seriously wounded two others in Pungarabato, Guerrero. A few hours later, violence again rocked the town. Commandos burst in and opened fire with AK-47s and AR-15s and dropped a fragmentation grenade as ten police officers were having dinner at a taquería a few blocks from their headquarters.

Policeman Luis Gómez Santana died at the restaurant, while two other officers were injured along with innocent bystanders who were simply having their dinner.

That same morning in the town of Petatlán, a group of sicarios riddled two state police officers with bullets. The shooters fled the scene and headed toward the house of Anacleto Flores Valle, recently named Director of Public Safety.

Armed commandos fired on the director's home and killed his twenty-three-year-old daughter, Lizbeth Flores Agatón. Reportedly, Lizbeth's husband Benjamín Hernández Vélez, an active-duty soldier, was seriously injured. The Public Safety Director's recently recruited personal guard also lost his life in the attack. Another two officers managed to survive their wounds.

12 DE MARZO
LA ÚLTIMA DE BELTRÁN LEYVA

Mediante el formulario de contacto de Blog del Narco, se recibieron una serie de fotografías que presentaban a varios hombres completamente mutilados.

Las crudas imágenes representaban la última hazaña de Arturo Beltrán Leyva, mejor conocido como el Jefe de Jefes, quien fue líder del Cártel de los Beltrán Leyva con la ayuda de sus cuatro hermanos.

El miércoles 9 de diciembre de 2009, una semana antes de que unos doscientos elementos de la Marina Armada acribillaran a Beltrán Leyva en uno de sus apartamentos lujosos, cuatro personas fueron levantadas cuando circulaban en una camioneta de color negro; autoridades no pudieron tener más datos al respecto. Durante la mañana siguiente una llamada anónima alertó sobre el hallazgo de varios cuerpos mutilados, los cuales fueron abandonados cerca de una escuela secundaria de nombre Raymundo Abarca Alarcón, relacionando el descubrimiento con el secuestro ocurrido un día antes.

Cabezas, orejas, brazos, manos, piernas, entre otras partes del cuerpo de varios hombres fueron encontradas en bolsas de plástico color negro.

Las clases de la concurrida escuela fueron suspendidas por el alto impacto que causaron los cadáveres; las movilizaciones policíacas se hacían ver en el lugar. Junto a los destajados permanecía una cartulina con un mensaje por parte de Beltrán Leyva:

MANDEN GENTE MÁS CAPACITADA PUTOS SINALOENSES Y MICHOACANOS, VENGAN A RECOGER SU PUTA BASURA.

ATENTAMENTE,
EL JEFE DE JEFES

MARCH 12
THE LEGACY OF BELTRÁN LEYVA

A series of previously unreported photographs showing many dismembered men were uploaded to Blog del Narco through the contact page.

The gruesome images conveyed the latest feat by Arturo Beltrán Leyva, better known as El Jefe de Jefes (the Boss of Bosses), who led the Beltrán Leyva Organization cartel with help from his four brothers.

On Wednesday, December 9, 2009, a week before a force of some two hundred Marines gunned Beltrán Leyva down in one of his luxury apartments, a black truck picked up four people. The following morning, an anonymous phone call notified police of the presence of cut-up bodies, which had been discarded close to the Raymundo Abarca Alarcón high school. The caller implied that these were the remains of the kidnapped men.

At the location, black plastic bags bulged with heads, ears, arms, hands, and legs, among other body parts.

The high school suspended classes due to the shock caused by the gruesome scene; police cordoned off the area where the atrocities had taken place. Next to the sliced and diced corpses rested a poster board with a message from Beltrán Leyva:

SEND BETTER QUALIFIED PEOPLE, FUCKING SINAOLENSES AND MICHOACANOS, COME PICK UP YOUR FUCKING TRASH.

SINCERELY,
THE BOSS OF BOSSES

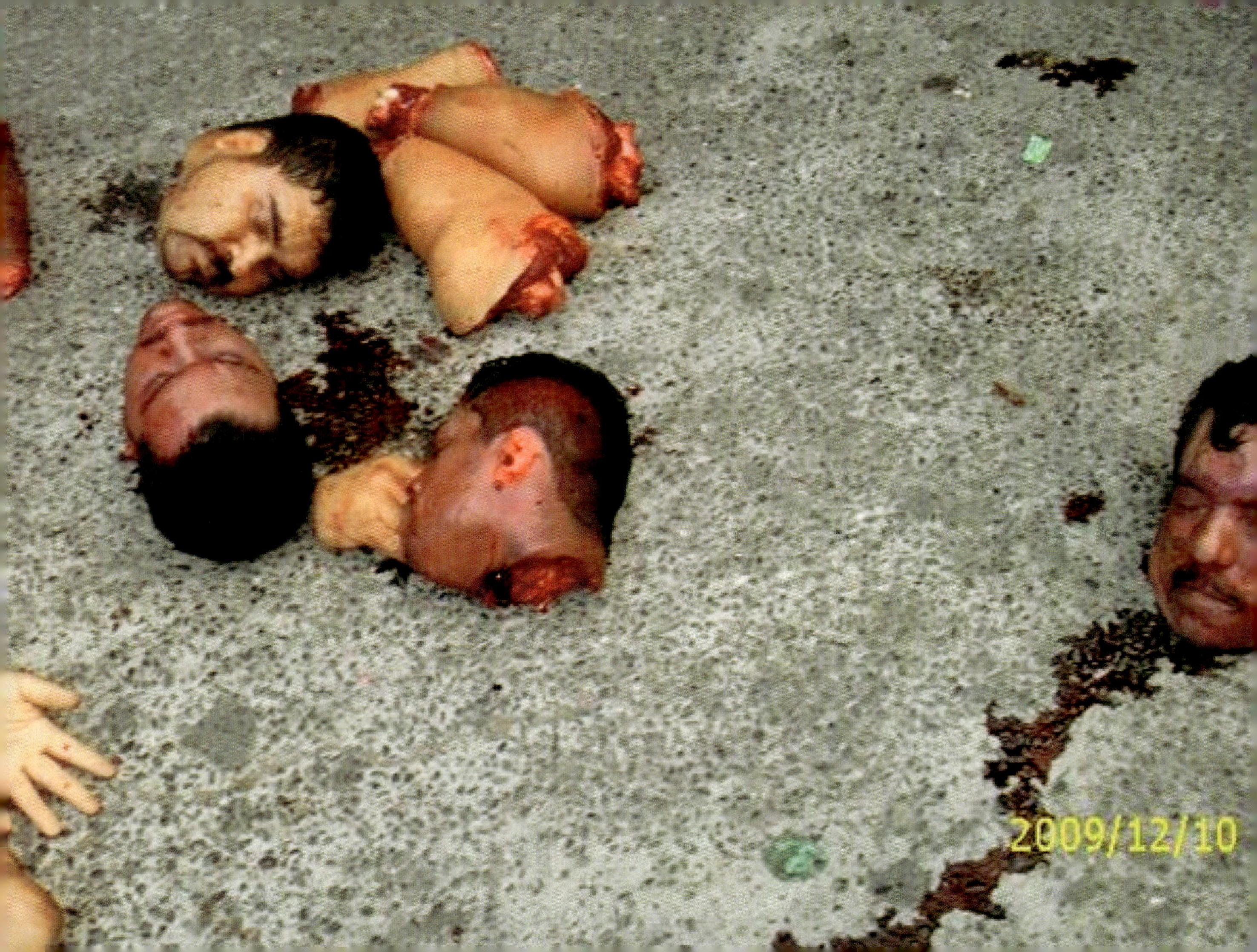
2009/12/10

2009/12/10

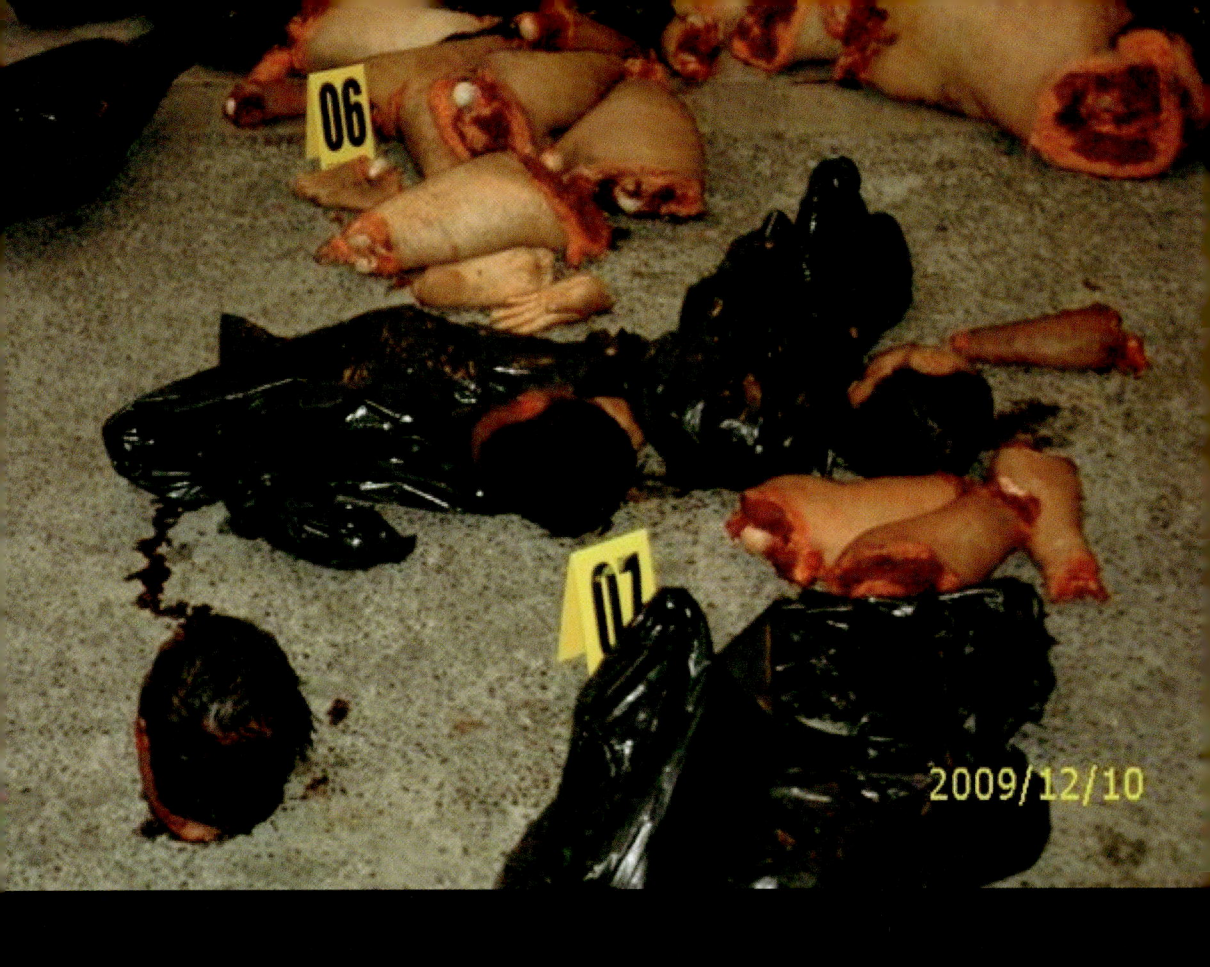

2009/12/10

19 DE MARZO
NARCOBLOQUEOS DESATAN LA HISTERIA

La noche del jueves 18 de marzo, México conoció una nueva forma de causar terror en la población. Aproximadamente cincuenta sujetos armados cerraron importantes vialidades de los municipios de Guadalupe y Apodaca, en Nuevo León. Así nacieron los narcobloqueos. Automovilistas vivieron momentos de miedo, al ser despojados de sus vehículos de lujo con violencia.

Ante la nueva situación, autoridades prefirieron limitarse a decir que "El peligro ya ha sido controlado". Sin embargo la sorpresa se engrandeció el viernes 19 de marzo, cuando treinta y un nuevos narcobloqueos secuestraron la vialidad de importantes avenidas en Monterrey y otros municipios de Nuevo León.

Individuos secuestraron autobuses de pasajeros para cerrar las calles, mientras camionetas de empresas, autos particulares y hasta camiones de carga fueron utilizados para evitar el flujo vial. El bloqueo del tránsito creó horas de retraso y mucha gente sufrió crisis de nervios al temer ser atacados en sus propios autos.

Un chófer que fue bajado de su transporte dio testimonio de la pesadilla que habían sufrido sus pasajeros: "Unos hombres se acercaron y me secuestraron con todo y pasaje. Andaban armados y me trajeron hasta donde querían bloquear, luego se llevaron las llaves del camión y lo dejaron atravesado. No les importó nada, había niños y ancianos".

En los narcobloqueos realizados en Monterrey, San Nicolás, Guadalupe, Juárez y Apodaca, las autoridades policíacas no pudieron llegar a tiempo —testigos aseguran que patrullas evitaban circular por las zonas afectadas.

Ante todo el caos, solo fueron detenidos dos hombres, quienes al poco tiempo quedaron en libertad. Mientras tanto, los propietarios de los cuarenta y seis vehículos secuestrados tuvieron que pagar altas cifras de dinero para poder recuperarlos, ya que los automóviles fueron asegurados por las autoridades.

Días después de los hechos, y mediante una entrevista realizada por W Radio, Rodrigo Medina de la Cruz, gobernador del estado de Nuevo León, señaló que los narcobloqueos formaban parte de la respuesta por la acción contra el crimen organizado.

Los residentes de la región insistían en que los hechos violentos no podían continuar, argumentando el poco compromiso por parte del gobernador, ante tantos reclamos. Medina de la Cruz apuntó que todo se trataba de la lucha incansable contra los delincuentes: "No hay más que dos caminos: o dejamos que sigan haciendo de las suyas los criminales y nos hacemos como que no vemos para que no haya bloqueos o nada, o los enfrentamos con las consecuencias que ello pudiera traer".

MARCH 19
NARCOBLOCKADES UNLEASH HYSTERIA

On the night of Thursday, March 18, criminals introduced a new way to terrorize the Mexican people. Some fifty armed subjects closed off important highways in greater Monterrey. And in doing so, they gave birth to the narcoblockade. When vehicles stopped at these narcoblockades, some motorists were violently ousted from their vehicles.

Authorities stated that the danger had already subsided, but the next day thirty-one narcoblockades sealed off the most important avenues in the Monterrey metropolitan area.

In order to halt the flow of traffic, cartel members hijacked passenger-filled buses, company pickup trucks, and privately owned vehicles, then positioned them to block streets and intersections. The resulting traffic bottlenecks created hours of delays, and several people had nervous breakdowns due to the fear of being attacked in their cars.

A driver forced out of his bus testified to the nightmare suffered by his passengers: "Some men came at me and hijacked my vehicle and passengers. They were armed and drove me to where they wanted to create the blockade, then they took the keys and left the bus blocking the road. They didn't care about anything; there were children and elders on board."

Police authorities didn't make it to the scene of narcoblockades that took place in Monterrey, San Nicolás, Guadalupe, Juárez, and Apodaca. Witnesses said that patrol cars deliberately avoided the deadlocked areas.

Amid the chaos, authorities detained only two men, who were soon released. Meanwhile, the owners of forty-six hijacked vehicles had to pay high fees to recover automobiles that authorities had confiscated.

Days after these events on a W Radio interview, Nuevo León Governor Rodrigo Medina de la Cruz stated that the narcoblockades were retaliation by the drug cartels for actions taken against them.

Local residents insisted that these violent acts were unacceptable and criticized the state executive's lack of commitment. Medina de la Cruz replied that this was an inevitable consequence of the tireless fight against criminals: "We are at a crossroads: We either let the criminals do as they please and pretend we don't see a thing to avoid blockades or we confront them and suffer the consequences."

20 DE MARZO
LOS ZETAS SE DEFIENDEN

LOS ZETAS

También conocidos como: Los Z, La Última Letra y La Compañía.

Origen: Fundado en 1997 cuando el líder del Cártel del Golfo, Osiel Cárdenas, reclutó a treinta y un GAFES (Grupo Aeromóvil de Fuerzas Especiales) del Ejército Mexicano como una brigada élite de guarros, asesinos y ejecutores. Irónicamente, los GAFES habían sido creados como una unidad especial para combatir a los cárteles y, en parte, fueron entrenados por el ejército de Estados Unidos en Fort Bragg, North Carolina. Los Zetas pronto se transformaron en un escuadrón de la muerte de trescientas personas. Luego del arresto de Cárdenas en 2007, el grupo paramilitar mató y llego al escalón más alto del cártel a la fuerza, con el tiempo separándose para formar su propio cártel. Pronto, Los Zetas se hicieron conocidos como el grupo de crimen organizado más mortal y sádico, despreciado hasta por los otros cárteles, que comenzaron a formar alianzas solo con la intención de destruirlos.

Liderazgo: Después de la muerte de Z-1 (Arturo Guzmán Decena) en 2002 y la captura de Z-2 (Rogelio González Pizaña) en 2004, el liderazgo cayó en manos de Z-3, mejor conocido como Heriberto "El Verdugo" Lazcano Lazcano, de un metro setenta y dos de estatura y ochenta y dos kilos de peso. Lazcano, uno de los treinta y un GAFES desertores originales, era conocido por liderar a sus mercenarios con mano de hierro, su violencia atroz y su descaro. También se inclinaba a las rubias curvilíneas, las armas

Blog del Narco recibió una copia de los volantes que fueron entregados por integrantes de Los Zetas en diferentes localidades del estado de Tamaulipas, dirigidos a la sociedad en general, buscando la comprensión ante toda la crítica y amenazas que habían recibido en últimas fechas.

Población de Ciudad Mante y la Región:

El grupo denominado Los Zetas les comunica que la ola de pánico, secuestros, robos a comercios, levantones, desaparición de personas, asesinatos, atentados contra medios de comunicación, corporaciones policíacas y oficinas de Gobierno es obra del grupo XXX, C.D.G. o chapitos que tratan mediante el terror apoderase de la ciudad.

Nosotros Los Zetas les recordamos que antes de ellos este era un pueblo tranquilo y los C.D.G. han venido a sembrar terror amenazando primeramente a gente inocente en la plaza principal, golpeando a comerciantes y robándoles toda su mercancía.

Estas personas sin escrúpulos que se dicen ser buenos y venir a limpiar al Mante, se han aliado con varios cárteles para poder tener el valor de hacernos frente, solo que en su supuesta "lucha" han matado gente inocente, las personas tienen miedo de salir a trabajar, los niños ir a la escuela y los jóvenes no pueden ir a divertirse.

Este pueblo está muriendo a causa del terror que infunden los C.D.G. no es justo para ustedes que están ajenos a nuestros negocios, por eso vamos a defender esa paz con Z que se tenía en Mante; dénos la oportunidad de trabajar para devolver a Ciudad

MARCH 20
LOS ZETAS DEFEND THEMSELVES

Blog del Narco received a copy of a flyer that Los Zetas delivered throughout Tamaulipas. It was addressed to the general community as an attempt to lessen the hostility directed at these renegades.

People of the City of Mante and the Region:

The group called Los Zetas informs you that the wave of panic, kidnappings, store robberies, hijackings, missing people, murders, attacks against the media, police departments, and government offices are the work of the XXX group, C.D.G., or Chapitos, who are trying to take control of the city through acts of terror.

We, Los Zetas, want to remind you that before them, this was a calm community, and it is the C.D.G. that have come to spread terror, threatening primarily innocent people in the main plaza, beating storekeepers, and stealing all their merchandise.

These people with no scruples, who claim to be good and are here to clean the Mante, have formed alliances with various drug cartels to build up the courage to confront us. However, in their so-called fight they have murdered innocent people, everyone is afraid to go to work, the children don't want to go to school, and teenagers can't have fun.

This community is dying due to the terror spread by C.D.G. It is not fair to those of you who are not linked to our business—that is why we are going to defend the peace that once existed in Mante with Z. Give us the chance to work toward bringing peace back to the city of Mante. You already know us, we are people who will take care of you, so help us by calling 831-xxx-xxxx* to inform us of any gathering of cars or people related to C.D.G. Please avoid any pranks or we will assume you are on their side.

LOS ZETAS
Also Known As: Z's, La Última Letra, The Company
Origin: Founded in 1997, when Gulf Cartel leader Osiel Cárdenas recruited thirty-one special forces (or GAFES) officers from the Mexican Army as an elite squad of bodyguards, assassins, and enforcers. Ironically, the GAFES had been founded as a special unit to combat the cartels, and were trained in part by the US military in Fort Bragg, North Carolina. Los Zetas soon grew into a three-hundred-person death squad. After Cárdenas' arrest in 2007, the paramilitary group murdered and forced their way to the top echelons of the cartel, eventually breaking away to form their own DTO. Soon, Los Zetas became known as the deadliest and most sadistic of Mexico's gangs—vilified even by other cartels, who began forming alliances to try to destroy them.
Leadership: After the death of Z-1 (Arturo Guzman Decena) in 2002 and the capture of Z-2 (Rogelio González Pizaña) in 2004, the leadership fell to Z-3, better known as Heriberto "The Executioner" Lazcano Lazcano, 5'8", 180 pounds. One of the original thirty-one GAFES deserters, Lazcano was known for his iron-fisted command of his mercenaries, his appalling ferocity, and his boldness. He also had a propensity for buxom blondes, ornate weapons, race cars, and hunting exotic animals imported from abroad. Lazcano was killed in a shootout with Mexican Navy on October 7, 2012. By the time the government confirmed his identity, an armed gang had invaded his funeral home and stolen the body.

* Phone number removed.

elaboradas, los autos de carreras y la caza de animales exóticos importados del exterior. Lazcano fue abatido por la Marina mexicana el 7 de octubre de 2012. Para cuando el Gobierno confirmó su identidad, un grupo armado había invadido la casa funeraria y robado su cuerpo.

Actividades y áreas de operación: Aparte del tráfico de drogas, el cártel se ha diversificado hacia actividades como la venta de protección, asesinato por encargo, secuestro, extorsión, el tráfico de humanos, el robo de petróleo, el contrabando y el mercado de órganos. En 2010, se descubrieron fosas comunes que contenían más de doscientos cuerpos, muchos de ellos ciudadanos mexicanos que fueron sacados de autobuses y ejecutados por haber rechazado la oferta de unirse a un cártel o pagar un rescate. Fuera de las fortalezas a través de México, también se encuentran células de Los Zetas en los Estados Unidos (particularmente en Atlanta, Dallas y Los Ángeles), Centroamérica y los Andes. En Guatemala, miembros fueron ligados a la amenaza de muerte que recibió el presidente. Así como también son responsables por el incendio del casino en Monterrey que mató a más de cincuenta personas.

Mante su tranquilidad, ustedes ya nos conocen, somos gente que los va a cuidar por eso ayúdenos reportándonos al número 831-xxx-xxxx* cualquier convoy de carros o personas relacionadas al C.D.G. por favor eviten hacer bromas o consideraremos que están de su parte.

Este mensaje también va para todos aquellos que están sembrando pánico en Internet, nadie nos ha corrido, aquí seguimos y defenderemos lo justo, tenemos tiempo aquí en Mante y sabemos quién es quién, cuídense aquellos que andan mal que a los inocentes no se les molestará para nada.

Atte. "Z"

---

* El número de teléfono ha sido borrado.

This message is also directed to all who are spreading panic over the Internet. No one has ousted us; we are still here and we will defend what is just. We have been here in Mante for a long time and we know who's who. To those who are taking the wrong road, be careful; innocents will not be bothered.

Sincerely,
Z

Activities and Areas of Operations: In addition to drug smuggling, the cartel has diversified into such activities as the sale of protection, murder for hire, kidnapping, extortion, human smuggling, petroleum theft, contraband, and the marketing of body parts. In 2010, mass graves containing over 200 bodies were discovered, most of them Mexican citizens who were pulled off public buses and executed for refusing to join the cartel or pay a ransom. Outside of strongholds across Mexico, there are also Zeta cells in the United States (particularly Atlanta, Dallas, and Los Angeles), Central America, and the Andes. In Guatemala, members were linked to a death threat received by the President. They are also responsible for the burning of a Monterrey casino that killed over fifty people.

20 DE MARZO
DOS ESTUDIANTES MUEREN EN FUEGO CRUZADO

La madrugada del viernes 19 de marzo quedará grabada en la mente de muchas personas en Monterrey, Nuevo León. Más inocentes resultaban muertos por las balas de venganza en una comunidad que ya había sido sitiada por la injusticia.

La noche en Monterrey parecía serena hasta que detonaciones de arma de fuego y granadazos alarmaron de un enfrentamiento. De inmediato varios ciudadanos llamaron al Ejército para que acudiera a la prestigiada Avenida Garza Sada, en donde hombres armados circulaban y protagonizaban un tiroteo.

Elementos militares acudieron de inmediato, encontrándose con un grupo de sicarios fugando de las autoridades. Una violenta persecución dio pasó a una balacera frente a las instalaciones de el Tecnológico de Monterrey.

Jorge Antonio Mercado, de veinticuatro años, y Javier Francisco Arredondo, de veintitrés, se encontraban estudiando para un examen en la biblioteca del Tecnológico, cuando decidieron salir para comprar algunos refrigerios. Los jóvenes salieron y sus compañeros ya no volvieron a saber nada de ellos, no se imaginaban lo que les había ocurrido.

De inmediato las fuertes detonaciones hicieron que estudiantes del tan prestigiado Tecnológico de Monterrey se mantuvieran resguardados, elementos de seguridad privada cerraron los accesos y vigilaban que los jóvenes no salieran, para así evitar una tragedia. Los estudiantes alertaban de lo que estaba sucediendo mediante la conocida red social de Twitter.

Cuando el tiroteo paró, varios militares ingresaron violentamente a las instalaciones del campus. Rápidamente el Servicio Médico Forense llegó a levantar los cuerpos de dos jóvenes que habían sido acribillados.

Los primeros informes señalaban que integrantes del grupo armado habían corrido a resguardarse dentro del plantel educativo, cuando efectivos pudieron acabar con ellos. Entre las ropas de los muertos no se encontró ningún tipo de identificación, solo se encontraron dos armas de fuego. Los cadáveres fueron trasladados al Hospital Universitario.

Durante esa madrugada, personal del Ejército Mexicano volvió a ingresar al Tecnológico de Monterrey, con el fin de substraer los videos de las cámaras de seguridad. Recién en la tarde del sábado descubren que los sicarios muertos no eran sicarios, eran los dos estudiantes del Tecnológico de Monterrey que habían salido sin regresar.

Los familiares de Jorge y Javier se trasladaron a Monterrey, comenzando una gran lucha por el impune hecho. Se descubrió que autoridades militares ocultaron las identificaciones de estudiantes y pusieron armas junto a ellos, para así intentar aparentar que se encontraban involucrados en el narcotráfico.

Los grandes amigos mantenían una beca por excelencia académica en el reconocido Tecnológico de Monterrey. Nacido en Saltillo, Coahuila, Jorge radicaba en Monterrey en donde se encontraba estudiando la maestría. En palabras de sus amigos, Jorge tenía planes de casarse con su querida novia. Javier era originario de La Paz, Baja California Sur, vivía en Monterrey y cursaba el doctorado.

El suceso conmocionó a la comunidad estudiantil del país, así como al resto de la sociedad, quienes exigían justicia por la poca efectividad del Ejército Mexicano, al asesinar a dos inocentes con un gran futuro que se vio truncado.

MARCH 20
TWO STUDENTS DIE IN CROSSFIRE

The morning of Friday, March 19, will forever be engraved in the minds of many in Monterrey, Nuevo León. Vengeful bullets took more innocent lives in a community that had already been besieged by injustice.

At night, the city seemed peaceful, until firearms and exploding grenades rang throughout the community, signaling a new clash. Some residents immediately requested the presence of the army on the prestigious Avenida Garza Sada, where gunmen were beginning yet another shootout.

Military officers responded only to be met by sicarios on the run. A violent pursuit gave way to a gun battle in front of the campus of the Monterrey Institute of Technology, a world-renowned university.

Jorge Antonio Mercado Alonso, 24, and Javier Francisco Arredondo Verdugo, 23, had spent the night in the university's library studying for an exam. They needed a break to stay awake and decided to go out for refreshments. Their classmates never saw the diligent students again.

The sound of loud explosions forced students to take cover as private security guards sealed access to the institute's buildings. They wanted to make sure the young men and women did not risk their lives by going outside. Students shared the news through Twitter.

When the shooting stopped, soldiers entered campus buildings. Shortly afterward, a medical examiner arrived to pick up the bullet-riddled bodies of Jorge Antonio and Javier Francisco.

The first reports stated that armed commandos had taken refuge in academic buildings to hide from the military and that two of them were killed. They went on to say that no documents identified the deceased, although two weapons were found among their clothing. The corpses were transferred to the University Hospital.

During that morning, soldiers reentered Monterrey Tech grounds in search of video footage from the security cameras. It wasn't until Saturday that they discovered that the alleged hit men were not criminals, but Jorge Antonio and Javier Francisco, who had left the library never to return.

The families of the students traveled to Monterrey only to discover that soldiers had attempted to link the young men with drug traffickers. Specifically, they had concealed the students' identifications and placed weapons next to their bodies. This revelation launched an inquiry into the unpunished crime.

The dead students, who were best friends, had won academic scholarships to study mechanical engineering. Born in Saltillo, Jorge Antonio lived in Monterrey while studying for a master's degree. His friends reported that he planned to marry his sweetheart. Javier Francisco was originally from La Paz, Baja California Sur, and was pursuing doctoral studies.

The incident gained the sympathy of the country's student community, as well as other segments of the population. They demanded justice and accountability, given that it was apparently the Mexican Army that had cut these students' futures short.

21 DE MARZO
PUEBLO DE TAMAULIPAS RESPONDE AL NARCO

Como respuesta a los mensajes enviados a la población de Tamaulipas por parte de diferentes cárteles mexicanos, Blog del Narco publicó una carta en donde el pueblo tamaulipeco exige verdadera paz.

Cártel del Golfo, Familia Michoacana, Cártel de Sinaloa, Cártel de Los Zetas:

Sus comandos armados que circulan por nuestra comunidad están causando pánico entre la población, el rugir de sus armas de grueso calibre, la explosión de granas nos tienen aterrados, el Gobierno nos ha dado la espalda, el Ejército no hace nada por nosotros, los medios de comunicación no informan, lo que sucede es temor a las represalias. Lo último que nos queda es encomendarnos a Dios y pedirles a ustedes que ¡nos dejen vivir en paz!

Heriberto Lazcano Lazcano, Joaquín Guzmán Loera, Ezequiel Cárdenas Guillén, Familia Michoacana, saquen a sus sicarios de nuestra Ciudad y nuestros pueblos vecinos.

Atentamente,
Habitantes de Ciudad Mante y la Región

MARCH 21
A COMMUNITY RESPONDS TO THE CARTELS

In answer to the messages that the cartels have conveyed to the population of Tamaulipas, Blog del Narco was asked to publish a letter in which the people of the state demanded real peace.

Gulf Cartel, La Familia Michoacana, Sinaloa Cartel, Los Zetas Cartel:

Your armed commandos that roam our community are causing panic among the people. The rumble of your thick-caliber weapons and the grenade explosions terrify us. The government has turned its back on us, the army does nothing for us, and the media does not inform us what is happening due to fear of retaliation. Our last resort is to entrust ourselves to God and ask you to please let us live in peace!

    Heriberto Lazcano Lazcano, Joaquín Guzmán Loera, Ezequiel Cárdenas Guillén, Michoacana Family, please remove your gunmen from our city and neighboring towns.

Sincerely,
Residents of the city of Mante and the region

31 DE MARZO
COMANDOS ARMADOS EJECUTAN A DIEZ NIÑOS Y JÓVENES

Alrededor de las 14:20 horas del domingo 28 de marzo, un grupo de estudiantes rurales del municipio Salto Pueblo Nuevo en Durango acudían a la comunidad de Los Naranjos con el fin de recibir apoyos educativos por parte de un programa del Gobierno Federal, cuando su camino fue impedido. Un comando armado hizo el alto a la camioneta ocupada por los jóvenes y niños, pero el chófer no hizo caso, intentando huir por la seguridad de los tripulantes.

Como respuesta a la negativa, los sicarios comenzaron a disparar sus armas, y a lanzar granadas de fragmentación a la camioneta. Según informes, los falsos retenes realizados por integrantes del crimen organizado, se han vuelto más frecuentes en las comunidades alejadas de las importantes ciudades.

La masacre en Durango, dejó como saldo a diez personas fallecidas, entre las que se encontraban siete menores de edad, entre ellos cuatro hermanos de entre trece y diecisiete años y dos hermanas de quince y siete años de edad.

Tres días después, en un final salvaje de otro mes sangriento, cuatro cabezas humanas sin identificar fueron depositadas en hieleras de unicel en el centro del pueblo de Apatzingán, Michoacán, junto a varios narcomensajes sin firmas.

MARCH 31
ARMED COMMANDOS EXECUTE TEN CHILDREN AND TEENAGERS

Around 2:20 P.M. on Sunday, March 28, a group of rural students in the Mexican state of Durango were traveling to Los Naranjos to receive support through a government program. Suddenly, armed commandos directed the youth-filled vehicle to halt. The driver ignored the command, hoping to escape and protect his passengers.

In response to this maneuver, the gunmen began to shoot and throw fragmentation grenades at the pickup truck. According to reports, cartels have been increasing the amount of these stops in areas remote from large cities.

The massacre left ten people dead, among them four siblings between the ages of thirteen and seventeen, and two sisters aged fifteen and seven.

Three days later, in a savage end to another bloody month, four unidentified human heads were left in styrofoam coolers in the town center of Apatzingán, Michoacán, next to several unsigned narcomessages.

ABRIL 2010
VACIANDO LOS PUEBLOS

2 DE ABRIL
MASACRE EN EL TABLE DANCE

EL CÁRTEL DEL GOLFO
También conocido como: C.D.G., Golfos.
Origen: El fundador Juan Nepomuceno comenzó su vida delincuente como contrabandista en la época de ley seca, traficando whisky en Texas, haciendo de este el cártel más viejo de México. Su sobrino Juan García Abrego lo convenció de que traficara drogas en los sesenta. Hacia mediados de los ochenta, la necesidad colombiana de enviar cocaína a través de México ayudó a que se convirtiera en uno de los cárteles más poderosos del país.
Liderazgo: En 1996, Abrego, el primer narco mexicano alguna vez agregado a la lista de más buscados del FBI, fue detenido y encarcelado. Luego de una rápida sucesión de jefes, Osiel Cárdenas Guillén tomó el poder al asesinar a su colíder Salvador "El Chava" Gómez Herrera, ganándose el apodo "Mata Amigos". Cárdenas, en parte para salvarse a sí mismo del mismo destino, fundó Los Zetas, el ala paramilitar del cártel. Cárdenas fue detenido en 2003 y, después de su extradición a los Estados Unidos en 2008, la guerra interna entre el ahora poderoso grupo de Los Zetas y el resto del Cártel del Golfo terminó en su separación. Pronto, Los Zetas comenzaron a batallar

La población de Tampico, una ciudad portuaria en el sur de Tamaulipas, se encontraba emocionada por la Feria; juegos mecánicos, comida, bebidas y música aseguraban la diversión. Sin embargo la misma se vio interrumpida la noche del viernes; nadie se imaginaba lo que sucedería.

A pocos metros de donde tradicionalmente se ubica la Feria, se encuentra un Table Dance de nombre Mirage. Hombres encapuchados ingresaron violentamente al lugar y comenzaron una masacre, entre clientes, trabajadores y bailarinas.

Los sonidos de las metralletas llegaron hasta los oídos de las personas que se encontraban en la Feria, a los pocos minutos se escucharon explosiones de granadas de fragmentación que fueron lanzadas en el lugar, lo que provocó un caos total y la histeria entre los presentes. Esa noche la cantante de música popular mexicana, Jenni Rivera, realizaría su presentación, sin embargo minutos antes de subir al escenario llegó el terror. "Qué tristeza tan grande", escribió Rivera en Twitter, "18.000 personas en mi presentación en Tampico y tres segundos antes de subir se suelta una balacera… corrió la multitud".

Fuentes indican que los granadazos fueron utilizados para distraer la atención por el ataque que se registraba a pocos metros. Siete personas

APRIL 2010
EMPTYING THE TOWNS

APRIL 2
STRIP CLUB MASSACRE

Men, women, and children in Tampico, a port city in southern Tamaulipas, were looking forward to games, food, drink, and music at their annual fair. However, the prospects for a good time evaporated on Friday night.

A few feet from the fairgrounds glistened the bright lights of an upscale strip club called Mirage. Masked men burst into this pleasure palace and used assault weapons and grenades to massacre clients, workers, and dancers.

The bark of machine-gun fire and ear-splitting grenade explosions created chaos and hysteria among those playing games, eating, and socializing.

Norteño singer Jenni Rivera was scheduled to make her flamboyant entrance on stage minutes before the terror struck. "How very sad," she wrote on Twitter. "18,000 people at my performance in Tampico and three seconds before going on stage a shootout unleashes... and the crowd ran away."

Sources indicate that the grenades were used as a distraction to keep authorities away from an attack at the Mirage nearby. Five men and two women lost their lives at the strip club, where blood ran and puddled on the floor. A card signed by Los Zetas was found over one of the bodies. The narco-message contained intentional grammatical errors where the letter z was used instead of s, implying that the Mirage had links to the Gulf Cartel (Cartel del Golfo), possibly paying them protection money:

THE GULF CARTEL
Also Known As: Cártel del Golfo, C.D.G., Golfos
Origin: Founder Juan Nepomucenro began his criminal life as a bootlegger in the Prohibition era, smuggling whiskey into Texas, making this the oldest cartel in Mexico. His nephew, Juan García Abrego, persuaded him to move into drugs in the 1960s. In the mid-1980's, the need for Colombians to ship cocaine through Mexico helped make them one of the most powerful cartels in the country.
Leadership: In 1996, Abrego, the first Mexican narco ever added to the FBI's most wanted list, was arrested and imprisoned. After a quick succession of bosses, Osiel Cárdenas Guillén took over by murdering his co-leader Salvador "El Chava" Gómez Herrera, earning himself the nickname Mata Amigos (friend killer). Cárdenas, partially in an effort to save himself from the same fate, founded Los Zetas, the paramilitary wing of the cartel. Cárdenas was arrested in 2003 and, after his extradition to the United States in 2008, infighting between the now powerful Los Zetas and the rest of the Gulf Cartel led to their split. Soon after, Los Zetas began battling the Gulf Cartel for control of the state of Tamaulipas. Cárdenas was replaced by his brother, Antonio Ezequiel, nicknamed Tony Tormenta for his violent temper, and

contra el Cártel del Golfo para controlar el estado de Tamaulipas. Cárdenas fue reemplazado por su hermano Antonio Ezequiel, alias "Tony Tormenta" por su genio violento, y Eduardo Costilla Sánchez, alias "El Coss", un ex elemento de la policía. Hasta el momento de escribir esto, El Coss era el único líder del cártel; el destino de Tony Tormenta se discute en el capítulo de noviembre.

Actividades y áreas de operaciones: El cártel actualmente opera en alrededor de veintiún estados. Su negocio principal es transportar cocaína de Colombia a los Estados Unidos, aunque también trafica marihuana, heroína y metanfetaminas. También participa del negocio de la extorsión, protección, secuestro y más. El grupo ha cavado varios narcotúneles para ingresar drogas por la frontera y tiene células tan al norte como Michigan y New Jersey. Forma parte de la Unión de Cárteles, también conocido como la Nueva Federación, junto a La Familia Michoacana y el Cártel de Sinaloa, con el fin de destruir a Los Zetas y tomar control de Nuevo Laredo y otros portales importantes a lo largo de la frontera entre Estados Unidos y México.

perdieron la vida en el Mirage. El sitio estaba lleno de sangre y una cartulina con un narcomensaje sobre uno de los cuerpos tirados, misma firmada por la organización de Los Zetas, con claros errores de ortografía, escribiendo con la letra z lo correspondiente a hacerlo con s, indicaban que los acribillados tenían acuerdos con el Cártel del Golfo:

Ezte negozio como muchoz otroz pertenece a Cheerrioz Zierra del Cartel de las Golfaz junto con todo el perzonal No ze crean lo que dizen las Golfaz. Atte ZZZ.

Por su parte, los organizadores decidieron cancelar la Feria de Tampico, ya que había fuertes amenazas de nuevos enfrentamientos en el estado.

Ya no había marcha atrás. La guerra entre Los Zetas y el Cártel del Golfo estaba totalmente declarada, las amenazas se convirtieron en crueles hechos. Aunque no se impuso ningún toque de queda oficial, muchos residentes de Tampico decidieron permanecer en sus casas y evitar las calles.

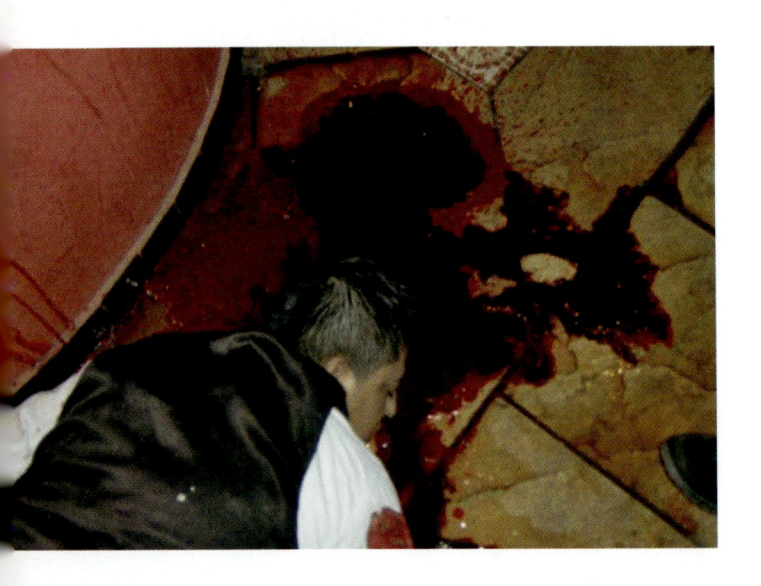

Thiz buzinezz, like many otherz, belongz to Cheerioz Zierra of the Cartel del Golfaz, together with all of the perzonnel. Don't believe what the Golfaz say. Sincerely ZZZ.

The organizers decided to cancel the fair and other April celebrations, fearful that new clashes in the state might materialize.

There is no turning back. War has broken out between Los Zetas and the Gulf Cartel, and threats have turned into corpses. Although no official curfew was imposed, many Tamalipeños remained in their homes rather than venture into the streets.

Eduardo "El Coss" Costilla Sánchez, a former police officer. As of this writing, El Coss was the sole leader of the cartel; the fate of Tony Tormenta is discussed in the November chapter.

Activities and Areas of Operations: The cartel currently operates in some twenty-one states. Its main business is transporting cocaine from Colombia into the United States, though it also moves marijuana, heroin, and methamphetamine. It is also in the business of extortion, protection, kidnapping, and more. The group has dug many narcotunnels to move drugs across the border and has cells as far north as Michigan and New Jersey. Formed the Union of Cartels, also known as the New Federation, with La Familia Michoacana and the Sinaloa Cartel in a move to destroy Los Zetas and take control of Nuevo Laredo and other major portals along the U.S.–Mexican border.

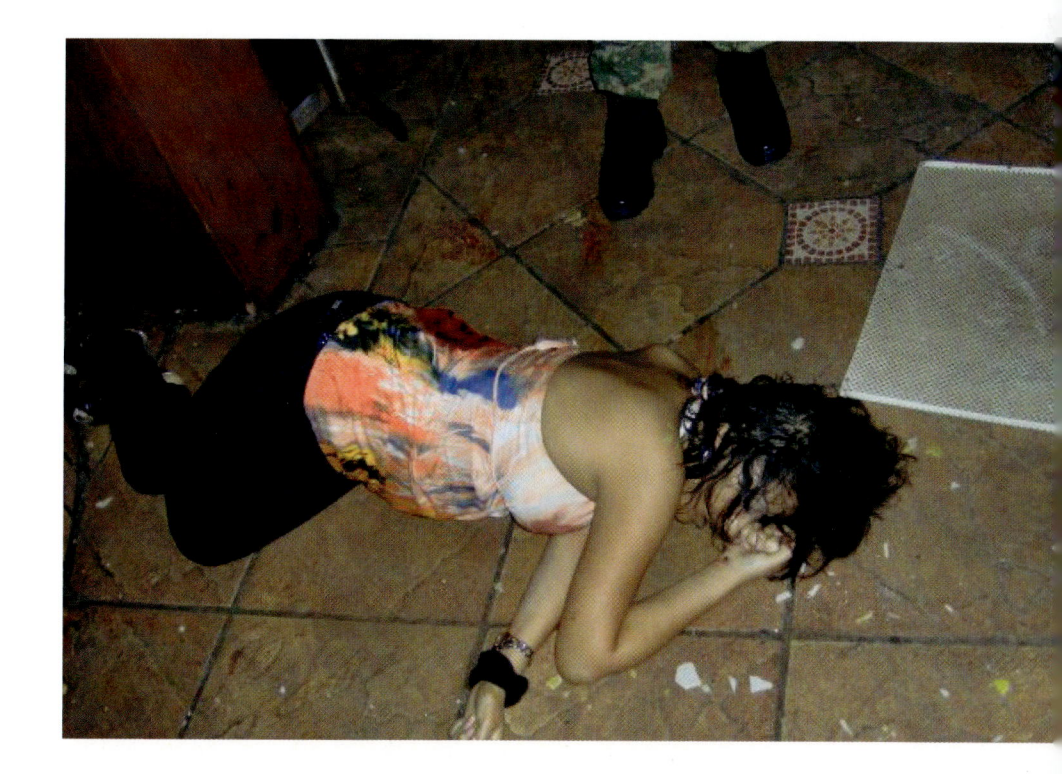

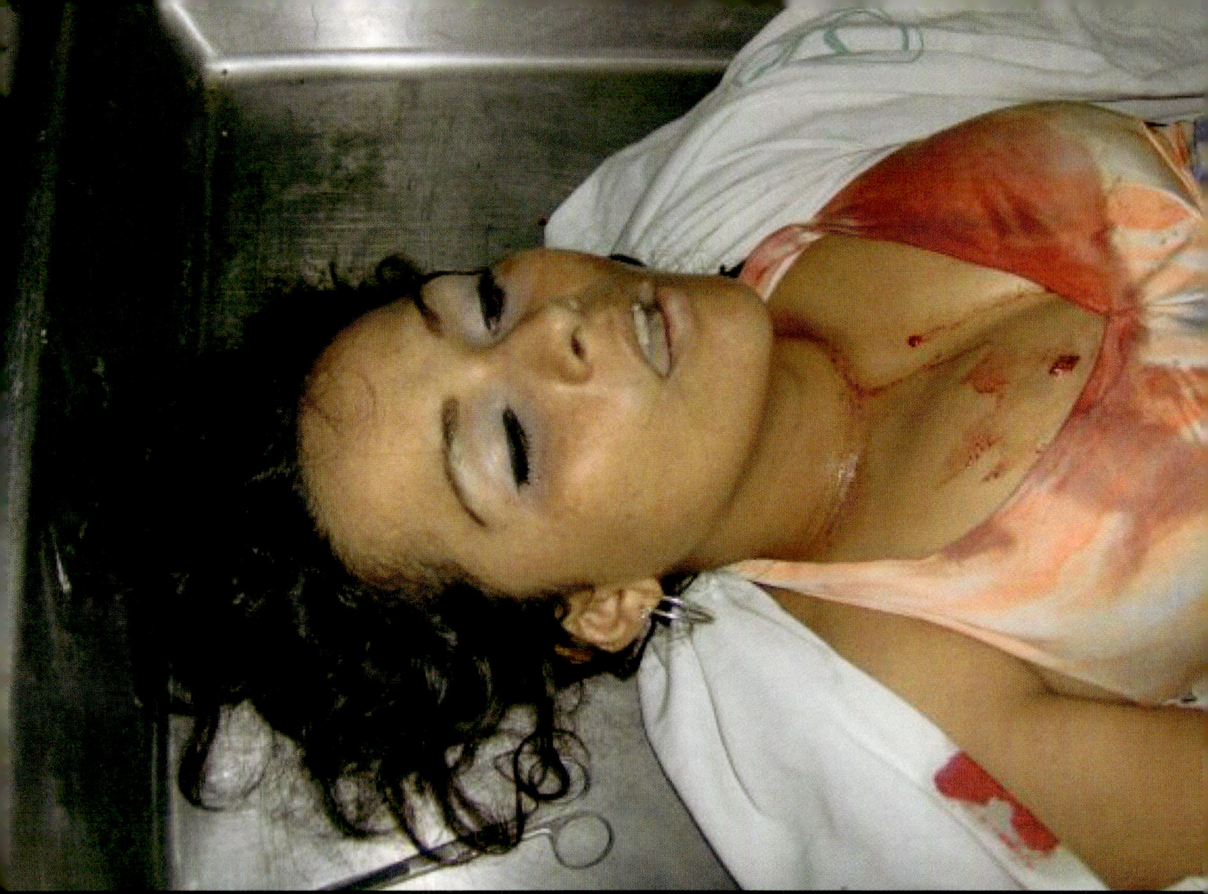

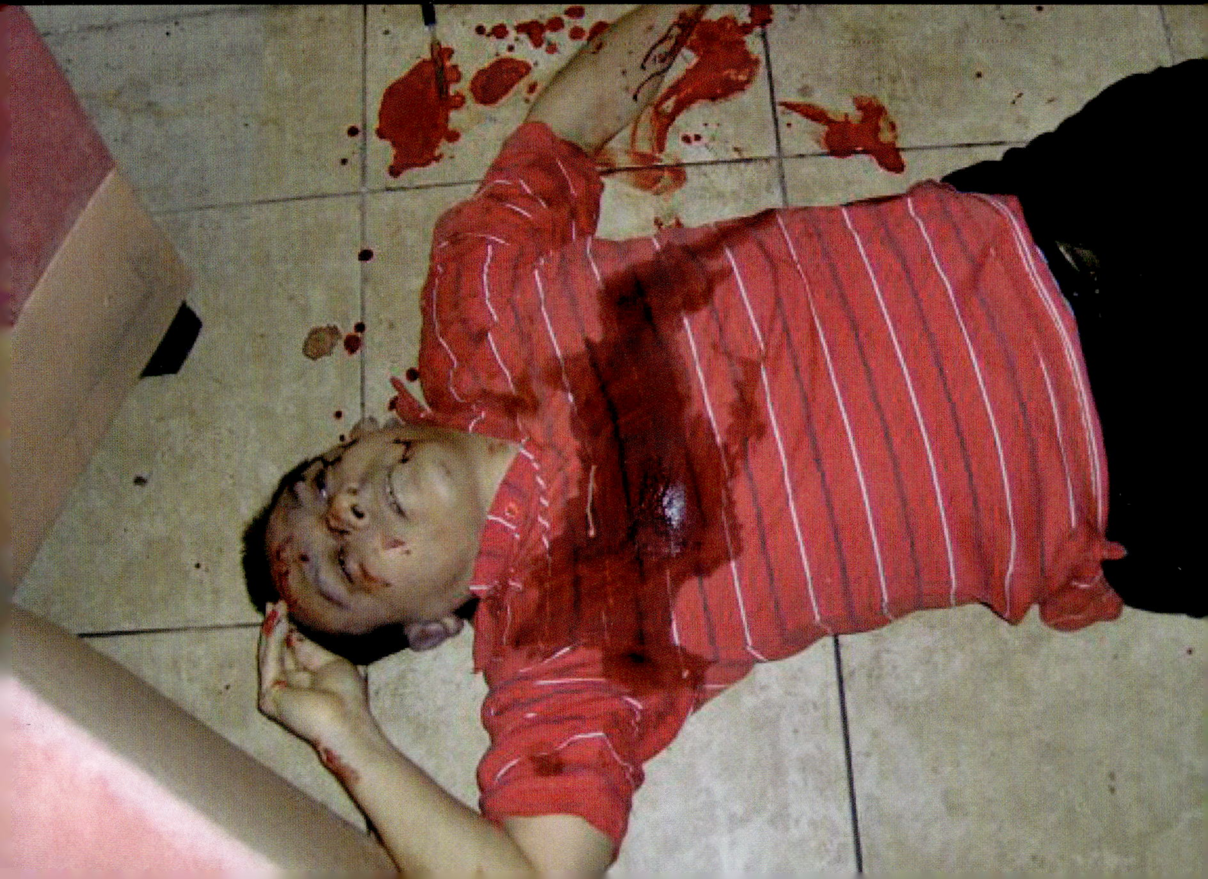

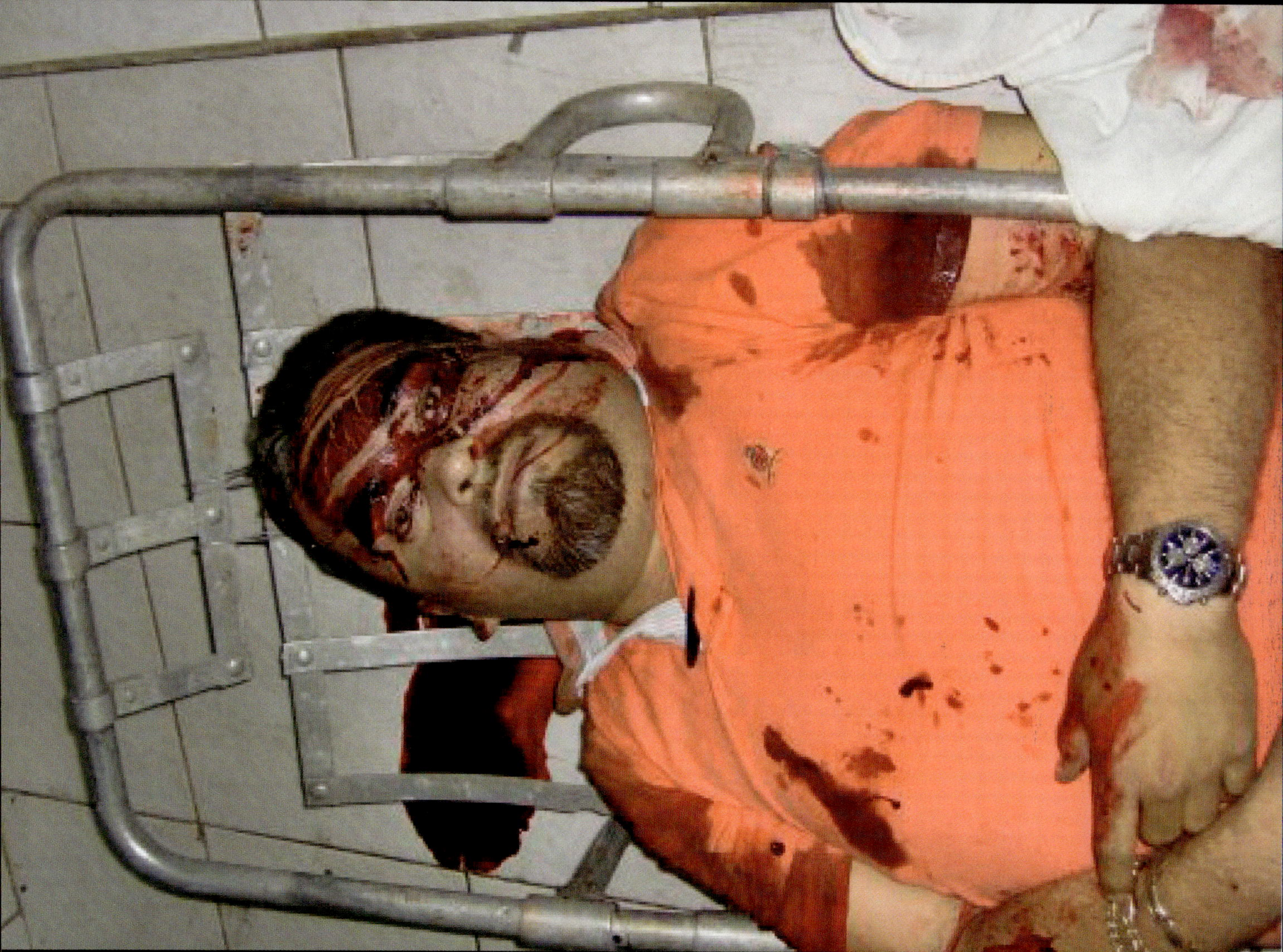

5 DE ABRIL
NACE EL CÁRTEL DEL PACÍFICO SUR

Tras la tan mencionada y sanguinaria muerte de Arturo Beltrán Leyva en diciembre de 2009, quien en vida era uno de los narcotraficantes más perseguidos del mundo, un nuevo grupo de la delincuencia organizada tenía que nacer, ya que el territorio del estado de Morelos estaba sin dueño fijo. Así fue como apareció el Cártel del Pacífico Sur (C.P.S.); al inicio del mes de abril comenzaron a sembrar terror en la población. Su forma de marcar territorio fue a través de narcomensajes, quemas de casas, negocios y autos, y también brutales ejecuciones.

El C.P.S. ha demostrado ser un cártel diferente, utilizando como aliados las nuevas tecnologías. Por medio de redes sociales como Facebook y Twitter comenzaron a alertar a la sociedad sobre no salir de noche a restaurantes y bares, ya que comenzaría la guerra territorial.

También se le hizo un llamado a la población, para que dejara de utilizar polarizado en los automóviles, todo con la finalidad de no ser confundidos con sus enemigos. En su presentación ante la sociedad dejaron en claro que solamente se dedicaban al comercio de drogas, eso siempre lo argumentan en sus mensajes cibernéticos:

El Cártel del Pacífico Sur es una organización dedicada únicamente al comercio de drogas, nosotros nunca haríamos daño a las familias morelenses y de otros estados.

Las primeras investigaciones indicaron que el C.P.S. es una organización peligrosa para la sociedad, ya que recluta a jóvenes menores de edad, se caracteriza por eso, por la frescura y sadismo en sus integrantes. Su principal objetivo es eliminar a Édgar Valdez Villarreal, alias La Barbie, quien fue lugarteniente del abatido Arturo Beltrán Leyva.

APRIL 5
EL CÁRTEL DEL PACÍFICO SUR IS BORN

The December 2009 killing of Arturo Beltrán Leyva produced a vacuum in the state of Morelos, where the Beltrán Leyva Organization had held power. As a result, the South Pacific Cartel (Cártel del Pacífico Sur or CPS) emerged and quickly tried to take over the turf by fomenting terror. They attempted to mark the territory as their own by issuing narcomessages, burning homes and businesses, torching cars, and staging brutal executions.

The CPS is proving to be a different type of cartel. It has been taking advantage of Facebook, Twitter, and e-mail to warn citizens to avoid frequenting bars and restaurants at night because a territorial war is about to begin.

The organization recently admonished residents of Morelos against using tinted car windows, lest they be confused with the foes of the CPS, despite claiming that drug trafficking, not gratuitous violence, was their goal:

The Cártel del Pacífico Sur is an organization devoted exclusively to the commerce of drugs. We would never hurt the families in Morelos and those in other states.

Investigations revealed the CPS as a dangerous outfit known for recruiting minors and committing sadistic acts. Its main objective is to eliminate Édgar Valdez Villarreal, also known as La Barbie, who was lieutenant to the fallen Beltrán Leyva.

11 DE ABRIL
CONSULADO DE ESTADOS UNIDOS ES ATACADO

La guerra entre el Cártel del Golfo y Los Zetas por el estado de Tamaulipas pasó ciertos límites, ya que el viernes 9 de abril, hombres armados llegaron al consulado de Estados Unidos, ubicado en la ciudad de Nuevo Laredo y lanzaron un artefacto explosivo.

Informes indicaron que el artefacto hecho de forma casera pudo estallar, sin que se presentaran lesionados, solamente daños materiales, ya que algunos cristales de ventanas se quebraron por la explosión. La Procuraduría General de la República indicó que agentes investigadores, en coordinación con autoridades estatales y municipales, realizan las indagatorias pertinentes, con el fin de encontrar a los responsables del atentado.

Mediante un comunicado oficial se informó que el consulado cerrará sus puertas de forma indefinida, ya que existe el miedo de un nuevo ataque, suspendiendo así los servicios del lugar. Las oficinas consulares en Piedras Negras, Coahuila, también cerraron sus puertas, anunciando: "Se reabrirán cuando se tenga la certeza de que existe la seguridad adecuada para mantener seguros al personal diplomático y a nuestros visitantes".

12 DE ABRIL
MILITARES TIENEN NEXOS CON NARCOTRAFICANTES

Blog del Narco recibió un video en el cual se interrogaba a un elemento del Ejército Mexicano de la Décima Zona Militar, con ubicación en el estado de Durango.

El hombre vestía una chaqueta en color verde, su rostro se reflejaba ya cansado, las ojeras sobresalían más que el llamativo fondo de pared, cubierto con papel decorativo de flores amarillas y blancas.

Luis Miguel García Miramontes dijo llamarse, desempeñándose como cabo de transmisiones, dos de sus hermanos también son militares. Un hombre con voz gruesa interrogaba al soldado, quien confesó ser parte de la organización de Los Zetas:

—¿Por qué estás aquí?
—Por pertenecer al grupo de Los Zetas.

APRIL 11
US CONSULATE ATTACKED

The war between the Gulf Cartel and Los Zetas for control of Tamaulipas escalated on Friday, April 9, when armed men heaved an explosive device at the United States Consulate in Nuevo Laredo.

Reports indicated that the explosion did not injure anyone, but only shattered a few windows. The Attorney General's Office claimed that detectives together with state and local authorities were doing everything possible to capture those responsible.

An official bulletin informed the public that fear of a new attack meant the Consulate would close its doors indefinitely, thus suspending all services. The US Consulate in Piedras Negras, Coahuila, also closed its doors, announcing: "We will reopen when the certainty of adequate security exists to ensure the safety of our diplomatic personnel as well as our visitors."

APRIL 12
ARMY TIED TO DRUG TRAFFICKERS

Blog del Narco received a video containing the interrogation of a soldier from the 10th military zone in violence-torn Durango.

The man wore a green jacket, his tired face highlighted by bulging dark circles. He stood in front of yellow-and-white flowered wallpaper.

He called himself Luis Miguel García Miramontes and said that he was a corporal specializing in communications, and had two brothers who also served in the armed forces. A man with a deep voice interrogated the soldier, who confessed to being a Zeta:

"Why are you here?"

"Because I belong to Los Zetas."

"How many more soldiers are with you?"

"Another two. Captain Delfino Olivares Reyes and Sergeant Miguel Ángel Rodríguez Esparza."

"What's the sergeant's role within the criminal group of Los Zetas?"

"To relay information regarding military personnel stationed throughout the Sierra."

"And the captain's role within the criminal group?"

"To gather equipment, such as uniforms, boots, cartridges, weapons; that's it."

—¿Cuántos más militares hay con ustedes?

—Otros dos. El capitán Delfino Olivares Reyes y el sargento Miguel Ángel Rodríguez Esparza.

—¿Cuál es la función del sargento dentro del grupo delictivo de Los Zetas?

—Proporcionar información del personal militar desplegado en toda la Sierra.

—¿Y la función del capitán dentro del grupo delictivo?

—Era recolectar equipo como uniformes, botas, cartuchos, armas y nada más.

—¿A qué se dedica todo ese grupo delictivo?

—A secuestro, extorsión, asesinato y a tomar la plaza del estado de Durango.

—¿Qué información proporcionas tú al grupo delictivo?

—Ubicaciones de los puestos de control.

—¿Y tu hermano Horacio?

—También.

—¿Y Juan?

—También.

—¿Cuánto te pagan por quincena?

—Cuatro mil pesos por quincena.

En el video también le reveló al rival más nombres de personal militar que se encuentran ligados a Los Zetas, probando así cuán profundamente habían logrado infiltrar a los militares.

"What does this criminal group do?"

"Kidnapping, extortion, murder, and taking over the state of Durango."

"What information do you provide the criminal group with?"

"Locations of control posts."

"And your brother Horacio?"

"The same."

"And Juan?"

"The same."

"How much do they pay you per fortnight?"

"Four thousand pesos per fortnight."

He also revealed to the rival DTO the names of other military personnel linked to Los Zetas, proving just how deeply the cartel has infiltrated the military.

13 DE ABRIL
LOS ZETAS SECUESTRAN A UN POBLADO ENTERO

Cientos de hombres armados integrantes de la organización de Los Zetas llegaron a Comales, una localidad perteneciente al municipio de Camargo, Tamaulipas, conformada por poco más de 2.500 habitantes, y amenazaron a todos sus lugareños, quienes mediante un mensaje electrónico pidieron ayuda, suplicando a las autoridades llegar a salvarlos:

Se pide ayuda urgente de las personas que lean esto, por favor les suplico que nos ayuden, estamos en Comales, secuestrados, no nos dejan salir por ningún lado, por Dios ¿qué hacemos? Ayúdenos se los pido por lo que más quieran, se los pido con mis lágrimas en los ojos, por Dios ayúdenos. Aquí no hay ley, no hay nada todo está controlado hasta el gas, la comida, no se trabaja, no hay escuela, tiendas cerradas, exclusivas sólo para ellos, sé de personas graves, enfermas en sus casas, no hay doctores... pero no hay cómo salir aunque sea a Camargo a ver un doctor, estamos muriendo poco a poco... no sé qué vamos a hacer, no lo hago por mí, lo hago por mis hijos y muchos inocentes del pueblo se los repito, vamos a morir o nos van a matar... espero su ayuda se los agradeceré toda la vida.

En otra llamada de auxilio se pedía la presencia de militares: "Comales necesita ayuda no hay entrada ni salida y no hay gasolina, los niños no van a la escuela y la gente no puede salir de sus casas. Por favor ayuden a la gente que están en el pueblo; la gente ya no puede más, tienen dos meses de vivir en temor de todo y de todos".

Fuentes militares señalaron que en el poblado de Comales se encuentra escondido Miguel Ángel Treviño Morales, conocido como El Z-40, uno de los principales líderes de Los Zetas que da órdenes a los líderes Zetas de las plazas y maneja el dinero generado por las numerosas actividades criminales del cártel.

Varias localidades pequeñas de los estados de Tamaulipas y Nuevo León han sido tomadas por el narco; no hay más autoridades que ellos en esos lugares, y sin duda han afectado la libertad que cualquier mexicano debe tener.

APRIL 13
LOS ZETAS KIDNAP AN ENTIRE TOWN

Hundreds of armed Los Zetas stormed into Comales, a town of 2,500 people in Tamaulipas, and threatened its entire population. A resident dispatched an e-mail to authorities, begging for help:

We are requesting urgent help from those who read this. Please, we urge you to help us. We are in Comales, kidnapped, they won't let us leave. Dear God, what do we do? Help us, I ask with all my heart, I ask with tears in my eyes, by God help us. There is no law here, there is nothing, everything is under their control, even gas, food. We do not work, there is no school, the shops are closed, open only for them, I know of people who are seriously ill at home, there are no doctors . . . but there is no way of leaving, even to reach Camargo to see a doctor. We are slowly dying. I repeat, we are going to die or they are going to kill us . . . I await your help and will be eternally grateful.

In another call for help, a resident pleaded, "People cannot leave their homes. Please help the people within the town. They can't stand it anymore. They have been living in fear of everything and everyone for two months."

Military sources indicated that Z-40, Miguel Ángel Treviño Morales, is hiding in the town of Comales. Although formally second-in-command of the Zetas, he gives orders to Zeta plaza bosses and handles money generated by the cartel's numerous criminal activities.

Drug lords have taken over many small towns in Tamaulipas and Nuevo León. They have become the only authorities in these places, and have succeeded in making a mockery of the freedom to which any Mexican is entitled.

APRIL 19
EL Z-43 ES INTERROGADO Y EJECUTADO

Gracias a un interrogatorio que fue filmado, se pudieron conocer más detalles sobre los atentados en la Feria de Tampico y una serie de acciones violentas realizadas por el grupo de Los Zetas.

David Rivera Álvarez, conocido como El Z-43 fue capturado por integrantes del Cártel del Golfo, quienes le realizaron un interrogatorio, señalando a algunos de los implicados en "calentar la plaza" de Tamaulipas.

Con un fondo oscuro, una tenue luz dejaba ver el rostro de David Rivera. Tenía los ojos vendados y su voz de vez en cuando se quebraba al responder las preguntas que una voz misteriosa le realizaba.

El Z-43 confesó ser el segundo comandante de la plaza de Tabasco. Señaló que llegó a Tampico para colaborar con los integrantes Zetas de Veracruz, quienes llegaron al puerto para luchar contra el Cártel del Golfo. Respondió que a su cargo tenía diez hombres que provocaban que la sangre corriera por las calles de la ciudad.

Indicó que ellos habían sido partícipes de la masacre del Table Dance Mirage, y que algunos habían ejecutado a gente inocente. Sobre la Feria de Tampico, confesó que tiraron granadas, así como también atacaron retenes policíacos de la localidad, sumando las amenazas con cartulinas colocadas a las afueras de las televisoras locales, en las cuales amenazaban de futuras ejecuciones si los comunicadores seguían informando lo que ocurría.

En sus palabras dijo que una mujer apodada La Comandante Güera Liliana, también llamada La Puma, era la líder de ataques por parte de Los Zetas en Tampico. Ella era quien planeaba las acciones violentas, mencionando que pretendía aventar granadas en la Presidencia Municipal, y tras un enfrentamiento con soldados se frustró el plan. Así fue que por venganza atentaron contra la vida de personal del Ejército Mexicano en un cuartel.

La grabación de poco más de cinco minutos de duración terminó inesperadamente. Tras ser filmado, David fue trasladado a las instalaciones de Televisa Tampico, lo tiraron en la banqueta ubicada a un costado de la entrada de la televisora local, para después acribillarlo.

Personal del medio de comunicación se percató de la terrorífica escena. El hombre permanecía con los ojos vendados y las manos esposadas. Junto a unos charcos de sangre fue dejada una narcomanta blanca, que con letras rojas plasmaba un claro mensaje:

SI ME CONOCES LLEVAME SOY UN ZETA.

El Cártel del Golfo intentaba capturar a sus enemigos y grabar sus confesiones, con el fin de que la ciudadanía supiera quiénes eran los verdaderos responsables de terminar con la paz social, en sus propias versiones.

APRIL 19
Z-43 INTERROGATED AND EXECUTED

Thanks to a filmed interrogation, more details have come to light about the attacks at the Tampico Fair and the violence carried out by Los Zetas.

Members of the Gulf Cartel captured and interrogated David Rivera Álvarez, known as Z-43 among Los Zetas. They elicited from him the names of some of the people who participated in the so-called heat of the plaza events in Tamaulipas.

A faint light in a dark background illuminated David Rivera's face. He was blindfolded and at times his voice cracked while answering the questions posed by a mysterious voice.

Z-43 confessed to being the second in command of the Tabasco plaza. He pointed out that he went to Tampico to collaborate with fellow Zetas in Veracruz, who have made it a bastion in the battle against the Gulf Cartel. He explained that he had ten men under his command, and that they were responsible for the blood that stained the city's streets.

He admitted to participating in the Mirage strip-club massacre, and acknowledged the execution of innocent people. He also conceded that Los Zetas had thrown grenades and attacked local police at the Tampico Fair, while leaving cards outside local television stations threatening more executions if the media kept reporting on these events.

In his words, he said that a woman nicknamed Commander Güera Liliana, also called La Puma, spearheaded Los Zetas' attacks in Tampico. Her plans initially included throwing grenades at the mayor, but she called off this move after a clash with soldiers. As an act of revenge, she led an attempt on the lives of Army personnel.

The recording, which lasted a little more than five minutes, finished unexpectedly. Afterward, Gulf Cartel operatives threw Z-43 on the sidewalk next to the entrance of the local television station and riddled his body with bullets.

Media personnel witnessed the horrifying scene. The man remained blindfolded and handcuffed. Next to a pool of blood lay a white narcobanner with an unmistakable message in red letters:

IF YOU KNOW ME, TAKE ME. I'M A ZETA.

These videotaped confessions have become the cartels' new way of communicating with their rivals and with the people of Mexico. The Gulf Cartel's intention, in this case, was to record its enemy's confession and reveal to Tamaulipas citizens exactly who was responsible for upsetting the peace that had previously prevailed.

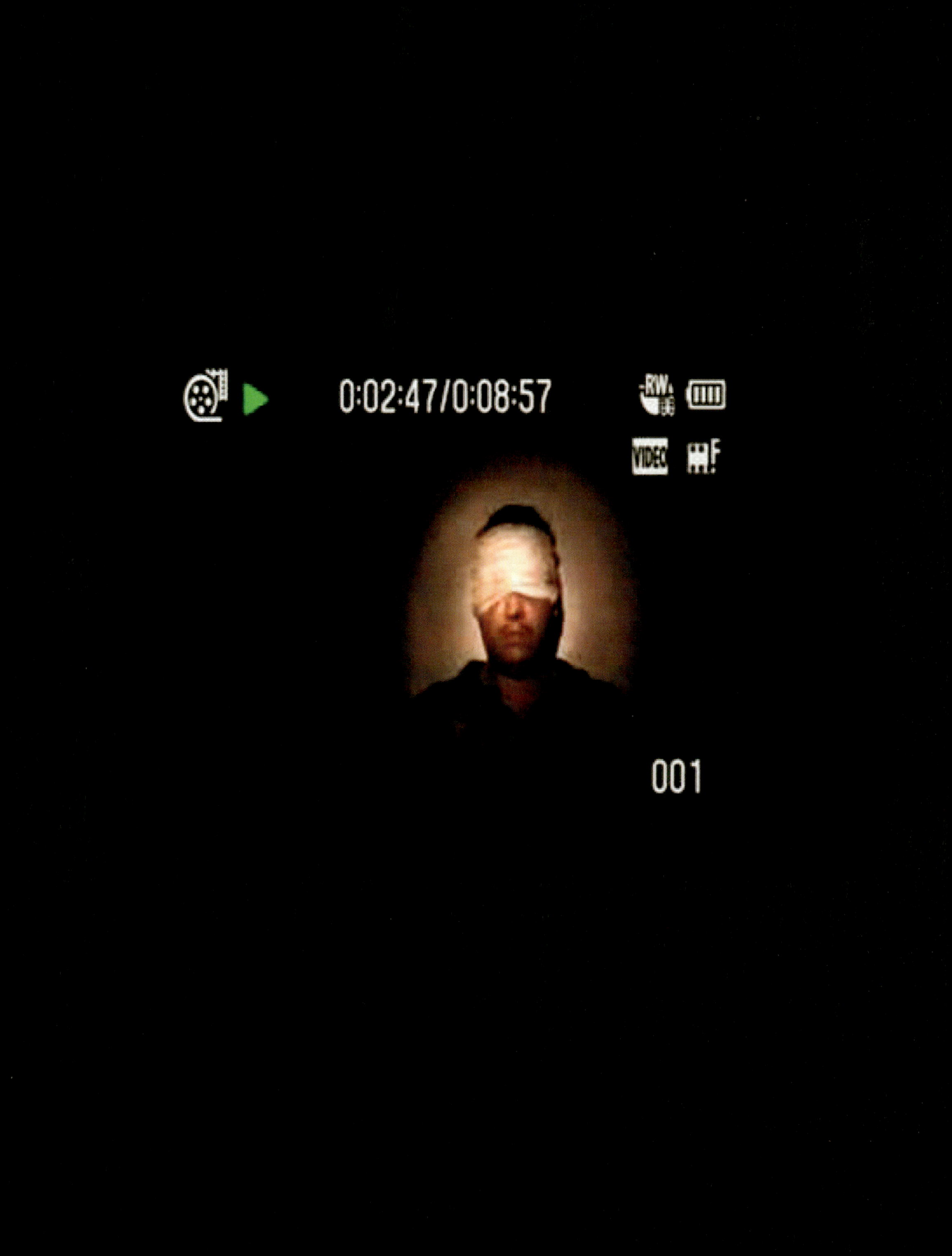
0:02:47/0:08:57
-RW
VIDEO
F
001

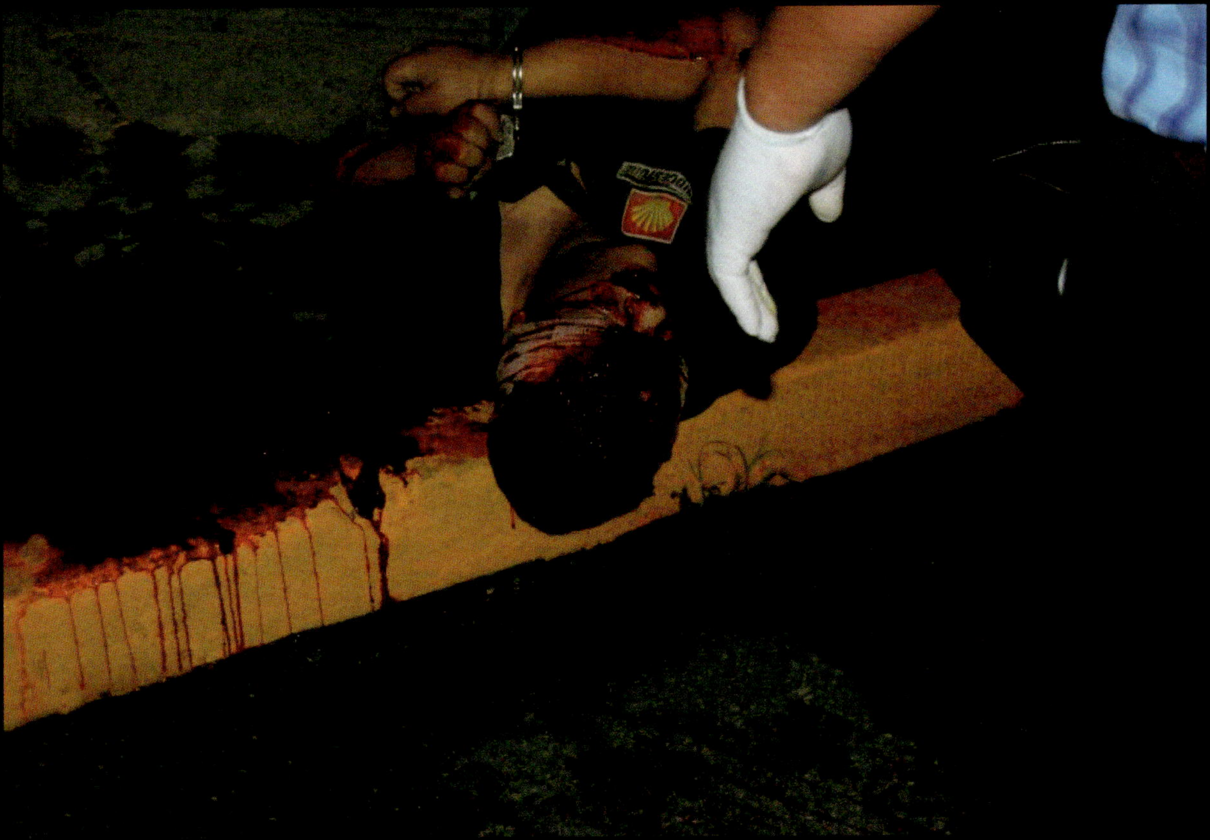

22 DE ABRIL
LOS ZETAS SE HACEN RESPONSABLES

Tras varias acusaciones realizadas por parte del Cártel del Golfo, en cuanto a la sangrienta ola de violencia que afecta a la ciudadanía en general, la organización delictiva de Los Zetas emitió un comunicado oficial en donde hablan sobre la guerra que enfrentan con sus enemigos, aceptando que no piden apoyo a la sociedad, solamente que los dejen trabajar en su plan, así como también aceptan que la guerra costará vidas:

Este es un comunicado oficial de parte de La Compañía: Sabemos que todas las ciudades están molestos con todo lo que esta pasando y esta harto de ver como esto no se termina pero aquí esta la realidad de lo que querían saber.

A nosotros nos tachan de secuestradores, extorsionadores, asesinos y demás pero les recuerdo que nosotros antes que iniciara todo esto estábamos a las órdenes del Cártel del Golfo (C.D.G.) y lo cual recibíamos órdenes, ahora ellos nos declararon la guerra aun así nos culpan de quemar casas, de matar gente inocente y demás como que si ellos no hicieron eso, se tachan de finos, estudiados y buena gente que hasta roban tiendas de ropa para vestir bien.

Queman casas porque creyendo que así nos iremos para siempre, matan a gente inocente para echarnos la culpa de eso y que toda la ciudad se pongan en contra de nosotros, y ellos quedar bien, ponen comunicados en diferentes medios para tapar el sol con un dedo.

Nosotros no necesitamos andar diciendo a la gente que nos apoyen ni mucho menos reclutando alumnos de secundarias como ellos lo hacen, nosotros somos gente preparada para combate y no necesitamos de gente que no sabe ni manejar un arma. […] Somos lo que somos pero estamos conscientes de nuestras acciones y antes de realizarlas le añadimos inteligencia.

Solo nos resta decirles que no salgan de sus casas si no tienen nada a que salir y ante cualquier evento en la calle trate de resguardarse pero tengan por seguro que nosotros sí tenemos entrenamiento y no como ellos que no saben actuar ante una situación así.

Con esto no les estamos pidiendo que nos apoyen ni que anden poniendo gente, solo que no se metan con nosotros y que nos dejen trabajar que al final de esto saldrá victorioso quien tenga más poder y más estrategia para poder realizar su trabajo. Estamos conscientes que perderemos gente pero ellos perderán todo. Nosotros podemos realizar nuestro trabajo sin necesitar el apoyo de la población inocente.

Atte: La Compañía Z

APRIL 22
LOS ZETAS TAKE RESPONSIBILITY

After several accusations from the Gulf Cartel blaming them for the bloody wave of violence, Los Zetas issued their own bulletin. In it, they requested that they be left alone to pursue their strategy, and recognized that there will be casualties:

This is an official bulletin from The Company: We know that every city is bothered by everything that is happening and everyone is fed up with seeing how this does not end. However, here is the reality of what you wanted to know.

We are tagged as kidnappers, extortionists, murderers, and more, but let me remind you that before this all began, we were under the orders of the Gulf Cartel and we received their orders. Now they have declared war on us, and yet they still blame us for burning houses, killing innocent people, and so forth, as if they hadn't done such things. They label themselves as refined, studious, and good people who even rob clothing shops to dress well.

They burn houses thinking that this will make us leave forever; they kill innocent people to blame us so that the whole city turns against us and they look good; they issue press releases in different media to lightly cover-up what is happening.

We don't need to ask people to support us, and even less so to recruit high-school students like they do. We are prepared for combat and do not need people who do not know how to use a weapon…. We are what we are, but we take responsibility for our actions and before carrying them out we think it through.

The only thing left to say is that you should not leave your homes if you have nothing to do outside, and given any event on the street, try to take cover. But rest assured that we do have training, unlike them who don't know how to act in such situations.

With this we are not asking for your support or your people. Just don't get involved with us and let us do our job so that in the end the winner will be the one who has more power and more strategies to get the job done. We know we will lose people, but they will lose it all. We can carry out our job without the support of innocent residents.

Sincerely,
The Company Z

23 DE ABRIL
INTERROGAN A CUATRO INTEGRANTES DE LOS ZETAS

Blog del Narco obtuvo una grabación nueva donde se observa la interrogación de cuatro hombres vestidos con playeras en color negro, con una "Z" marcada en el pecho hecha con cinta adhesiva, visiblemente golpeados. Son sometidos por tres sujetos armados, quienes portan uniformes tipo militar.

En el video un hombre, quien nunca muestra el rostro, comienza a realizar preguntas de forma tajante, y cuando se les cuestiona a qué agrupación pertenecen, los cuatro en coro responden a Los Zetas. Entonces, el que se considera líder de los otros tres sometidos es el encargado de responder, su voz deja conocer evidentemente el miedo a ser ejecutado:

—¿Cuál es su misión?
—Matar a los del Golfo.
—¿Matar a los del Golfo? ¿Y por qué?
—Porque queremos acabar con ellos, con todos, con los del Cártel del Golfo.
—¿Y por qué se dejaron pescar?
—Porque estaban vestidos de militares y estaban muy bien armados.
—¿Eran muchos o eran poquitos?
—Eran bastantes.
—¿Eran bastantes? ¿Y les tuvieron miedo?
—Sí, sí.
—¿Pues no que son muy valientes Los Zetas?
—No señor.
—¿No se la dan de muy valientes el joto de Lazcano y 40? ¿Por qué los mandan a pelear a ustedes? ¿Por qué no vienen al frente ellos?
—Porque tienen miedo a que los maten.
—¿Cuántas familias han matado?
—Muchas, bastantes, las matamos, las quemamos.
—¿Las queman? ¿Por qué las queman?
—Porque nos ordena El Comandante 40.
—¿Les ordena El Comandante 40 quemar gente?
—Sí, bueno se las llevamos a ellos y las queman, los matan con un mazo y los queman.
—¿A las mujeres también las matan?

APRIL 23
FOUR LOS ZETAS INTERROGATED

Blog del Narco obtained a video showing the interrogation of four men bearing signs of torture wearing black T-shirts with a letter Z in the middle, made out of tape. They are held captive by three armed subjects dressed in military uniforms.

In the video, a man who never shows his face begins sharply questioning the captives. When he asks what group they belong to, they answer in unison, "Los Zetas." Then the prisoner who considers himself the leader takes charge of responding, his voice quavering with the fear of being executed:

"What is your mission?"
"To kill those from the Gulf."
"To kill those from the Gulf? Why?"
"Because we want to finish them off, all of them, the Gulf Cartel."
"And why did you let yourselves get caught?"
"Because they were dressed as soldiers and were very well armed."
"Were they many or few?"
"They were quite a lot."
"They were quite a lot? And were you scared of them?"
"Yes, yes."
"Are Los Zetas very brave?"
"No sir."
"Don't they boast about how brave they are, Lazcano the fag and 40? Why do they send you to fight? Why don't they come to the frontlines?"
"Because they're afraid you will kill them."
"How many families have you killed?"
"Many, quite a lot, we killed them, we burned them."
"You burn them? Why do you burn them?"
"Because those are Commander 40's orders."
"Commander 40 orders you to burn people?"
"Yes, well, we take the people to them, and they kill them with a mallet and burn them."
"Do you also kill women?"
"Yes, we rape them because we are not allowed to go home and because they don't pay us…."
"Why do you rob the townspeople?"
"Because [Los Zetas] don't give us money to eat."
"And what do you do for money?"
"We take their food."

—Sí, las violamos porque no nos dejan ir a la casa, porque todavía no nos paga. [...]

—¿Por qué roban a la gente de los pueblos?

—Porque [Los Zetas] no nos dan dinero para comer.

—¿Y qué hacen para sacar dinero?

—Les quitamos la comida.

—Bueno, ese es el grupo Zeta, es una vergüenza, para empezar no pagan... matan gente y niños... ¿Tu crees que sea bueno eso? Pinche mugrero de agrupación...

—No.

De una forma abrupta termina la grabación, sin embargo, contenía un mensaje que advertía la ejecución de los cuatro hombres. Muy poca gente sale con vida después de ser interrogada por algún grupo de la delincuencia organizada.

"Well, that's the Zeta group, they are a disgrace. For one thing, they don't pay . . . they kill people and children . . . Do you think that's good? Fucking filthy group . . ."

"No."

The recording ends abruptly as, apparently, do the lives of the four Zetas. Few survive an interrogation by a criminal organization.

27 DE ABRIL
SECUESTRAN A ESPOSA DE HÉCTOR BELTRÁN LEYVA

Héctor Beltrán Leyva, mejor conocido como El H, y líder del famoso Cártel de los Beltrán Leyva, fue atormentado por otro grupo rival cuando su esposa Clara Elena Laborín Archuleta fue víctima de un secuestro en la ciudad de Hermosillo. El levantón ocurrió en Hermosillo, la capital del estado de Sonora, que linda con Arizona.

El día 13 de abril, poco después de las 12:00 horas, Clara Elena se encontraba a las afueras de una de sus lujosas residencias, la cual se encontraba en plena construcción, ubicada a pocos metros del Cuartel General de la Policía Estatal Preventiva del estado de Sonora.

La mujer iba acompañada de dos hijas pequeñas cuando fue sorprendida por un comando armado. Varios hombres llegaron en camionetas lujosas y se la llevaron. De nada sirvió estar escoltada por tres hombres armados, que se dijo pertenecían a una corporación policiaca, sin embargo de ellos ya no se supo nada.

De inmediato agentes investigadores llegaron al lugar de los hechos, todo se manejó con mucho cuidado, hasta los medios de comunicación locales mostraron cierto respeto ante la penosa situación que sufría el capo, y sobre esto se dieron muchas suposiciones, ya que conociendo la carrera de El H, era muy poco probable que su esposa saliera bien librada del levantón. Él contaba con muchos enemigos; podría pasar cualquier cosa.

Al transcurrir los días corrieron más versiones y rumores, "Sus captores filmaron a Clara Elena, le dejó un mensaje a su esposo, lo culpaba por su desgracia… ella fue ejecutada, después cortaron las partes de su cuerpo, la destazaron, y los restos llegaron a manos de El H". Aunque la versión era macabra, era probable que fuese cierto. Los grupos del narcotráfico no se andan con bromas en México, dicen que "Quien la hace la paga".

La historia tomó fuerza durante la mañana del lunes 26 de abril, cuando llegaron noticias de Clara Elena, sus captores la dejaron libre. Justo a un costado de la Universidad de Sonora, en el cruce las calles Luis Donaldo Colosio y De la Reforma, tirada sobre una banqueta apareció la mujer, quien se encontraba atada de pies y manos, la mitad de su rostro estaba cubierto con una venda, vestida con ropa deportiva en color negro y visiblemente afectada. Junto a ella permanecía una cartulina en color blanco con un narcomensaje.

En cuestión de minutos la presencia de autoridades en el lugar causó inquietud entre gente que se encontraba en la zona. Clara Elena solamente escuchaba gritos y sentía cómo llegaban a ella los agentes. Comenzó a llorar, miles de cosas pasaron por su mente. Finalmente regresó junto con su familia.

Pero los responsables de los hechos querían que el mensaje fuera claro para Beltrán Leyva. Fue así que antes de liberar a la señora hicieron que posara junto a otro narcomensaje y tomaron una fotografía que llegó a Blog del Narco. El mensaje decía:

NOSOTROS TE VAMOS A ENSEÑAR A SER HOMBRE Y RESPETAR A LAS FAMILIAS… ASESINO DE NIÑOS HECTOR

APRIL 27
HÉCTOR BELTRÁN LEYVA'S WIFE KIDNAPPED

A rival group tormented Héctor "El H" Beltrán Leyva, who succeeded his brother Arturo as leader of the Beltrán Leyva Organization, by seizing his wife Clara Elena Laborín. The kidnapping took place in Hermosillo, the capital of Sonora state, which abuts Arizona.

A little after noon on April 13, Clara Elena, accompanied by her two young daughters, was supervising the construction of one of the luxury residences she owns. The property lay only a few yards from the Sonora State Police headquarters.

Suddenly, armed commandos roared up in fancy pickup trucks and whisked her away. Her three armed bodyguards, who were said to be policemen, did not protect her and were never seen again.

Investigators immediately arrived at the scene and handled the case with great care. Even the media showed respect for the suffering capo. El H had many enemies, and it appeared unlikely that his wife would emerge alive from the abduction.

Rumors abounded: "Her kidnappers filmed Clara Elena, she left a message for her husband, she blamed him for her misfortune . . . she was executed and they dismembered her body, they quartered her, and the remains made it to the hands of El H." Although these rumors were ghastly, they were also very likely. When it comes to cartels in Mexico, they say, "Those who make it, pay for it."

However, the story had an unexpectedly happy ending on Monday evening, April 26, when it was reported that the kidnappers had released Clara Elena. Authorities found the visibly shaken capo's wife lying next to the Universidad de Sonora, dressed in black sportswear, with half her face bandaged, and her hands and feet bound. Next to her was a white card with a narcomessage.

The presence of the police unnerved local residents. Blindfolded, Clara Elena heard their screams. As the agents approached her, she began to cry, unsure whether she was about to be killed or rescued. In the end, she was reunited with her family.

Before freeing her, those responsible for the kidnapping took a picture, which made its way to the Blog del Narco. It showed Clara Elena posing next to another narcomessage that read:

WE WILL TEACH YOU HOW TO BE A MAN AND RESPECT FAMILIES . . . CHILD MURDERER HECTOR BELTRAN LEYVA, HERE IS YOUR WIFE FOR WHOM YOU DID NOT WANT TO RESPOND. WE GIVE HER TO YOU ALIVE AND HEALTHY SO THAT YOU LEARN THAT FAMILY IS SACRED TO US, LITTLE ASSHOLE OF A MAN.

An informal honor code once existed among traffickers. Specifically, they did not hurt innocent people. Women and children were off limits, even if related to a capo. But today, very few cartels play by these so-called golden rules. This ending was a rare, and calculated, instance of mercy in a world in which no life is sacred anymore.

BELTRAN LEYVA AQUI ESTA TU ESPOSA POR QUIEN NO QUISISTE RESPONDER TE LA ENTREGAMOS VIVA Y SANA PARA QUE APRENDAS QUE PARA NOSOTROS LA FAMILIA ES SAGRADA POCO HOMBRE CULERO.

      Es bien sabido que en tiempos actuales los códigos de honor entre los narcotraficantes ya no son tan respetados. Hace décadas las cosas se arreglaban de manera diferente. Ni por error gente inocente era víctima. Aunque estuvieran relacionados con algún capo, mujeres y niños eran respetados. Pero en la época moderna, esos tratos ya casi nadie los respeta, son muy pocos los que cumplen las llamadas reglas de oro.

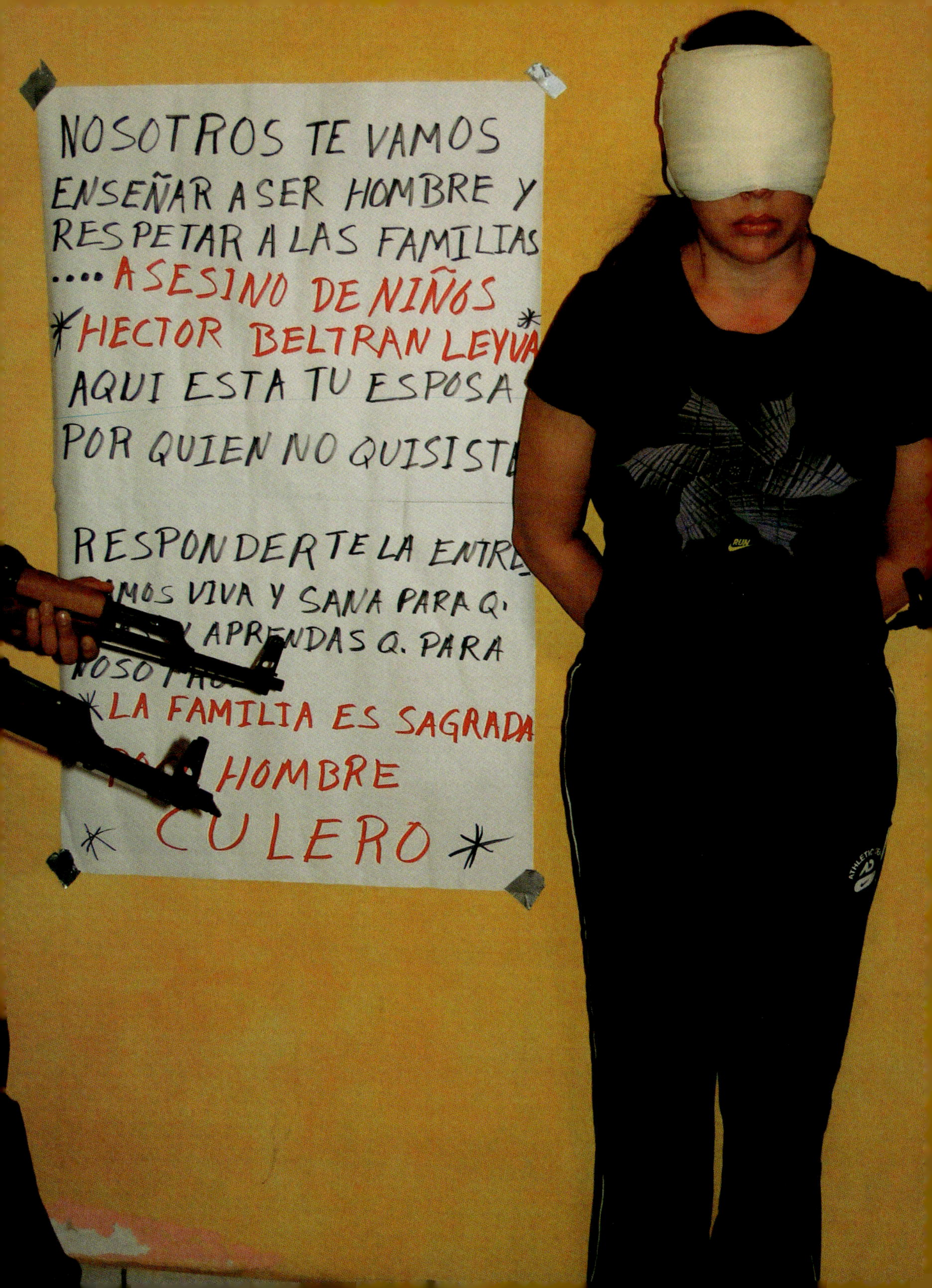
NOSOTROS TE VAMOS
ENSEÑAR ASER HOMBRE Y
RESPETAR A LAS FAMILIAS
.... ASESINO DE NIÑOS
HECTOR BELTRAN LEYVA
AQUI ESTA TU ESPOSA
POR QUIEN NO QUISIST
RESPONDERTE LA ENTRE
VIVA Y SANA PARA Q.
APRENDAS Q. PARA
*LA FAMILIA ES SAGRADA
HOMBRE
* CULERO *

MAYO 2010
LA VIOLENCIA SE INTENSIFICA

2 DE MAYO
LA CAZA DE LOS ZETAS

Día a día la guerra entre el Cártel del Golfo y Los Zetas aumentaba el nivel de sangre; los primeros intensificaban la caza de Zetas en localidades como Camargo y Miguel Alemán pertenecientes a Tamaulipas, así pudieron ser conocidas espantosas estrategias. En los primeros días del mes de mayo, fueron encontrados varios hombres que habían sido descuartizados. Cada una de las ejecuciones era un mensaje que después sería contestado por el otro grupo.

Los del Golfo ubicaban a un Zeta, lo levantaban, torturaban, interrogaban y luego mutilaban cada parte de su cuerpo, cortaban su piel y marcaban la letra Z. Sin embargo la historia no terminaba así. Ya muertos, los hombres o mujeres eran transportados hasta lugares públicos en donde decenas de personas podían ser testigos de los macabros hallazgos, a veces afuera de escuelas, plazas públicas, canales de televisión y centros comerciales. Autoridades intentaban llegar lo más rápido posible al lugar en donde se les había reportado algún descuartizado, sin embargo por más pronto que se pudiera estar en el sitio, ya había testigos de las terroríficas escenas, y para esas personas desde ese momento ninguna película de terror podría causar más impresión que el macabro recuerdo.

Este mes inició con el hallazgo de tres descuartizados que fueron colocados en un altar religioso. Junto a una figura de San Judas Tadeo —el santo de los casos desesperados y perdidos— fueron colocadas tres cabezas, mientras que algunos pedazos humanos fueron colgados entre las luces que lo adornaban. Algunos fieles llegaron muy temprano a rezarle a su santo o a dejarle una pequeña ofrenda floral, cuando fueron testigos de la sanguinaria acción. En cualquier parte y a cualquier hora, alguien se podía encontrar con rastros de la narcoguerra.

MAY 2010
THE VIOLENCE ESCALATES

MAY 2
THE HUNT FOR LOS ZETAS

The war has become increasingly bloody as the Gulf Cartel has intensified its efforts to hunt Los Zetas in Camargo, Miguel Alemán, and other municipalities in Tamaulipas. In early May, dismembered bodies began to appear. Each execution was a message that would later receive an answer from a rival group.

Members of the Gulf Cartel locate Zetas, abduct them, then torture, interrogate, and mutilate nearly every part of their bodies, often carving a Z on their torso. However, the atrocities do not end there. The killers transport the dead men or women to public places—including schoolyards, residential streets, the entrances of television stations, and shopping malls—where dozens of people can see the mutilated bodies. No matter how quickly the authorities arrive, they are never in time to prevent innocent bystanders from witnessing these gruesome scenes.

This month began with the discovery of three chopped up bodies atop a church altar. A figure of Saint Jude Thaddeus, the patron saint of desperate cases and lost causes, lay next to the three heads. Nearby, human remains were hung among the decorative lights. Some of the faithful, who arrived early to pray to their saint or leave a small floral offering, witnessed the bloody scene. Evidently, not even religious sanctuaries can avoid the imprint of the narcowar.

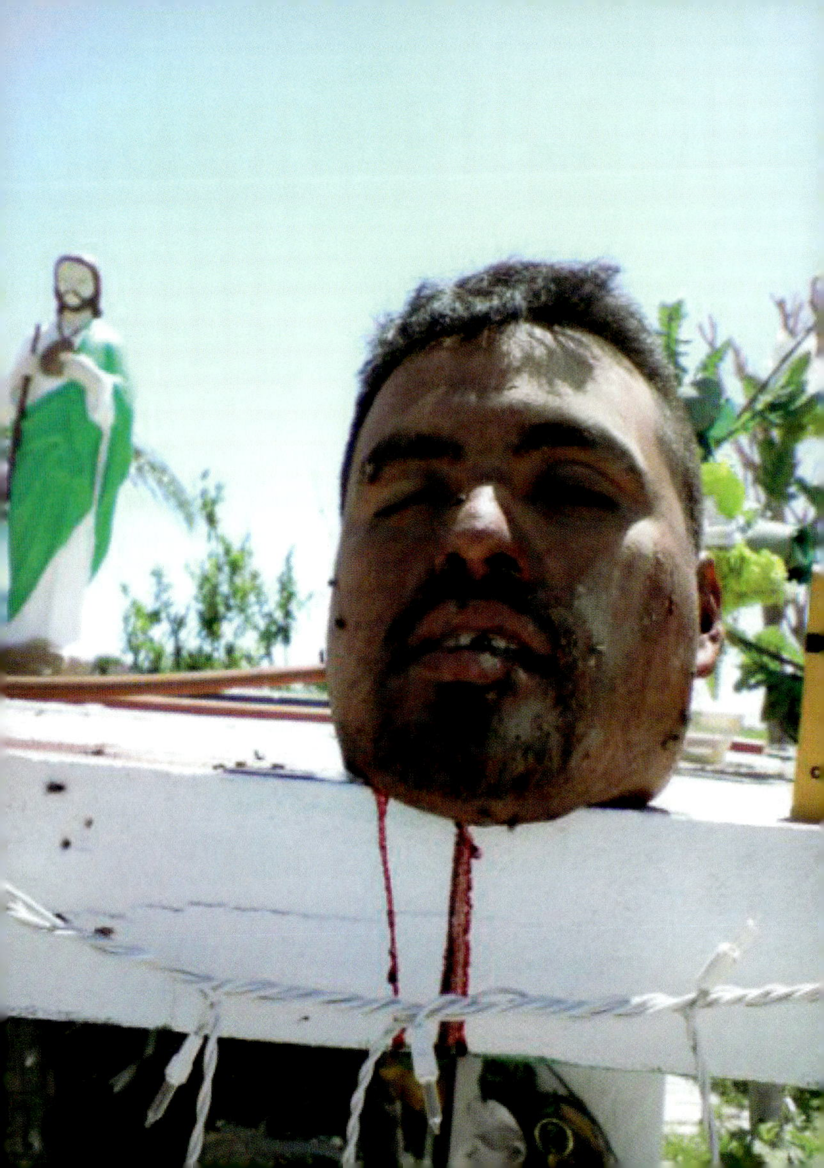

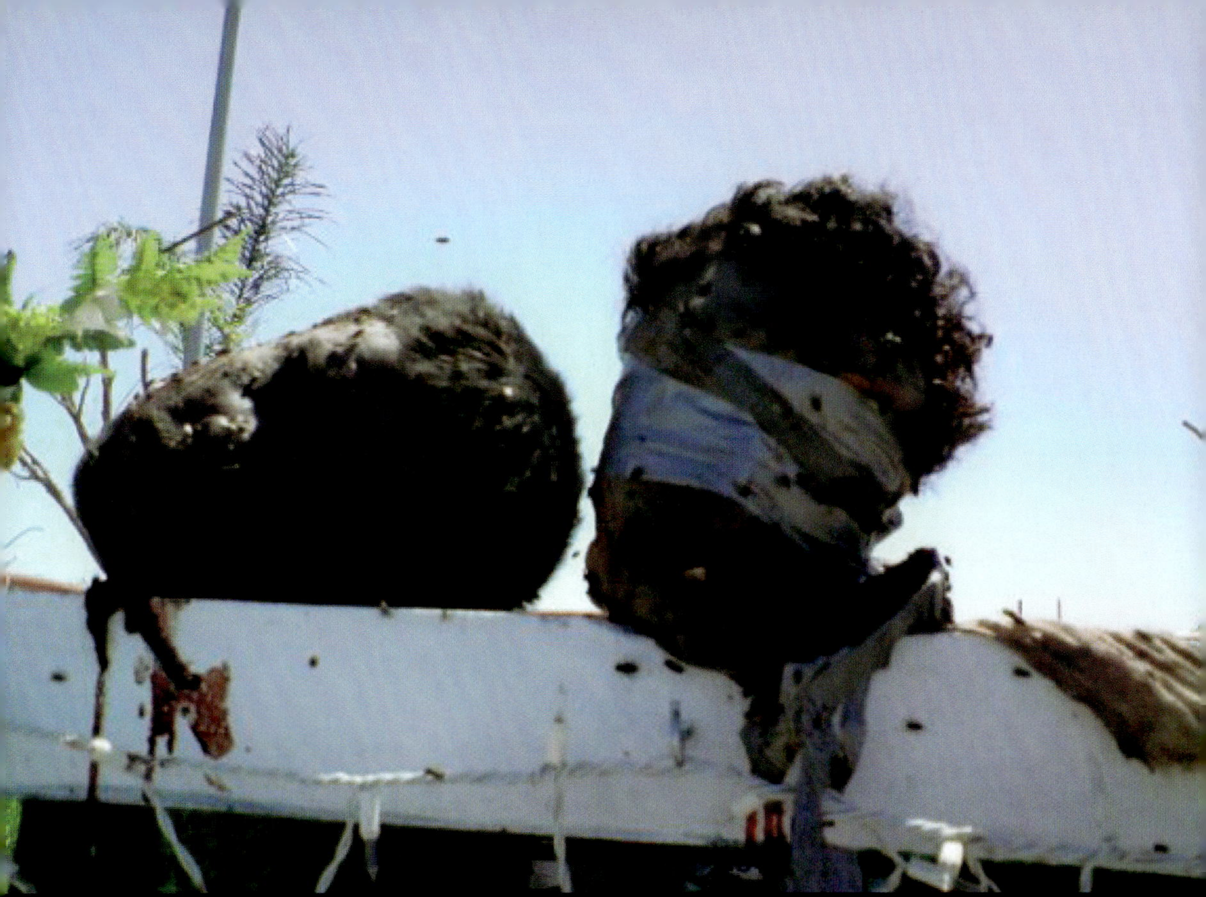

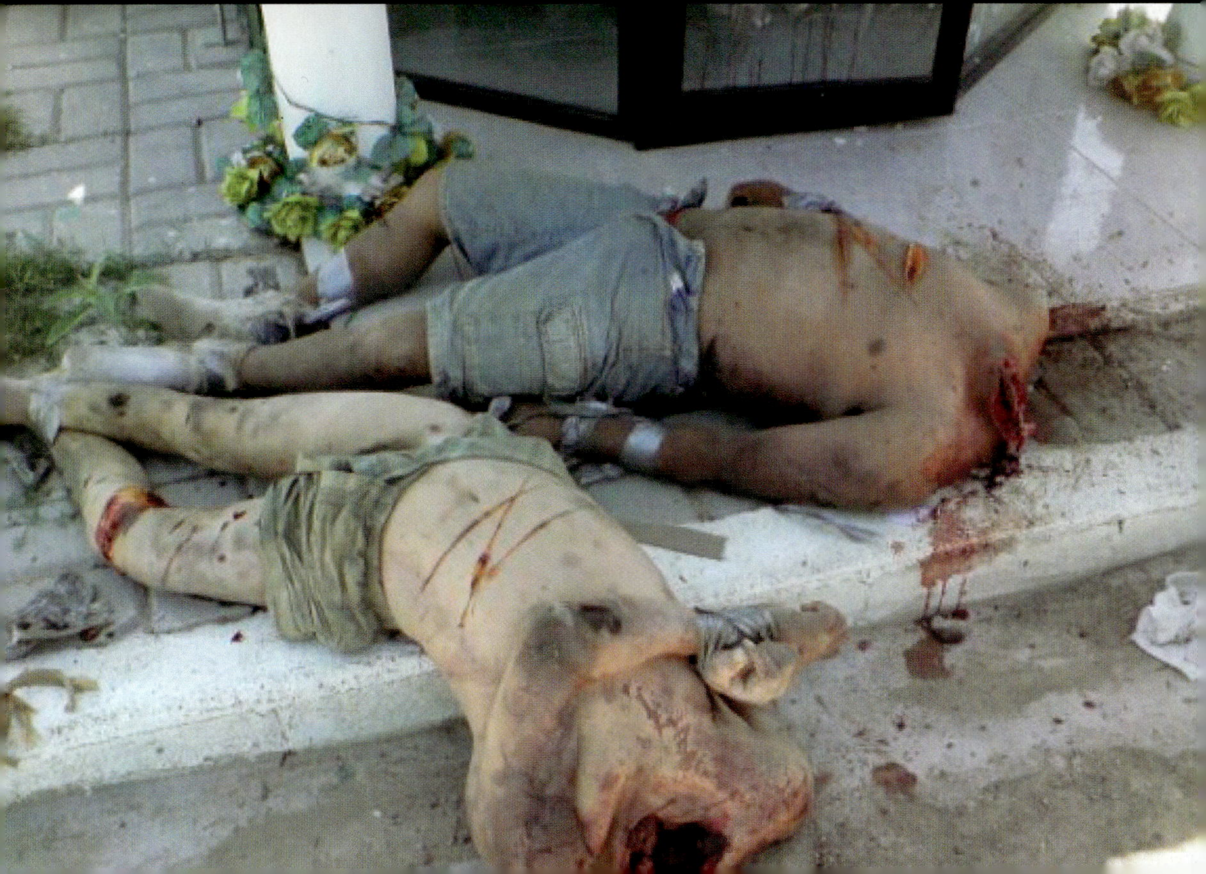

3 DE MAYO
PISTOLEROS PROVOCAN CAOS Y ESTAMPIDA HUMANA EN FERIA DE NUEVO LEÓN

La Exposición Ganadera de Guadalupe se realiza cada año en el estado de Nuevo León. Es un evento tradicional en donde miles de familias la visitan y la gente se divierte.

Sin embargo la madrugada del domingo, asistentes a la Feria fueron presas del terror y la desgracia. Era la 1:20 de la madrugada, al interior del Palenque acababa de terminar la pelea de gallos y el grupo de música regional mexicana Intocable realizaba su presentación. Mujeres y hombres coreaban canciones, brindaban con cerveza y bailaban como podían en lo reducido de sus butacas.

Por su parte algunos niños, a pesar de que ya era de madrugada, seguían divirtiéndose en los juegos mecánicos, y lanzando canicas para ganarse algunos premios, pistolas de agua, peluches y relojes. Mientras tanto algunas familias disfrutaban de las comidas tradicionales como carne asada, tacos, enchiladas, cabrito y menudo en algún restaurante de la Expo o en los locales de otras áreas.

En el Jardín Cerveza (área patrocinada por la marca de cerveza Carta Blanca, en donde son colocadas barras gigantes en donde venden bebidas y hay eventos musicales), gran cantidad de personas bebían y todo parecía bien, hasta que algunas detonaciones realizadas en esa zona causaron alerta entre los presentes. Una balacera se había desatado, el pánico no se hizo esperar, todos corrían.

Simultáneamente en el Palenque unos hombres accionaron sus armas de fuego, el grupo Intocable ante la confusión dejó de tocar sus instrumentos, mientras que su vocalista tardó unos segundos en percatarse de la balacera, así que seguía cantando hasta que la gente comenzó a gritar e intentaban salir apresuradamente del lugar.

La gente comenzó a correr, querían salir del lugar, como fuese posible, era una estampida humana, gritos y más gritos, lágrimas, desesperación, gente aplastada, tirada en el suelo, zapatos por donde quiera, manchas de sangre, niños buscando los brazos de sus padres, más detonaciones seguían, y el pánico crecía. Para empeorar las cosas, alguien había cerrado las puertas de la Expo con llave. Nadie podía salir y la poca seguridad por parte de elementos de la Policía Municipal de Guadalupe no podía controlar la gran cantidad de personas desesperadas. Y en vez de brindar protección a la ciudadanía, comenzaron a insultar a los presentes.

Ante la desesperación de encontrarse encerrados en las instalaciones, algunos comenzaron a saltar la barda de varios metros de altura o intentaban tirar abajo las rejas del lugar. Los que lograron huir corrieron y cruzaron la avenida sin importarles los automóviles. Al percatarse de la estampida, conductores permitieron que cruzaran.

Otras personas decidieron resguardarse entre los corrales de los animales que se estaban exhibiendo, cientos

MAY 3
GUNMEN CAUSE STAMPEDE AT CATTLE EXPO

The Guadalupe Cattle Expo takes place every year in Nuevo León. This traditional event attracts thousands of families eager to see the livestock, and to enjoy fun, food, and games of chance.

But Sunday morning brought terror and misfortune to fairgoers. At 1:20 A.M., a cockfight had just finished, and the Mexican regional music group Intocable was beginning their show. Men and women sang along with the tunes, toasted each other with beer, and danced in the narrow aisles between seats.

Although it was past midnight, some children were still enjoying fairground rides and throwing marbles to win such prizes as water guns, stuffed animals, and watches. Meanwhile, other families tucked into carne asada, tacos, enchiladas, goat meat, giblets, and other traditional foods served by the Expo restaurants.

In the Jardín Cerveza, a large crowd enjoyed the free-flowing Carta Blanca beer as they listened to lesser-known bands. Their merriment ended when a shootout drove them out of the beer garden.

Gunfire also erupted in the arena where members of Intocable stopped playing their instruments, although the group's vocalist continued to sing, unaware, until people started to scream and scramble out of the area.

The stampede that ensued brought screams, tears, and cries of despair as people lay crushed on the floor and children searched frantically for their parents. Making the situation even more horrifying, someone had locked the Expo's doors. Nobody could get out, and the modest security provided by local policemen was inadequate to halt the waves of desperate people. Rather than protect fairgoers, the cops began to shout insults at those attempting to escape.

Desperation drove some patrons to jump over or pull down the high fences surrounding the fairground. Those who succeeded ran panicked across a busy avenue, where drivers slammed on their brakes to avoid hitting them.

Others sought cover in cattle pens and other animal stalls. When the tumult ended, they began to emerge, redolent of straw and cow dung. In the Jardín Cerveza, a crowd formed a circle around four people lying on the ground next to police officers who were ignoring them.

A man who was with one of the deceased grabbed his cell phone and made a call, his voice choked with tears of helplessness, "I'm at the Expo, my friend is dead … do you understand, my buddy is dead. How do you expect me to calm down? No one is doing anything. The damn police aren't doing anything. I'm looking at my friend for the very last time."

The shouted insults angered the police, who told the people to leave. The cops even shoved from the scene those who demanded the presence of the army.

More than thirty minutes after the tragedy, more local police officers arrived along with state police, federal police, soldiers, and Red and Green Cross paramedics. Why it took so long for them to show up remains an unanswered question.

The official statistics released by the authorities included five dead and seventeen injured. However, witnesses believe these figures are inaccurate. By hiding the real number of victims, the government made a big mistake: It lost credibility with the residents.

permanecían refugiados con el ganado. Ya cuando pudieron percatarse de que las cosas se habían calmado un poco, decidieron salir. En el Jardín Cerveza, mucha gente formaba un círculo alrededor de cuatro personas tiradas, mientras que algunos policías permanecían inmóviles.

Un hombre que se encontraba junto a un fallecido, tomó su celular y realizó una llamada. La voz entrecortada, lágrimas y la impotencia eran más que evidentes: "Estoy en la Expo, está mi compadre muerto... entiende, está mi compadre muerto, ¿cómo quieres que me tranquilice? Nadie hace nada, los pinches policías no hacen nada, estoy viendo a mi compadre por última vez".

Gritos con insultos a los policías hicieron que estos se irritaran y pidieran a la gente que se retirara, algunos de forma prepotente comenzaron a empujar a los presentes, que exigían la presencia de elementos del Ejército Mexicano.

Más de treinta minutos después de que ocurriera la tragedia, llegaron más elementos de la Policía Municipal, así también de la Policía Estatal, Policía Federal, y del Ejército Mexicano, junto a paramédicos de la Cruz Roja y Cruz Verde. Parecía increíble que se hubieran tardado tanto ante la situación de riesgo, pero extrañamente sucedió así.

La cifra oficial que autoridades dieron a conocer con respecto a esta tragedia fue de cinco muertos y diecisiete heridos. Sin embargo, miles de testigos se percataron de que esa cantidad no era verdadera. Al ocultar el número real de personas afectadas, los funcionarios de Nuevo León cometieron un gran error... la confianza de la ciudadanía estaba desapareciendo.

Visiblemente afectada y preocupada, la alcaldesa de Guadalupe, Ivonne Álvarez, dio una conferencia de prensa durante las primeras horas de la mañana donde anunció que la Expo Guadalupe había sido clausurada por tiempo indefinido. Si lo que pretendían los sicarios era causar terror, ya lo habían logrado. El hecho hizo que la población se sintiera una vez más defraudada por la ineficiencia de quien gobierna, pidiendo y exigiendo que ya no hubiera más víctimas inocentes.

Los investigadores confirmaron que no habían logrado detener a los responsables de esta tragedia.

Visibly worried, Guadalupe Mayor Ivonne Álvarez, gave a press conference that morning and announced that the Expo would be closed indefinitely. If the sicarios strove to cause terror, they succeeded with flying colors. Townspeople protested the government's inefficiency and the rising toll of innocent victims.

Investigators failed to find those responsible for the tragedy.

6 DE MAYO
HALLAN DECAPITADO A TRABAJADOR DE LA BARBIE

LA ORGANIZACIÓN DE LOS BELTRÁN LEYVA
También conocido como: BLO, el Cártel de los Beltrán Leyva, CBL.
Origen: Los cinco hermanos de la familia Beltrán Leyva son originarios de Sinaloa y trabajaron con el Cártel de Sinaloa, batallando por las rutas comerciales en el noreste de México. Luego del arresto de su hermano Alfredo en 2008, Arturo "Jefe de Jefes" Beltrán Leyva ordenó el asesinato del jefe de la Policía Federal y otros oficiales de alto rango en la capital mexicana. Los hermanos Beltrán Leyva también culparon al jefe del Cártel de Sinaloa, El Chapo, por la traición de su hermano, y asesinaron a su hijo de veintidós años en el estacionamiento de un centro comercial, con más de una docena de sicarios atacándolo con armas y granadas. Luego, los hermanos y sus seguidores se separaron del Cártel de Sinaloa y formaron su propio cártel, La organización Beltrán Leyva. Pronto se llevaron a las alas paramilitares del Cártel de Sinaloa, Los Negros, que habían sido creadas para batallar a Los Zetas. Eran liderados por el lugarteniente de Arturo, llamado Édgar "La Barbie" Valdez Villarreal, una ex estrella del fútbol americano en la secundaria quien había huido a México para evitar ser arrestado por las autoridades tejanas por cargos por distribuir marihuana.
Liderazgo: Después de que los marinos mataron a Arturo en 2009, su hermano Héctor "El H" Beltrán

A las afueras del antro llamado Coco Lounge ubicado en el Bulevar Antonio Rosales, en la ciudad de Los Mochis, elementos de la policía municipal y estatal hallaron un cuerpo decapitado que estaba envuelto en una cobija y amarrado con una soga, mientras que a un costado una hielera de color rojo guardaba la cabeza.

El ejecutado fue identificado como Manuel Méndez Leyva, de treinta y nueve años de edad, residente de la colonia Anáhuac. Reportes indicaron que el fallecido trabajaba junto a Édgar Valdez Villarreal, alias La Barbie. Informes policíacos revelan que el ejecutado no tenía lesiones en el cuerpo, por lo que consideran que fue decapitado vivo.

Elementos de la Secretaría de la Defensa Nacional y de la Marina Armada de México realizaron minuciosas investigaciones con el fin de dar con el paradero de La Barbie, ya que en últimas fechas sus acciones se habían vuelto más sanguinarias. La Barbie es ex jefe de sicarios del Cártel de Sinaloa y el americano con el cargo más alto dentro de los cárteles mexicanos. Cuando los Beltrán Leyva dejaron el Cártel de Sinaloa, él se unió con ellos y se convirtió en el lugarteniente más importante dentro de su organización. Sin embargo, desde la muerte de Arturo Beltrán Leyva, La Barbie ha estado en guerra con Héctor Beltrán Leyva por el liderazgo del cártel y el territorio.

Otros grupos del narcotráfico buscan vengarse de La Barbie, ya que en varias narcomantas

MAY 6
DECAPITATED BARBIE WORKER FOUND

Outside Coco Lounge in Los Mochis in the Pacific coast state of Sinaloa, local and state police officers found a decapitated body wrapped in a blanket and tied by a rope. In a nearby cooler, they discovered the man's head.

They identified the executed individual as thirty-nine-year-old Manuel Méndez Leyva, a resident of the Anáhuac neighborhood, who reportedly worked with Édgar "La Barbie" Valdez Villarreal. The absence of torture marks indicated that the aggressors beheaded the victim alive.

Army and Marine officers conducted a detailed investigation in hopes of finding La Barbie, whose actions have become ever-more bloodthirsty in recent months. La Barbie is an ex-gunman for the Sinaloa Cartel, and the highest-ranking American in a Mexican DTO. After the Beltrán Leyva brothers left the Sinaloa Cartel, he joined them and became a top lieutenant in their organization. However, since the death of Arturo Beltrán Leyva, La Barbie has been at war with Héctor Beltrán Leyva for leadership of the cartel and the territory.

Various drug traffickers have been seeking revenge against La Barbie, whom narcobanners pilloried for a supposed betrayal. Similarly, executions of his associates have been accompanied by narcomessages warning that his enemies are closing in on him.

THE BELTRÁN LEYVA ORGANIZATION
Also Known As: The BLO, the Cártel de los Beltrán Leyva, the CBL
Origin: The five brothers of the Beltrán Leyva family came from Sinaloa and worked with the Sinaloa Cartel, battling for trade routes in northeastern Mexico. After the arrest of his brother Alfredo in 2008, Arturo "The Boss of Bosses" Beltrán Leyva ordered the assassination of the commissioner of the Federal Police and other top officials in the Mexican capital. The Beltrán Leyva brothers also blamed Sinaloa boss El Chapo for their brother's betrayal, and assassinated his twenty-two-year-old son in a shopping center parking lot, with over a dozen sicarios attacking him with guns and grenades. Afterward, the brothers and their followers split from the Sinaloa Cartel and formed their own cartel, the Beltrán Leyva Organization. They soon took with them the paramilitary wing of the Sinaloa Cartel, Los Negros, which was created to battle Los Zetas. It was run by Arturo's lieutenant Édgar "La Barbie" Valdez Villarreal, a former American high-school football star who'd run off to Mexico to avoid being arrested by Texas authorities on marijuana distribution charges.
Leadership: After Arturo was killed by Marines in 2009, his brother Héctor "El H" Beltrán Leyva (also known as "El Ingeniero" or the engineer), 5'10", 165 pounds, took over leadership of the cartel. El H is known as a serious-minded strategic and financial operative rather than a playboy, and has been holding

Leyva (alias "El Ingeniero"), tomó el liderazgo del cártel. El H es conocido como un estratega serio y un financiero operativo más que un mujeriego, y ha mantenido unido a un cártel seriamente debilitado que ha sufrido numerosos contratiempos. La recompensa que ofrece la Secretaría de Asuntos Exteriores de Estados Unidos por información que llevaría a capturarlo es de hasta cinco millones de dólares.

Actividades y áreas de operaciones: En su mejor momento, el Cártel de Los Beltrán Leyva controlaba los aeropuertos en la Ciudad de México, Acapulco, Toluca, Monterrey y Cancún, así como su actividad a través de cinco estados mexicanos. A través de la extorsión y la fuerza, el cártel logró infiltrar los cargos más altos de la policía, el gobierno y la seguridad nacional mexicana. Sin embargo, el cártel sufrió duros golpes con las capturas de varios miembros clave de su organización. En 2010, el cártel se separó en dos grupos rivales: Los Negros (liderados por La Barbie) y el Cártel del Pacífico Sur (liderado por Héctor).

han señalado una "traición". Al igual que en diversas ejecuciones han dejado narcomensajes avisando a Valdez Villarreal que cada vez están más cerca de él.

together a badly weakened cartel that has suffered numerous setbacks. The reward offered by the US State Department for information leading to his capture is up to $5 million.

Activities and Areas of Operations: In its heyday, the BLO controlled the airports in Mexico City, Acapulco, Toluca, Monterrey, and Cancún in addition to its activity across five Mexican states. Through bribery and force, the BLO infiltrated the highest levels of Mexico's police, government, and national security. However, the cartel has suffered massive blows after the takedowns of several key operatives. In 2010, the BLO split into rival factions: Los Negros (run by La Barbie) and the BLO and South Pacific cartels (run by Hector).

11 DE MAYO
ENCUENTRAN A CUATRO MUTILADOS EN ACAPULCO

La ciudad de Acapulco, Guerrero, siempre ha sido considerada un destino turístico, un lugar que atrae a grandes estrellas del cine y de la música internacional. Sin embargo, los capos han reemplazado a las estrellas en los titulares de los diarios y la cantidad de asesinatos ha llevado a que expertos la apoden Narcopulco.

En marzo autoridades de Chilpancingo, la capital de Guerrero, descubrieron los cuerpos de dos elementos de la Policía Ministerial adscritos a la Zona Norte. El grupo de sicarios los había descuartizado y colocado en ocho bolsas de plástico, las cuales abandonaron frente a las instalaciones de la corporación policiaca a la que en vida pertenecían los mutilados.

Mientras tanto, en el puerto de Acapulco fueron hallados otros dos hombres, destazados de la misma forma que los anteriores. Sus restos fueron guardados en bolsas de plástico y junto a ellas permanecían tres narcomensajes. Uno decía:

Esto les va a pasar a los chaqueteros y traidores saludos para ti director de la ministerial. Sigues tu radilla y manzanares son los próximos y los vamos a encontrar donde se escondan hijos de perra. Ya llego el que andaba ausente se me concedió volver. Atte. La Empresa.

Y otro decía:

Esto les va a pasar a todos los putos que apoyen a los jotos de los Beltrán Leyva y a sus mayates de Sergio Villarreal alias EL GRANDE y a los putos de los rojos. Saludos al Judio ay te dejamos la basura Armando Teran Valeriano. ATENTAMENTE La Barbi.

Los archivos de la investigación revelaron que los dos descuartizados encontrados en Acapulco eran hermanos y respondían a los nombres de Milton Cisneros Valeriano y Jairo Cisneros Valeriano, ambos sobrinos del subdirector operativo de Tránsito, Armando González Valeriano, y los restos humanos de sus familiares fueron dejados a la puerta de su casa.

Los sobrinos de González Valeriano habían sido levantados de un departamento ubicado en la unidad habitacional llamada El Coloso. Como resultado de este incidente, el propio jefe policíaco comenzaba a temer por su vida y presentó su incapacidad por veintiún días, la cual fue realizada por doctores del Instituto Mexicano del Seguro Social. Fue así que decidió desaparecer.

MAY 11
FOUR MUTILATED BODIES DISCOVERED IN ACAPULCO

The resort city of Acapulco, Guerrero, has long been a tourist destination that attracted Hollywood stars and millionaires. However, drug lords have replaced movies stars in the headlines, and the number of murders has prompted pundits to call it "Narcopulco."

In March, authorities in Chilpancingo, the capital of Guerrero, discovered the bodies of two ministerial police from northern Guerrero. Their killers had quartered them and stuffed their remains in eight plastic bags, then left them outside the police headquarters where the men worked.

The scene was reprised in Acapulco harbor, where two more men were discovered quartered and distributed into garbage bags, next to which lay three narcomessages. One read:

This is what will happen to the turncoats and traitors, greetings to you ministerial director. You're up next Radilla and Manzanares, and we'll find you no matter where you hide sons of bitches. The one who was absent is back, I was granted return. Sincerely, The Company.

Another read:

This will happen to all the bitches who support Beltrán Leyva's fags and Sergio, aka El Grande, Villarreal's niggers, and the red bastards. Greetings to the Jew, we left the trash there for you Armando Terán Valeriano. Sincerely, La Barbie.

An investigation revealed that the corpses in Acapulco were those of Milton Cisneros Valeriano and Jairo Cisneros Valeriano, nephews of Deputy Director of Transportation Armando González Valeriano. The killers left the human remains in front of their uncle's doorstep.

González Valeriano's nephews had been *levantados* (literally "picked up," or abducted) from an apartment in the El Coloso complex. As a result of this attack, the local chief of police began to fear for his life. He requested a twenty-one day leave of absence from the Mexican Social Security Institute and never returned to work.

13 DE MAYO
MASACRE EN LAS INSTALACIONES DE BIG COLA

Una serie de fotografías fue recibida por Blog del Narco, en las cuales se podía apreciar una masacre ocurrida en las instalaciones de la empresa refresquera Big Cola en San Fernando, Tamaulipas.

El terrible acto ocurrió en los últimos días del mes de marzo, y hasta el momento ningún medio de comunicación ha dado a conocer la situación. Es evidente que la localidad de San Fernando se encuentra aterrada por toda la violencia que se ha presentado.

A pocos metros de donde ocurrió la masacre hay una escuela secundaria, donde testigos afirmaron que integrantes del grupo de Los Zetas llegaron al lugar y comenzaron a disparar contra la fachada, para después entrar, esto a plena luz del día.

Cinco hombres que trabajaban en esa concesionaria de Big Cola estaban presentes y fueron maniatados, para después ser torturados. Múltiples impactos de bala perforaron su cuerpo, la cantidad de sangre era escalofriante.

Autoridades llegaron y encontraron a los cinco hombres amontonados, en medio de muebles de la oficina volteados y destrozados entre charcos de sangre. Las paredes estaban marcadas con mensajes por parte de Los Zetas, sin embargo había confusión acerca de para quién iba dirigido el ataque, ya que los sicarios escribieron un nombre y dos apellidos diferentes en distintas pintas:

AQUÍ ESTÁ TU GENTE EN TU NEGOCIO GABY SIERRA.

AQUÍ ESTÁ TU GENTE EN TU NEGOCIO GABY MONTES.

A las afueras de las instalaciones, algunas camionetas de Big Cola, con impactos de bala y cristales rotos, estaban marcadas con los mismos mensajes escritos adentro.

MAY 13
MASSACRE AT BIG COLA PLANT

Blog del Narco received a collection of photographs depicting a mass killing at the Big Cola company facilities in San Fernando, Tamaulipas.

The atrocity took place in late March and has not yet been mentioned in the media, even though the massacre terrified local citizens.

Witnesses at a nearby school confirmed that Los Zetas turned up and began firing at the structure's façade before entering the building in midday.

They bound and tortured five men who worked at the Big Cola facility. Afterward, they were shot multiple times. The amount of blood at the scene was terrifying.

On arriving at the site, authorities found the five men stacked like firewood amid destroyed furniture, pools of blood, and messages from Los Zetas covering the walls. However, confusion over the target of the attack arose because the sicarios wrote different names in different messages:

HERE ARE YOUR PEOPLE IN YOUR BUSINESS, GABY SIERRA.

HERE ARE YOUR PEOPLE IN YOUR BUSINESS, GABY MONTES.

Outside the building, several Big Cola trucks, with broken windows and bullet indentations, bore the same messages in their interiors.

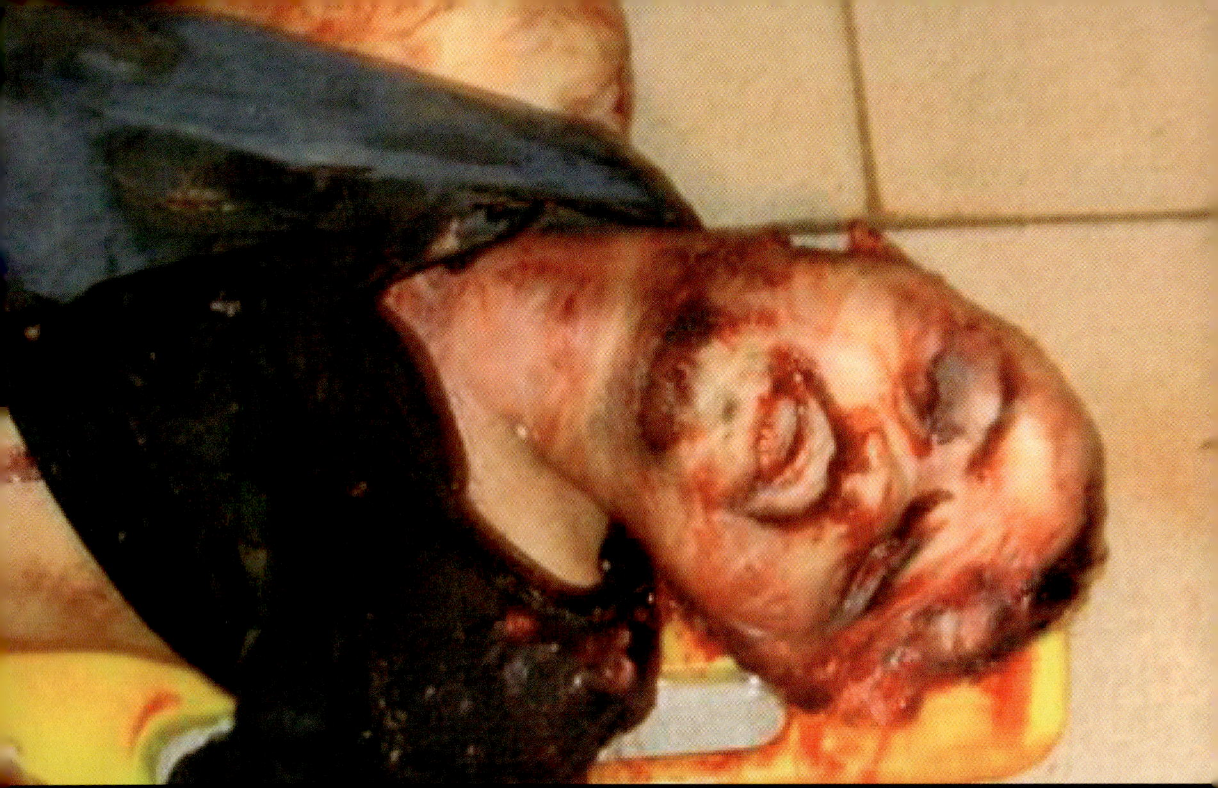

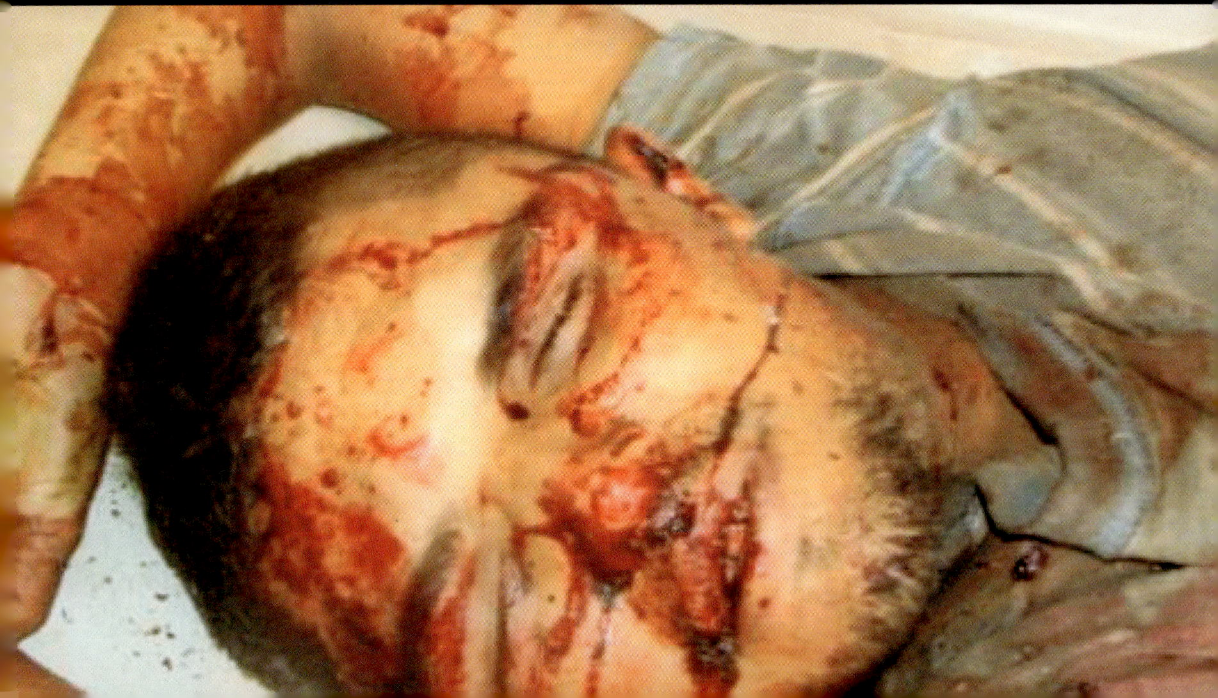

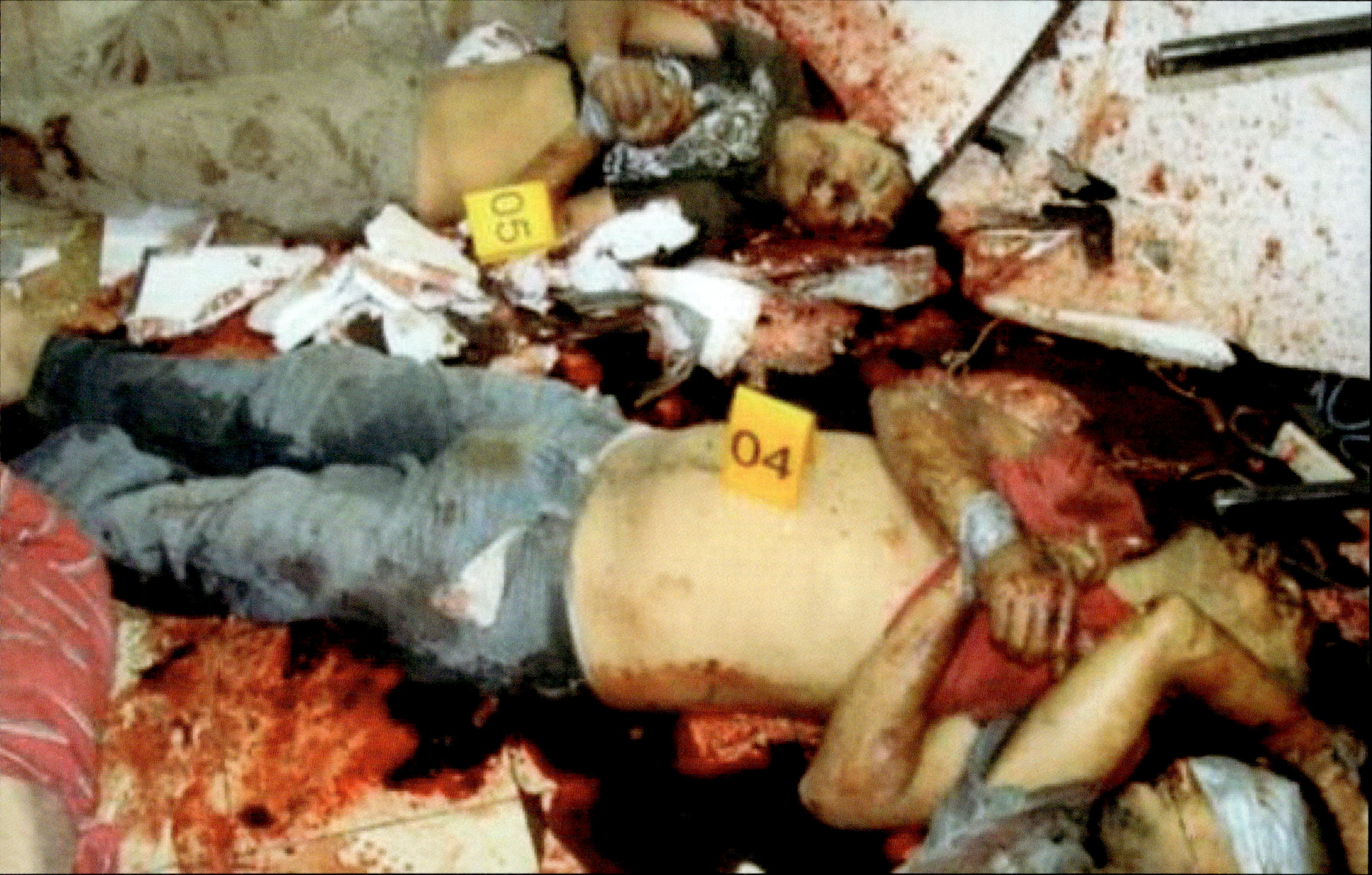
05
04

15 DE MAYO
MASACRE EN LA INAUGURACIÓN DE UN BAR

En la madrugada del domingo 31 de enero de 2010, un comando armado irrumpió en un bar llamado El Ferrie y realizó una masacre. En el lugar murieron diez personas y otras quince más resultaron heridas.

No hubo detenidos y desde esa fecha la vida nocturna cambiaría para la Comarca Lagunera. Sin embargo, en un póster muy al estilo del oeste, se anunciaba la inauguración de un nuevo bar en la ciudad de Torreón, llamado Bar Juanas, que sería un "asalto a tus sentidos" y un lugar "donde caminarán nuevas generaciones". Naturalmente, a los jóvenes les llamaba mucho la atención.

La gente comenzó a llegar al bar ubicado en la exclusiva colonia Campestre La Rosita. Podría parecer que una gran fiesta se daría esa noche, la música norteña y las cervezas eran protagonistas. Todo transcurría bien hasta aproximadamente las 00:50 horas, cuando varias camionetas y automóviles de reciente modelo llegaron al bar, hombres armados causaron terror y desataron el pánico al accionar sus armas.

Un testigo señaló: "Llegaron dos camionetas, un Bora y un BMW, de primero se escuchó leve, todos al suelo y gritaron nadie se levante, y se levantaron, en la segunda ráfaga cayó mucha gente muerta, y varios arriba de mí, después se escuchó una tercera ráfaga y mataron a más, en el baño mucha gente estaba baleada de las piernas, después escuché que se fueron a toda velocidad".

De la nueva masacre resultaron ocho personas ejecutadas, y otras diecinueve fueron heridas. Los reportes señalan que cuatro de los muertos quedaron en el lugar, los otros cuatro alcanzaron a llegar al hospital y fallecieron allí.

Informes policiales revelaron que durante la madrugada del 15 de mayo, poco antes de que se realizara el ataque al Bar Juanas, se desataron varias balaceras en la ciudad, suponen que era con el fin de causar distracción para realizar la masacre.

Sin embargo la tragedia causaría más polémica, ya que a pocas horas de que se suscitara la masacre, alrededor de las seis de la mañana, un macabro hallazgo ocurrió en el estacionamiento del Sam's Club ubicado a pocos minutos de Torreón. Sobre una camioneta pick up Tornado, de color gris y reciente modelo, se encontraban las cabezas de cuatro jóvenes, en la caja del vehículo permanecían los cuerpos.

En la camioneta habían marcado un narcomensaje que señalaba que los ejecutados eran algunos responsables de la violenta acción en donde ocho personas habían muerto. Las varias letras Z que aparecían en el cofre, resaltaban que Los Zetas se adjudicaban el acto:

ÚLTIMA LETRA CAPTURA Y EJECUTA A ASESINOS DE BARES.

MAY 15
MASS KILLING ON OPENING NIGHT

Early on Sunday, January 31, 2010, armed commandos terrified residents of Torreón, Coahuila, when they burst into El Ferrie bar firing heavy assault weapons. Ten people died in the fracas, and another fifteen were injured.

The failure to capture the shooters dampened nightlife in the area. But slowly, it appeared to be returning. An Old West style poster announced the opening of a new bar in Torreón, Bar Juanas, which would be "an assault to your senses" and a place where "the new generation will walk." Naturally, young people were intrigued by it.

Locals began to arrive at the bar in the exclusive neighborhood of Campestre La Rosita. The abundance of Norteña music and beer bode well for a good party. Everything was fine until 12:50 A.M., when a phalanx of pristine new trucks arrived, bearing armed men who began opening fire, unleashing a wave of panic.

A witness noted, "Two trucks pulled up, a Bora and a BMW. At first everything was quiet, everyone on the ground. They shouted that no one should get up, and they got up. In the second burst of fire many people fell to the ground dead, and many on top of me. Then a third burst was heard and they killed even more. In the bathroom, many people had gunshot wounds in their legs. Later I heard they left at full speed."

The mass homicide left eight people dead: Four died at the bar and four at a nearby hospital. Another nineteen patrons were injured.

Police reports revealed that various shootings took place before the attack at Bar Juanas, possibly to distract authorities so that the gunmen could consummate the massacre.

Later that same day, four heads of young people were found perched atop a gray Tornado pickup truck, their bodies inside the cab. This horrible event took place in a Sam's Club parking lot a few minutes outside Torreón.

A narcomessage claimed that the decapitated men were part of the group responsible for the Bar Juanas tragedy:

LAST LETTER CAPTURES AND KILLS THE BAR'S MURDERERS.

The many Z's painted on the truck's hood indicated that Los Zetas had brought them to justice.

The beheaded men were between the ages of eighteen and twenty years old. Incredulous friends, however, reported that they were university students who earned good grades, were popular, and showed no signs of being sicarios. The victims' parents mentioned that their children had requested permission to go to a party in Torreón, but never returned home.

Many believe that the thugs made a mistake. One of the young men served as President of the Student Council at the university where he studied. Nothing indicated that he and his companions would engage in a massacre. Nonetheless, Durango's district attorney carried out sodium rhodizonate tests on the young men's bodies, which disclosed they had fired weapons hours before being decapitated.

Se trataba de cuatro estudiantes universitarios entre las edades de dieciocho y veinte años. Eran jóvenes de buena posición social y sus amigos señalaban que tenían buenas calificaciones, no podían creer que fueran decapitados y señalados como sicarios. Los padres de las víctimas mencionaron que sus hijos habían pedido permiso para ir a una fiesta que se realizaría en Torreón, pero ya no supieron nada de ellos.

Mucha gente consideró que se había tratado de una cruel confusión. Uno de los decapitados era presidente de la mesa directiva de la universidad en donde estudiaba, y nada indicaba que ellos fueran los responsables de una masacre. Sin embargo había pruebas, y ante la impresión social el fiscal Jesús Torres Charles, señaló que la Procuraduría de Justicia del Estado de Durango realizó la prueba de rodizonato de sodio en los cuerpos de los jóvenes, y resultó positiva. Ellos habían accionado armas de fuego horas antes de ser decapitados.

No hay duda de que se trató de un sangriento fin de semana para la Comarca Lagunera, ya que aparte de los ocho fallecidos en el bar, y los cuatro jóvenes decapitados, otros cuatro hombres fueron acribillados en la colonia Valle del Nazas, dos más fueron ejecutados en la colonia El Tajito, se encontró a una mujer encobijada y a un sujeto encajuelado.

Padres de familia pedían a sus hijos que se quedaran en casa, ya que lo mejor era permanecer resguardados. Por su parte autoridades de Coahuila y Durango pedían a la población que evitaran salir de noche, ya que la guerra territorial entre el Cártel del Golfo y Los Zetas se estaba intensificando y era evidente que desatarían más actos sangrientos, por lo que era primordial cuidarse, asegurando que se estaba trabajando muy duro para controlar situaciones que pusieran en riesgo a la sociedad.

It was a bloody weekend for the area: Eight deaths at Bar Juanas, four beheaded young men in the Sam's Club parking lot, another four men shot to death in the Valle del Nazas neighborhood, and two women executed in the El Tajito neighborhood. One of the females was *encobijado*; another was *encajuelado*. These words, which indicate how a body was disposed of (the first means wrapped in a blanket; the second stuffed in a trunk), are yet more evidence of the degree to which the narcowars have penetrated the depths of Mexican culture.

Parents are asking their children to stay at home to ensure their safety. Authorities in Coahuila and Durango reiterated this request to local residents, explaining that the escalating war between the Gulf Cartel and Los Zetas is bound to produce more bloodshed, putting everyone at risk.

17 DE MAYO
COMANDO ARMADO ATACA TELEVISORA EN TEPIC

Alrededor de la 1:30 de la madrugada, las instalaciones de la televisora local XHKG, filial a Televisa, fueron atacadas por un comando armado en la ciudad de Tepic, la capital del pequeño estado de la costa Pacífica llamado Nayarit.

En más de 150 ocasiones los pistoleros accionaron sus armas de fuego AK-47 contra la fachada del medio de comunicación, también lanzaron dos granadas de fragmentación que lograron estallar. Luego de realizar el ataque, dejaron un narcomensaje escrito en una cartulina:

ATTE LA GENTE NUEVA DE EL CHAPO GUZMÁN Y NACHO CORONEL.

Del atentado no resultaron personas heridas, solamente el velador y su primo sufrieron crisis de nervios al estar presentes cuando se registró el hecho intimidador.

En cuestión de minutos, personal del Ejército Mexicano se hizo presente con el fin de resguardar el lugar, también se realizaron patrullajes para tratar de encontrar a los responsables, sin embargo no se logró el objetivo. Los huecos en el edificio eran escalofriantes, cientos de ellos, al igual que casquillos percutidos de AK-47, mejor conocido como Cuerno de Chivo entre los traficantes por su cargador curvo.

Investigaciones señalan que los autores del ataque contra el medio de comunicación podrían ser integrantes del Cártel de Sinaloa, debido al narcomensaje que dejaron. Los periodistas lo calificaron como "un atentado contra la Libertad de Expresión". Ney González, gobernador de Nayarit, señaló que estaban totalmente en contra de las acciones realizadas por integrantes de grupos de la delincuencia organizada, indicando que en el estado se respeta la Libertad de Expresión.

Otro narcomensaje fue encontrado junto al cuerpo decapitado de un transexual, quien era el jefe de un grupo de prostitutas. Se cree que la víctima fue asesinada por no pagar las cuotas de protección a Los Zetas.

MAY 17
ARMED COMMANDOS ATTACK TELEVISION STATION

Around 1:30 A.M., an armed unit attacked the local television facilities of XHKG—a Televisa subsidiary—in Tepic, the capital of the small Pacific coast state of Nayarit.

The gunmen fired more than 150 rounds from AK-47s and threw two grenades against the front of the building. After the assault, they left a narcomessage written on poster board:

SINCERELY, THE NEW PEOPLE OF CHAPO GUZMAN AND NACHO CORONEL.

No one was physically injured, though the night guard and his cousin suffered post-traumatic stress disorder after witnessing the act.

Within minutes, Mexican army personnel showed up to safeguard the place. Police cars patrolled the neighborhood but were unable to find the culprits. The hundreds of holes in the building were chilling, as well as the hammered bullet cases of AK-47s. The weapons are better known as *cuernos de chivo* (or goat's horns) by traffickers, because of their curved magazines.

Investigators believe that, given the narcomessage, the authors of the attacks are likely members of the Sinaloa Cartel. Reporters viewed this assault as an attempt against the freedom of expression. Ney González, the Nayarit governor, pointed out that his administration was completely against the actions carried out by the members of the criminal organization, noting that the state respected freedom of expression.

Meanwhile, another narcomessage was found next to the decapitated body of a transsexual, who led a group of prostitutes. It is believed that the victim was killed for not paying protection money to Los Zetas.

26 DE MAYO
EJECUTAN A INTEGRANTE DEL CÁRTEL DE LOS BELTRÁN LEYVA EN NUEVO LEÓN

Elementos del Ejército Mexicano recibieron una llamada anónima que alertaba sobre una reunión de narcotraficantes. Fue así que en cuestión de minutos se implementó un operativo y llegaron a una residencia ubicada en la colonia San Jerónimo, una de las zonas más exclusivas de Monterrey.

Efectivamente, la llamada de alerta estaba en lo correcto. En la ubicación que les indicaron se encontraba un grupo de integrantes del Cártel de los Beltrán Leyva. Al llegar al lugar, varios hombres armados salieron y comenzaron a disparar a los soldados.

Por varios minutos las balas iban y venían, hasta que quedó muerto sobre el pavimento un hombre que era líder del Cártel de los Beltrán Leyva en el municipio de San Pedro Garza García, Nuevo León. Se trataba de Pedro Velázquez Amador, alias La Piña, quien antes de pertenecer al narcotráfico fue policía del Grupo de Reacción Inmediata conocido como SWAT de la Secretaría de Seguridad Pública del Estado de Nuevo León.

La Piña quedó muerto en la calle Doctor A. de la Vera, un charco de sangre se apreciaba a su alrededor, y en su mano aun conservaba una pistola con la cual pretendía defenderse. Sin embargo, ante el gran número de efectivos militares, el resto de los delincuentes logró escapar, hecho que fue muy cuestionado ya que no se podía comparar la cantidad de soldados con sicarios, que solo eran seis.

MAY 26
SHOOTOUT AT BLO MEETING

Soldiers received an anonymous call stating that a meeting of drug traffickers was about to take place. They immediately organized a SWAT operation and arrived at a home in the exclusive San Jerónimo neighborhood of Monterrey.

The tip was on the mark. Members of the Beltrán Leyva Organization had gathered. When the gangsters realized that soldiers had arrived, they ran outside and opened fire.

During the ensuing shootout, bullets came and went until a man fell dead on the pavement. His name was Pedro "La Piña" Velázquez Amador, a SWAT team officer before becoming a Nuevo León regional leader in the Beltrán Leyva Organization.

La Piña lay dead on Doctor A. de la Vera Street, a pool of blood surrounding him, and in his hand the gun with which he'd intended to defend himself. The five other gunmen managed to escape, despite being massively outnumbered by soldiers, leading to questions about the efficiency and honesty of the armed forces.

28 DE MAYO
GRABAN INTERROGATORIO Y DECAPITACIÓN DE TRABAJADOR DE LA BARBIE

El día 6 de mayo, elementos de diferentes corporaciones policíacas pertenecientes al estado de Sinaloa, confirmaban que habían encontrado el cuerpo de Manuel Méndez Leyva, un aliado de La Barbie, en la ciudad de Los Mochis.

Un grupo rival capturó a Méndez Leyva como parte de una guerra territorial que existía con la Barbie. Las personas encargadas de quitarle la vida decidieron grabar un interrogatorio antes, cuyo material llegó a Blog del Narco.

En la grabación Manuel Méndez Leyva, atado de manos y pies, con una cinta adhesiva que cubría su rostro, desnudo del pecho y sentado en una silla, era acechado por cuatro hombres vestidos de negro, encapuchados y fuertemente armados, quienes permanecían en un cuarto con buena iluminación, como si estuviera preparado para la filmación. Operativos del Cártel de Sinaloa son los encargados de realizar el interrogatorio.

En la grabación de poco más de cuatro minutos la muerte se sentía cerca. Uno de los encapuchados se colocó al lado de Méndez Leyva, decidido a obligarlo a que contestara todo lo que querían preguntarle. En la voz del sicario se podía percibir coraje y adrenalina:

—¿Cuál es tu función?
—Conseguir pastillas y efedrina.
—Repítemelo.
—Conseguir pastillas y efedrina.
—¿Qué tienen planeado?
—Una guerra contra El Chapo Guzmán.
—Repíteme.
—Una guerra contra El Chapo Guzmán.
—¿Quiénes la inician?
—La Barbie, José López Alarcón, Lazarito, Alejandro y mi hermano que es Patricio Méndez Leyva.
—¿Cuándo piensan iniciarla?
—En cuanto el jefe ordene.
—¿Quiénes rentaban las casas?
—Las rentaba yo para hacer oficinas.
—Repítemelo.

MAY 28
LA BARBIE WORKER DECAPITATED ON VIDEO

On May 6, officers from several Sinaloa police agencies confirmed that they had found the decapitated body of Manuel Méndez Leyva, an ally of La Barbie, in Los Mochis.

A rival group seized Méndez Leyva as part of a territorial dispute with La Barbie. Before executing their captive, his abductors recorded an interview, which the Blog del Narco has obtained.

The video shows Méndez Leyva with his hands and feet bound, tape covering his face, and his chest bare. He is seated in a brightly lit room in front of four masked, heavily armed men in black. Sinaloa Cartel operatives conduct the four-minute interview.

In the recording, death felt near. One of the masked men drew close to Méndez Leyva, determined to make him answer everything they asked him, his voice full of anger and adrenaline:

"What's your role?"
"To obtain pills and ephedrine."
"Repeat that for me."
"To obtain pills and ephedrine."
"What are you planning?"
"A war against El Chapo Guzmán."
"Repeat that for me."
"A war against El Chapo Guzmán."
"Who will start it?"
"La Barbie, José López Alarcón, Lazaretto, Alejandro, and my brother Patricio Méndez Leyva."
"When do you plan to start it?"
"As soon as the boss gives the order."
"Who rented the houses?"
"I rented them as offices."
"Repeat that for me."
"I rented them as . . . as . . . as offices to locate points of interest."
"Very well . . . Was that all you had?"
"That was all, sir."
"Okay, now it's time for you to leave."
"Excuse me?"
"You are now leaving."
"What will you do, sir?"

—Las rentaba yo para… para… para hacer oficinas y ubicar los puntos.

—Muy bien… ¿eso era todo lo que tenías?

—Era todo señor.

—OK ya de aquí te vas tú.

—¿Mande?

—Ya de aquí tú te vas.

—¿Qué van a hacer señor?

—Baja las manos.

—No, señor por favor no.

El encapuchado saca un cuchillo de su pantalón, se coloca a espaldas de Méndez, quien se nota más que nervioso, presintiendo que es su final. El sicario lo toma de la cabeza y comienza a cortarle el cuello, poco a poco.

Cuando Méndez Leyva intenta resistirse, el resto de los encapuchados lo golpean para detenerlo y dejar que su compañero siga cortando el cuello. Ya casi al desprender la cabeza, el cuerpo del hombre comenzó a temblar y a desangrarse, por lo que cayó de la silla, los sicarios lo tomaron para volverlo a sentar.

Después de unos minutos lograron cortar la cabeza, enseguida la tomaron y mostraron a la cámara, mientras que el cuerpo fue tirado al lado de la silla. Realizaron varias tomas con la cámara mostrando el cuerpo, la cabeza y la silla, adornados con un gran charco de sangre.

Dicha grabación se considera extremadamente fuerte. A pesar de que siempre se trataba de delincuentes que habían matado, robado, entre otras cosas, los telespectadores podían escuchar cómo clamaban piedad y llegaban a sentir la fragilidad de alguien que estuviera a punto de morir.

Sin freno las sanguinarias acciones así se repiten miles de veces en México. En este caso en particular, sin duda una de las finalidades principales del Cártel de Sinaloa era mostrarle a La Barbie lo que podían hacer.

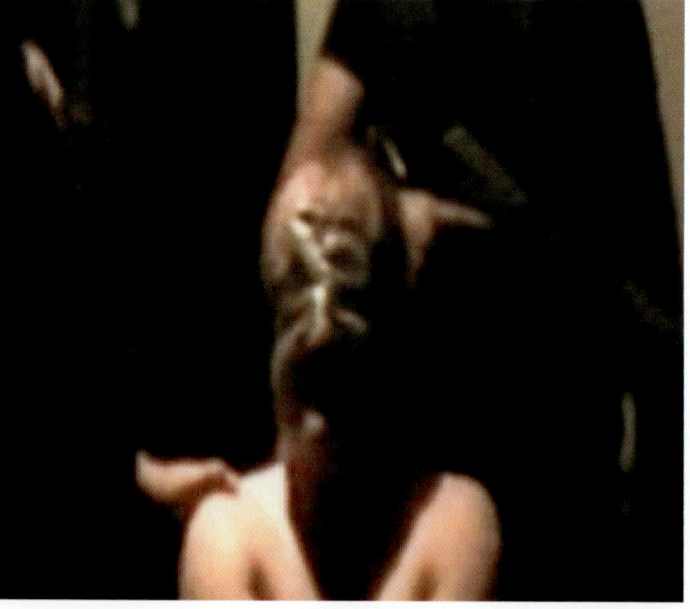

"Lower your hands."
"No, sir, please, no."

The masked interrogator then grabbed a knife from his waistband and stood behind an extremely nervous Méndez. The interrogator grabbed Méndez's head, and slowly began to cut his neck.

When Méndez fought for his life, the questioner's comrades began punching him to subdue him and allow the interrogator to keep sawing away. When the head was almost severed, the man's body began to shake and blood spewed forth. He began to fall to the floor, and the killers grabbed him and thrust him back on the chair.

After a few minutes, they managed to complete the decapitation. They immediately held up the head and displayed it to the camera as they tossed the body to the floor. They filmed multiple angles showing the body, the head, and the chair covered with blood.

This video was unusually shocking. Although the victim was a criminal, viewers could sense his frailness and hear his unheeded cries for mercy when face to face with death.

Such cruelty has taken place scores of times throughout the country. In this case, the Sinaloa Cartel was determined to inform La Barbie of the lengths they were willing to go to destroy him and his cadres.

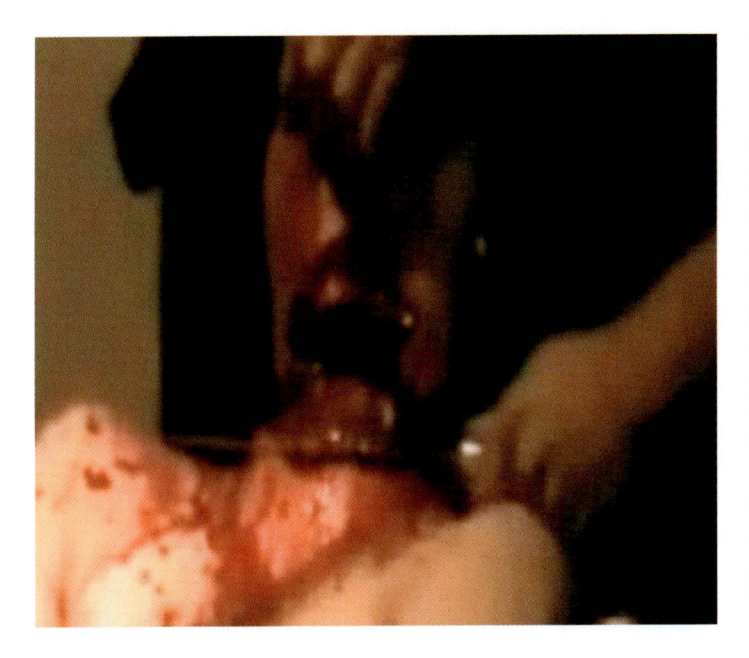

30 DE MAYO
DECAPITAN A SEIS PERSONAS EN DURANGO

La ciudadanía de la Comarca Lagunera se muestra desesperada, aterrada, y angustiada debido a que diariamente la violencia aumenta. De ser considerado uno de los sitios más tranquilos del país, acciones por parte de grupos del narcotráfico hacen que la población tenga miedo todo el tiempo.

Autoridades de Durango realizaron el hallazgo de seis decapitados en los municipios de Lerdo y Gómez Palacio durante la madrugada. Primero encontraron una hielera que contenía una cabeza perteneciente a un hombre que no fue identificado. Una hora más tarde los policías se movilizaron hasta el municipio de Gómez Palacio, y debajo del Puente Internacional Colombia-Solidaridad se hallaron tres decapitados más. Dos cabezas estaban en el parabrisas de un vehículo Jetta, otra más permanecía en el tablero, mientras que dos de los cuerpos se encontraron en la cajuela del automóvil, y el otro en el asiento trasero del mismo. Nadie logró identificar a los tres ejecutados.

Más tarde, casi al amanecer, se encontraron otros dos decapitados que habían sido abandonados a pocos metros de las instalaciones de la Dirección de Seguridad Pública Municipal de Gómez Palacio. Reportes indicaron que los ejecutados eran elementos de la corporación donde fueron tirados, quienes fueron levantados por hombres armados días atrás.

Con frecuencia los sicarios decapitan a sus víctimas en forma de venganza cuando la persona pertenece a un grupo de la delincuencia organizada rival, puesto que se considera una de las peores muertes.

MAY 30
SIX BEHEADINGS IN DURANGO

The daily increase in violence has terrified residents of Comarca Lagunera. What was once considered one of the most peaceful places in the nation has become the venue of choice for the inhumane actions of the drug cartels.

Durango authorities discovered six decapitated bodies in Lerdo and Gómez Palacio early in the morning. First, they found a cooler containing a head belonging to an unidentified man. Then police in Gómez Palacio found three more decapitated bodies under the Puente Internacional Colombia-Solidaridad (Solidarity Bridge). Two heads rested on a Jetta's windshield, another lay on the dashboard, and a fourth was in the backseat. Two bodies were in the trunk. No one could identify the executed men.

Finally, near dawn, two more decapitated men were dumped a few yards from the Gómez Palacio police stations. Reports indicate that the executed men were cops who worked out of the building and had been kidnapped by armed men a few days earlier.

Frequently, hit men use beheadings as a sign of vengeance against a rival criminal organization, since it is considered one of the worst ways to die.

JUNIO 2010
MASACRE DE INOCENTES

2 DE JUNIO
MATAN A NIÑA JUNTO A SU PADRE

Era una tarde tranquila para los vecinos de la colonia Morelos Barrio Azul, ubicada en Ciudad Juárez, Chihuahua; también lo era para Adrián Hernández Jáquez, de veintidós años de edad, quien iba acompañado de su pequeña hija Liliana Hernández Amaya, de tres años. Ellos viajaban en una camioneta de antiguo modelo, se dirigían a comprar tortillas, cuando su destino cambió.

Fue frente a la iglesia católica San Martín, cuando Adrián se percató de que hombres armados lo venían siguiendo en dos vehículos, así que aceleró el motor. Entonces, los pistoleros comenzaron a disparar, emitiendo más de treinta balas contra ellos. Adrián perdió el control y chocó contra otro vehículo.

Cuando los sicarios huían del lugar, llegó una patrulla de la Policía Federal. Inmediatamente personas que se encontraban cerca del lugar de los hechos llegaron y se percataron de que Adrián estaba muerto, mientras que la pequeña Liliana aun con vida abrazaba a su padre. Mujeres y hombres querían brindar ayuda a la niña, reclamaban a los uniformados que fueran tras los asesinos. "Es inaudito, increíble que no sigan a los delincuentes, allá van, ¡síganlos!", decía una señora. Pero los federales no hicieron caso a reclamos y decidieron atravesar su unidad para que nadie diera ayuda a la menor que se movía con desesperación.

"Los elementos de la Policía Federal de manera tranquila se instalaron y evitaban a toda costa que la gente se acercara a los cuerpos. Siento impotencia porque todos vimos que la niña aún se movía", declaró uno de los testigos.

Después de varios minutos llegaron paramédicos de la localidad, pero ya nada pudieron hacer por Lili: estaba muerta junto a su padre.

JUNE 2010
SLAUGHTER OF THE INNOCENTS

JUNE 2
LITTLE GIRL AND FATHER MURDERED

It was a quiet afternoon for residents of the Morelos Azul neighborhood in Ciudad Juárez. Adrián Hernández Jáquez, twenty-two, and his three-year-old daughter, Liliana, were in their old pickup on their way to buy tortillas when disaster struck.

While driving by San Martín Catholic Church, Adrián noticed that armed men in two separate vehicles were following him, so he stepped on the gas pedal. The pursuers fired more than thirty bullets at their target. Adrián lost control of his truck, which crashed into an oncoming car.

As the sicarios fled the scene, a Federal Police patrol car approached. Witnesses immediately rushed to the truck only to find little Liliana hugging her dead father as if clinging to her own life. Men and women sought to comfort the youngster, and demanded that officers pursue the murderers. One lady exclaimed, "It's outrageous, incredible that they are not going after these criminals! There they go! Follow them!" Yet Federal Police ignored the complaints and maneuvered their patrol car to block residents from the crime scene, even as the child writhed in pain and despair.

"The Federal Police officers calmly took their positions and prevented, at all costs, anyone from reaching the bodies," declared one observer. "I feel helpless because we could all see that the little girl was still moving."

Paramedics arrived several minutes later, but Liliana had already died alongside her father.

4 DE JUNIO
JOVEN GOLPEADO ACUSA A MILITARES

Habitantes de una comunidad perteneciente al municipio de El Mante, Tamaulipas, encontraron a un joven golpeado y de inmediato llamaron al Sistema de Emergencia 066 pidiendo auxilio.

Paramédicos de la Cruz Roja llegaron al lugar y encontraron tirado a Alberto Bernon Santos, de quince años. El menor había sido brutalmente golpeado, especialmente en los glúteos. Los paramédicos tardaron alrededor de veinte minutos en realizar las maniobras de auxilio, ya que Alberto se encontraba muy lastimado. Entonces fue trasladado al Hospital General para ser atendido.

"Fueron los militares", señaló el joven. "Me levantaron desde el domingo en Los Tubitos y me llevaron a una bodega en donde me estuvieron golpeando durante el día y la noche, preguntándome cosas de las que yo ni estoy enterado".

Tablear a las personas se ha vuelto muy común entre grupos de la delincuencia organizada, torturar para recibir información a cambio les ha funcionado muy bien, o al menos eso parece porque la acción cada día es más popular entre los sicarios. Sin embargo se desconocía que también las autoridades militares aplicaran ese tipo de castigos para obtener datos; lo más lamentable es que golpeen con tablas de madera a jóvenes menores de edad.

Algunas autoridades negaron que soldados fueran los culpables de la agresión, señalando que integrantes de grupos delictivos también se visten con ropa estilo militar, siendo probable que el joven se confundiera. Sin embargo, Alberto mencionó que sí eran fuerzas castrenses, ya que se trasladaban en unidades oficiales.

JUNE 4
FIFTEEN-YEAR-OLD ACCUSES MILITARY OF ASSAULT

Residents of a municipality in El Mante, Tamaulipas discovered a battered young man on the ground and immediately dialed 066, the emergency phone number.

Red Cross EMTs reached the scene and found Alberto Bernón Santos, fifteen, lying there as a result of a brutal assault on his buttocks. The paramedics took twenty minutes to check Alberto's injuries before taking him to the General Hospital.

"The military officers did this," said the youngster. "They've had me since Sunday when they picked me up at Los Tubitos and took me to a warehouse, where they beat me day and night, asking me about things I don't even know about."

DTOs have found plankings, or *tablear*, beatings with wooden paddles, an effective method of extracting information from possible informants. However, Alberto could not prove that military men had used this deplorable punishment against him.

Some authorities denied that soldiers were guilty, noting that members of criminal organizations also wear military-style clothing, which may have confused Alberto. Nevertheless, the teenager's claim seemed credible, inasmuch as his attackers had arrived in military vehicles.

9 DE JUNIO
LOS NARCOBLOQUEOS SE DESATAN TRAS DETENCIÓN DE LÍDER ZETA

La ciudad de Monterrey y la zona metropolitana fueron afectadas por el caos provocado por narcobloqueos, realizados por integrantes de la organización delictiva de Los Zetas, quienes protestaron de alguna manera por la captura de Héctor Luna Luna, alias El Tory, considerado líder Zeta en Nuevo León.

A pocas horas de que se realizara la detención de El Tory, las vialidades fueron afectadas, la versión fue confirmada en una rueda de prensa por Javier Treviño Cantú, secretario general de Gobierno en Nuevo León: "Es la manifestación de la importancia de este operativo realizado por el Ejército Mexicano, sobre todo de la exitosa aprehensión de este delincuente".

Durante la tarde se registraron un total de veintiocho narcobloqueos. Los delincuentes, en su mayoría jóvenes según revelaron testigos, quitaban vehículos particulares, transportes urbanos y de negocios, para después bloquear vialidades, por lo que los conductores tuvieron que esperar varias horas parados sin poder llegar a sus destinos. Con la acción también se impedía que los agentes de diferentes corporaciones policiales pudieran llegar a brindar auxilio.

Para una ciudad tan importante como lo es Monterrey, donde la vida se vive muy de prisa, el bloquear tantas vialidades importantes solo podría causar daños económicos, además de crear el terror entre la ciudadanía, quienes fueron de una forma secuestrados al permanecer encerrados en el caos vial. Sin duda los delincuentes sabían lo que hacían.

JUNE 9
ZETAS RETALIATE AFTER A LEADER'S ARREST

Narcoblockades strangled the Monterrey metropolitan area. The chaos was caused by Los Zetas, who were protesting the capture of Héctor "El Tory" Luna Luna, the syndicate's plaza boss in Nuevo León.

A few hours before El Tory was arrested, state Secretary of Government Javier Treviño Cantú affirmed in a press conference that the narcoblockade was "the result of the important operation carried out by the Mexican army, moreover, of the successful apprehension of this criminal."

Throughout the afternoon, the government recorded twenty-eight narcoblockades. Onlookers said that the criminals, mostly youngsters, deployed private vehicles, buses, and trucks to obstruct roads and highways, often stranding drivers for hours. These actions also prevented police from rendering assistance to deadlocked motorists.

For a fast-paced city like Monterrey, blocking important highways and roads gives rise to economic losses, quite apart from the terror inflicted on the community. Trapping families and commuters in road and highway chaos has become, in a sense, a mass form of kidnapping by criminals, who have become innovators in the art of terror.

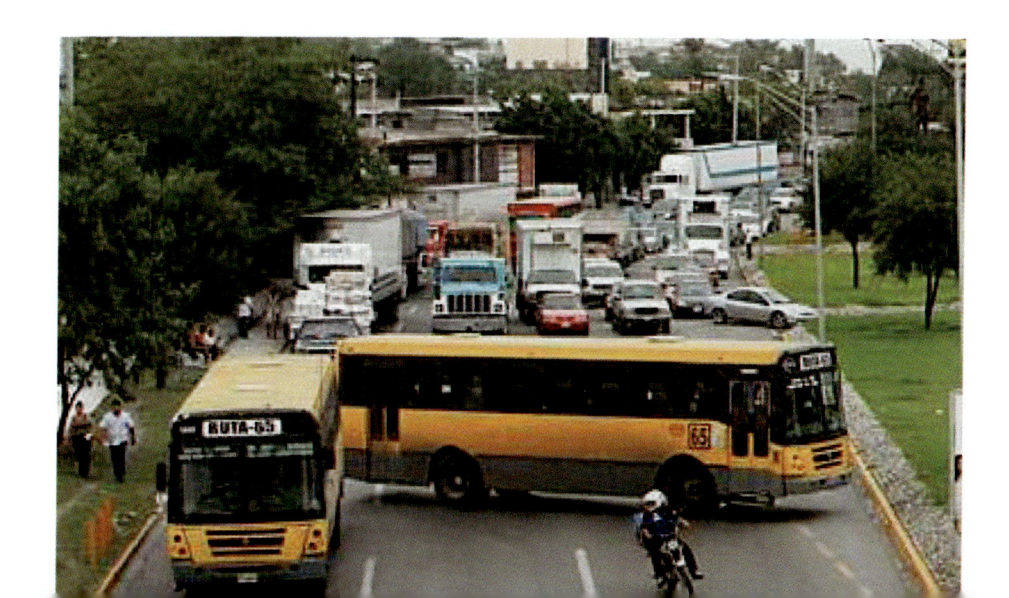

11 DE JUNIO
HAN MUERTO VEINTE PERSONAS EN TAMAULIPAS

La guerra continua entre integrantes de Los Zetas y el Cártel del Golfo, se ha transformado en una situación que parece no tener control, reclamando cientos de vidas. Un total de dieciocho hombres y dos mujeres fueron encontrados muertos en diferentes puntos de Ciudad Madero, casa de una de las refinerías de petróleo más viejas de Pemex. Todos presentaban el clásico tiro de gracia, señal clara de que la víctima había traicionado a un grupo delictivo.

Los cadáveres presentaban señas de haber sido torturados, además tenían los ojos vendados y las manos esposadas, dando por hecho que antes de ser asesinados, fueron privados de su libertad. La situación provocó que la población sufriera momentos de horror, ya que los cadáveres fueron dejados en diferentes colonias del municipio, esto a plena luz del día.

Fue así que un total de veinte personas quedaron muertas, pero las autoridades indicaron que no eran víctimas inocentes, más bien, eran integrantes de los grupos delictivos. Sin embargo, para la gente en Tamaulipas cada día es más común presenciar cualquier tipo de acto violento, ligado directamente con el narcotráfico; ni los niños se salvan de lo anterior.

Las autoridades siguen mencionando que solo se trata de una psicosis colectiva, sin embargo, hay pruebas para demostrar que las cosas están sucediendo.

JUNE 11
TWENTY BODIES IN TAMAULIPAS

The continuing Gulf–Zeta war has spun out of control and been responsible for hundreds of deaths in Tamaulipas. To the south in Ciudad Madero, home of one of Pemex's oldest oil refineries, eighteen men and two women believed to have betrayed a DTO turned up dead at different locations within the port city.

The victims had been blindfolded, handcuffed, and tortured before their executions. The killers then sparked horror throughout the community by dropping off the bodies in different neighborhoods in broad daylight.

Twenty people were dead, yet authorities stated that they were not innocent victims but rather members of these criminal gangs. Most community members have now witnessed the results of gruesome executions. They are not able to shield even their children from these scarring spectacles.

Authorities attributed the public's reaction to a collective hysteria within the community, even though evidence of these horrific events abounded.

12 DE JUNIO
ESTUDIANTES MUEREN EN FUEGO CRUZADO

Un grupo de estudiantes disfrutaba su fiesta de graduación en Ciudad Valles, San Luis Potosí, sin embargo el reloj marcaba las 23:40 horas, y ya era momento de regresar a casa, así que decidieron salir del salón y subieron a una camioneta.

Se encontraban en un cruce en el centro de la ciudad, sin embargo la mala suerte se hizo presente y justo en ese momento comenzó un enfrentamiento entre integrantes de grupos delictivos rivales. Las balas hicieron eco en todo el lugar, al igual que los gritos desesperados de los jóvenes, quienes de la felicidad pasaron al terror en cuestión de minutos.

El joven conductor intentaba evitar que las balas llegaran a sus amigos, sin embargo perdió el control del volante y se impactó contra un árbol, mientras el tiroteo se incrementaba.

Dos de las estudiantes perdieron trágicamente la vida, mientras que cuatro de sus amigos resultaron heridos de gravedad. A los pocos minutos se registró una intensa movilización policiaca por el sitio, sin que lograran capturar a los sicarios responsables de dicha tragedia. Las autoridades no pudieron hacer nada, solamente pedir a la sociedad que no saliera de noche.

JUNE 12
GRADUATION PARTY ENDS IN BLOODSHED

Students were enjoying their high-school graduation party in Ciudad Valles, San Luis Potosí, when 11:40 P.M. rolled around and several hopped in a truck to head home.

They had gotten as far as downtown when they were caught in the crossfire of rival gangs. The sound of gunfire echoed through the streets along with the students' desperate screams. In only a few minutes, happiness turned into terror.

When the young driver tried to prevent the barrage of bullets from hitting his friends, he lost control of the vehicle and slammed into a tree as the shooting intensified.

Two girls died and four other minors suffered serious injuries. Police flooded the area, but the perpetrators of the tragedy had already escaped. The authorities did nothing more other than admonish members of the community to remain indoors at night.

12 DE JUNIO
LOS ZETAS AMENAZAN A CANDIDATOS DEL PAN

El grupo delictivo de Los Zetas ha realizado amenazas a miembros del PAN (Partido Acción Nacional) en diferentes estados de la República,. En algunos casos señalaron que solo apoyarán las campañas de los candidatos por el PRI (Partido Revolucionario Institucional), el cual monopolizó la presidencia desde su fundación en 1929 hasta 2000.

César Nava, presidente del Comité Ejecutivo Nacional del PAN, señaló que Los Zetas quieren evitar las campañas políticas por su partido en los estados de Hidalgo y Veracruz, indicando que sus representantes han recibido amenazas hasta de muerte.

En el estado de Hidalgo un panista se encuentra en calidad de desaparecido. Reportes indican que fue levantado por un comando armado. En Veracruz también han ocurrido agresiones. "Lamentablemente es un fenómeno generalizado", indicó el líder del PAN. "También en Veracruz un panista fue agredido, le rompieron la nariz. Los Zetas en ambos casos son lo que presumimos que son. Los Zetas es un común denominador, no tienen nada que ver con el PAN, pero nos han exigido que paremos campaña. Han dicho expresamente que la única campaña que van a permitir es la del PRI".

En Hidalgo la campaña mas afectada fue la de Xóchitl Gálvez Ruiz, candidata a gobernadora por el Partido Acción Nacional. Así lo indicó Jesús Zambrano, coordinador de campaña: "No sabemos si esto es así, si ya Los Zetas entraron a formar parte del equipo contrario o si están usando este parapeto para buscar el voto del miedo".

Autoridades investigan los casos de amenazas, mientras los candidatos toman medidas de seguridad con el fin de evitar cualquier ataque en su contra, pidiendo a la ciudadanía que no tema cuando salga a votar.

JUNE 12
LOS ZETAS THREATEN POLITICAL CANDIDATES

Los Zetas has threatened members of the PAN party in different states. In some cases they claimed they would only support candidates of the opposition party, the PRI, which monopolized the presidency from its founding in 1929 until 2000.

PAN President César Nava Vázquez cited death threats as evidence that Los Zetas wanted to prevent PAN victories in in Hidalgo and Veracruz.

A PAN activist disappeared in Hidalgo, a state near Mexico City. Reports indicate that an armed unit abducted him. Veracruz also suffered similar attacks. "Unfortunately, it's a widespread phenomenon," explained the PAN president. "A PAN member was also assaulted in Veracruz; they broke his nose. We assume that in both cases Los Zetas are responsible; they are the common denominator. They are in no way connected to the PAN, but they've demanded we stop our campaign and have expressly stated that the only campaign they will allow is that of the PRI."

The campaign of the PAN gubernatorial candidate in Hidalgo, Xóchitl Gálvez Ruiz, suffered the most. As campaign coordinator, Jesús Zambrano explained: "We don't know if this is the way it is going to be, if Los Zetas are now part of the rival party or if they are using this barricade to seek the vote of fear."

Authorities investigated the death threats, and the candidates took security measures to prevent personal attacks. They also asked citizens to be courageous and show up to vote.

12 DE JUNIO
ESTALLA EL TERROR EN UN CENTRO COMERCIAL

Hasta hace unos meses, los operativos policiales y militares estaban bastante controlados. Las autoridades siempre buscaban atrapar a los delincuentes en un lugar en donde los civiles no pudieran ser afectados, se sabían enfrentamientos en carreteras, lugares alejados, casas de seguridad, siempre apartando a los inocentes de sufrir un mal momento. Sin embargo, ahora estos operativos pueden ocurrir afuera de una escuela, en un parque, hasta en un centro comercial, como sucedió en la ciudad de Tepic, Nayarit.

Eran las 13:30 horas, todo parecía en calma en el centro comercial Plaza Cigarrera Soriana, donde cientos de familias disfrutaban las compras y el paseo de un sábado a la tarde. Mientras tanto, las autoridades realizando patrullajes de reconocimiento en la zona, ubicaron a varios sujetos armados en el estacionamiento del centro comercial. Al acercarse y al entrar fueron recibidos a balazos. Sin embargo, la versión de algunos testigos indica que los uniformados llegaron y sin importarles que hubiera niños, jóvenes y adultos en el sitio, comenzaron a disparar primero.

Uno de los sicarios ingresó corriendo al centro comercial y los policías fueron tras el sujeto, disparando sus armas al interior del lugar, hecho que provocó más terror entre los clientes. El pistolero fue herido y los agentes lograron asegurarlo.

Aproximadamente 1.500 clientes del lugar lograron escapar por una salida de la tienda Coppel, mientras los que permanecieron adentro intentaban buscar salidas seguras. Sin embargo, alrededor de las 14:00 horas se registró un nuevo enfrentamiento en el lugar, provocando que se desatara la histeria entre los clientes.

Los sicarios viajaban en tres camionetas, y varios de ellos lograron ser abatidos. La escena era impresionante: cientos de casquillos percutidos, cadáveres tirados, daños en los negocios, heridos, personas llorando, decenas de policías y militares, charcos de sangre y ocho sicarios más un policía muertos.

Cuando el hecho violento del centro comercial terminó, la gente comenzó a reportar que por calles de diferentes colonias de la ciudad se podía ver a hombres encapuchados y fuertemente armados. Se esperaba más violencia.

Ante los reportes, las autoridades solo mencionaron que se trataba de una psicosis colectiva, ya que la ciudad de Tepic se encontraba tranquila, nada pasaba, todo estaba normal. Sin embargo, durante la madrugada fueron reportadas al menos siete balaceras en diferentes puntos de Tepic. Las llamadas de auxilio no recibieron respuesta y la policía tardó hasta tres horas en llegar para atender al hecho violento.

Nayarit fue considerado hasta hace algunos años un estado muy tranquilo, sin la violencia de los lugares más grandes. Los habitantes iban al trabajo y a la iglesia con cortesía y dignidad. Su lema, sin que pueda parecer campaña política, era: "Estado de gente buena y trabajadora". Pero ahora ese mismo lema podría leerse como: "Estado de gente buena y trabajadora atrapada por políticos incompetentes y delincuentes violentos".

JUNE 12
TERROR STRIKES AT SHOPPING MALL

Until a few months ago, police and military operations against DTOs were under relative control. Authorities sought to capture criminals on highways, in remote areas, and in safe houses to minimize the possibility of harming innocent people. Now anticartel operations take place outside schools, in parks, and in shopping malls. A situation that unfolded in Tepic, Nayarit, epitomizes the change that has taken place.

At 1:30 P.M., everything seemed calm at the Plaza Cigarrera Soriana mall, where hundreds of families were enjoying a Saturday afternoon shopping. Meanwhile, outside the mall, authorities patrolling the area spotted several armed subjects in the parking lot. When driving closer, they became the target of gunfire. Some witnesses, however, claim the police contingent started shooting first, disregarding the safety of children and adults in the vicinity.

One sicario ran into the mall, pursued by policemen who were firing their weapons inside the complex. Bullets whizzed through the mall for several minutes, and shoppers began screaming and running in a panic. The officers hit the gunman, whom they managed to capture.

Some fifteen hundred shoppers escaped through an exit in the Coppel store, while those who were elsewhere in the mall attempted to find safe exits. Less than half an hour later, another exchange of gunfire took place, inciting mass hysteria among shoppers.

The sicarios tried to escape in a three-truck convoy, which attracted further gunfire as many were shot down. The scene was horrifying: a farrago of corpses, injured people in puddles of blood, countless cartridge casings, traumatized shoppers, wailing children, damaged businesses, and dozens of police and military officers, including eight sicario corpses and one dead police officer.

When the shopping-mall mayhem ended, people began reporting that hooded, heavily armed men were prowling several neighborhoods, and dozens of vehicles loaded with commandos were cruising around the city.

In response, authorities did nothing, saying the information was part of a mass hysteria enveloping a quiet, uneventful, and normal night in the town. However, at least seven shootouts occurred before daybreak. Citizens' urgent calls for help went unheeded, and the police sometimes took three hours to respond to a report of violence.

Nayarit was long considered a peaceful state, free from the tumult that affected larger jurisdictions nearby. The population went to work and church with civility and dignity. Their motto, redolent of a campaign slogan, was, "A state of good and hardworking people." The slogan might now be changed to: "A state of good and hardworking people stuck with incompetent politicians and violent criminals."

15 DE JUNIO
MILITARES ABATEN A QUINCE PISTOLEROS

Personal de la Secretaría de la Defensa Nacional acudió a la localidad de Taxco, Guerrero, para atender una denuncia anónima ciudadana en donde se reportaba la ubicación de una casa de seguridad en la colonia Bermeja.

Cuando los elementos del Ejército Mexicano se hicieron presentes en el domicilio, con el fin de realizar un cateo, fueron recibidos a balazos por varios hombres que se encontraban al interior, y de inmediato se desató un enfrentamiento que duró alrededor de cincuenta minutos.

Se trataba de una intensa batalla, mientras las balas iban y venían, la gente permanecía resguardada en el lugar más seguro que pudiera tener su casa. Como resultado quince sicarios fueron abatidos, aunque las autoridades se mantuvieron herméticas al respecto.

Fuentes confiables indicaron que La Barbie, quien se encontraba en la casa, logró huir. Aunque las autoridades mencionaron que solo se trataba de un rumor, por supuesto testigos confirmaron que efectivamente el sicario pasaba una temporada en Taxco.

Al final del enfrentamiento se podían observar los cuerpos de los pistoleros muertos, quienes se encontraban fuertemente armados, aunque con poca suerte para sobrevivir ante la fuerza de los militares. Pero no lograron capturar al pez gordo.

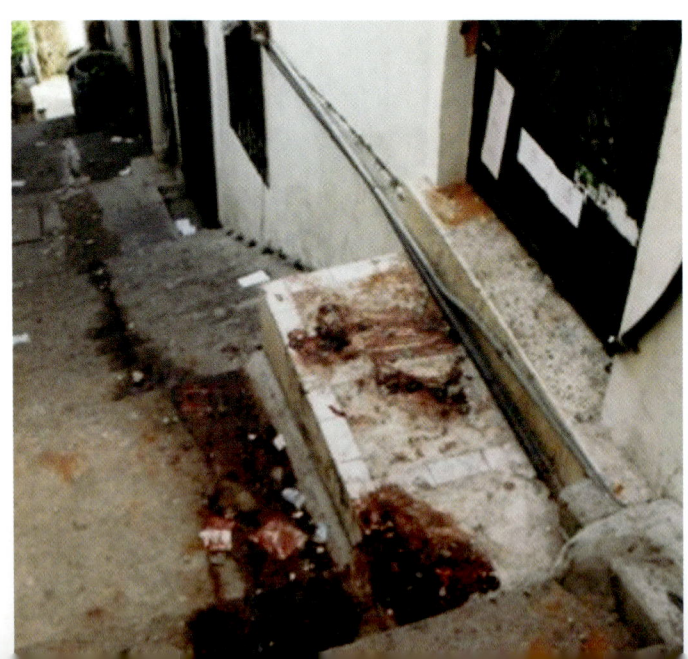

JUNE 15
ARMED FORCES SHOOT FIFTEEN GUNMEN

Army personnel arrived at Taxco, Guerrero, in response to an anonymous complaint about a safe house in the Bermeja neighborhood.

When armed forces arrived to search the house, they were met by a hail of bullets, precipitating a fifty-minute confrontation.

To avoid the intense battle, neighbors took cover in the most secure places in their homes. The military men gunned down fifteen thugs, although authorities issued no official statements about the skirmish.

Reliable sources reported that La Barbie managed to escape from the safe house. Though authorities dismissed the sighting as a rumor, others confirmed that the kingpin was spending time in Taxco.

The deadly clash left bodies of heavily armed gunmen strewn around the premises. Their luck had run out when confronted by the armed forces, but the big fish apparently got away.

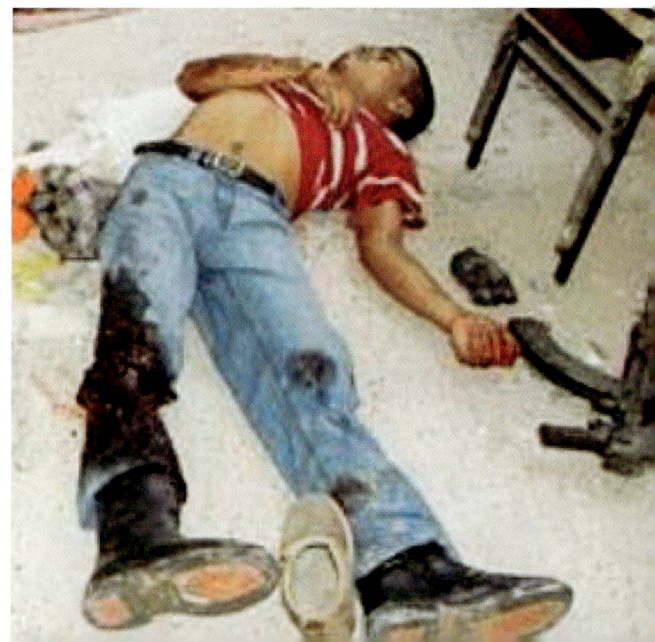

24 DE JUNIO
ZETAS INTENTAN INGRESAR A VALLE HERMOSO

Integrantes de Los Zetas intentaron ingresar a Valle Hermoso, Tamaulipas durante la mañana de este día. Sin embargo se encontraron con pistoleros pertenecientes al Cártel del Golfo y ocurrieron varios enfrentamientos que duraron aproximadamente cuatro horas.

Valle Hermoso es una localidad pequeña, pero desde hace algún tiempo, el Cártel del Golfo se ha encargado de evitar que Los Zetas vuelvan al lugar. La situación provocó que padres de familia acudieran por sus hijos a la escuela y que los negocios cerraran sus puertas. Todos se mantenían resguardados, pero las autoridades no hicieron nada por detener dicho tiroteo. Hasta las instalaciones de la Presidencia Municipal fueron cerradas, los empleados se fueron a casa y los elementos de diferentes corporaciones policiales dejaron de realizar patrullajes, en sus palabras: "Por cuestiones de seguridad".

Los delincuentes también realizaron narcobloqueos, dejando a la pequeña ciudad totalmente incomunicada por varias horas. La cantidad de muertos nunca se hizo oficial, pero fuentes indicaron que al menos treinta pistoleros perdieron la vida.

Horas después elementos del Ejército Mexicano y de la Marina Armada de México llegaron con el fin de proteger a la sociedad, pero el miedo estaba presente en los hogares y la población decidió quedarse en su casa y suspender actividades cotidianas. En otras partes de Tamaulipas, cuatro hombres vinculados con Los Zetas fueron ejecutados.

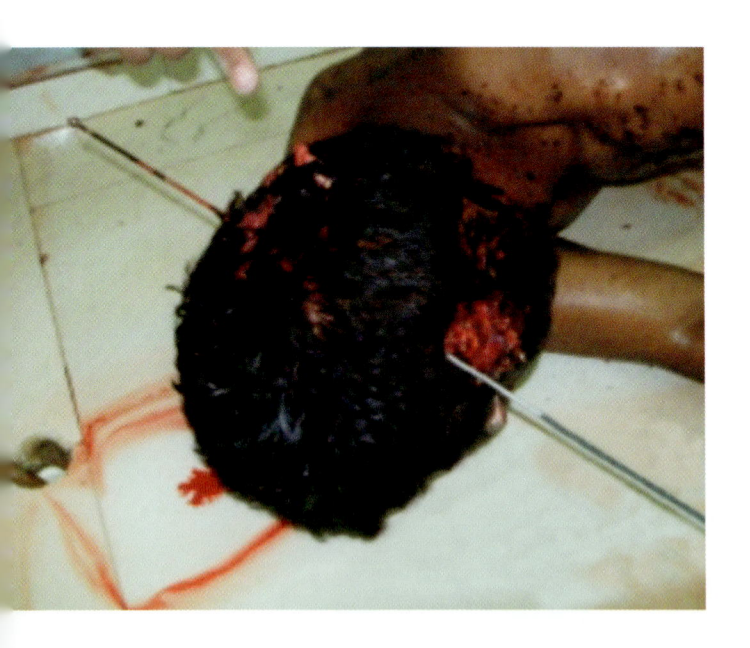

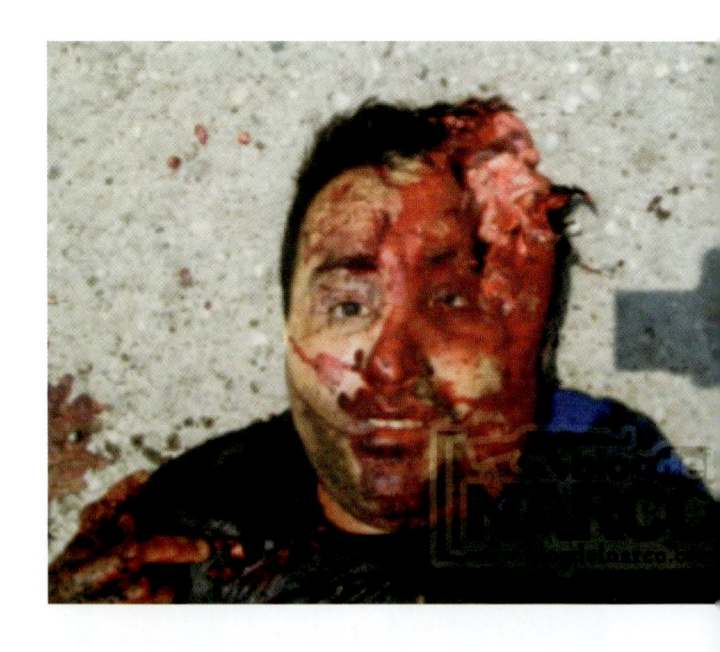

JUNE 24
ZETAS ATTEMPT TO ENTER VALLE HERMOSO

Members of Los Zetas attempted to enter Valle Hermoso, Tamaulipas, during the morning. However, they were greeted by Gulf Cartel gunmen, resulting in several clashes that lasted a total of four hours.

Valle Hermoso is a small town, yet for some time, the Gulf Cartel has expended great effort to prevent Los Zetas' return to this strategically located municipality. The sudden outburst found parents collecting their children from school early and businesses shutting their doors. Everyone took refuge, but authorities did nothing to stop the protracted fighting. Instead, the town hall closed, city employees were sent home, and police officers ceased to patrol the area due to what they said were safety concerns.

Meanwhile, the criminals set up narcoblockades, leaving the municipality isolated for several hours. No death count was forthcoming, but reliable sources indicated that at least thirty gunmen lost their lives.

Hours later, soldiers and Marines arrived to protect residents, most of whom had already suspended their daily activities and were hiding indoors. Elsewhere in Tamaulipas, four men associated with Los Zetas were brutally executed.

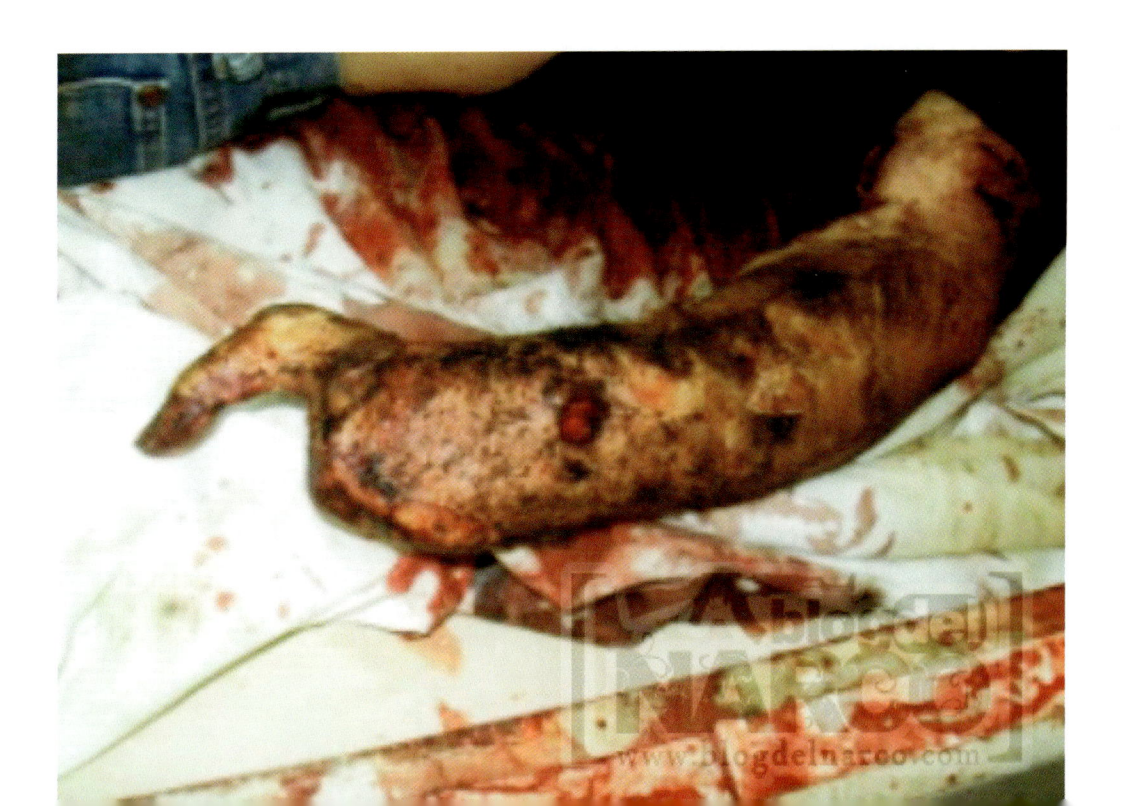

26 DE JUNIO
PATRULLA FRONTERIZA DESCUBRE NARCOTÚNEL

Un narcotúnel fue descubierto gracias a que agentes se percataron de un joven que salía de una alcantarilla de El Paso, Texas. Llevaba con él cuarenta paquetes de marihuana. Después de detenerlo descubrieron un túnel bajo el lecho del Río Bravo, de 40 metros de largo y 61 centímetros de ancho, entre Ciudad Juárez y El Paso. Era un conducto que servía para transportar diferentes drogas y armas entre ambos países.

No se dieron informes sobre el cártel de la droga encargado de idear y construir tan novedoso pasadizo. El detenido solo reveló su edad (diecisiete años), su nacionalidad mexicana y que las autoridades se hicieron cargo de él.

Cárteles de la droga comenzaron a utilizar este tipo de túneles aproximadamente en 1988, descubiertos por autoridades mexicanas en diferentes ciudades fronterizas, hallados con más frecuencia en Nogales, Sonora y Tijuana, Baja California. En algunos casos, los albañiles que los construyen son ejecutados, como pasó en el año 2008, cuando veinticuatro trabajadores aparecieron muertos por construir un narcotúnel en la ciudad de Mexicali, la capital de Baja California.

27 DE JUNIO
EL CANTANTE SERGIO VEGA ES EJECUTADO

A las 20:40 horas del 26 de junio, sicarios mataron a un leyenda de la música regional mexicana, el cantante Sergio "El Shaka" Vega Cuamea.

La noticia impactaría al igual que en ocasiones anteriores cuando se daba a conocer la muerte de Valentín Elizalde o Sergio Gómez. Elizalde, vocalista conocido como "El Gallo de Oro", fue abatido en su auto luego de un concierto, supuestamente por Los Zetas por cantar una canción ligada a su enemigo El Chapo. Su conductor y asistente también fueron asesinados. Gómez fue levantado después de un concierto, brutalmente torturado y estrangulado. Ambos fueron nominados para un premio Grammy después de sus muertes.

En cuanto al caso de Sergio Vega, él conducía su automóvil Cadillac en color rojo tinto, en compañía de un

JUNE 26
BORDER PATROL DISCOVERS NARCOTUNNEL

US border patrol officers observed a young man emerge from a sewer drain in El Paso. He was carrying forty bags of marijuana. After detaining him, they discovered a narcotunnel beneath the Río Grande's riverbed between Ciudad Juárez and El Paso. It was some forty-three yards long and twenty-four inches wide, and provided a conduit for transporting drugs and weapons between the two countries.

No reports identified which cartel had built such an elaborate passageway. The detainee only disclosed his age (seventeen), Mexican nationality, and that authorities had taken care of him.

Around 1988, drug cartels began to dig tunnels that Mexican authorities later discovered in border towns, such as Nogales, Sonora and Tijuana, Baja California, and other border towns. In some cases, the sponsoring syndicate executed the construction workers who built the passageways. In 2008, for example, twenty-four laborers were murdered after completing a narcotunnel in Mexicali, the capital of Baja California.

JUNE 27
SINGER SERGIO VEGA IS EXECUTED

On June 26 at 8:40 P.M., cartel hit men killed a legend of regional Mexican music, singer Sergio "El Shaka" Vega Cuamea.

The act invoked memories of the deaths of Valentín Elizalde and Sergio Gómez. Elizalde, a banda singer known as "the Golden Rooster," was gunned down in his car after a concert, supposedly by Los Zetas for singing a song associated with their enemy El Chapo; his driver and assistant were also killed. Gómez was kidnapped after a concert, brutally tortured, and strangled. Both were nominated for Grammy Awards after their murders.

As for Sergio Vega, he was driving to the concert in his wine-red Cadillac, with an assistant in the passenger's seat, when he noticed a group of armed men following them. Attempting to escape the gunmen, he accelerated, but to no avail.

They fired at the car, and he lost control of the vehicle, veered into the opposite lane, and ended up fifty-four yards away from the highway in a wooded area. Heavily armed men arrived and finished him off, firing point-blank

asistente, cuando se percató de que un grupo de hombres armados lo perseguía. Así que aceleró la velocidad con el fin de escapar de los pistoleros, sin embargo no lo logró.

Los hombres le dispararon y Sergio perdió el control de su vehículo, cruzó el carril contrario y quedó aproximadamente cincuenta metros fuera de la vía, en el monte. Hombres fuertemente armados llegaron y lo remataron, disparándole brutalmente en el rostro. Su copiloto y asistente Sergio Montiel Ávila resultó herido, pero después de que los sicarios se fueron del lugar, llamó a las autoridades y pidió auxilio. En cuestión de minutos se hicieron presentes elementos de la Policía Federal Preventiva y del Grupo Táctico de Reacción Inmediata, quienes comenzaron a realizar las primeras indagatorias.

Con gran dolor, Ana Luis Gómez, manager del cantante, confirmó la noticia: "Me mataron a mi Sergio, a mi artista, a mi amigo, a mi todo, me lo mataron".

El cantante de música popular mexicana recién comenzaba a disfrutar de sus éxitos. Los problemas y las amenazas comenzaron cuando las canciones de amor dejaron de serlo. En sus composiciones mencionaba frases en doble sentido que hacían referencia a las drogas y a la muerte, además estaban los narcocorridos. Encima, aceptó realizar varias presentaciones privadas en fiestas de importantes capos del narco —compromisos que lo llevarían a su brutal ejecución.

"Será mi último viaje y no quiero hacerlo en vano. Quiero que me entierren al pie de la sierra con mi último contrabando. Si Dios no me acepta así a ver si me acepta el Diablo. Yo voy a dejar en mis funerales todos mis gastos pagados", cantaba Sergio Vega en el narcocorrido titulado Mi último contrabando.

Como si se tratara de una broma del destino, poco más de una hora antes de ser ejecutado, Vega daba una entrevista en donde desmentía un rumor sobre su muerte, el cual había corrido durante el día viernes. Pero en esta ocasión era verdad, Sergio había sido brutalmente acribillado y sus fans no podían creer la trágica noticia.

into the handsome singer's face. Vega's passenger, Sergio Montiel Ávila, managed to flee the scene but was injured. As soon as the assailants disappeared, he called for help. Within minutes, Preventive Federal Police and the Tactical Group of Immediate Reaction Officers appeared at the scene and quickly began gathering statements.

With gut-wrenching pain, the singer's manager, Ana Luisa Gómez, confirmed the news. "They killed my Sergio, my artist, my friend, my everything—they killed him," she said.

The Mexican pop singer was only just starting to enjoy regular airplay on the radio. The issues and threats arose when his love songs ceased to be only about love. He began to write lyrics filled with double entendres about drugs and death, as well as *narcocorridos* (drug ballads). Moreover, he accepted invitations to private concerts for important drug Mafiosi—engagements that would eventually lead to his brutal execution.

"This will be my last trip, and I do not want to do it in vain. I want to be buried at the foot of the hill with my last contraband. If God does not accept me this way, let's see if the Devil will. At my funeral, I will leave all my expenses paid," sung Sergio Vega in his narcocorrido titled "Mi Último Contrabando."

As if it were a trick of destiny, just over an hour before he was murdered, Vega gave an interview denying recent rumors that he'd been murdered following death threats. This time it was real: Sergio had been brutally gunned down, and his fans were flabbergasted by the tragic news.

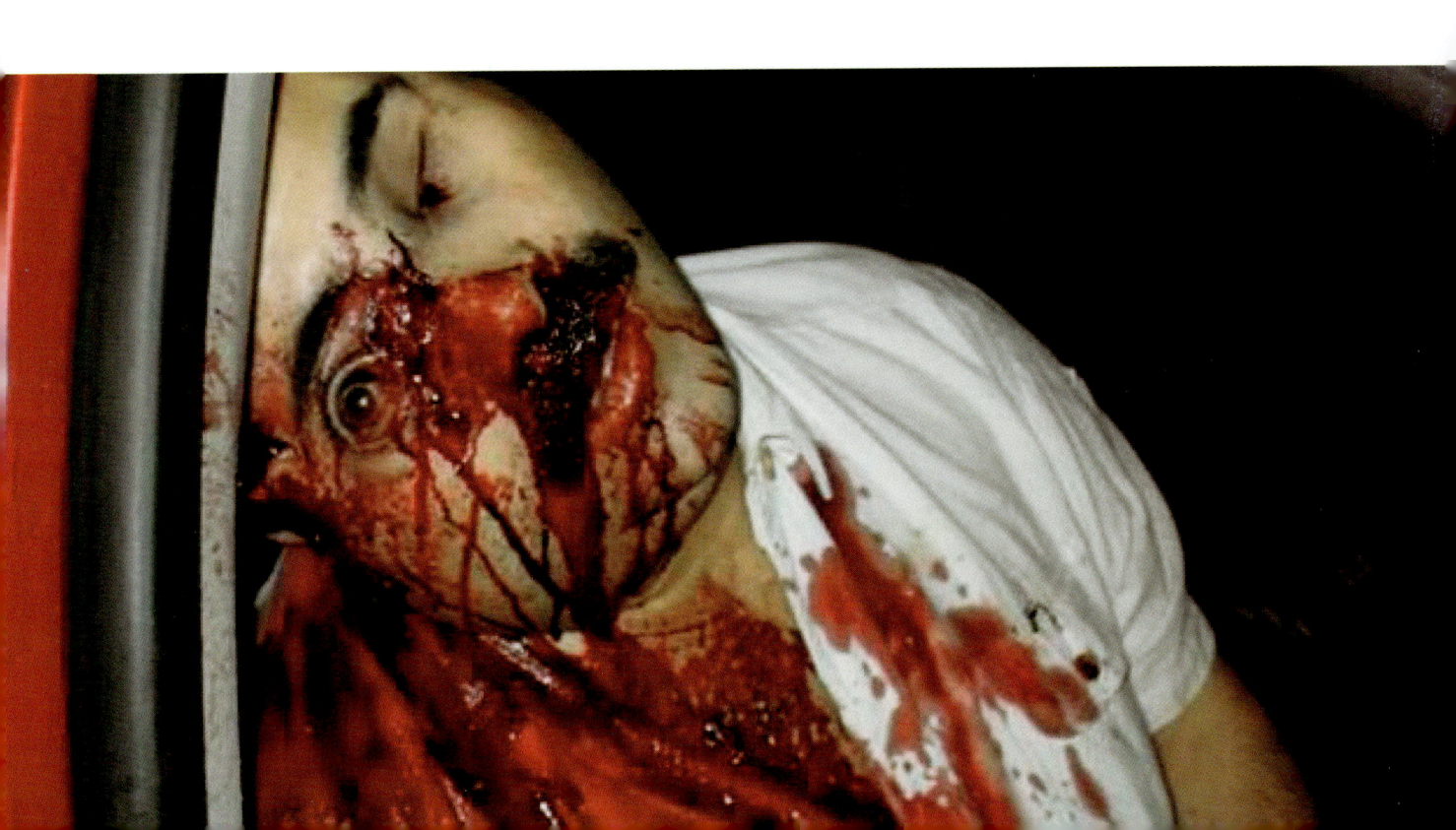

28 DE JUNIO
CANDIDATO A GOBERNADOR ES EJECUTADO JUNTO A VARIOS COLABORADORES

Alrededor de las 10:30 de la mañana, Rodolfo Torre Cantú, candidato a gobernador por el estado de Tamaulipas, se encontraba con su equipo de campaña en carretera cerca de Ciudad Victoria. Ellos viajaban en varias camionetas cuando fueron emboscado por un comando armado, registrándose una cruel masacre. El político y varios de sus colaboradores más cercanos fueron brutalmente ejecutados, y la noticia no tardaría en darse a conocer.

El candidato de la alianza Todos Tamaulipas fue acribillado a tan solo seis días de que se llevaran a cabo las elecciones. Varias encuestas colocaban a Torre Cantú como el próximo gobernador de Tamaulipas; las tendencias marcaban más del 70% de votos a su favor. Sin embargo, algunos colaboradores muy cercanos lo traicionaron al volverse informantes de Los Zetas, brindándoles los detalles de su agenda de campaña.

Desde la noche del domingo, los sicarios habían dormido en un motel cercano al lugar de la emboscada. Todo estaba listo para el asesinato. Torre Cantú se dirigía a tomar una avioneta para trasladarse al municipio de Valle Hermoso, en donde cumpliría con un acto para cerrar la campaña política. Cuando las camionetas del político pasaron por el tramo planeado para la acción, el grupo armado bloqueó de ida y vuelta la carretera con remolques. Justo en medio quedaban el candidato con su equipo cuando nueve camionetas marcadas con la letra Z se hicieron presentes y les cerraron el paso. De inmediato los escoltas del político intentaron defenderlo, sin embargo ellos fueron los primeros atacados. En cuestión de segundos, tan rápido como un parpadeo de ojos, las balas estaban incrustadas en todos los colaboradores de la alianza, pero Torre Cantú seguía vivo.

De una camioneta bajó Heriberto Lazcano Lazcano, líder de Los Zetas, y supervisó toda la acción. Torre Cantú fue masacrado frente a los ojos del narco. Como testigos del acto violento, quedaron algunos sobrevivientes al ataque.

A los pocos minutos se hicieron presentes cientos de efectivos y descubrieron los cuerpos de Rodolfo Torre Cantú; Enrique Blackmore Smer, secretario particular; y los tres últimos escoltas del político. Paramédicos de la localidad lograron dar auxilio a Enrique de la Garza, cuñado de Torre Cantú, y otros varios colaboradores de su equipo.

"Rodolfo Torre gobernador, para que tú estés mejor", era el sello de su campaña política. Era un hombre de cuarenta y seis años, muy querido y respetado en su estado, y de manera sorpresiva fue eliminado.

"Se trata de un hecho no solo contra un candidato de un partido político, sino contra las instituciones democráticas. Hoy el crimen organizado representa la mayor amenaza para la seguridad, la libertad y la tranquilidad de los mexicanos, es un enemigo que no conoce límites", fueron algunas palabras que mencionó Felipe Calderón en el mensaje emitido a nivel nacional, en donde condenó el ataque a Torre Cantú.

JUNE 28
GUBERNATORIAL CANDIDATE IS MURDERED WITH HIS TEAM MEMBERS

At about 10:30 A.M., Rodolfo Torre Cantú, Tamaulipas' gubernatorial candidate, was on the campaign trail with his team on the highway outside of Ciudad Victoria, the state capital. They were travelling in several trucks when Zeta commandos abruptly ambushed them, and executed the PRI politician and many of his entourage. News of the assassination traveled quickly.

The "Todos Tamaulipas" candidate was gunned down with only six days to go before the election. Many polls had concluded that Torre Cantú would be Tamaulipas's next governor, with 70 percent of votes in his favor. However, some of his campaign workers had betrayed him by providing his itinerary to sadistic paramilitaries.

The night before, hit men slept in a nearby motel, close to the determined point of attack. Everything was set for the assassination. Torre Cantú was on his way to board a light airplane that would take him to Valle Hermoso, where he would appear at his campaign's closing event. When the politician's SUVs passed the point of action, the armed gang blocked the highway's opposite lanes with trailers, funneling the candidate's vehicles into a single lane. Then nine trucks brandishing the letter Z appeared out of nowhere and cut them off. The politician's bodyguards tried to defend him, but they were gunned down immediately. Within the blink of an eye, bullets had penetrated the whole team, yet Torre Cantú was still alive.

Heriberto Lazcano Lazcano, leader of Los Zetas, descended from one truck and supervised the rest of the action. Torre Cantú was murdered before the kingpin's eyes. Only a few survived the attack to bear witness to the ghastly undertaking.

Minutes afterward, a large police contingent discovered the bodies of Rodolfo Torre Cantú, his personal secretary Alejandro Martínez, and local representative Enrique Blackmore Smer, and the nominee's three newest bodyguards. Paramedics succeeded in saving Enrique de la Garza, Torre Cantú's brother-in-law, and several other members of his team.

His campaign slogan had been, "Rodolfo Torre for governor, so that you will be better off." He was a well-loved and respected man in his state, and his assassination at age forty-six was a surprise.

President Felipe Calderón in a national address condemned the attack against Torre Cantú, stating, "This is an event that is not only against a political party's candidate, but also against democratic institutions. Nowadays, organized crime represents the largest threat against Mexicans' security, liberty, and peace of mind. It is an enemy that knows no limits."

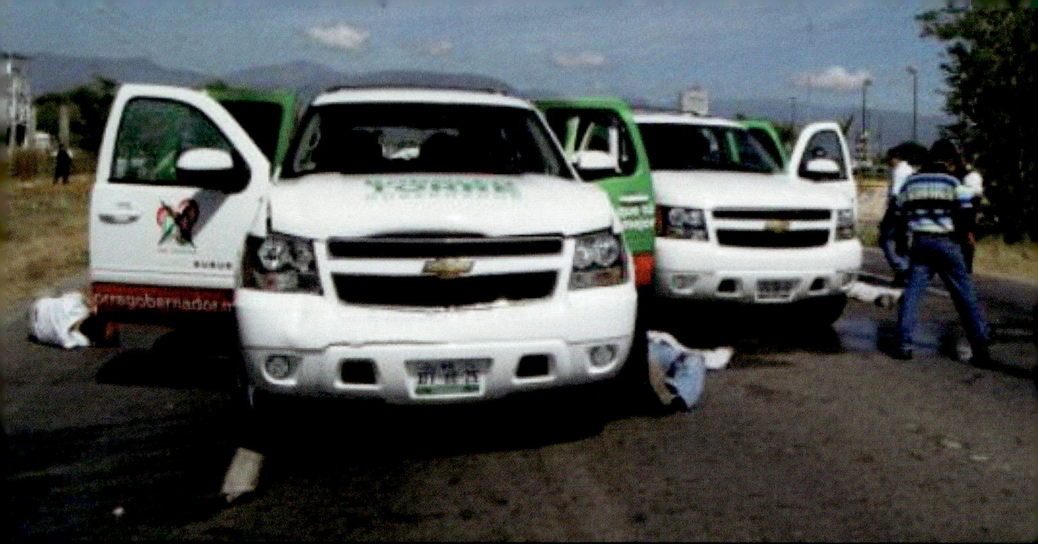

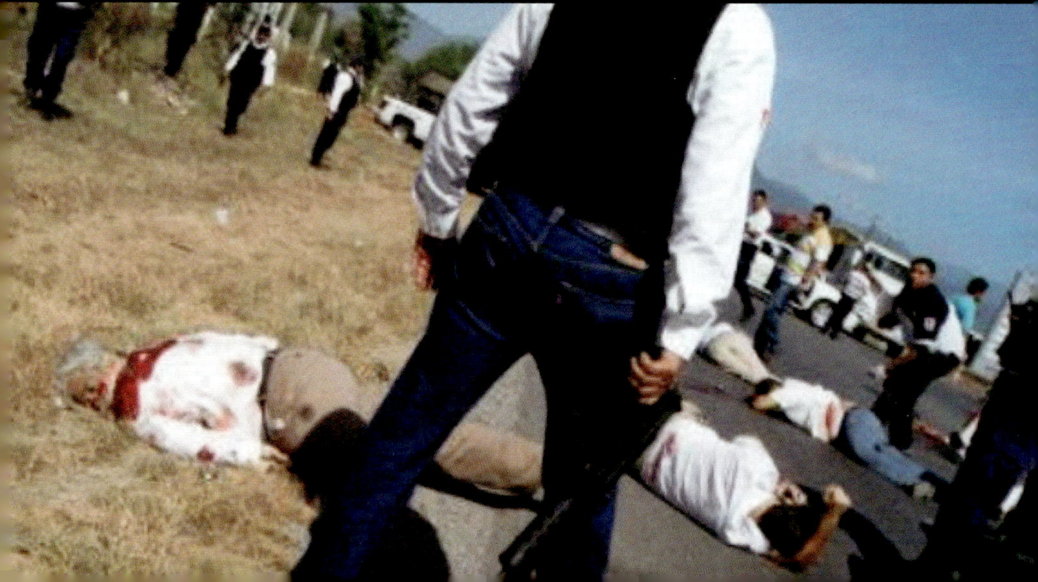

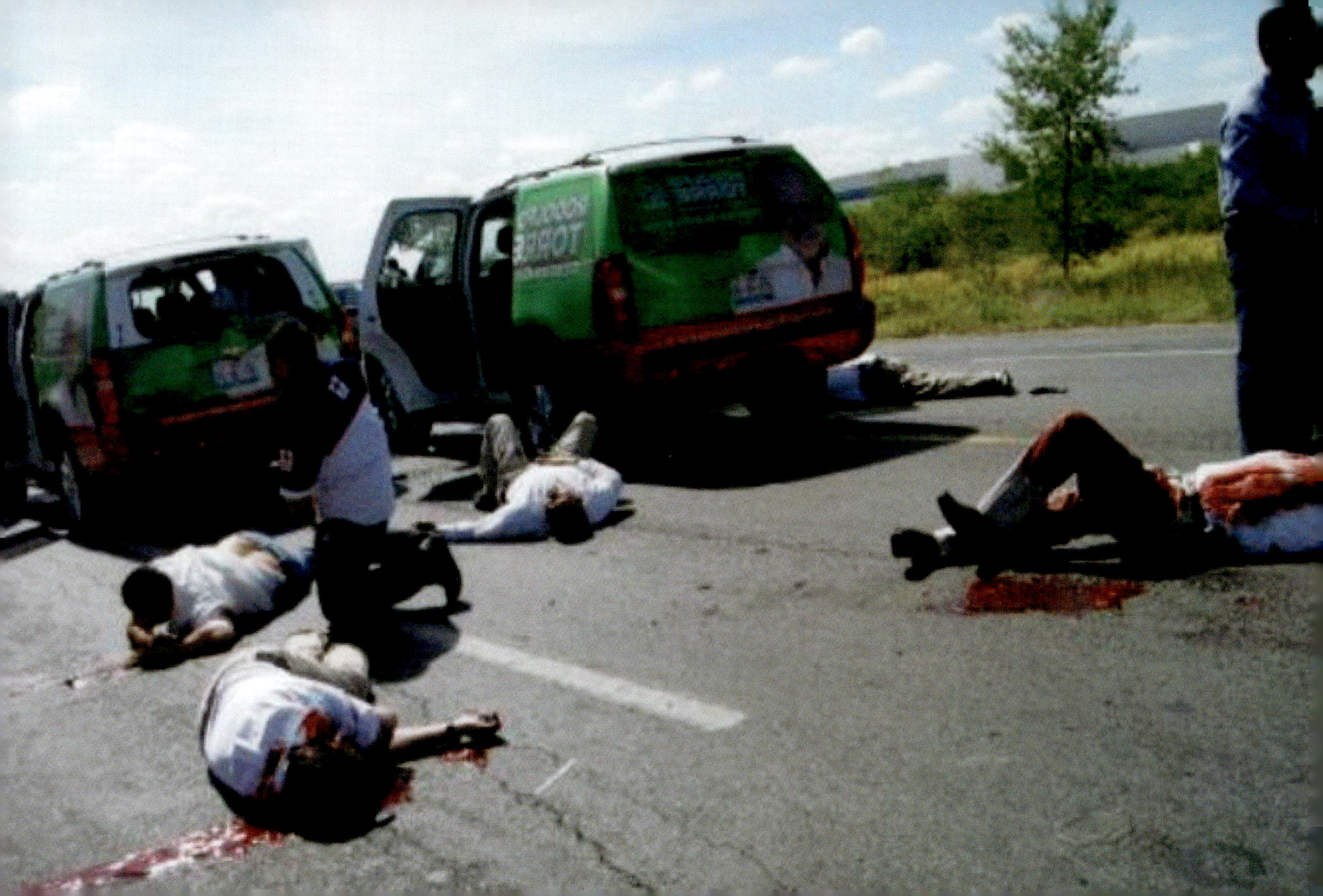

JULIO 2010
EL AMANECER SANGRIENTO DEL NARCOTERRORISMO

2 DE JULIO
ENFRENTAMIENTO DEJA A VEINTIÚN HOMBRES SIN VIDA

EL CÁRTEL DE SINALOA
También conocido como: El Cártel de Guzmán-Loera, el CDS.
Origen: Cuando Félix "El Padrino" Gallardo, líder del Cártel de Guadalajara, fue arrestado, su organización se dividió en tres grupos principales: El Cártel de Juárez, el Cártel de Tijuana y el Cártel de Sinaloa, que pronto se transformó en el cártel más poderoso de México.
Liderazgo: Cuando Héctor Luis Palma Salazar fue arrestado en 1995, su asociado Joaquín "El Chapo" Guzmán Loera, de un metro sesenta y ocho de altura y setenta y siete kilos de peso, ayudó a manejar el cártel desde la cárcel, donde estaba cumpliendo una condena por tráfico de drogas, extorsión y otros cargos. Mientras estuvo encarcelado, El Chapo manejó el imperio comercial, contrataba a prostitutas de clase alta, daba fiestas y disfrutaba del uso de celulares, televisiones y computadoras. En 2001, con aproximadamente 2,5 millones de dólares de extorsiones, logró escaparse dentro de un camión de lavandería. Desde entonces, se ha vuelto el narco más poderoso del país, y posiblemente del mundo. La DEA lo ha llamado "el

La rivalidad entre grupos del narcotráfico cada día es más intensa; los enfrentamientos se recrudecen y cada vez son más los muertos en México. Acabamos de recibir las fotos de tres cuerpos brutalmente descuartizados y dejados para exhibición en una calle residencial en Zapopan, Jalisco. Mientras tanto, una nueva batalla se registró durante la madrugada en el estado de Sonora, en donde integrantes del Cártel de Los Beltrán Leyva, en conjunto con la organización de Los Zetas, realizaron una emboscada a un grupo armado perteneciente al Cártel de Sinaloa.

Desde la noche del 1 de julio, sicarios de Los Beltrán Leyva y de Los Zetas, se hicieron presentes en un tramo de la carretera Tubutama-Saric, por donde pasaría la gente de El Chapo Guzmán. Eran aproximadamente cincuenta camionetas con hombres fuertemente armados, quienes atacaron a los de Sinaloa cuando llegaron al punto del ataque. Eran aproximadamente las 2:00 de la madrugada cuando comenzó la batalla y duró más de dos horas. Era cruel, y habitantes de poblados pertenecientes al municipio vecino confirmaron que simplemente "parecía la guerra". Nadie pudo dormir por las intensas ráfagas de AR-15 y AK-47.

JULY 2010
THE BLOODY DAWN OF NARCOTERRORISM

JULY 2
GUN BATTLE LEAVES TWENTY-ONE DEAD

The rivalry among drug-trafficking groups intensifies each day. We have just received photos of three bodies brutally dismembered and left for display on a residential street in Zapopan, Jalisco. The clashes have become fiercer and the body toll is increasing in Mexico. A new battle has just been reported in the state of Sonora, where members of the Beltrán Leyva Organization, together with Los Zetas, ambushed an armed group belonging to the Sinaloa Cartel led by El Chapo Guzmán.

During the night of July 1, the Beltrán Leyvas and Los Zetas gunmen showed up on a stretch of the Tubutama-Saric highway where El Chapo's people were due to pass. Approximately fifty trucks with heavily armed men assaulted those hailing from Sinaloa when they arrived at the point of attack. The fight broke out at around 2:00 A.M. and lasted more than two hours. It was cruel, and residents in the vicinity confirmed that it simply looked like war. No one was able to sleep due to the intense bursts of AR-15 and AK-47 fire.

The authorities showed up at daybreak and found corpses scattered along the highway, and trucks riddled with shots. The bodies, given the region's climate, were already in an advanced state of decomposition.

SINALOA CARTEL
Also Known As: The Pacific Cartel, the Guzmán-Loera Cartel, the Cártel de Sinaloa, the CDS.
Origin: When Félix "The Godfather" Gallardo, leader of the Guadalajara Cartel, was arrested, his organization split into three main factions: The Juárez Cartel, the Tijuana Cartel, and the Sinaloa Cartel, which soon became Mexico's most powerful DTO.
Leadership: After Héctor Luis Palma Salazar was arrested in 1995, his partner, Joaquín "El Chapo" Gúzman Loera, 5'6", 170 pounds, helped run the cartel from prison, where he was serving on drug trafficking, bribery, and other charges. While behind bars, El Chapo (slang for "Shorty") managed the business empire, hired high-class prostitutes, threw parties, and enjoyed cell phones, TVs, and computers. In 2001, with an estimated $2.5 million in bribes, he engineered his escape inside a laundry cart. Since then, he has become the most powerful drug kingpin in the country, possibly the world. The DEA has called him "the godfather of the drug world." He is believed to be responsible for 25 percent of illegal drugs entering the United States, and is currently number one on

padrino del mundo de las drogas". Se cree que es responsable del 25% de las drogas ilegales que entran a Estados Unidos, y actualmente ocupa el primer puesto en la lista de más buscados del FBI. En 2009, la revista Forbes remarcó que su fortuna llegaba a mil millones de dólares, lo cual lo hacía la persona número 701 más rica del mundo. Forbes también lo incluyó como número 41 de la lista de las personas más poderosas del mundo. Aunque se consiente con mujeres hermosas, andar en moto y comer la comida más exquisita, no es extravagante y es conocido por conducir una camioneta abollada. Emana inteligencia y busca cultivar la imagen de padrino benévolo, preocupado por conducir bien sus negocios y considerar lo mejor para la gente que trabaja bajo su mando. También es conocido por sus maneras creativas para traficar cocaína, como dentro de matafuegos. Su esposa actual es una ex reina de belleza llamada Emma Coronel Aispuro, ciudadana americana. Él maneja el cártel junto a Ismael "El Mayo" Zambada García y Juan José Esparragoza Moreno (alias "El Azul" por el color azulado de su piel).

Actividades y áreas de operaciones: Además de más de media docena de estados en México, se dice que el cártel opera en cinco continentes. Su especialidad es el tráfico de cocaína, heroína, marihuana y metanfetamina a los Estados Unidos. El Chapo dice rehuir a la violencia innecesaria, sin embargo emplea a sus vaqueros sinaloenses, Gente Nueva, y a la policía para pelear a sus enemigos. En un cable de WikiLeaks, el Secretario de la Defensa Nacional en México, Guillermo Galván Galván, le habría dicho a un oficial de la administración de Obama que "el Chapo lidera una red grande de informantes y tiene círculos de seguridad de hasta trescientos hombres, lo cual hace que lanzar operaciones de captura sea mucho más difícil". Sin embargo, en 2009, la DEA y otras agencias estadounidenses participaron en la Operación Xcellerator, que resultó en la detención de más de 755 hombres y mujeres ligados al Cártel de Sinaloa.

Las autoridades se hicieron presentes al amanecer y, en varios puntos de la carretera, hallaron cadáveres y camionetas destrozadas por los impactos de bala. Los cadáveres ya se encontraban en avanzado estado de descomposición por el clima de la región.

Veintiún pistoleros pertenecientes al Cártel de Sinaloa murieron en ese enfrentamiento. Los cuerpos habían quedado destrozados, algunos estaban irreconocibles. Todos llevaban fornituras, unos vestían ropa tipo militar, otros permanecían debajo de los vehículos, en donde intentaron defender su vida.

Elementos de la Policía Estatal Investigadora y del Ejército Mexicano resguardaron el lugar, además implementaron operativos de búsqueda por la zona.

Fueron detenidos seis sicarios que resultaron lesionados en el enfrentamiento, el más joven de tan solo quince años.

En el lugar se decomisaron ocho camionetas de reciente modelo, mismas que estaban destrozadas por las balas y estaban marcadas con varias X —letra con la que se identifica el Cártel de Sinaloa. Además encontraron veinticuatro fusiles, tres armas cortas, chalecos antibalas, fornituras y aparatos de radiocomunicación, entre otras cosas.

El hecho se trató de un duro golpe para el Cártel de Sinaloa, ya que los pistoleros muertos pertenecían al Comando Ántrax, encargado de brindar seguridad a familiares de Joaquín Guzmán Loera y de El Mayo Zambada. Los que hablan de Los Ántrax, mencionan que pertenecer a esa célula es un honor y significa ser de la elite de Sinaloa. Sin embargo, para otros es un contrato de muerte segura.

Twenty-one gunmen from the Sinaloa Cartel died in the clash. The bodies were in shreds, many unrecognizable. Every one of them had cartridge belts; some were dressed in military clothing, others left under cars to which they had fled in an attempt to defend themselves.

State investigative police and Mexican army officers sealed off the crime scene and began a search operation within the area for fleeing gunmen. Six men who were injured in the clash have been detained; the youngest is only fifteen years old.

At the scene, eight recently bought trucks were confiscated, all riddled with bullets and tagged with an X—the letter that the Sinaloa Cartel uses to identify itself. Additionally, twenty-four rifles were found, along with three short-range guns, bulletproof vests, cartridge belts, and walkie-talkies.

The event was a hard hit for the Sinaloa Cartel because its gunmen belonged to the Anthrax Commando, who carry out special operations and serve as the security detail for El Chapo and El Mayo's families. Those who mention the Anthrax say that belonging to that cell is an honor, and means being part of the Sinaloa elite. However, for others, it's a contract that brings with it surefire death.

the FBI's most wanted list. In 2009, Forbes listed his fortune at $1 billion, making him the 701st wealthiest person in the world. Forbes also listed him at number forty-one on its list of the world's most powerful individuals. Though he indulges in beautiful women, motorcycles, and fine dining, he is not flamboyant and is known to drive around in a battered pickup truck. He exudes intelligence, and seeks to cultivate the image of a benevolent patrino concerned with conducting business and looking after the best interests of the people who work under him. He is also known for finding inventive ways to smuggle cocaine, such as inside fire extinguishers. His current wife is former beauty queen Emma Coronel Aispuro, a US citizen. He runs the cartel with Ismael "El Mayo" Zambada Garcia and Juan José Esparragoza Moreno (nicknamed "El Azul," or "The Blue," because of the bluish tint of his skin).

Activities and Areas of Operations: In addition to more than a half-dozen states in Mexico, the cartel is believed to operate on five continents. Its specialty is moving cocaine, heroin, marijuana, and methamphetamine into the US. El Chapo claims to shun unnecessary violence, yet employs his Sinaloan Cowboys, Nueva Gente, and police against foes. In a WikiLeaks cable, Mexican Defense Secretary Guillermo Galván Galván reportedly told an Obama administration official "that Chapo commands a large network of informers and has security circles of up to three hundred men that make launching capture operations difficult." Nonetheless, in 2009, the DEA and other US agencies participated in Operation Xcellerator, which resulted in the arrests of more than 755 men and women linked to the Sinaloa Cartel.

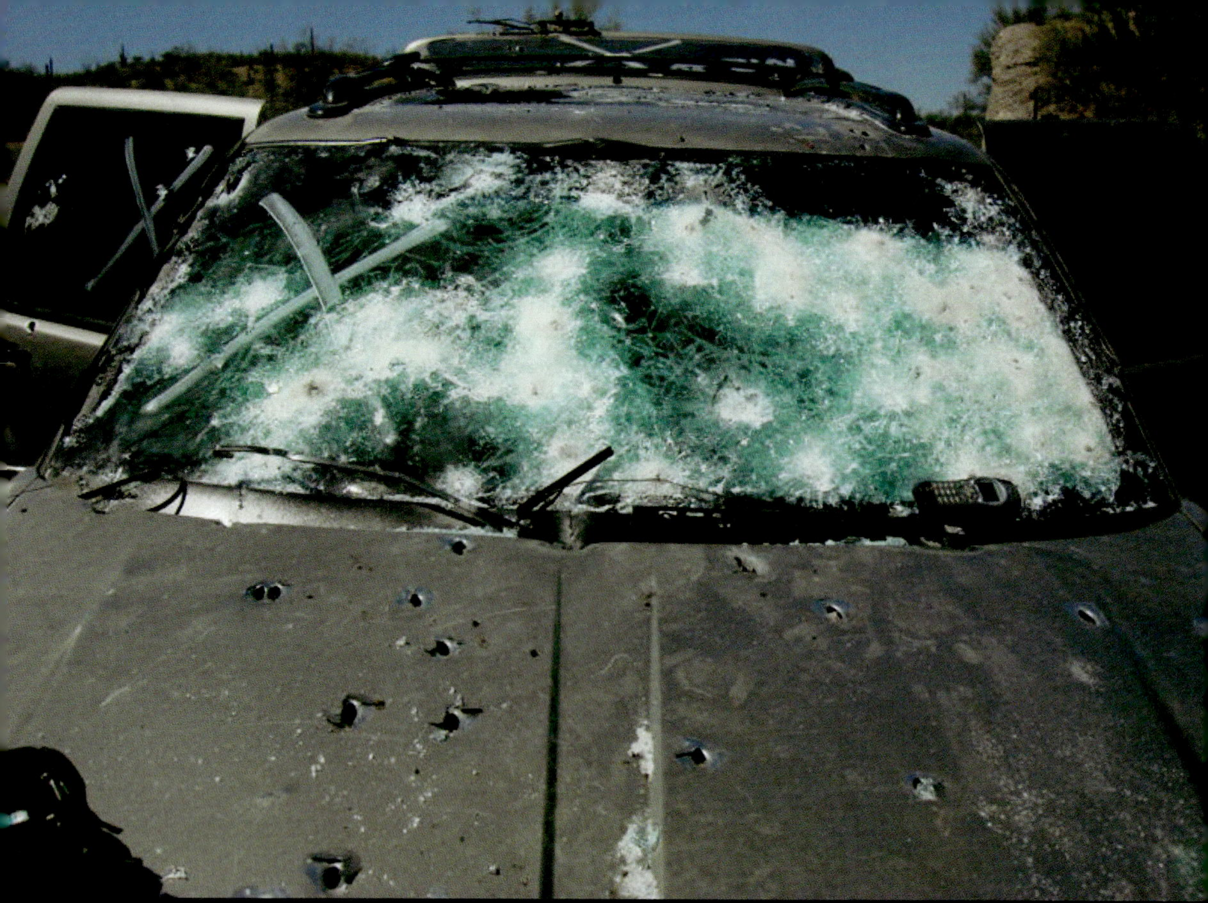

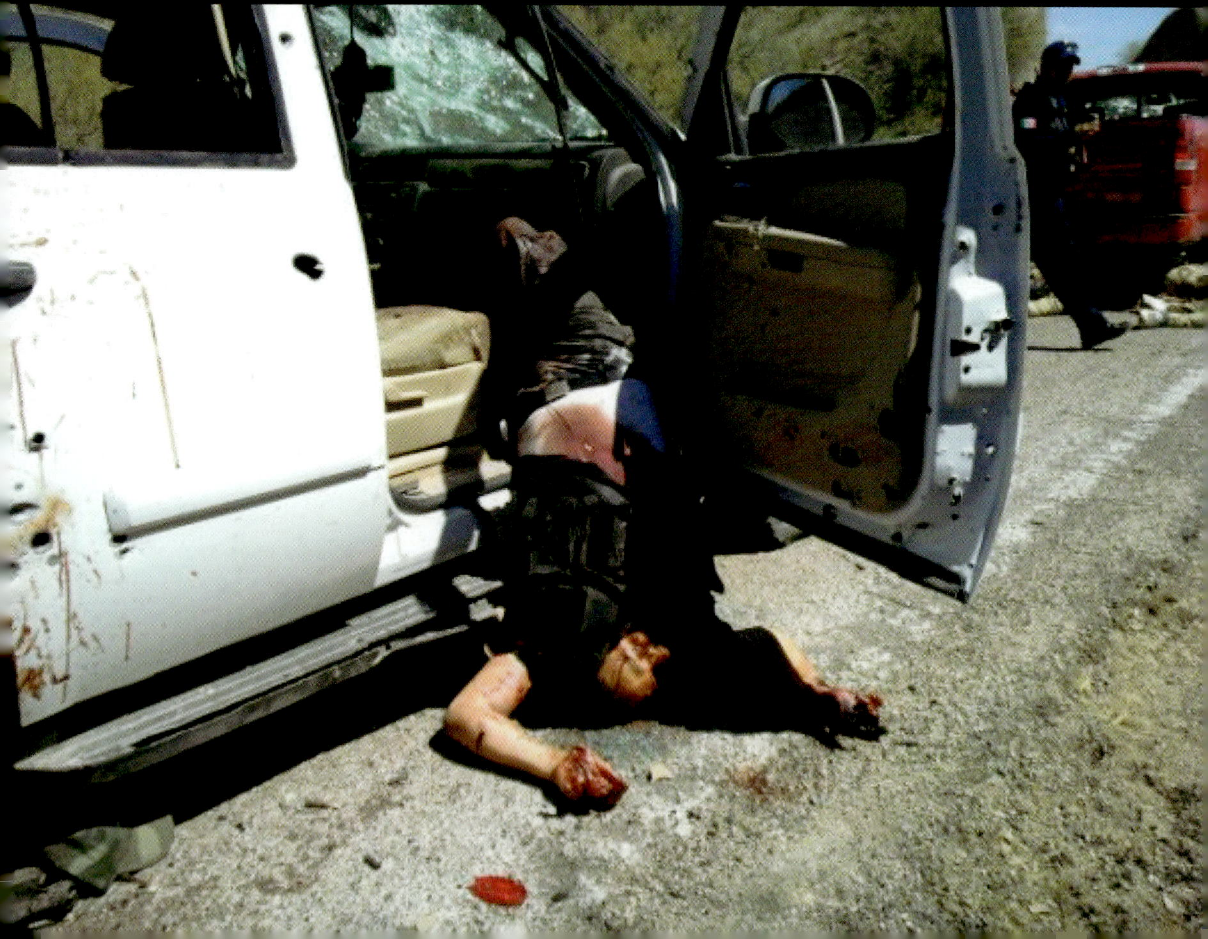

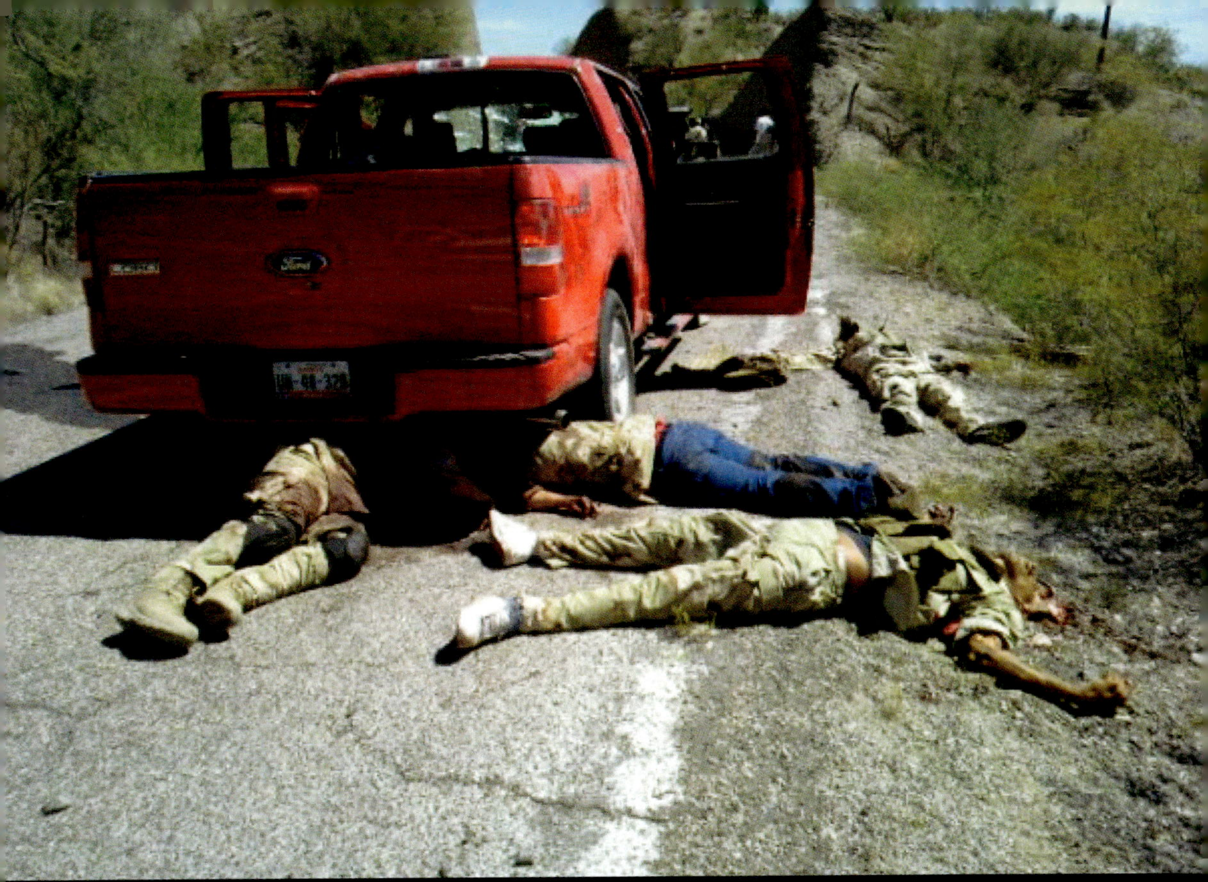

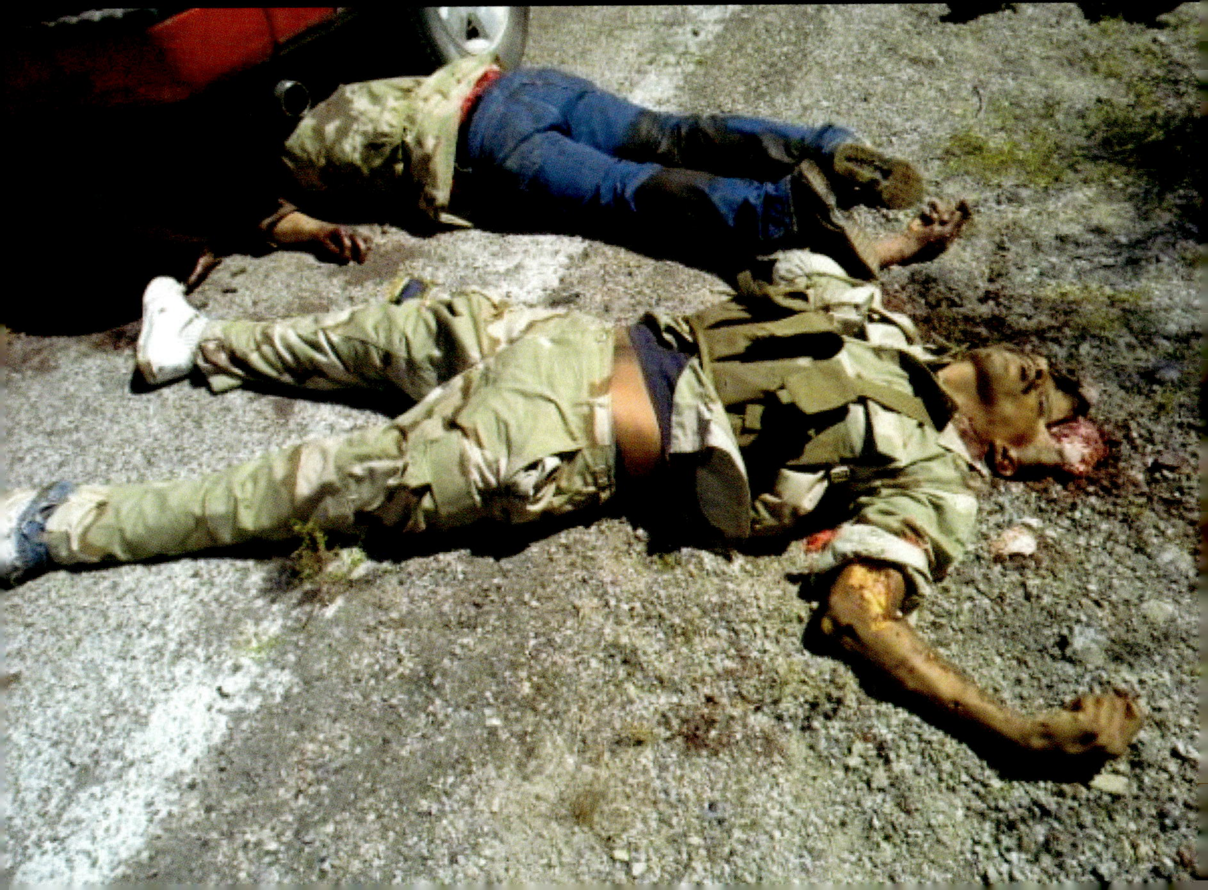

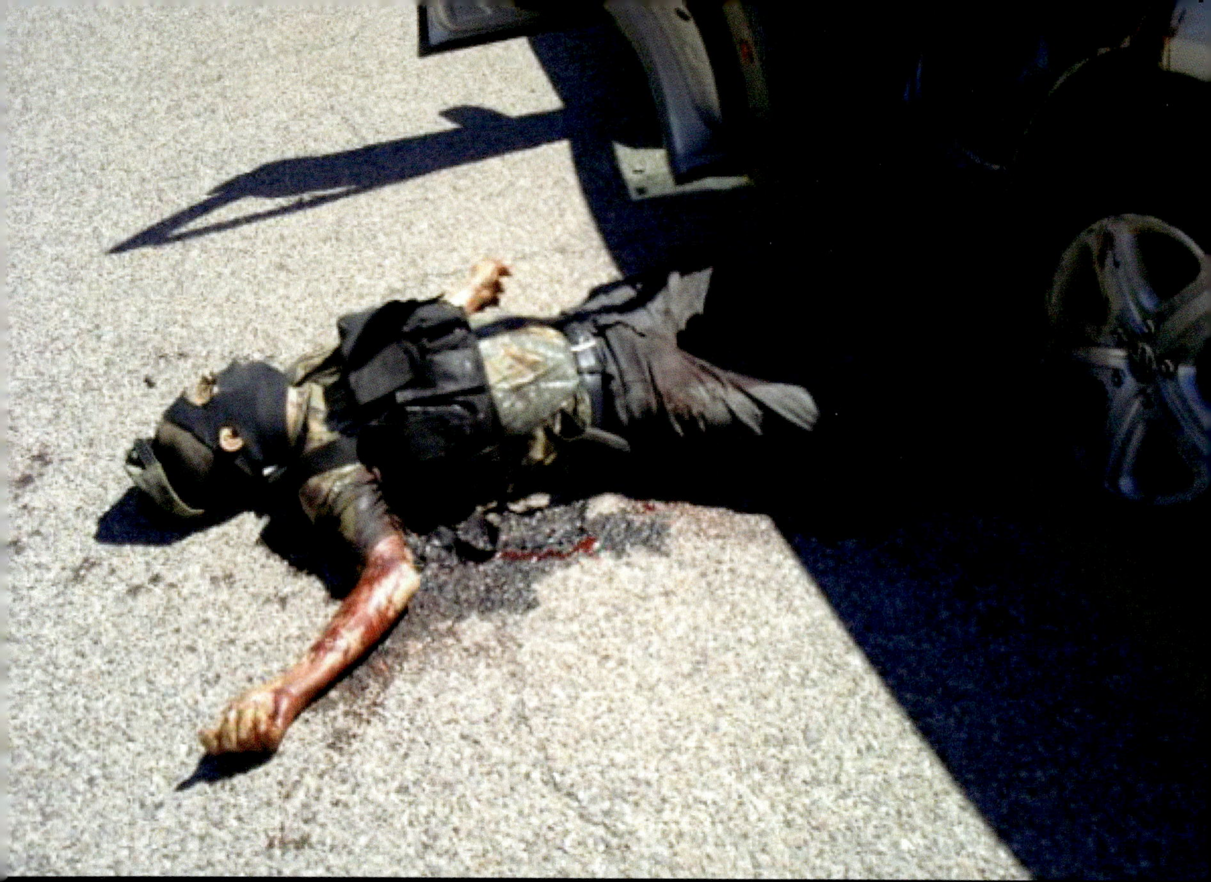
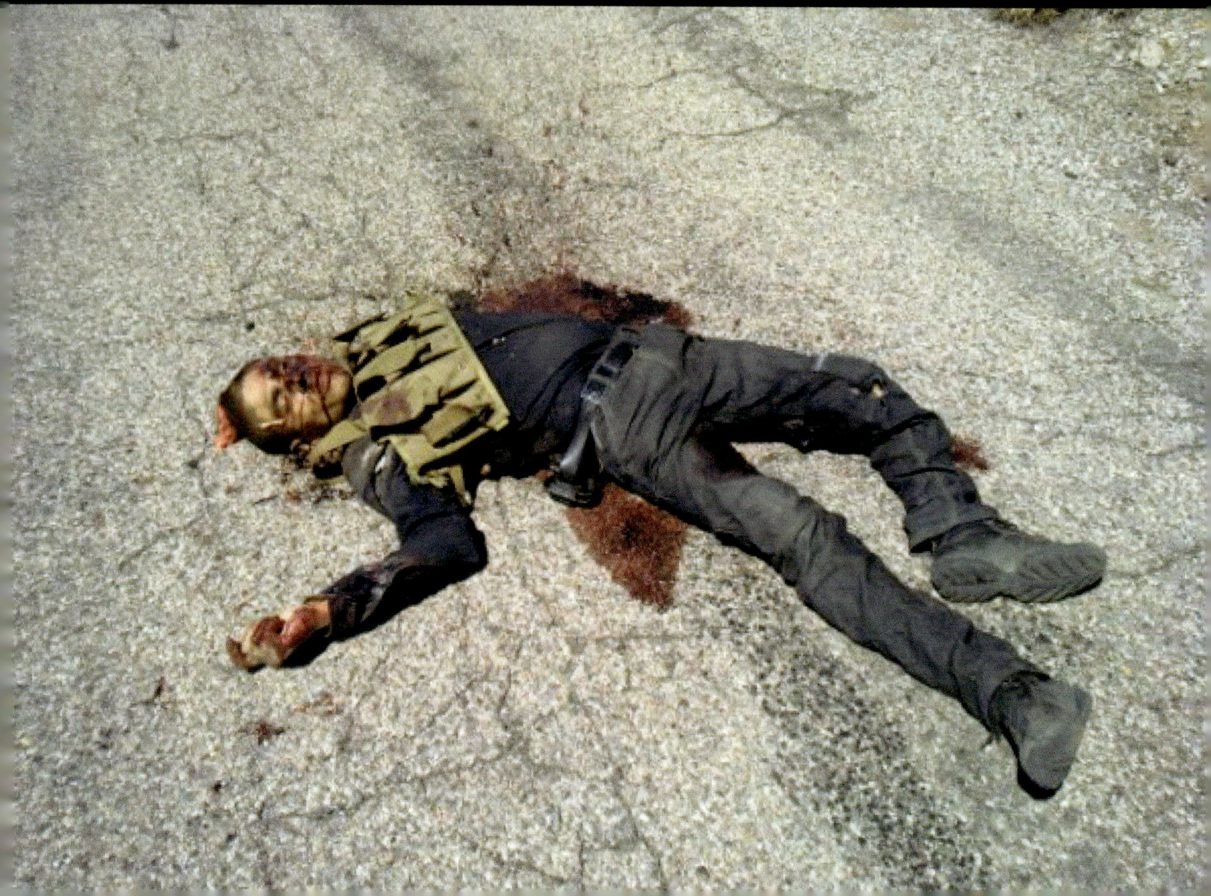

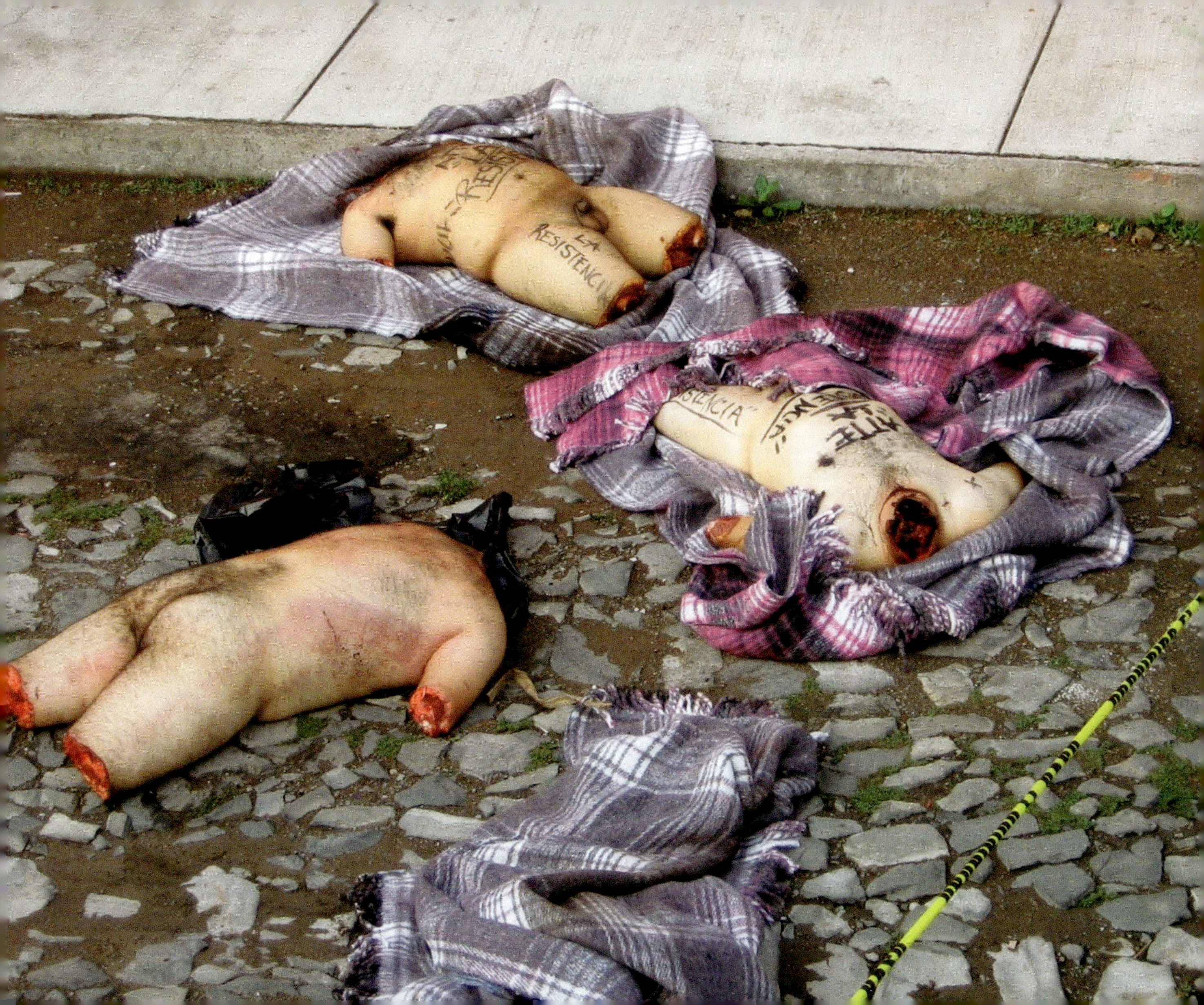
LA
RESISTENCIA

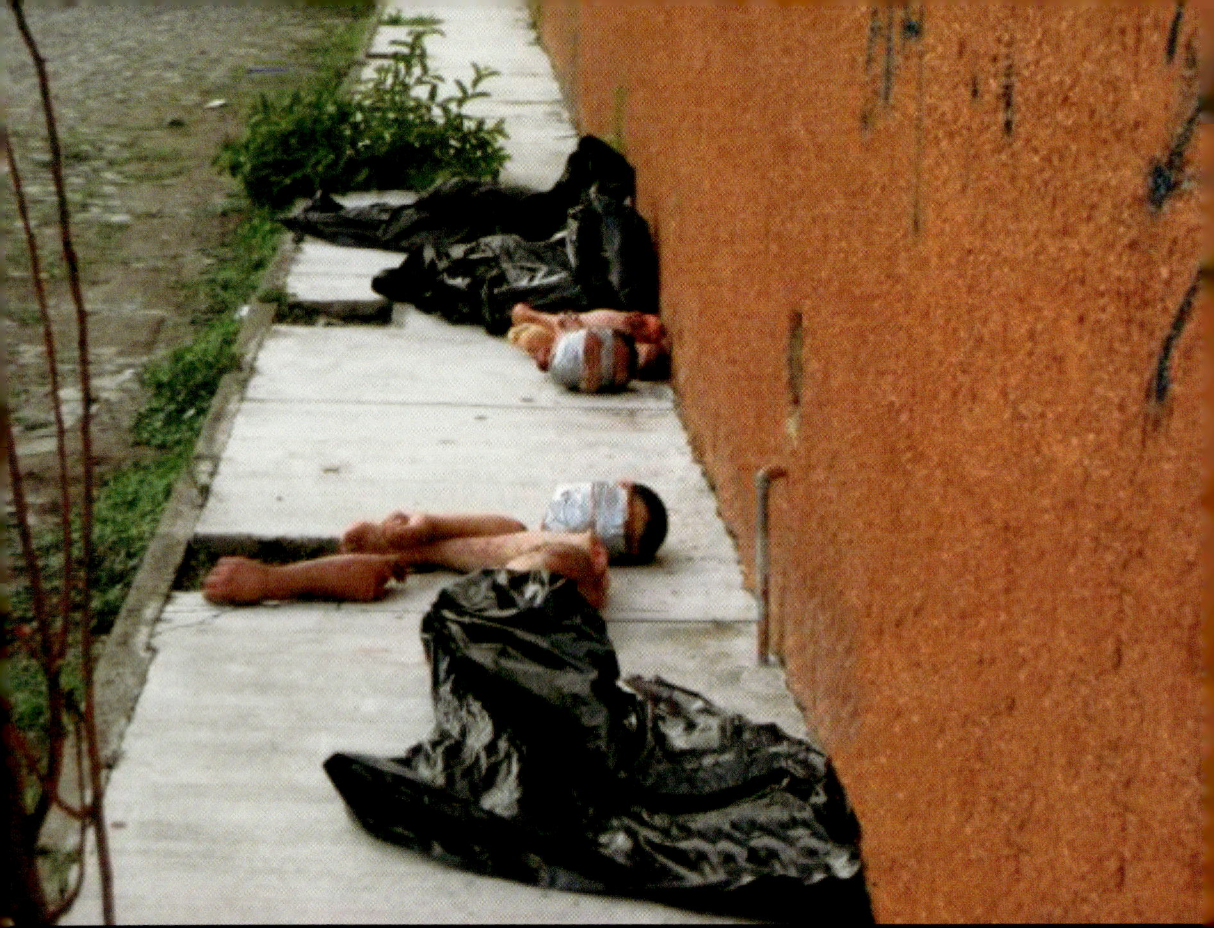

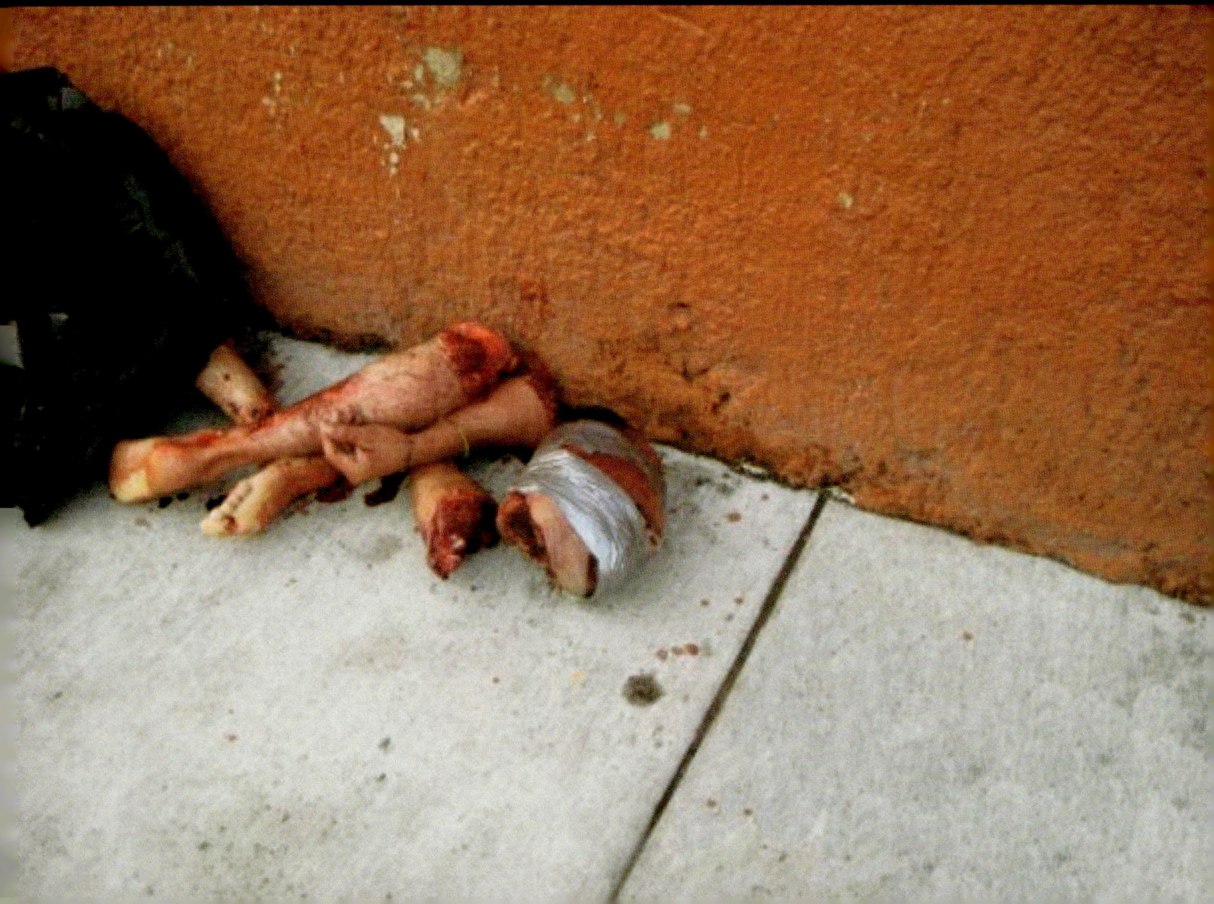

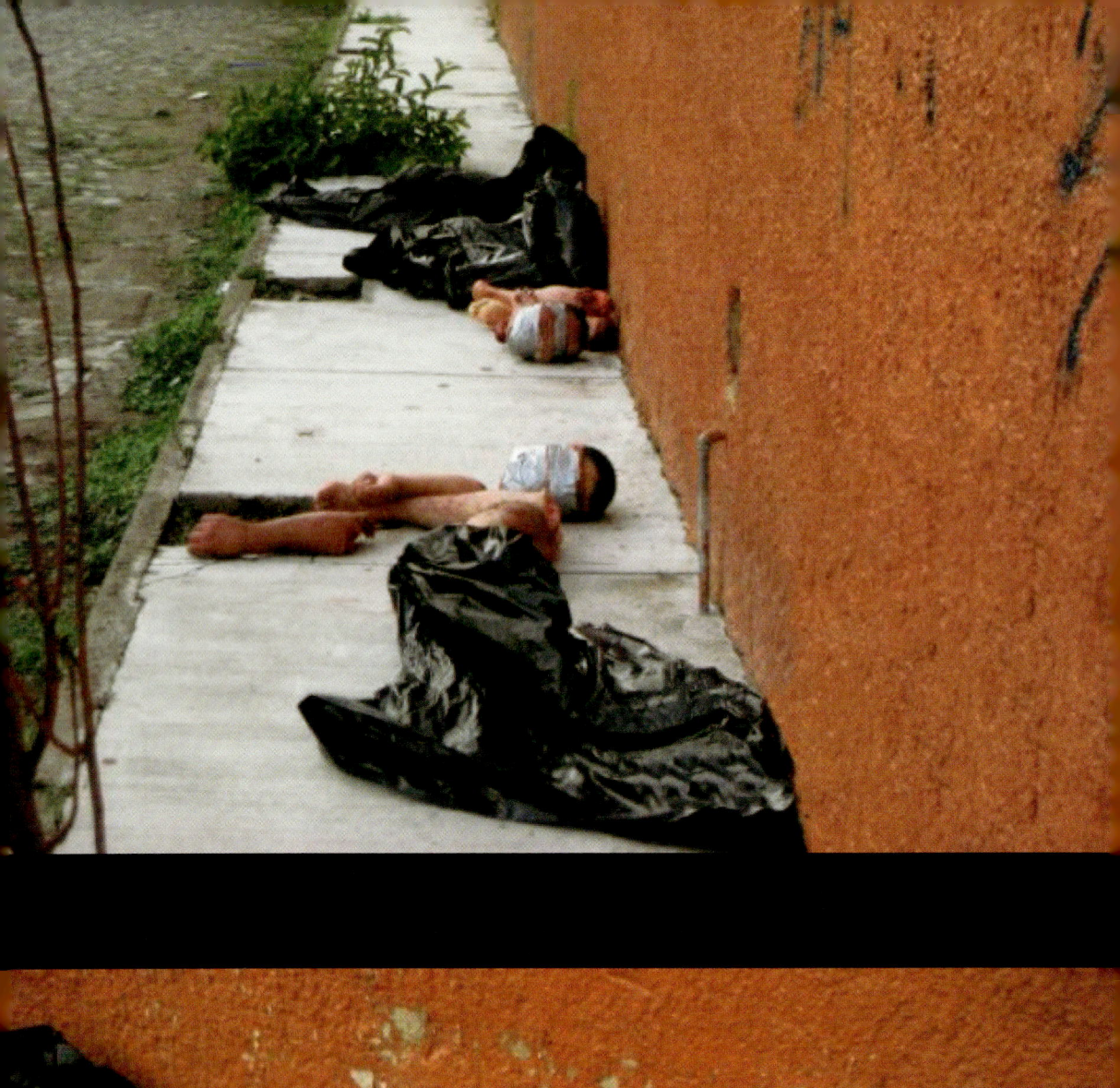

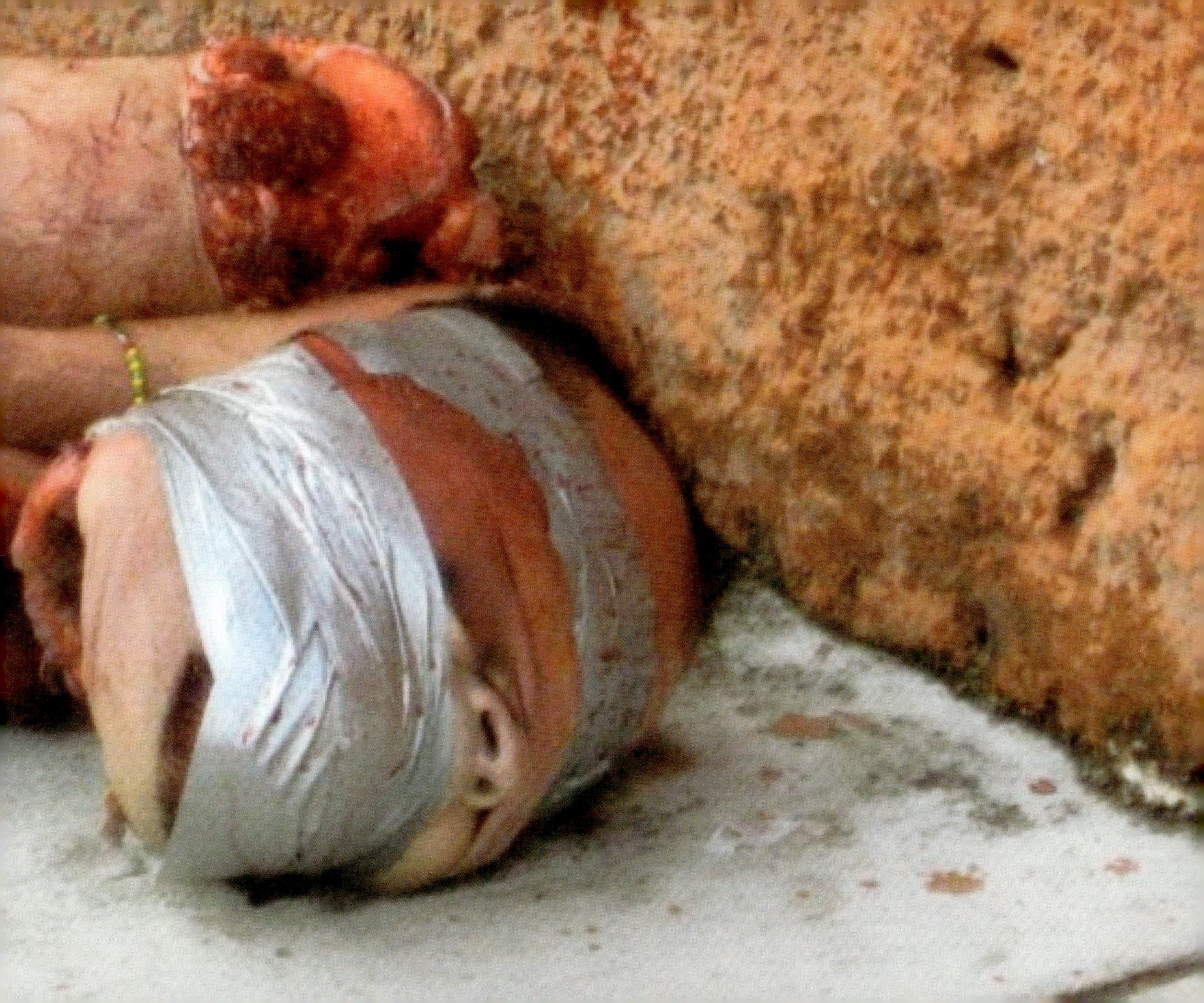

4 DE JULIO
EL MONSTRUO 2010, VEHÍCULO DE LOS ZETAS

Desde hace ya varios meses, informes señalaban que la organización de Los Zetas comenzaba a construir camiones blindados de forma artesanal, con el fin de utilizarlos en sus constantes batallas, ya sea con integrantes de grupos rivales (especialmente contra el Cártel del Golfo) o hasta con las mismas autoridades. Sin embargo, no se había tenido una imagen que demostrara la existencia de dichos vehículos. Los Zetas hablaban de estos camiones blindados, mencionando que al utilizarlos estaban bien protegidos y podían disparar a sus enemigos sin correr gran riesgo. Hasta bautizaron el modelo con un nombre, llamándolo el camión Monstruo.

Por medio de correo electrónico, Blog del Narco recibió una serie de fotografías en las cuales se podía apreciar el Monstruo 2010, mismo que fue utilizado en diversos enfrentamientos. Su última batalla fue la que se registró el 30 de junio, en Los Guerra, Tamaulipas. En la balacera antes mencionada, el Cártel del Golfo logró apoderarse de la unidad, ya que lograron abatir a sicarios de Los Zetas; fue así que tomaron fotografías del vehículo, antes y después de escribir mensajes en la carrocería.

Las fuentes indicaron que el mismo Miguel Ángel Treviño Morales, alias El Z-40, también utilizó en muchas ocasiones dicha unidad, ya que disfrutaba de pasearse y hasta niños de localidades en Tamaulipas también pudieron subir al Monstruo.

Las fotografías iban acompañadas de un mensaje en donde el Cártel del Golfo se burlaba: "Este camioncito lo mandó la señorita 40 a los Guerra, favor de pasar por la chatarra esa. Atentamente, El C.D.G.".

Junto al camión, también dejaron una narcomanta dirigida al mismo Z-40:

ES PROPIEDAD DE Z-40 PARA HACER DAÑO AL PUEBLO. MANDA MÁS PENDEJOS. PAGALES A TU GENTE.

JULY 4
THE LOS ZETAS MONSTER TRUCK

A few months ago, reports noted that Los Zetas were starting to build customized armored trucks for use in their constant battles, be it with members of rival gangs (especially the Gulf Cartel) or with the authorities themselves. However, there had not been any images that could prove the existence of such vehicles. Los Zetas spoke of these armored trucks, saying they felt safe when using them as they could shoot at their enemies without running much of a risk. They even nicknamed the model, calling it "The Monster."

Blog del Narco received e-mails with a series of photos that featured Monster 2010—the same truck used in different confrontations, including the last battle reported on June 30 in Los Guerra, Tamaulipas. In that shootout, the Gulf Cartel managed to seize the vehicle after gunning down Los Zetas sicarios. That is how these photos were spread, since they took pictures of the vehicle before and after writing messages on its body.

Sources indicate that Miguel "Z-40" Treviño himself also used the Monster for joyrides through Tamaulipas, where local kids even climbed inside the vehicle.

The photos were accompanied by a message from the Gulf Cartel joking, "This little truck was sent by Ms. 40 to the Guerras, please pass on that piece of junk. Sincerely, C.D.G."

They also left a narcobanner next to the truck that read:

THIS IS PROPERTY OF Z40 TO HARM THE COMMUNITY. SEND MORE, ASSHOLES. PAY YOUR PEOPLE.

5 DE JULIO
INTERROGATORIO A COMERCIANTE

Blog del Narco recibió otro nuevo video hoy, en donde hombres desconocidos realizan un interrogatorio a Jesús Navarro Arroyo, de sesenta y cinco años, quien es propietario del restaurante llamado Los Alfredos, ubicado en Matamoros, Coahuila.

Navarro Arroyo indicó que él no es parte de Los Zetas, sin embargo ellos llegan muy frecuentemente a su restaurante. Pero, en la grabación de casi ocho minutos de duración, realizada a las 19:00 horas, el 4 de julio, se puede observar a Jesús sin camisa y brutalmente golpeado. Su cuerpo está manchado por la sangre y una oreja le ha sido mutilada. La cruel escena es impactante.

El hombre señala varios movimientos de Los Zetas en el municipio de Matamoros. A diferencia de otros interrogatorios, en este se puede observar la disposición de querer responder a todas las preguntas que se le realizan, y de forma sincera. Habla sobre la protección que le brinda la policía local a Los Zetas, y explica que comerciantes inocentes como él "estamos cansados, pero desgraciadamente no hay quien nos ayude".

La grabación finaliza de forma abrupta. Se desconoce si dejaron con vida al señor.

JULY 5
A SMALL BUSINESS OWNER'S INTERROGATION

Blog del Narco received a new video today in which unknown men interrogate Jesús Navarro Arroyo, sixty-five, a former teacher turned owner of Los Alfredos restaurant, located in Matamoros, Coahuila.

Navarro Arroyo told his interrogators that he was not part of Los Zetas, although they frequented his restaurant. Nonetheless, in the eight-minute-long recording, made at 7:00 P.M. on July 4, Jesús can be seen shirtless and brutally assaulted. His body is stained with blood, and one of his ears has been mutilated.

The man points out various moves Los Zetas have made throughout Matamoros. Contrary to other interrogations, this one shows the man's sincere willingness to answer all questions. He discusses the protection that local police give to Los Zetas, and says that innocent business owners such as himself "are all tired, but unfortunately no one will help us."

The recording ends abruptly. It is unclear whether the interrogators let the man live.

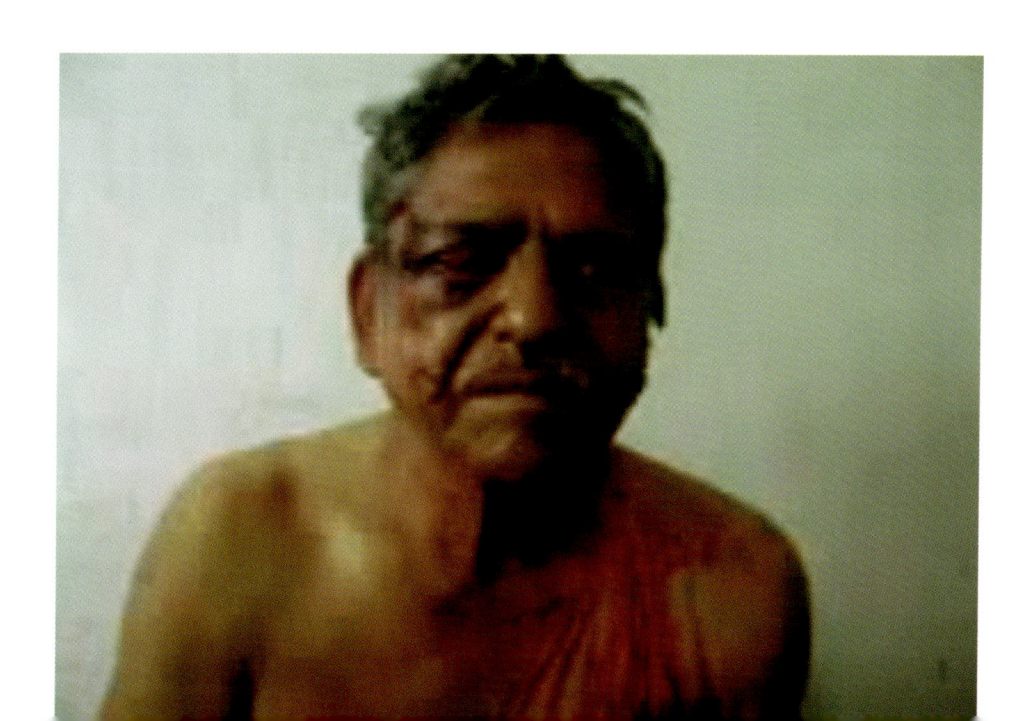

8 DE JULIO
HOMBRE QUE FUE INTERROGADO APARECE EJECUTADO

El hombre que hace unos días fue interrogado por sujetos desconocidos apareció brutalmente torturado y fusilado. Fue identificado como Jesús Navarro Arroyo, de sesenta y cinco años de edad, quien fue levantado en el municipio de Matamoros, Tamaulipas, sin embargo fue hallado en la ciudad de Gómez Palacio, Durango.

Durante la madrugada, Jesús fue amarrado a un poste de telefonía, ubicado frente a las instalaciones de la Subsecretaría de Educación Pública del Estado en la Región Laguna de Durango. Los sicarios amarraron al señor con alambre de púas, para después dispararle en varias ocasiones. Se encontraron más de 60 casquillos percutidos al lado de su cuerpo.

Familiares de Jesús llegaron hasta las instalaciones del Servicio Médico Forense, en donde reclamaron el cadáver del también maestro jubilado. Ellos señalaron que el señor se dedicaba a trabajar en su restaurante, y desconocían sobre algún nexo con el narcotráfico.

JULY 8
INTERROGATED BUSINESS OWNER MURDERED

The man who was interrogated a few days ago by unknown subjects showed up brutally tortured and executed. He was identified as Jesús Navarro Arroyo, sixty-five, and was *levantado* (abducted) in the city of Matamoros, Tamaulipas; however, he was found in the city of Gómez Palacio, Durango.

At dawn, Jesús was tied to a telephone post in front of the Undersecretary of the State Public Education offices in Laguna, Durango. The sicarios bound him with barbed wire and shot him several times. More than sixty bullet shells were found next to his body.

Jesús' family members arrived at the medical examiner's office to identify and claim the retired teacher's corpse. They mentioned that the man dedicated himself to working at his restaurant; they did not think he had any connection whatsoever with drug trafficking.

9 DE JULIO
CAPTURAN A JEFE DE LOS ZETAS

La Secretaría de la Defensa Nacional, confirmó que se logró la captura de Esteban "El Chachis" Luna Luna, quien es jefe de Los Zetas. El Chachis, ocupó el cargo de jefe en Monterrey, luego de que su hermano Héctor Raúl Luna Luna, alias El Tory, fuera capturado, ya que él era encargado de Los Zetas en la ciudad.

Autoridades señalan a Esteban como presunto responsable de varios ataques contra elementos del Ejército Mexicano, uno de ellos registrado frente a las instalaciones del Tecnológico de Monterrey, donde dos estudiantes fueron acribillados. Además está involucrado en varios levantones a soldados, de quienes se desconoce su ubicación. Esteban también está siendo investigado por el ataque contra el Consulado de Estados Unidos en Monterrey, el cual ocurrió en octubre de 2008.

Junto a El Chachis fueron capturados tres hombres y una mujer, quienes también están involucrados con Los Zetas. Se logró el aseguramiento de 12 armas largas, 9 armas cortas, 1 granada de fragmentación, 43 cargadores, 1.148 cartuchos, 50 kilos de Marihuana, aparatos de radiocomunicación y 3 vehículos.

14 DE JUNIO
APARECEN DOCE DE LOS ZETAS EJECUTADOS

La mañana del 13 de julio, automovilistas que circulaban por la carretera a Ciudad Victoria pudieron ser testigos de una terrible escena: trágicamente doce personas habían sido ejecutadas, y sus cuerpos fueron tirados en el lugar antes mencionado. Los testigos llamaron de inmediato a las autoridades para que acudieran al lugar.

Al llegar a la escena, los policías encontraron varios cadáveres uno sobre otro —once hombres y una mujer. Todos los cuerpos presentaban señas de haber sido brutalmente torturados. Todos estaban amordazados, algunos tenían los pantalones abajo y solo uno de ellos tenía zapatos puestos. Además tenían la letra Z marcada en la ropa ensangrentada. El Cártel del Golfo fue el encargado de realizar la violenta acción; habían levantado, torturado, y ejecutado a doce integrantes de Los Zetas.

Agentes de la Policía Ministerial del Estado, del Ministerio Público y de la Policía Federal acudieron al lugar para recabar las primeras pruebas, y los Servicios Periciales recogieron los cadáveres. Por varias horas el tramo carretero fue cerrado.

JULY 9
LOS ZETAS BOSS CAPTURED

The National Defense department confirmed that Esteban "El Chachis" Luna Luna—boss to Los Zetas of Monterrey, Nuevo León—has been captured. El Chachis became the Monterrey boss after his brother Héctor "El Tory" Raúl Luna Luna was arrested.

Authorities note that Esteban is allegedly responsible for many attacks against Mexican army officers, one of them in front of the Institute of Technology buildings of Monterrey, where two students were riddled with bullets. In addition, he was involved in the kidnappings of several soldiers who are still missing. Esteban is also being investigated for the attack against the United States consulate in Monterrey in October 2008.

Three men and a woman who were also involved with Los Zetas were captured with El Chachis. The authorities confiscated twelve long-range weapons, nine short-range weapons, one fragmentation grenade, forty-three clips, nearly fifteen hundred cartridges, fifty kilograms of marijuana, walkie-talkies, and three vehicles.

JULY 14
TWELVE MEMBERS OF LOS ZETAS EXECUTED

On the morning of July 13, motorists driving down the Ciudad Victoria highway, near Las Yescas, witnessed a terrible scene: Twelve bodies were scattered along the highway. The drivers immediately called authorities.

Upon reaching the scene, officers saw bodies piled one on top of the other—eleven men and one woman. All of the corpses bore signs of brutal torture. All had been gagged, some had their pants down, and only one had shoes on. In addition, each person had the letter Z written on his or her bloodstained clothes. The Gulf Cartel was responsible for the slaughter. They had picked up, tortured, and executed the Zetas.

Local, state, and federal police officers gathered evidence at the scene and expert investigation services removed the bodies. The stretch of highway was closed for several hours.

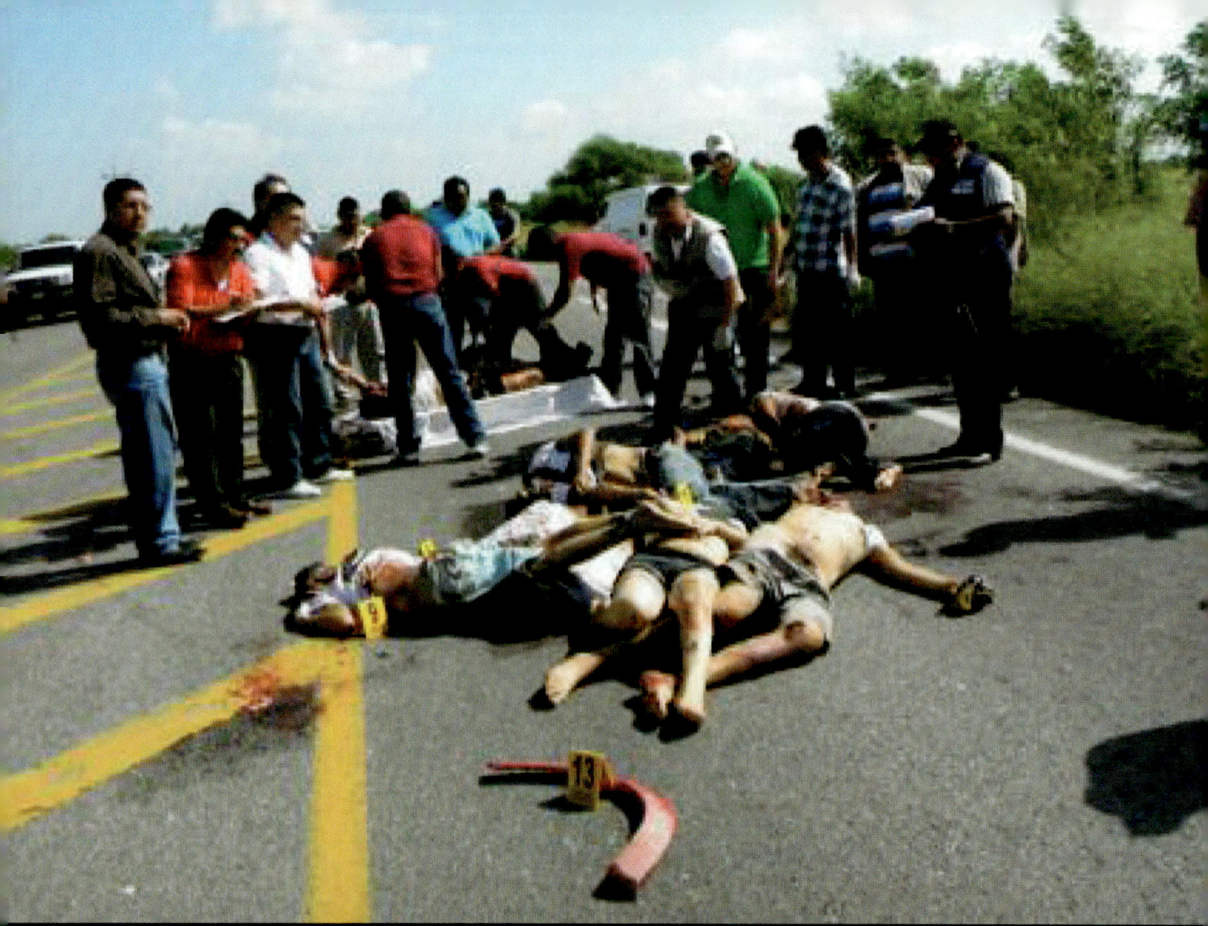
13

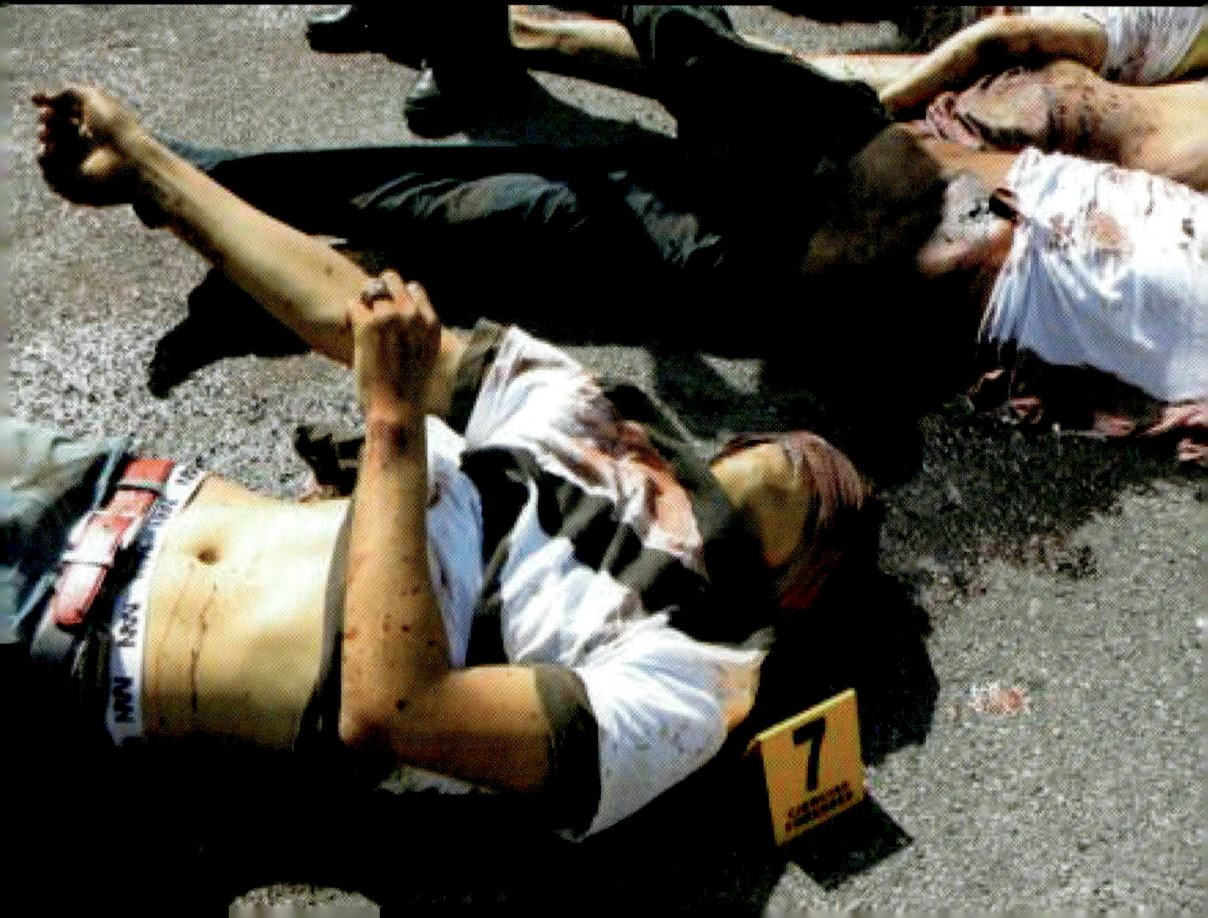
7

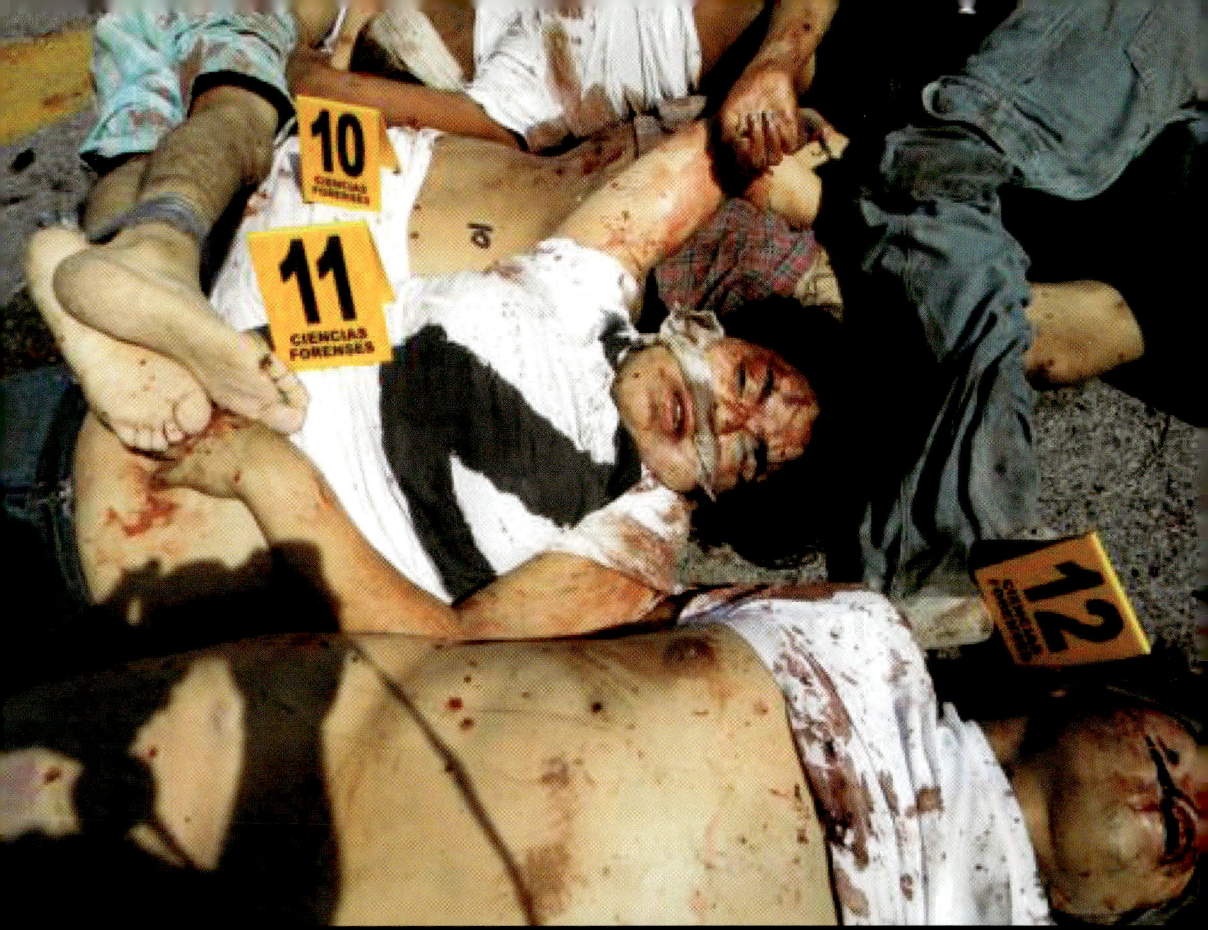
10
CIENCIAS FORENSES
11
CIENCIAS FORENSES
12

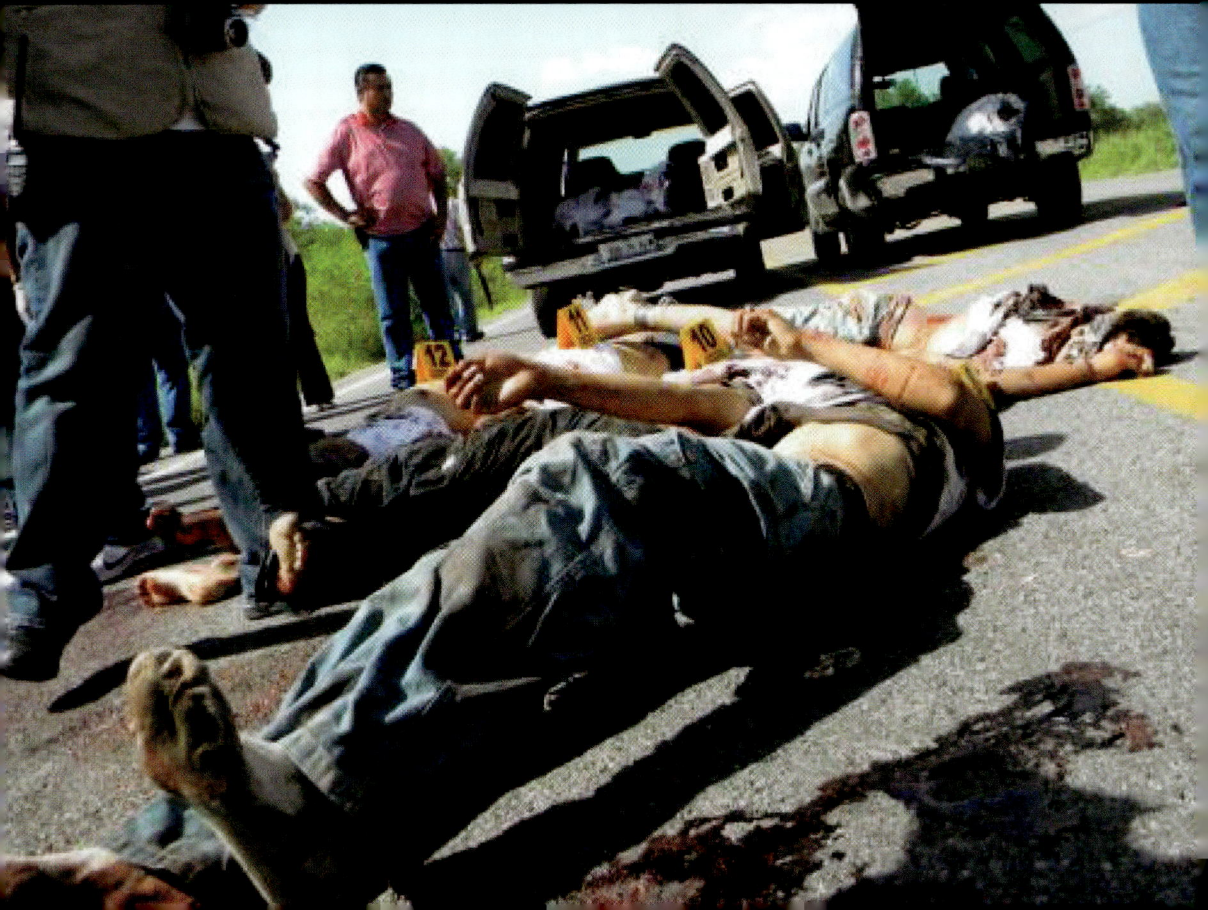

15 DE JULIO
EXPLOTA COCHE BOMBA DEJANDO CINCO MUERTOS

EL CÁRTEL DE JUÁREZ
LA LÍNEA
También conocido como: CDJ.
Origen: Rafael Aguilar Guajardo, un comandante de las fuerzas de Seguridad Nacional, ayudó a fundar el cártel a mediados de los setenta con el legendario narco Pablo Acosta Villareal. Cuando a Villareal lo mataron durante una redada llevada a cabo por la Policía Federal mexicana, Amado "Señor de los Cielos" Carrillo Fuentes asesinó a Guajardo y lideró la organización hasta 1997, al morir por complicaciones durante una cirugía plástica para cambiar su identidad.
Liderazgo: Después de la muerte del Señor de los Cielos, se abrió la batalla para controlar el cártel, poder que finalmente cayó en manos del hermano de Amado, Vicente "El Viceroy" Carrillo Fuentes, de un metro ochenta de estatura y noventa kilos de peso. Fue acusado de cuarenta y seis cargos en el distrito oeste de Texas, incluyendo la matanza intencional de individuos para prevenir su comunicación de información a las autoridades de Estados Unidos y el asesinato fomentando la continuación de un negocio criminal. El Departamento de Asuntos Exteriores de los Estados Unidos está ofreciendo una recompensa de hasta cinco millones de dólares para información que lleve a su captura. Sin embargo, desde este escrito, El Viceroy ha desaparecido de vista.

Si a alguien le quedaba alguna duda de si los grupos del narcotráfico se habían vuelto terroristas, pues esa duda se aclaró hoy.

Minutos antes de las 20:00 horas, Ciudad Juárez, Chihuahua, sería escenario de un verdadero acto terrorista, similares a los ocurridos en Afganistán o Irak. Integrantes del grupo delictivo denominado La Línea, el grupo armado del Cártel de Juárez, mismo que es temido por sus sanguinarios actos, llegaron al cruce de las calles Bolivia y 16 de Septiembre, donde abandonaron a un hombre mal herido, vestido de policía, y se retiraron. De inmediato autoridades recibieron el reporte y acudieron, registrándose una intensa movilización policial y de cuerpos médicos de auxilio. Hasta un doctor, que tenía su consultorio a pocos metros de donde apareció el uniformado, acudió a brindar ayuda.

Una de las razones del gran despliegue de atención en este caso fue que se había informado que la víctima era un agente lesionado. Sin embargo, los delincuentes habían torturado y herido de gravedad a un civil desconocido, para después colocarle un uniforme de policía, con el fin de que acudieran de inmediato las autoridades. Cuando ya hasta la prensa estaba presente, los sicarios —desde una distancia considerable y utilizando un control remoto— hicieron estallar un coche Ford Focus que estaba estacionado cerca.

En cuestión de segundos, la gente corría y gritaba, sin comprender lo que estaba sucediendo,

JULY 15
CAR BOMB KILLS FIVE

If anyone had any doubts that drug-trafficking gangs have become terrorists in the classic sense of the word, those doubts were dispelled today.

Minutes before 8:00 P.M., Ciudad Juárez, Chihuahua, became the scene of the drug war's first act of terrorism similar to those that happen in Afghanistan or Iraq. Members of the criminal gang La Línea (The Line), the brutal armed wing of the Juarez Cartel, reached the corner of Bolivia and 16 de Septiembre Street, where they abandoned an injured man (who was dressed as a police officer) and took off. Police and paramedics quickly arrived at the scene; even a doctor whose office was only a few yards away came over to help.

One reason for the prompt attention was because reports mentioned that the victim was an injured officer. However, the criminals had actually tortured and critically injured an unknown civilian, and dressed him in a police uniform to make sure authorities would respond quickly. Once the press showed up, the criminals—from a considerable distance and using a remote control—blew up a Ford Focus parked nearby.

Within seconds of the blast, people began running and screaming in confusion as the police requested urgent backup. As children cried, reporters, cameramen, and photographers stared confused at an injured colleague on the ground. No one had expected an attack of such magnitude.

It was incredible to see how, in a matter of seconds, everything could change. As the car burned, several people lay on the pavement, some hurt and others dead.

Seven federal police officers, three Red Cross paramedics, one local Channel 5 cameraman,

---

THE JUAREZ CARTEL
LA LINEA

Also Known As: Cartel de Juarez, CDJ.

Origin: Rafael Aguilar Guajardo, a commander for the Mexican government's security forces, helped found the cartel in the mid-1970s with legendary drug lord Pablo Acosta Villarreal. After Villarreal was killed during a raid by Mexican Federal Police, Amado "Lord of the Skies" Carrillo Fuentes assassinated Guajardo and ran the organization until 1997, when he died due to complications while undergoing plastic surgery to conceal his identity.

Leadership: After the death of the Lord of the Skies, a battle for control ensued, with Amado's brother, Vincente "The Viceroy" Carrillo Fuentes, 5'11, 200 pounds, eventually taking over. He was charged in a forty-six count indictment in the Western District of Texas, including ordering the killing of individuals to prevent communication with US law enforcement, as well as murder in furtherance of a continuing criminal enterprise. The US State Department is offering a reward of up to $5 milion for him. As of this writing, however, The Viceroy has disappeared from sight.

Activities and Areas of Operations: Although still in operation, the cartel, based across the border from El Paso, is believed to be weakening. It has alliances with Los Zetas, and has been under heavy fire from the Sinaloa Cartel. Its armed wing, La Linea, is known for its extreme violence, and appears to be running the cartel.

Actividades y áreas de operaciones: Aunque sigue operando, se dice que el cártel, basado del otro lado de la frontera con El Paso, está debilitado. Está aliado con Los Zetas, y ha estado bajo fuego pesado del Cártel de Sinaloa. Su ala armada, La Línea, se conoce por su violencia extrema, y aparenta estar manejando el cártel.

mientras los policías pedían auxilio. Con niños llorando a su alrededor, reporteros, camarógrafos y fotógrafos, sumidos en la confusión, se quedaron mirando a uno de sus compañeros tirado y herido. Nadie estaba preparado para un ataque de esa magnitud.

Era increíble cómo en cuestión de segundos las cosas podían cambiar. Mientras el coche se incendiaba, varias personas estaban tiradas sobre el pavimento, unos heridos, otros muertos.

Siete elementos de la Policía Federal, tres paramédicos de la Cruz Roja, un camarógrafo del Canal 5 local y el doctor que brindaba auxilio resultaron heridos de gravedad, siendo trasladados a diferentes hospitales para que pudieran ser atendidos. El doctor no sobrevivió.

José Reyes, alcalde de Ciudad Juárez declaró: "Colocaron como señuelo a una persona vestida como de la Policía Municipal para atraer a los elementos de la Policía Federal. El supuesto policía estaba boca abajo, con las manos atadas a la espalda, razón por la cual se acercaron los agentes de rescate".

Se encontraron residuos de diez kilos del explosivo C4 así como restos de un aparato celular. Por la explosión fueron dañadas varias casas, además de negocios, vehículos particulares y patrullas —y les quitó la vida a cinco personas.

La acción era protesta por la detención de Jesús Armando Acosta Guerrero, alias El 35, líder de La Línea, quien fue capturado un día antes por elementos de la Policía Federal. El sujeto ejecutó al menos a veinticinco personas pertenecientes al Cártel de Sinaloa. Además estaba involucrado en el tráfico de drogas, los levantones, las extorsiones, los narcoretenes y más.

Un coche bomba era algo nuevo para Ciudad Juárez, que ha sido un campo de matanzas. En 2010, se registraron más de 1.500 ejecuciones ligadas al narcotráfico. También han muerto muchos inocentes.

Dos horas después de que explotara el coche, el mismo grupo de La Línea, dejó una narcopinta a pocos kilómetros de donde ocurrió la tragedia, donde se adjudicaban el ataque y advertían: "Todavía tenemos carros bomba". En el narcotexto que pintaron sobre una barda, también acusaron a las autoridades de apoyar a Joaquín El Chapo Guzmán y exigían que dejaran de hacerlo.

and the doctor who had offered his help were seriously injured and transported to different hospitals for medical attention. The doctor did not survive.

The bodies of three federal police officers who died instantly were left at the scene along with the so-called officer who was used as bait; he was completely burned.

The mayor of Ciudad Juárez, José Reyes, stated, "They used a person dressed as a local police officer as a decoy to attract federal police officers. The so-called police officer was face down with his hands tied, which is why rescue agents approached him."

Twenty-two pounds of C4 explosive residue was found at the scene along with what was left of a cell phone. The explosion damaged several houses as well as businesses, personal vehicles, and patrol cars—and took the lives of five people.

The attack was done to protest the arrest of Jesús Armando Acosta Guerrero, aka El 35, leader of La Línea, who was captured a day earlier by federal police officers. The subject executed a minimum of twenty-five people who belonged to the Sinaloa Cartel. He was also involved in drug trafficking, kidnappings, extortion, and narcopatrols, among other things.

A car bomb was a new tactic for even Ciudad Juárez, which has been a killing field. In 2010 alone, more than fifteen hundred drug-related executions were reported. In addition, many innocent people have died.

Two hours after the car exploded, the very same La Línea gang left narcograffiti a few miles away, claiming responsibility for the attack and warning, "We still have car bombs." The text sprayed on the wall also accused the authorities of supporting El Chapo Guzmán, and demanded an end to this favoritism.

16 DE JULIO
NARCOBLOQUEOS, PÁNICO Y MUERTE

Se registraron varios enfrentamientos entre elementos de la Secretaría de la Defensa Nacional y un grupo de sicarios perteneciente a Los Zetas, a plena luz del día en la ciudad fronteriza de Nuevo Laredo, donde la violencia extrema se ha vuelto cosa de todos los días.

Fueron tres enfrentamientos en la misma zona. Elementos militares pudieron percatarse de hombres armados quienes circulaban con total impunidad por importantes avenidas de la ciudad, y como siempre la reacción fue la misma: los delincuentes fueron sorprendidos y comenzaron a disparar contra los soldados.

Muchas personas pudieron ser testigos de los enfrentamientos: balas, desastre, sangre, granadas de fragmentación, gritos, terror. Mientras comenzaban los tiroteos, simultáneamente se registraron varios narcobloqueos. Sin embargo, los medios de comunicación no informaban absolutamente nada de lo que ocurría, a pesar de los miles de ciudadanos que estaban en riesgo por lo sucedido.

Tampoco las autoridades mexicanas declaraban algo al respecto. A los tamaulipecos no les quedó más que informar por las redes sociales, especialmente Twitter, así se podían conocer las avenidas que había que evitar.

Sin embargo, el Consulado de Estados Unidos en Nuevo Laredo sí informó sobre la situación, emitiendo un mensaje de alerta en donde pedían a los ciudadanos estadounidenses presentes en el lugar que se resguardaran y no salieran a la calle, ya que los delincuentes habían realizado narcobloqueos, balaceras y ataques con granadas de fragmentación. Con los mensajes oficiales por parte del Consulado, ¿era posible que las autoridades mexicanas no alertaran a la sociedad?

Como saldo del día de narcoguerra, nueve sicarios fueron abatidos, dos de ellos murieron calcinados por explosiones de granadas, algunos fueron brutalmente acribillados, dos de ellos quedaron con la cabeza partida a la mitad por las balas. Se pudo observar que los ejecutados estaban aún arropados por sus fornituras, algunos permanecían con sus armas de alto poder, que por cierto, supuestamente eran de uso exclusivo militar. Los cadáveres estaban acompañados de cientos de casquillos percutidos. No se dieron a conocer nombres de los pistoleros, solo se dijo que pertenecían a Los Zetas.

Además, un militar y dos civiles inocentes también perdieron la vida. Uno de ellos era pasajero de un transporte urbano que justo quedó frente al tiroteo. Veinticuatro personas resultaron lesionadas, todas ellas trasladadas de emergencia a hospitales de la localidad; entre los afectados se encontraban varios niños.

Aunque las balaceras habían terminado, los narcobloqueos siguieron ya que las autoridades tardaron más de seis horas en hacerse presentes en las avenidas afectadas. El reclamo de la ciudadanía no tardó, ya que todos los policías y tránsitos decidieron ocultarse por miedo, y no cumplieron con su trabajo. Con dicha manera de actuar, no hay duda, el Gobierno de Tamaulipas no protege a la gente.

JULY 16
NARCOBLOCKADES, PANIC, AND DEATH

Several clashes were reported between military officers and Zetas gunmen in broad daylight in the border town of Nuevo Laredo, where extreme violence has become a near-daily occurrence.

Three of the confrontations took place in the same area. Soldiers noticed armed men circulating around important avenues in the city with impunity and, as always, the reaction was the same: The criminals were taken by surprise and began to shoot at the soldiers.

Many people witnessed the clashes: bullets, blood, fragmentation grenades, screams, terror. As the shootouts began, several narcoblockades were simultaneously established. However, the media did not report on any of the events, despite the danger to thousands of citizens.

Mexican authorities made no statements regarding the situation. The people of Tamaulipas had no other choice but to use social networks, especially Twitter, to inform each other and find out what avenues to avoid.

However, the US Consulate in Nuevo Laredo did speak out regarding the events taking place, releasing an urgent message asking US citizens in the area to take refuge and avoid the streets because of narcoblockades, shootouts, and fragmentation grenade attacks. With the consulate's official statements, how was it possible for Mexican authorities not to warn their own community?

The war-filled day left nine gunmen dead: two charred to death by grenade explosions and most of the rest brutally gunned down, including two with their heads sliced down the middle by bullets. Some of the executed men were carrying powerful weapons, which are supposedly exclusively for the military. Their corpses were surrounded by hundreds of used bullet shells. The gunmen's names were not disclosed; a statement only explained they belonged to Los Zetas.

In addition, a soldier and two innocent civilians lost their lives. One of them was a passenger on a public transportation bus that accidentally drove in front of a shootout. Twenty-four people were injured, including several children, and all were quickly transported to local hospitals.

After the shootouts ended, the narcoblockades continued. Authorities took more than six hours to show up at the affected avenues. The citizens didn't take long to complain when they noticed that all the officers had decided to take cover out of fear, and therefore did not perform their official duty. Judging by those actions, there was no doubt that the Tamaulipas government had failed to protect its people.

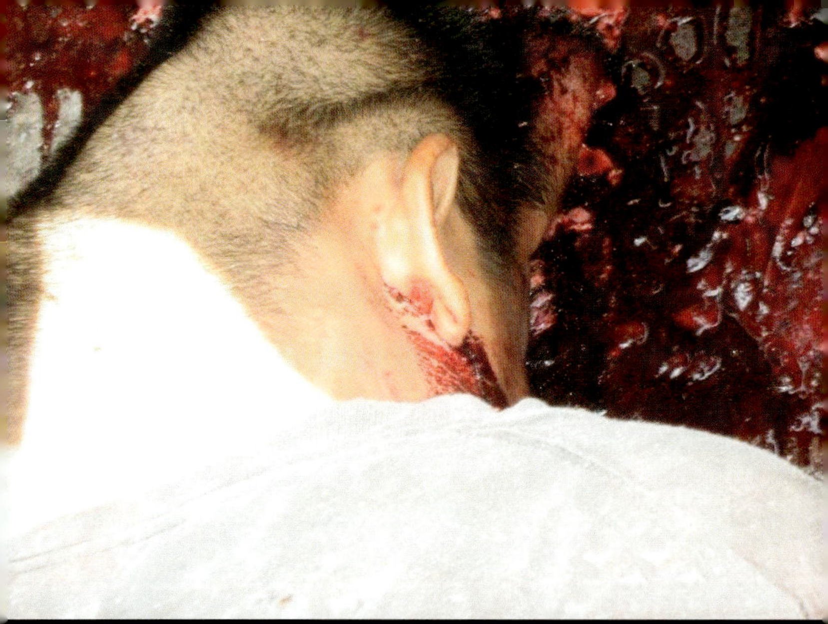

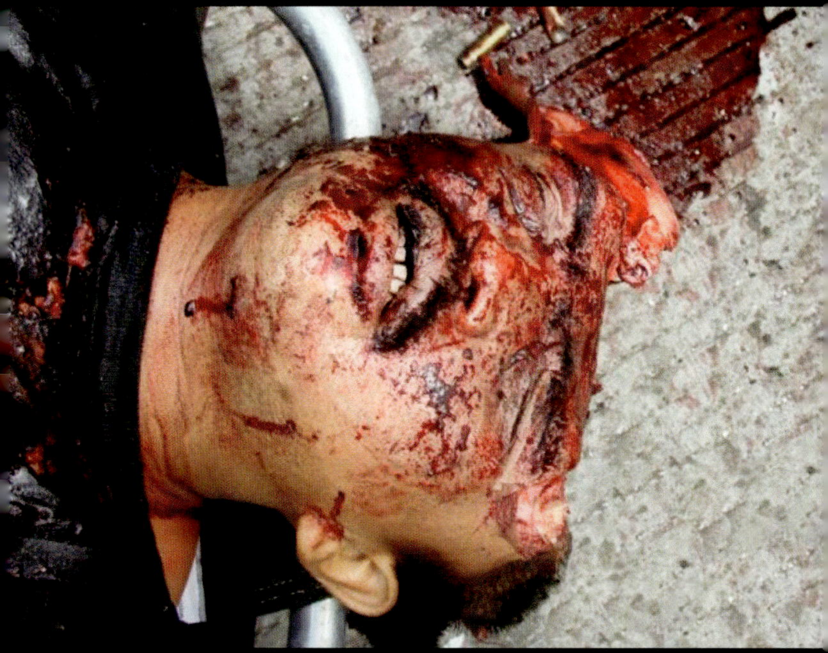

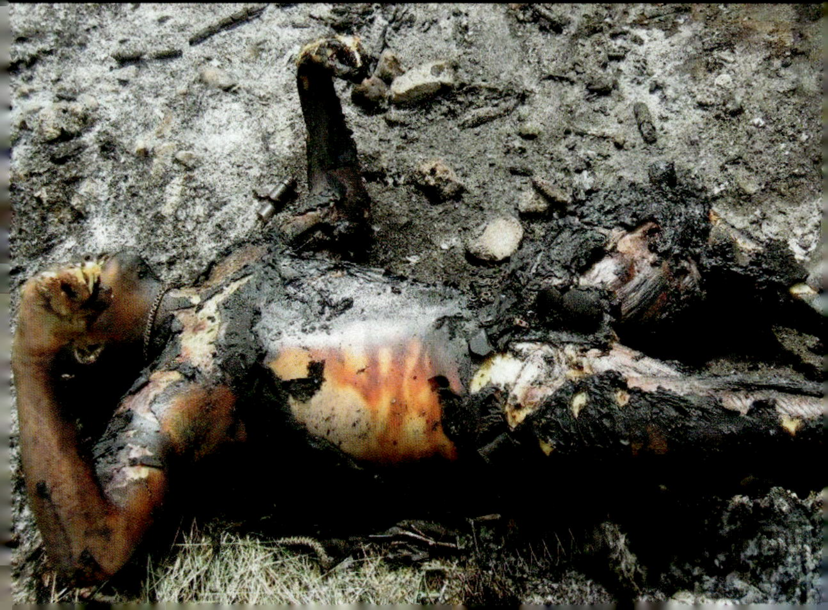

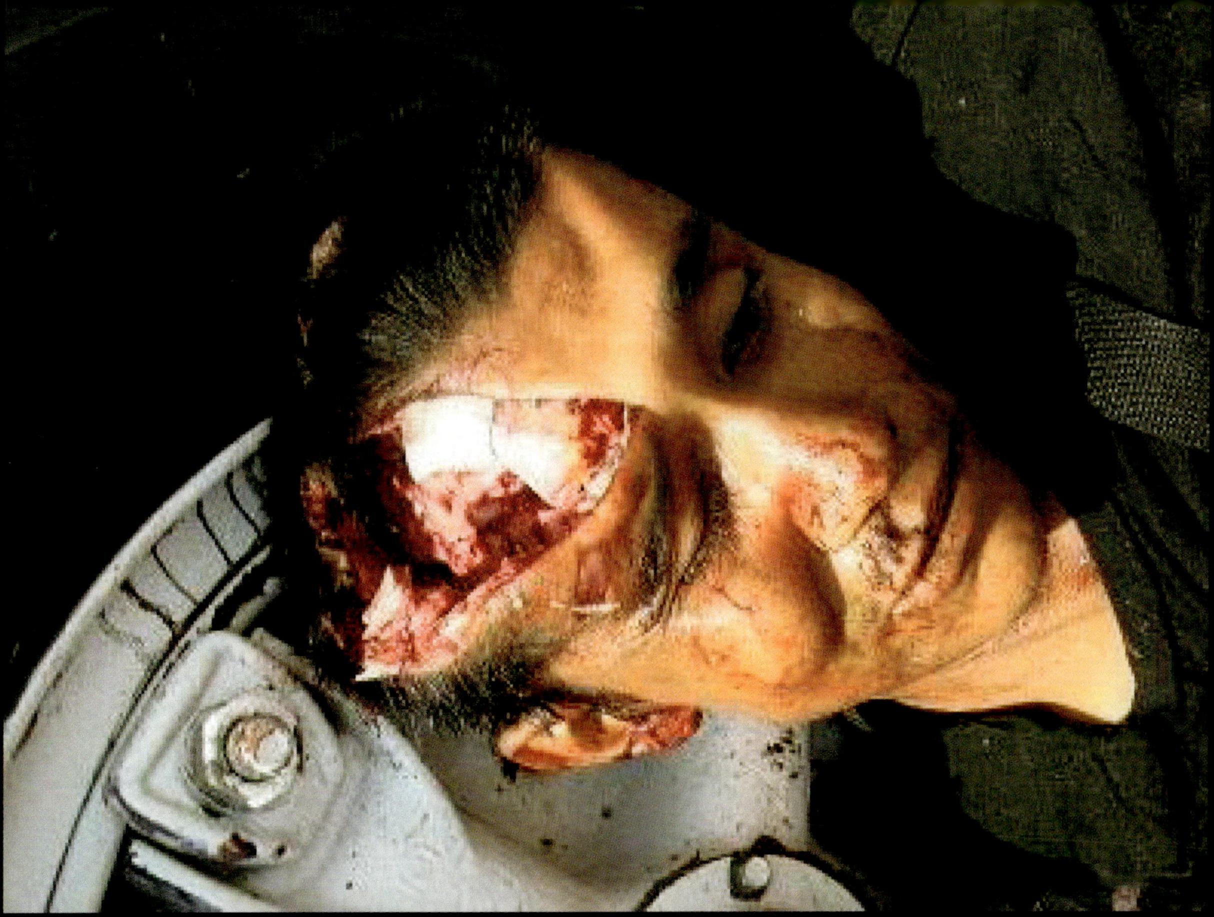

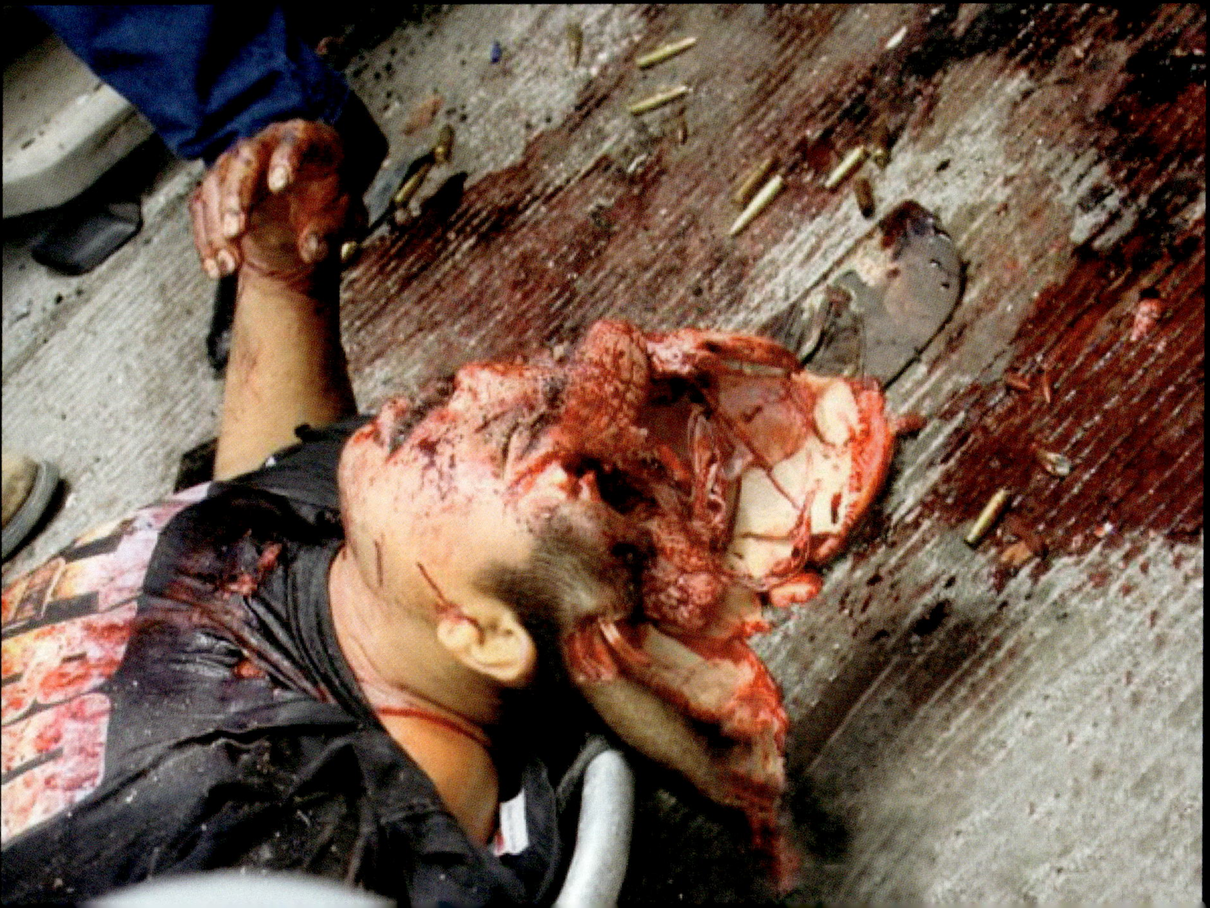

16 DE JULIO
BEBÉ ES EJECUTADA JUNTO A SUS PADRES

Un grupo armado persiguió por varios minutos al conductor de un vehículo que viajaba con su mujer y su niña de ocho meses de edad, durante la madrugada de hoy en la ciudad de Mazatlán, Sinaloa. Los pistoleros comenzaron a disparar contra los tripulantes del vehículo Ford Fiesta de color gris, hasta que las balas llegaron al conductor. Perdió control del auto y se estrelló en una barda de un negocio. Fue así que los sicarios bajaron de sus unidades, rafaguearon al vehículo y se fueron.

Vecinos de la colonia llamaron a las autoridades, ya que por varios minutos escucharon fuertes detonaciones. Agentes investigadores se hicieron presentes y dentro del automóvil encontraron a tres personas acribilladas. La familia entera había sido brutalmente ejecutada.

19 DE JULIO
MASACRE EN FIESTA DE CUMPLEAÑOS DEJA A DIECIOCHO MUERTOS

Después de las masacres registradas en bares de Torreón, Coahuila, la vida nocturna cambió, y no era para menos, ya que existían amenazas sobre más ataques a centros de entretenimiento. Así que la mejor opción era realizar reuniones privadas, ya fuera en una casa, o en una quinta, mismas que son populares en la región —algunas cuentan con alberca, asadores y hasta recámaras por si los invitados desean quedarse a dormir después de una fiesta. Las quintas se pusieron de moda gracias a la tensión de las masacres en lugares públicos.

Fue sabado por la tarde cuando un grupo de personas se reunía en la Quinta Italia Inn, ubicada atrás de la conocida Funeraria Gayosso, muy cerca del Periférico Raúl López Sánchez. La fiesta había transcurrido muy bien, ya era madrugada del domingo y comenzaba a tocar la Banda Ríos, sin embargo ocurrió una tragedia. Hombres armados, que

JULY 16
BABY AND PARENTS EXECUTED

An armed group pursued a driver travelling with his wife and eight-month-old baby girl early this morning in Mazatlán, Sinaloa. The gunmen opened fire at the gray Ford Fiesta until they shot the driver. He lost control of the vehicle and crashed against a shop wall. The hit men got out of their cars and unleashed another burst of bullets at the vehicle, then left.

Citizens in the neighborhood called authorities after hearing several loud explosions. Detectives found three people riddled with bullets inside a vehicle. The whole family had been brutally executed.

JULY 19
MASSACRE AT BIRTHDAY PARTY LEAVES EIGHTEEN DEAD

After the reported massacres in the bars of Torreón, Coahuila, nightlife changed, with good reason, given continued threats of more attacks against clubs and bars. To be safe, young people in the town started having private parties, either in a home or a country house. Renting country houses, in particular, became a popular party option in the region since some of the homes have swimming pools, barbecues, and even extra rooms in case guests want to sleep over.

Saturday afternoon, a group of people gathered in the Quinta Italia Inn, located behind the well-known Gayosso Funeral Home in the beltway. The party was reaching its peak during the early morning hours of Sunday and Banda Ríos was about to start playing when tragedy struck. Armed men travelling in at least eight luxury SUVs abruptly showed up, and one of them screamed, "Don't let any of them out alive; kill them all!"

Given this order, sicarios started to shoot at everything that moved, turning the party into a massacre, then taking off.

Torreón was once again in mourning. Eighteen people died, and another seventeen were seriously injured and transported to different Torreón hospitals. Reports noted that among those injured were several minors.

At the scene of the tragedy, there were pools of blood, shoes, smashed musical instruments, shattered bottles, thrown chairs, and more than seven hundred used AK-47 and AR-15 bullet shells. It was a gut-wrenching spectacle.

viajaban en al menos ocho camionetas de lujo, llegaron al lugar, y uno de ellos gritó "¡Que nadie salga vivo, mátenlos a todos!".

Ante la orden, los pistoleros comenzaron a disparar contra todo aquel que se moviera, transformando a la fiesta en una masacre, y luego se fueron.

Torreón volvía a estar de luto. Dieciocho personas habían muerto y otras diecisiete habían sido heridas de gravedad y trasladadas a diferentes hospitales de Torreón. Reportes señalaron que entre los lesionados había varios menores de edad.

En el lugar donde ocurrió la tragedia había charcos de sangre, zapatos, instrumentos musicales destruidos, botellas quebradas, sillas tiradas, y hallaron más de setecientos casquillos percutidos, de AK-47 y AR-15. Era un espectáculo macabro.

Un señor de nombre Israel, tiene su casa a pocos metros del lugar donde se registraron los terribles hechos, junto con su esposa escuchó lo que ocurrió y narró lo siguiente:

"Nosotros estábamos sentados en las mecedoras, habían pasado pocos minutos después de la 01:00 de la mañana, de repente se escucharon motores, los vehículos frenaron de manera violenta, pero la banda seguía tocando, se estacionaron varias camionetas, los tipos estaban armados, así que rápidamente decidí pararme y empuje a mi esposa para que se metiera a la casa, yo la seguí.

"Cuando entramos a la casa la música de la banda paró, se escucharon muchos gritos y llantos, en cuestión de segundos comenzaron las ráfagas, fue horrible, lo peor, nunca habíamos sentido tanto miedo. Por más de cinco minutos dispararon a los muchachos que estaban en la fiesta. [...]

No se puede describir, no hay palabras suficientes para hacerlo, imagina que te sientes impotente, todo iba bien y de la nada escuchar que están matando gente, no sabes si a tu casa llegue una bala perdida, pero lo peor es no poder hacer nada. Gritos de auxilio, de dolor, hasta aquí se pudo escuchar una muchacha, que gritaba y le pedía a Dios que los ayudara, seguía gritando después de que los pistoleros se fueron, de repente ya no se escuchó su voz, sabrá Dios si ella fue una de las que murieron, pero repito, fue espantoso. Nosotros llamamos a la policía, supongo al igual que otros vecinos que pudieron escuchar la balacera, aunque se tardaron mucho en llegar, tal vez si hubieran llegado más rápido, varios estarían vivos".

La falta de profesionalismo de las autoridades al investigar el caso fue muy evidente. Los "detectives" mexicanos investigaron que mediante la red social de Facebook, circulaba una invitación de una fiesta gay —era el lugar, el día y la hora donde se realizó la masacre. Dieron por hecho que era una reunión organizada por la comunidad lésbico-gay de Torreón. Pero primero, no se trataba de una fiesta gay, ya que los jóvenes en la ciudad utilizan esa palabra para describir "algo sin restricciones de diversión", no precisamente porque se tenga esa preferencia sexual, que debe ser respetable. Segundo, la reunión anunciada en Facebook aparecía como cancelada, por el mal clima; fue así que otras personas aprovecharon para rentar la quinta y realizar el festejo. Tercero, se encargaron de vincularlos con el narcotráfico, sus versiones oficiales apuntaban a que "era una venganza de un grupo rival".

¿Cuál grupo rival? Las personas ejecutadas nada tenían que ver con ninguno de estos grupos. También se equivocaron de festejado; señalaron que se festejaba el cumpleaños de Héctor Mota, hasta le dieron apodo, El Mota. ¿El Mota? Quien cumplía años era su hermano, Carlos Mota.

Carlos y sus amigos no eran ricos, eran gente trabajadora, quienes entre varios cooperaron para rentar el lugar. Las mujeres que estaban presentes tampoco eran prostitutas, como mencionaron elementos de la Policía

A man named Israel and his wife, who live a few feet away from where the tragedy took place, narrated the nightmare as follows:

"We were sitting in our rocking chairs a little after 1:00 A.M., when suddenly we heard engines. The vehicles hit the brakes violently, but the band kept on playing. Several SUVs parked and the guys were armed, so I quickly decided to get up, push my wife inside the house, and follow her.

"When we entered our home, the band stopped playing and we heard screaming and crying. In a matter of seconds, the burst of shots began. It was horrible, the worst, we'd never felt such fear. They shot at the kids in the party for more than five minutes…

"You can't describe it, there are no words to do so, just imagine that you feel helpless, everything was going fine and out of the blue you hear how they are killing people and you don't know if a stray bullet may hit your home, but the worst part is not being able to do anything about it. Cries for help, pain, we could even hear a girl that screamed and begged God to help them. She kept screaming after the gunmen had left and then suddenly we could no longer hear her. Only God knows if she was one of the ones that died, but I repeat, it was horrifying. We called the police, I guess, as did other neighbors who heard the shootout, but they took a while to get there. Maybe if they had made it there earlier, more people would be alive."

The Mexican authorities lack of professionalism and respect while conducting the investigation was extremely evident. The so-called detectives found an invitation to a gay party circulating on Facebook with the same place, day, and time of the massacre. They took it as a fact that the gay and lesbian community of Torreón had organized the party. First off, it wasn't a gay party—young city people use that term to describe something fun without restrictions—and, in any case, it should not have been disrespected based on sexual preferences. Second, the party announced on Facebook was then posted as cancelled due to bad weather, which is how other people were able to rent the country house and put together their party. Third, without any evidence, authorities linked the deceased to drug trafficking, noting that it was "revenge from a rival group."

What rival group? The people executed had nothing to do with any of these groups. They also made the mistake of identifying the person celebrating his birthday as Héctor Mota—they even gave him a nickname: El Mota. El Mota? The one who was celebrating his birthday was Héctor's brother, Carlos Mota.

Carlos and his friends were not rich; they were working-class people who all chipped in to rent the location. The women at the party were not prostitutes, as claimed by Torreón local police officers. They were friends and family members; that was it. And they weren't from Sinaloa and were not linked to El Chapo.

Added to the suffering, wakes for the deceased were prohibited because the Attorney General has forbid funeral services nationwide, stating that they are no longer safe, because armed commandos could use the event as an opportunity to carry out an attack.

More than two months ago, in the comments under our article "Shootout at Torreón, Bar Juanas," there was a warning regarding a new attack published by a registered user under the name Informador1 (Informer1): "Now the next one will be in the country house next to Gayosso in the beltway. Keep up the stupidities, and don't say you were not warned later. Friday, May 20, you decide. Happy Students' Day, assholes."

Although the warning does not coincide with the date of the recent violent attack, it does coincide with the place, and it may be a sign that the same criminal gang that has been causing terror and death in the region carried it out.

Municipal de Torreón. Era una fiesta con amigos y familiares del festejado, nada más. Tampoco eran de Sinaloa, ni eran gente de El Chapo Guzmán.

Al dolor, se sumó el no poder velar a ninguna de las víctimas mortales, ya que la Procuraduría General de la República prohibió los servicios funerales, citando que no eran seguros, ya que un comando armado podría llegar al lugar y realizar un ataque.

Hace más de dos meses, en la noticia "Balacera en Torreón, Bar Juanas", publicada por este blog, ya se había advertido sobre un nuevo ataque, por medio de un usuario que se registró como Informador1, quien escribió: "Ahora la próxima será en la quinta al lado de Gayosso en Periférico, sigan haciendo pendejadas, luego no digan que no se les advirtió, viernes 20 de mayo, ustedes deciden feliz Día del Estudiante, pendejos".

Si bien la advertencia no coincide con la fecha del nuevo acto violento, sí coincide con el lugar, y además muestra que se trata del mismo grupo delictivo que ha causado terror y muerte en La Laguna.

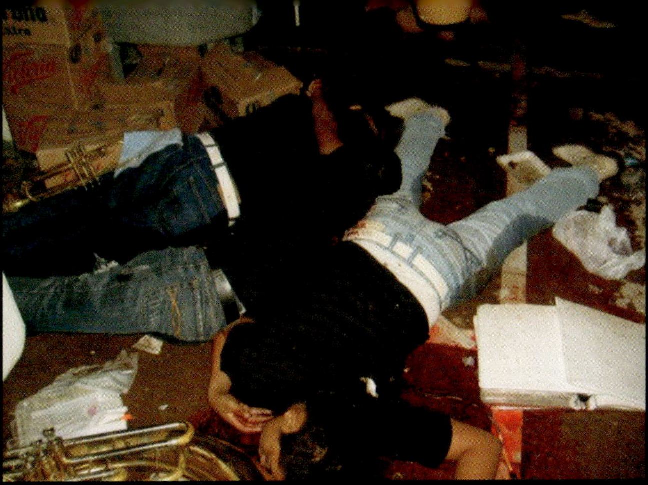

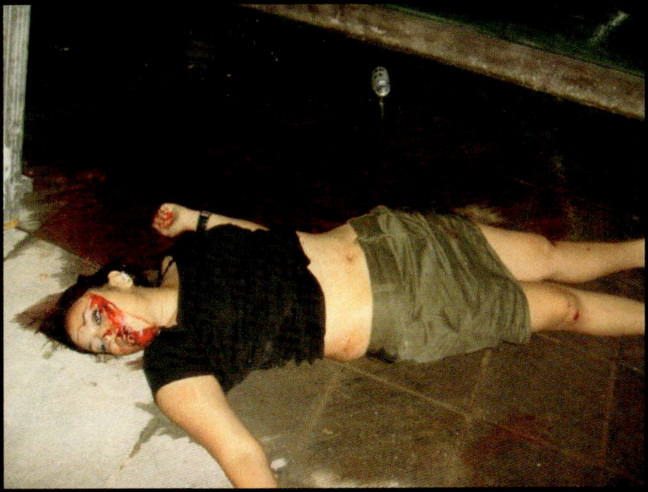

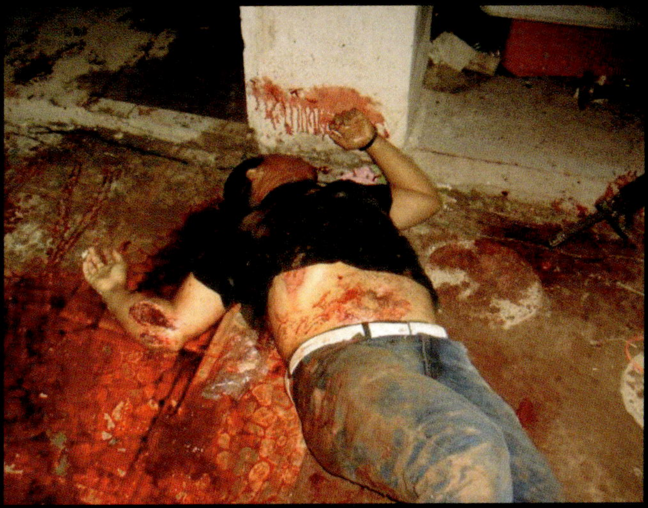

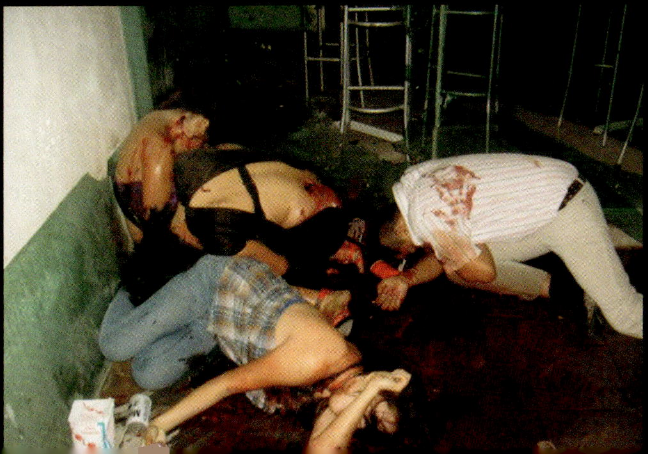

22 DE JULIO
POLICÍA INTERROGADO: LA VERDAD SALE A LA LUZ

Blog del Narco recibió por correo electrónico un video, en donde se interroga a un elemento policíaco que confiesa la gran mafia que existe en el Centro de Readaptación Social (CERESO) de Gómez Palacio, Durango. En la increíble confesión, explica que la directora del lugar permite a un grupo de sicarios salir todas las noches a cometer delitos. Este grupo es señalado como el responsable de las tres últimas masacres registradas en la ciudad vecina de Torreón, Coahuila.

En el más reciente caso, ocurrido hace unos días en la Quinta Italia Inn, donde dieciocho personas fueron brutalmente ejecutadas en una fiesta, el oficial alega que los responsables eran respaldados por la titular del CERESO No. 2, Margarita Rojas Rodríguez. Él afirma que ella estaba de acuerdo con las acciones, sabiendo que los sicarios matarían a gente inocente para provocar a Los Zetas.

El policía también habla sobre el caso de Jesús Navarro Arroyo, propietario del restaurante Los Alfredos, quien fue interrogado, torturado y brutalmente ejecutado.

El interrogado en esta grabación es Rodolfo Nájera, elemento de la Policía Municipal de Lerdo, Durango. En la grabación de casi diez minutos de duración el sujeto aparece sin camisa y brutalmente golpeado. Dos hombres encapuchados y armados lo someten, mientras que otros realizan el interrogatorio. Los encargados de realizar esto son integrantes de Los Zetas.

Se desconoce el lugar al aire libre en donde fue realizado el video, sin embargo, se hacen varios cortes en la grabación, ya que comienza con la luz del sol y termina en la oscuridad de la noche. Al final del interrogatorio Nájera es ejecutado con un disparo en la cabeza:

—¿Cuál es tu nombre?
—Rodolfo Nájera.
—¿En qué trabajas?
—Soy policía de Lerdo.
—¿Edad?
—25 años.
—¿Para quién trabajas?
—Para El Pirata.
—¿Quién es ese?
—Jefe de los vendedores de droga en Lerdo. […]
—¿Quién secuestró y mató al señor de Los Alfredos ?

JULY 22
PRISON DIRECTOR TURNS INMATES INTO ASSASSINS

Blog del Narco has received a video via e-mail showing the interrogation of a police officer in which he admits that there is a huge Mafia presence within the CERESO penitentiary in Gómez Palacio, Durango. In this shocking confession, he explains that the Director allows a group of sicarios to leave every night to commit crimes. This group is allegedly responsible for the last three massacres reported in the neighboring city of Torreón, Coahuila.

The most recent case occurred several days ago at Quinta Italia Inn; eighteen people were brutally massacred during a party. The officer alleges that those responsible were backed up by the Director of CERESO Number Two, Margarita Rojas Rodríguez. He claims that she approved the actions, knowing that the hit men would kill innocent people to provoke Los Zetas.

The officer also speaks of the Jesús Navarro Arroyo case. Arroyo was the owner of the restaurant Los Alfredos in Matamoros, Coahuila who was interrogated, tortured, and brutally executed.

The officer interrogated in this video is Rodolfo Nájera, member of the local police department of Lerdo, Durango. In the almost ten minute recording, the subject is seen shirtless and viciously banged up. Two hooded and armed men subdue him while others carry on with the questioning, all of them Zetas members.

The outdoor location where the video was filmed is unknown. The recording has clearly been edited since it begins in sunlight and ends in darkness. Once the interrogation is over, Nájera is executed with one shot to the head:

"What's your name?"
"Rodolfo Nájera."
"Where do you work?"
"I am a police officer in Lerdo."
"Age?"
"Twenty-five."
"Who do you work for?"
"For El Pirata [The Pirate]."
"Who is that?"
"Boss of the drug dealers in Lerdo...."
"Who kidnapped and killed the man from Los Alfredos?"
"El Pirata and El Cayo."
"Who do they work for?"
"For El Delta."
"Who is El Delta?"
"Someone in the CERESO."

—El Pirata y El Cayo.

—¿Para quién trabajan?

—Para El Delta.

—¿Quién es El Delta?

—Uno que está en el CERESO.

—¿Cómo se llama El Delta?

—Daniel Gabriel.

—¿Y ese qué? ¿A qué se dedica? ¿Qué hace?

—Manda a toda la gente, a los sicarios.

—¿Qué hace en el penal?

—Lo agarraron con droga y armas.

—¿Está prisionero?

—Sí.

—¿Cada cuánto sale del penal?

—Todos los días después de las 20:00.

—¿Quién lo deja salir?

—La directora.

—¿Cómo se llama la directora?

—No sé cómo se llama la directora.

—¿Por qué secuestraron al señor de Los Alfredos?

—Pues porque pensaban que tenía dinero.

—¿Quién lo puso?

—Al parecer un vecino.

—¿Quién es el vecino?

—No sé cómo se llama, solo sé que es su vecino. [...]

—¿Quién es El Güero Pollero?

—Es un vendedor de droga.

—¿A qué se dedica?

—A vender cápsulas. Y también mandó matar a la gente de los bares de Torreón.

—¿Quién lo mandó?

—El Arturo.

—¿Por qué lo mandó?

—Por molestar a Los Zetas.

—¿Quién mató a la gente de la Quinta Italia?

—También él, El Güero Pollero. Por órdenes de Arturo. Acompañados de la gente que está en el CERESO. [En la interrogación no queda claro quién es Arturo ni a qué cártel rival pertenece, posiblemente el Cártel de Sinaloa].

—¿Y el Bar Juanas V.I.P.?

—También.

—¿Y los de El Ferrie?

"What's El Delta's name?"

"Daniel Gabriel."

"And what about him? What does he do?"

"He manages everyone, the sicarios."

"What is he doing in prison?"

"They caught him with drugs and weapons."

"Is he a prisoner?"

"Yes."

"How often does he leave the prison?"

"Every day after eight at night."

"Who lets him leave?"

"The Director."

"What's the Director's name?"

"I don't know what her name is."

"Why did they kidnap the man from Los Alfredos?"

"Well, because they thought he had money."

"Who gave him up?"

"It seems it was a neighbor."

"Who's the neighbor?"

"I don't know his name. I just know he is his neighbor . . ."

"Who is El Güero Pollero?"

"He's a drug dealer."

"What does he do?"

"He sells capsules. And he also had the people in the Torreón bars killed."

"Who sent him?"

"Arturo."

"Why did he send him?"

"To bother Los Zetas."

"Who killed the people at the Quinta Italia?"

"He did as well. El Güero Pollero. Following Arturo's orders. Together with the people in CERESO." (It is unclear from the interrogation who Arturo is or what rival cartel he is from, possibly the Sinaloa Cartel.)

"And Las Juanas VIP bar?"

"As well."

"And those at El Ferrie?"

"The same guys, together with people from CERESO. They go out in a blue Silverado and a white van."

"From CERESO?"

"Yes, all of them with bulletproof vests and long-range weapons."

"The director authorizes them to leave CERESO to do that?"

"Yes."

"With CERESO's own weapons?"

—También los mismos, acompañados de gente del CERESO. Salen en una camioneta Silverado en color azul y una Van color blanca.

—¿Del CERESO?

—Sí todos con chalecos, con armas largas.

—¿La directora autoriza salir del CERESO para hacer eso?

—Sí.

—¿Con las mismas armas del CERESO?

—Sí.

—¿Cómo se llama la directora?

—Margarita.

—¿Ella autoriza la salida?

—Sí.

—¿Y sabe que van a atacar las discos, a matar gente inocente, sabe ella?

—Sí, sí y los deja salir porque sabe bien que van a molestar a Los Zetas. [...]

—¿Autoriza las armas?

—Sí, se las quita a los custodios. Y algunos custodios salen con ellos. [...]

—¿Qué más?

—Levantan gente en los autoservicios. La otra vez levantaron a un señor en el AutoZone (negocio de accesorios para automóviles), iban en un carro Honda Civic color azul, y en una camioneta blanca.

—¿Con cuánta gente sale El Danny del CERESO?

—Con quince elementos, todos armados.

—¿A qué hora regresan al CERESO?

—Terminando lo que tengan que hacer. Encierran las camionetas adentro del CERESO.

—¿Quién lo permite?

—La directora del CERESO.

—¿Cómo se llama la directora?

—Margarita.

—¿De qué CERESO?

—Del CERESO número dos de Gómez Palacio.

"Yes."

"What's the Director's name?"

"Margarita."

"She authorizes their release?"

"Yes."

"And she knows they are going to attack clubs and kill innocent people? She knows that?"

"Yes, yes, and she lets them go because she knows it will bother Los Zetas...."

"She authorizes the use of weapons?"

"Yes, she takes them from the prison guards. Some guards go out with them...."

"What else?"

"They abduct people at gas stations. The other day they picked up a man at AutoZone [the car accessories shop]; they were driving a blue Honda Civic and a white truck."

"How many people go out with El Danny from CERESO?"

"Fifteen, all armed."

"At what time do they head back to CERESO?"

"When they've finished up what they have to do. They lock up the trucks inside CERESO."

"Who allows this?"

"CERESO's Director."

"What's the Director's name?"

"Margarita."

"Which CERESO?"

"CERESO Number Two in Gómez Palacio."

23 DE JULIO
AUTORIDADES INVESTIGAN CORRUPCIÓN EN CERESO

Después de que Blog del Narco diera a conocer el video del interrogatorio a Rodolfo Nájera, autoridades de la Procuraduría General de la República comenzaron una investigación debido al caso de gran corrupción que se indica en la grabación.

Alrededor de las 10:00 horas de este viernes, las autoridades llegaron junto con personal del Ejército Mexicano y de la Policía Federal hasta el Centro de Readaptación Social No. 2 de Gómez Palacio, Durango, y detuvieron a Margarita Rojas Rodríguez, directora del penal.

También detuvieron al subdirector del CERESO, dos jefes de custodios y treinta y un celadores, todo con el fin de la investigación por las acusaciones de Nájera.

Margarita Rojas nació en Lerdo, Durango. Antes de que fuera nombrada como titular del CERESO, había ocupado diferentes cargos, entre los que se encuentran el de agente del Ministerio Público. Además fue nombrada como La Mujer del Año 2010. Funcionarios señalan a Rojas como una mujer inteligente y comprometida con los ciudadanos, y nadie podía imaginarse que estuviese envuelta en estas acusaciones. El hecho de que los resultados de los estudios balísticos hayan confirmado que cuatro de las armas utilizadas en la masacre de la Quinta Italia eran las mismas que las que habían sido asignadas a custodios del CERESO no la ayudaban en nada.

29 DE JULIO
MILITARES LOGRAN ABATIR A NACHO CORONEL

Era alrededor de la una de la tarde cuando un gran despliegue de elementos del Ejército Mexicano se hizo presente en el fraccionamiento residencial Colinas de San Javier, una de las zonas más exclusivas y costosas de Zapopan, Jalisco. El lugar en donde figuran residencias de políticos, empresarios y artistas, se vio cubierto de uniformados. Cuatro cuadras a la redonda de dos residencias que se comunicaban fueron cerradas, con más de ciento cincuenta militares reforzados con dos helicópteros que rondaban la zona. En una de las dos casas, alguien importante permanecía reposando el almuerzo.

Nerviosos, tensos, impacientes, así se veía a los soldados, quienes presumían sus rifles de alto poder a quien se acercara al lugar. El despliegue era merecedor de un capo como Ignacio Coronel, importante jefe del Cártel de Sinaloa junto a Joaquín "El Chapo" Guzmán. Por fin la autoridad se atrevía a intentar capturar a uno de los narcos más buscados del país.

JULY 23
AUTHORITIES INVESTIGATE CORRUPTION AT CERESO

After Blog del Narco uploaded the video showing Rodolfo Nájera's interrogation, the Attorney General's Office began an investigation of the deep case of corruption revealed in the recording.

At around 10:00 A.M. on Friday, authorities together with Mexican Army and Federal Police personnel arrived at CERESO Number Two in Gómez Palacio, Durango, and arrested Margarita Rojas Rodríguez, the Prison Director.

They also arrested CERESO's Deputy Director, two head prison guards, and thirty-one other prison guards in order to investigate the accusations made by Nájera.

Margarita Rojas was born in Lerdo, Durango. Before becoming the CERESO Director, she occupied different positions, including working as an agent in the Attorney General's Office. She was also named Woman of the Year 2010. Staff said Rojas was an intelligent woman committed to the citizens, and none imagined that she could be responsible for such a travesty of justice. It doesn't help Rojas any that ballistics studies have confirmed that four guns used in the Quinta Italia Inn shooting were the same as those assigned to prison guards.

JULY 29
SOLDIERS GUN DOWN NACHO CORONEL

It was around 1:00 P.M. when a huge phalanx of Mexican army soldiers showed up at the Colinas de San Javier residential development, one of the most exclusive and expensive areas in Zapopan, Jalisco. The neighborhood where politicians, businessmen, and artists live was suddenly teeming with men in uniform. A four-block radius circling two specific adjoining houses was closed down, with two helicopters and over one hundred and fifty soldiers keeping watch. Within this complex sat an important person resting after lunch.

The soldiers looked nervous, tense, and impatient, quickly gripping their high-caliber rifles if someone neared the locked-down zone. This operation was for none other than the capo Ignacio "Nacho" Coronel Villarreal, an important Sinaloa Cartel boss, who helps run the organization alongside Joaquín "El Chapo" Guzmán. Evidently, the authorities were finally daring to try and capture one of the country's most wanted drug lords.

The soldiers forced open the big gate that protected the two homes that had been combined into one, and within seconds burst in at full speed. Although they thought they would be met by a number of hit men commanded by

Los efectivos militares forzaron el gran portón que protegía a las dos residencias que se habían convertido en una, y en cuestión de segundos, a toda prisa, pudieron entrar. Ellos pensaban que se toparían con un gran número de sicarios al mando de Nachito Coronel, pero no fue así. Pudieron llegar a la habitación donde se encontraba el capo, quien los recibió a balazos, por supuesto. Sonriendo, les disparó en varias ocasiones, matando a un soldado, mismo que estaba encargado de la operación, mientras otros dos fueron heridos. Los elementos repelieron la agresión y así quedó abatido Nacho Coronel.

Nacho sólo se encontraba en compañía de su hombre de confianza, Francisco Quiñónez Gastélum, quien se rindió y fue capturado. Todos pensaban que Coronel Villarreal vivía rodeado de guardaespaldas, y no, esa era una de sus tácticas para intentar pasar desapercibido. Simplemente era un hombre de negocios y no era necesario llamar la atención de más. Parecía broma, pero algunos de sus vecinos vivían rodeados de gente que les brindaba seguridad, y no eran tan importantes como el gran amigo de El Chapo.

Era temprano y Nacho Coronel se encontraba descansando. Hasta sus últimos minutos, Nacho Coronel se veía perfecto, como siempre impecable, su barba finamente recortada, vestía un conjunto deportivo marca Adidas. Parecía que los años no pasaban por su vida. Limpio, vestido de blanco y con su pistola en la mano, así quedó muerto El Cachas de Diamante.

Por varias horas la guarida de Nacho fue resguardada. Dentro de las residencias se hallaron maletas llenas de dinero, que se contabilizaron en siete millones de dólares, más joyas, obras de arte y miles de fotografías. También aseguraron armamento que utilizaba Coronel de forma exclusiva.

Informes de la DEA y del FBI, señalan que Nacho Coronel tenía control sobre una célula de drogas muy poderosa, especializada en el tráfico de metanfetaminas y cocaína. Tenía los recursos para armar su propio cártel, sin embargo siguió trabajando con El Chapo y mantenían una estrecha relación de amistad y negocios.

30 DE JULIO
EJECUTAN A QUINCE INTEGRANTES DE LOS ZETAS

La cifra de la muerte sigue aumentando esta semana, ya que el Cártel del Golfo se encargó de ejecutar a quince integrantes de Los Zetas —trece hombres y dos mujeres, mismos que fueron torturados de una forma brutal. Se trata de una cruel y sangrienta venganza, con las mismas características de la masacre realizada hace unas semanas, en donde doce personas fueron también acribilladas.

Los quince cadáveres fueron hallados por automovilistas que circulaban a la altura del kilómetro 226 de la carretera Matamoros–Ciudad Victoria, en Tamaulipas, así que llamaron a las autoridades.

Sobre la vía se hallaron los cuerpos —todos tenían puesta una playera blanca, que tenía marcada la letra Z con pintura negra. Entre los sicarios se acostumbra marcar dicha letra en forma de burla para indicar que los muertos pertenecían a las filas de Los Zetas. Todos los ejecutados se encontraban vendados, atados de pies y manos, con golpes por todo el cuerpo y además presentaban el tradicional tiro de gracia.

Elementos de la Policía Federal cerraron el paso por el lugar, mientras que autoridades del Estado realizaban las primeras indagatorias y el levantamiento de los quince cadáveres. Solo era otro día sangriento más en una guerra en donde las escenas como esta ya no son casos inusuales, sino parte del diario vivir del mexicano común.

Nacho Coronel, they were not. They managed to make it to the room where the capo was resting and were received by him with a rain of bullets, of course. Smiling, he shot at them several times, killing the soldier in charge of the operation; another two were injured. The soldiers resisted the attack and were able to gun down Nacho Coronel.

Nacho was accompanied only by his trusted man, Francisco Quiñónez Gastélum, who gave himself up and was immediately detained. Everyone believed that bodyguards constantly surrounded the capo, yet such was not the case. It was one of his tactics to try to go unnoticed; he acted as if he were a simple businessman and had no need to call more attention to himself. It seemed like a joke, yet bodyguards constantly surrounded some of his neighbors who were not as important as El Chapo's great friend.

It was early and Nacho Coronel had been resting. Up until his last minutes, he looked perfect, impeccable as always, with his beard finely trimmed and wearing Adidas sports attire. It seemed as though the years had not affected him. Clean, dressed in white, and with gun in hand, that is how "El Cachas de Diamante" (the King of Crystal) died.

The area around Nacho's compound was under lockdown for several hours. Suitcases full of money, totaling $7 million, were found inside along with jewelry, works of art, and thousands of photos. Soldiers also confiscated weapons that were used solely by the Coronel.

DEA and FBI reports state that Nacho Coronel controlled a very powerful drug cell, specializing in methamphetamine and cocaine trafficking. He had the resources to put together his own cartel, yet kept working with El Chapo, maintaining a close friendship and business relationship with him.

JULY 30
FIFTEEN MEMBERS OF LOS ZETAS EXECUTED

The death toll in the drug war increased this week when the Gulf Cartel executed fifteen members of Los Zetas: thirteen men and two women who were first brutally tortured. The motive was cruel and murderous revenge, following the same pattern as the massacre a few weeks ago when twelve people were riddled with bullets.

The fifteen corpses were found by motorists driving by kilometer 226 of the Matamoros-Ciudad Victoria highway in Tamaulipas. They immediately called authorities.

The bodies were found on the road, dressed in white shirts with the letter Z written on them in black. Gang members usually write that letter mockingly to indicate that the dead people belong to Los Zetas. All of the executed people were blindfolded, had their hands and feet bound, were bruised all over their bodies, and had received the typical *tiro de gracia* (execution-style shot to the head).

Federal police closed down the area as state authorities began their investigation and the medical examiner's office picked up the fifteen unidentified corpses. It was just another bloody day in a war in which scenes like this have become no longer unusual occurrences, but part of the everyday life of the average Mexican.

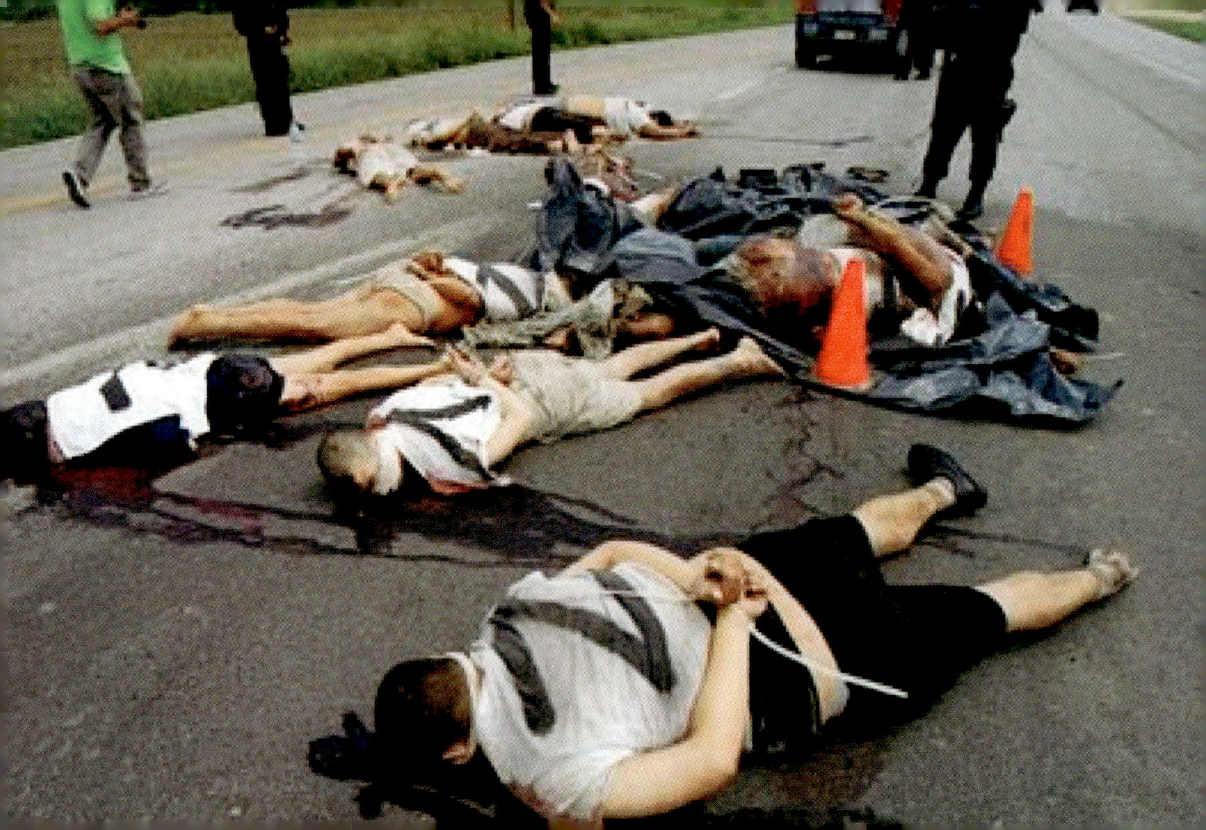

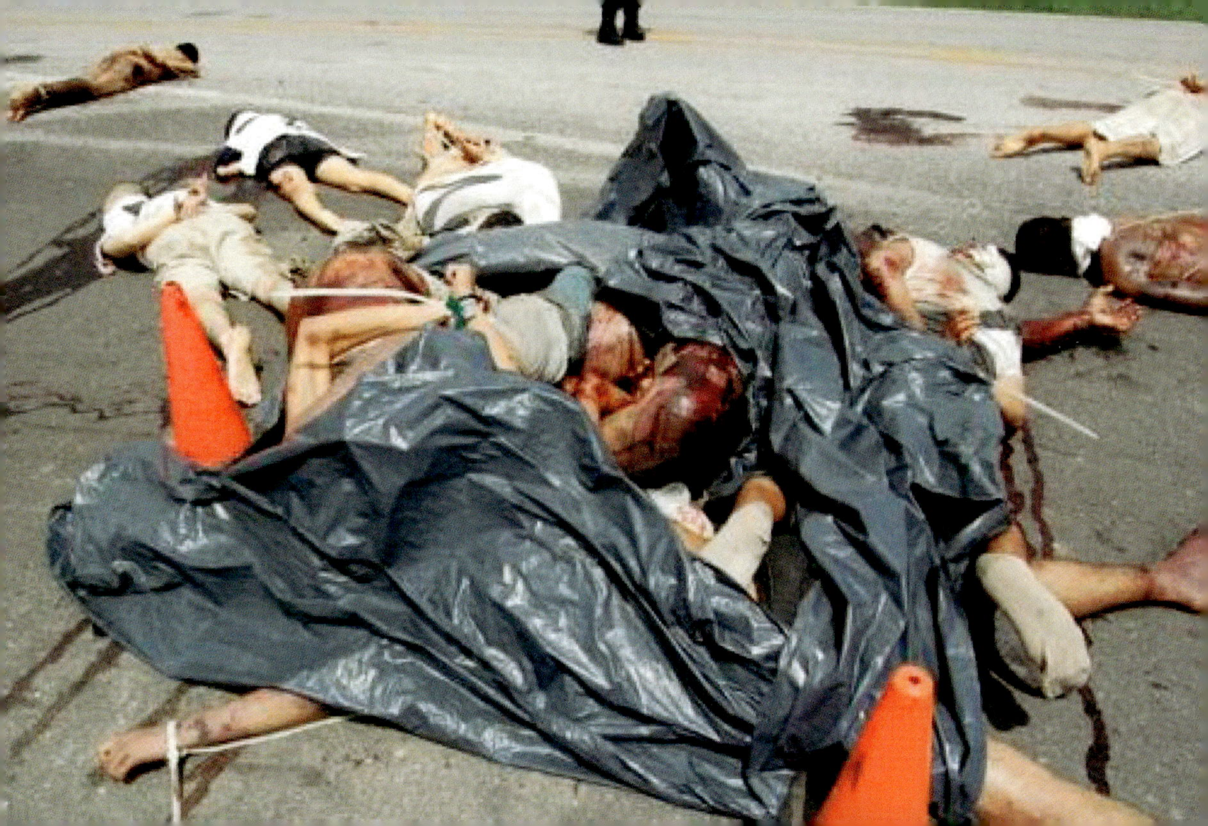

AGOSTO 2010
LA INTIMIDACIÓN A TRAVÉS DE LA MUTILACIÓN

3 DE AGOSTO
NARCOBLOQUEOS Y BALACERAS EN REYNOSA

De nueva cuenta integrantes de Los Zetas y del Cártel del Golfo, protagonizan violento enfrentamiento por su lucha territorial en la ciudad de Reynosa, Tamaulipas, punto clave y atractivo para traficar droga a Estados Unidos. La población se vio afectada por las balaceras en diferentes puntos, además de narcobloqueos por lo que el día se vio interrumpido por la creciente violencia. Mientras tanto, las autoridades no han tomado las medidas necesarias para evitar que las personas resulten afectadas.

Uno de los enfrentamientos ocurrió en el estacionamiento del supermercado Soriana. Al escuchar las ráfagas de alto poder, los clientes no tuvieron opción, y se tiraron al piso con el fin de protegerse; algunas mujeres y niños sufrieron crisis de histeria por tal escena que superaba cualquier película de acción. Las autoridades recibieron la llamada de alerta, sin embargo mencionaron que no podían acudir hasta que terminara todo.

Otra balacera ocurrió a las afueras de la tienda HEB, casi de forma simultánea con la anterior. Algunos testigos indicaron que eran más de cincuenta hombres accionando sus armas y lanzando granadas de fragmentación.

Además ocurrieron más tiroteos en varias zonas residenciales de Reynosa. Los vecinos solo escuchaban los balazos y granadazos, y no podían hacer más que resguardarse debajo de la cama. Algunas casas y vehículos resultaron con daños materiales.

Los narcobloqueos duraron más de dos horas, atrapando a miles de personas en el tráfico.

Como saldo de la violenta jornada, veintidós sicarios fueron ejecutados; una mujer embarazada ajena a los hechos resultó herida y perdió a su bebé; un niño también fue lesionado de gravedad, al igual que un empleado de la Comisión Federal de Electricidad.

En otra parte, en Guerrero, un taxista realizó un hallazgo que consternó y conmovió a la población cuijleña: unas piernas cercenadas, casi al borde de la vía, y a menos de un metro de distancia, un torso sin cabeza sobresaliendo de una bolsa de plástico color negra.

AUGUST 2010
INTIMIDATION THROUGH MUTILATION

AUGUST 3
NARCOBLOCKADES AND SHOOTOUTS IN REYNOSA

Once again, Los Zetas and the Gulf Cartel clashed violently over control of Reynosa, a key port for sending drugs into the United States. The population was affected by shootouts and narcoblockades that increased in violence throughout the day. Meanwhile, authorities have yet to take necessary precautions to protect residents.

One of the clashes happened in the Soriana supermarket parking lot. When customers heard a burst of high-caliber bullet fire, they dropped to the floor to protect themselves. Some women and children were hysterical after witnessing the scene, which was far worse than any action film could be. Authorities received the warning call, yet said they could not respond until it was all over.

Another shootout occurred outside an H-E-B Store, almost simultaneous with the previous shooting. Some witnesses stated that there were more than fifty men firing their weapons and tossing fragmentation grenades.

Additional shootings broke out in several residential areas of Reynosa. Neighbors heard the shots and grenade explosions as they hid beneath their beds. Some homes and vehicles were damaged.

The narcoblockades lasted more than two hours, trapping thousands of people in traffic.

The violent day's outcome resulted in twenty-two executed cartel members, one innocent pregnant woman who was injured and lost her baby, a seriously injured child, and a critically injured Federal Electricity Commission employee.

Elsewhere, in Guerrero, a taxi driver made a discovery that shocked and moved the population: severed legs, along the edge of the road, and less than a meter away, a headless torso protruding from a black plastic bag.

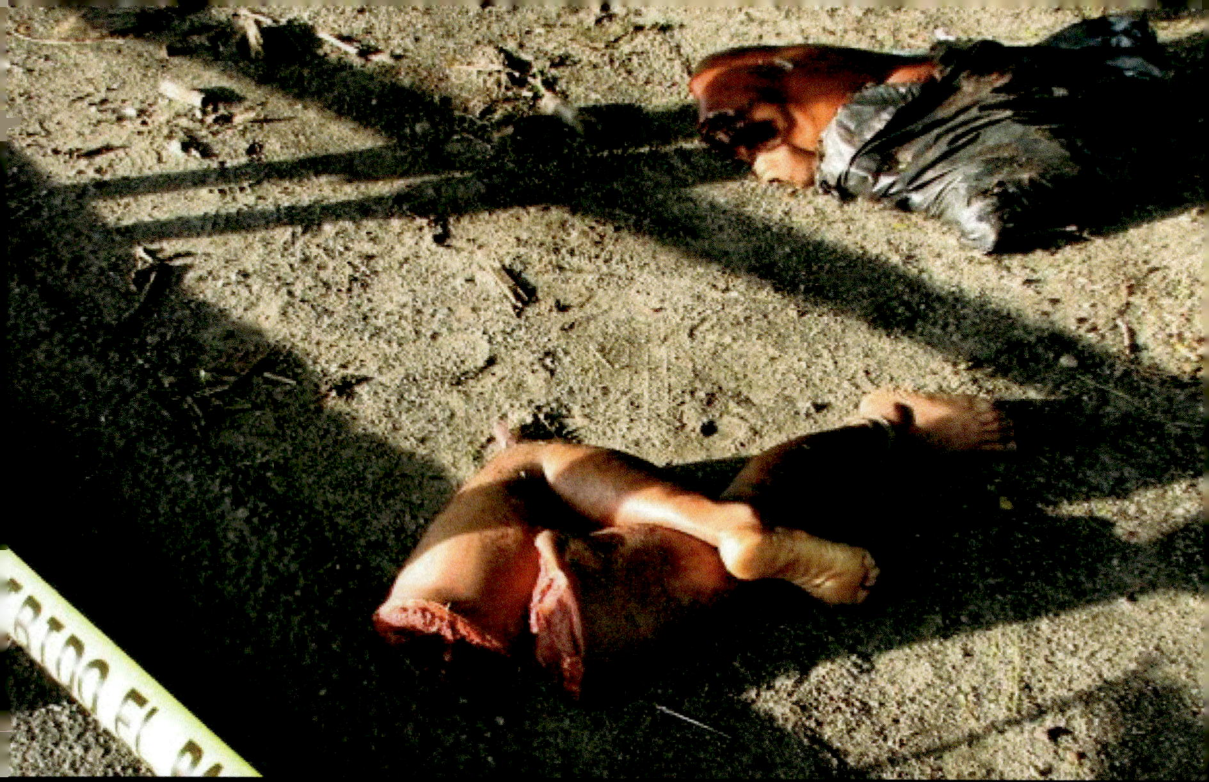

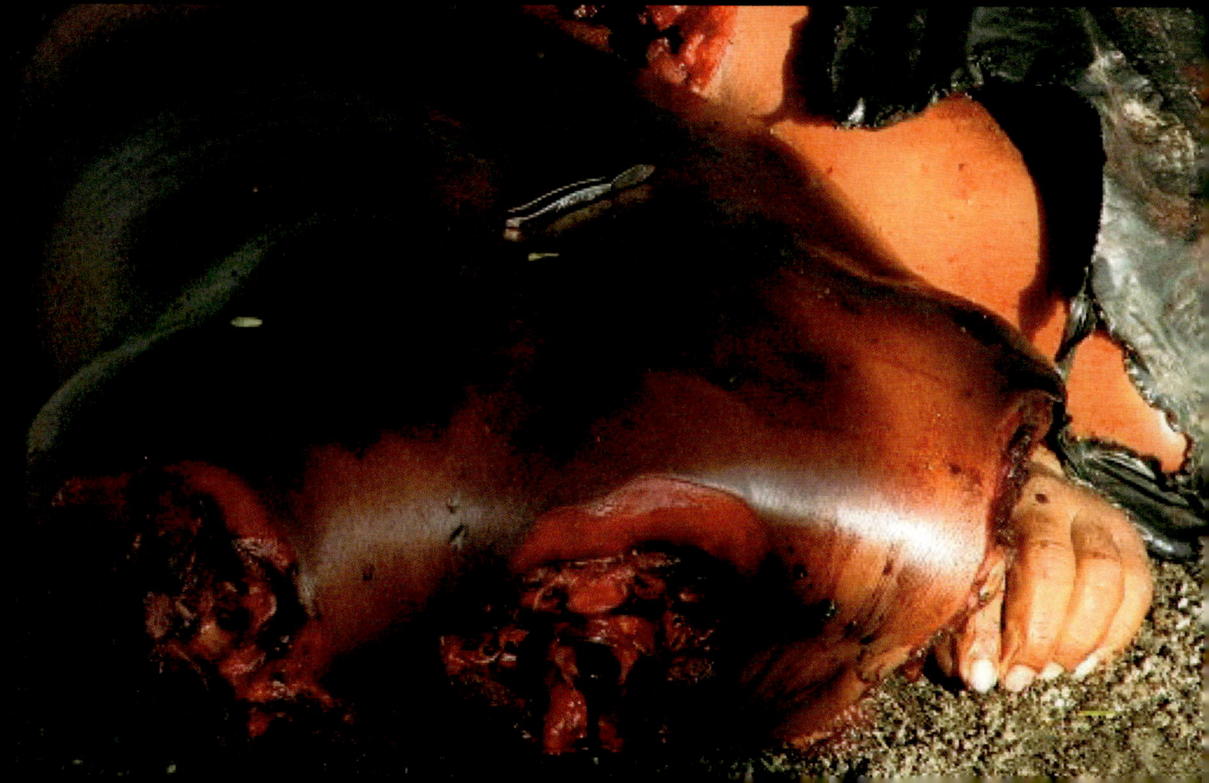

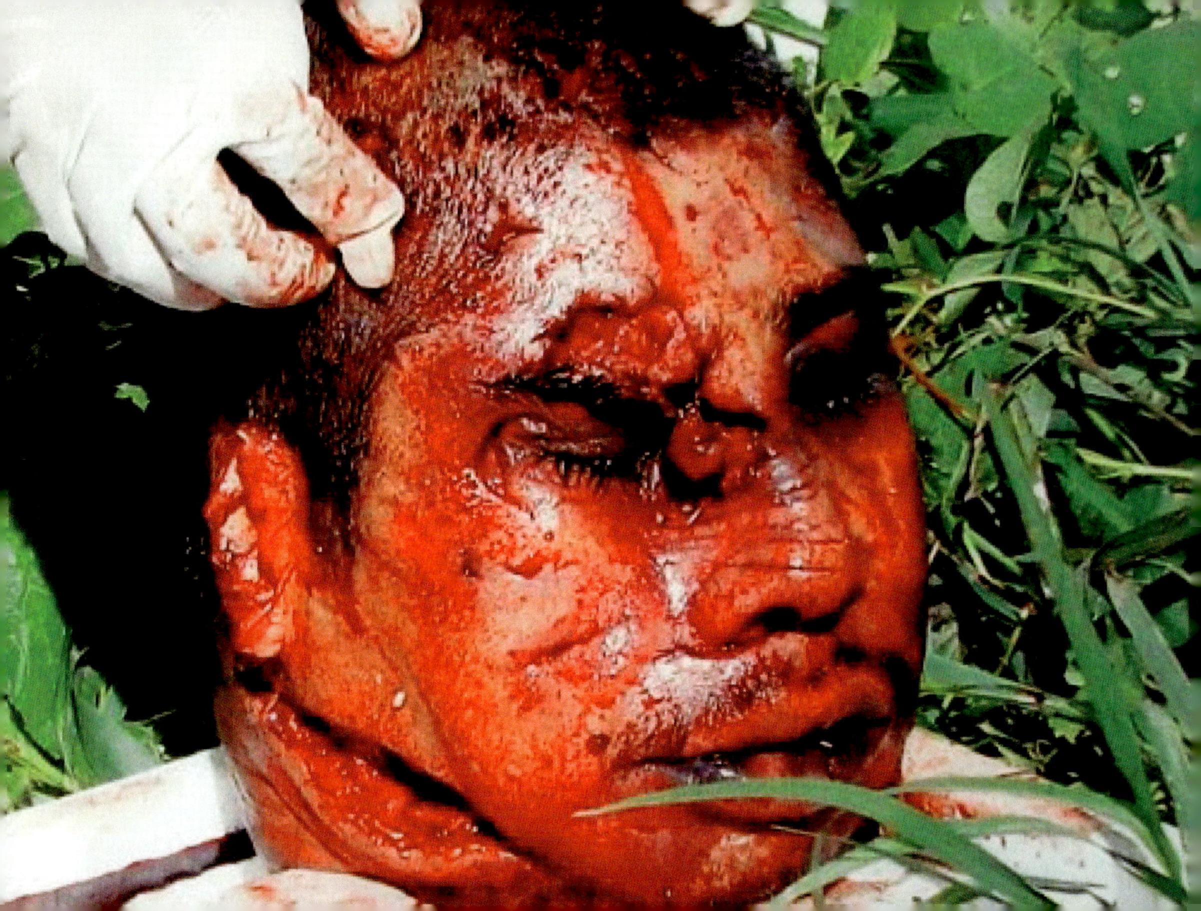

15 DE AGOSTO
CALCINAN A ELEMENTO DE LA POLICÍA FEDERAL

Grupos delictivos insisten en amedrentar a las corporaciones policíacas, ya que en últimas fechas han incrementado los ataques a instalaciones, además de los levantones y ejecuciones a elementos policiales. Al mismo tiempo cada vez son más frecuentes las depuraciones, ya que se ha descubierto que miles de uniformados trabajan para la delincuencia organizada.

Después de estar en calidad de desaparecido por dieciocho días, David Rojas Hoyos, comandante de la Policía Federal en Cosamaloapan, Veracruz, fue hallado sin vida. Fueron los mismos habitantes de la localidad quienes reportaron que había un cadáver en medio del camino. Junto al cuerpo aun había pedazos del uniforme que llevaba puesto el agente de la Federal. El comandante había sido brutalmente torturado, y un grupo de delincuentes le prendió fuego cuando se encontraba vivo. Su cuerpo quedó completamente calcinado.

El día 3 de agosto, las autoridades recibieron el reporte de una patrulla de la Policía Federal abandonada, misma que también se encontraba totalmente calcinada. La unidad tenía las placas 09654 y pertenecía al entonces comandante desaparecido.

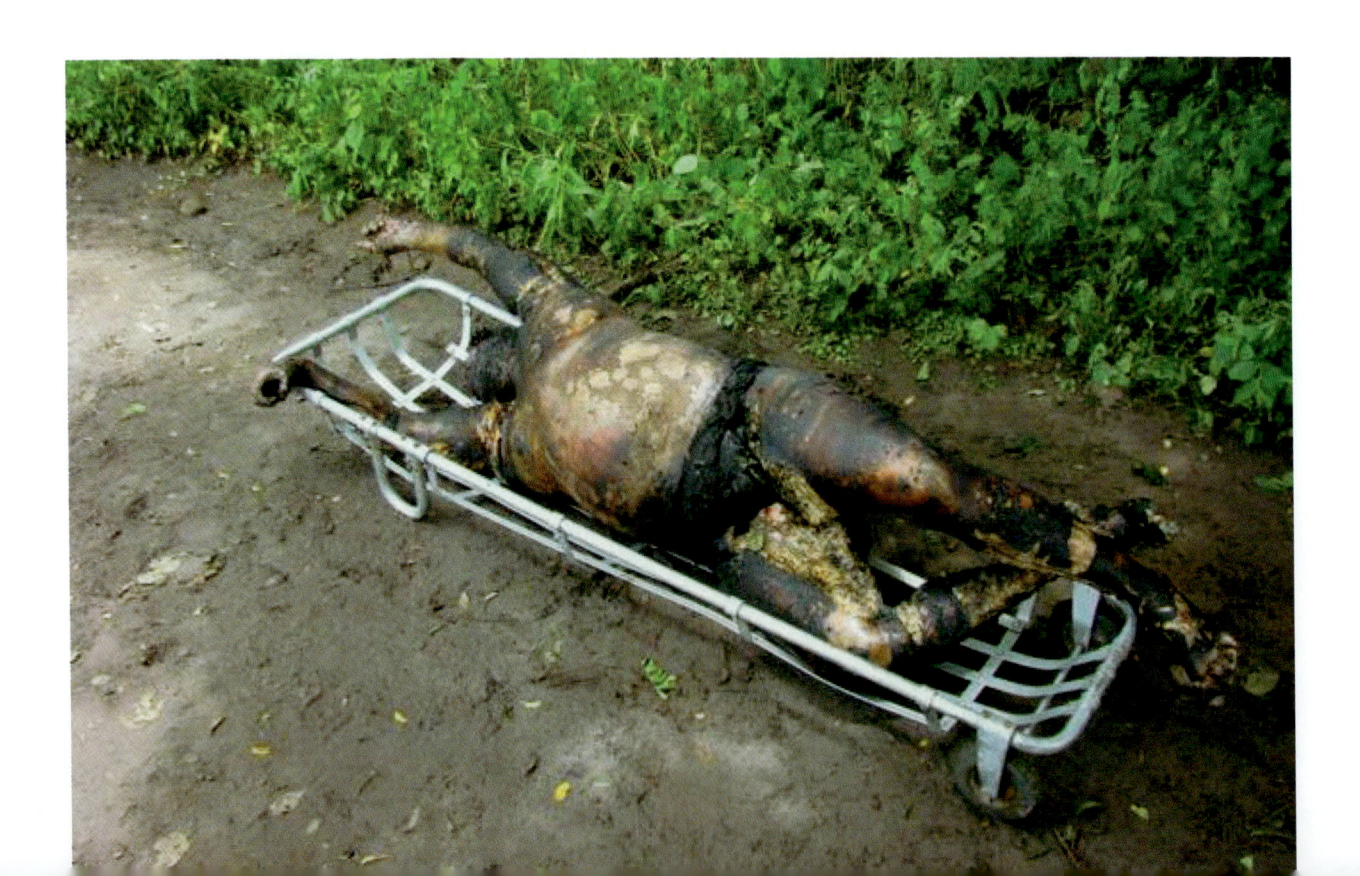

AUGUST 15
FEDERAL POLICE OFFICER BURNED

Criminal gangs have been stepping up their terror campaign against police organizations with new attacks, kidnappings, and executions. Simultaneously, purging has become ever more frequent as police corporations discover that thousands of officers are working for organized crime groups.

After disappearing for eighteen days, David Rojas Hoyos, a Federal Police Commander in Cosamaloapan, Veracruz, was found dead. Local residents had reported a corpse in the middle of the road. Pieces of the federal agent's uniform lay next to his body. The commander had been brutally tortured, and a criminal gang had burned him alive. His body was completely charred.

On August 3, authorities received a call regarding an abandoned Federal Police patrol car, which was also burnt. The vehicle, with license plate number 09654, belonged to the missing commander.

16 DE AGOSTO
LEVANTAN AL ALCALDE DE SANTIAGO

Edelmiro Cavazos Leal, presidente municipal de Santiago, Nuevo León, permanecía en su residencia, se encontraba relajado, ya que durante la noche del domingo había asistido a un evento organizado por los jóvenes del municipio. Todo transcurría en calma, sin embargo, cuando llegó la madrugada, fuertes golpes a la puerta de su casa lo alertaron. Eran más de quince sujetos quienes se identificaron como elementos de la Policía Judicial Federal, llevaban gorras con la leyenda de la Procuraduría General de la República, le pedían al edil que los acompañara.

Lo que el alcalde no sabía era que la institución con la que se identificaron los hombres dejó de existir hace casi diez años, por supuesto no eran policías.

Los desconocidos viajaban en varios vehículos, todos ellos con estrobos clásicos de las unidades de distintas corporaciones policíacas, así que Edelmiro no se resistió. Subieron al alcalde a una camioneta, mientras que a su escolta personal lo metieron en la cajuela, y se fueron del lugar.

El comando fuertemente armado paseó por alrededor de quince minutos al escolta encajuelado, hasta que el vehículo detuvo su marcha. Un grupo de hombres bajó al guardaespaldas de la camioneta y lo abandonó en la carretera nacional, y no se encontraba esposado ni golpeado.

Cuando se dio a conocer la noticia del secuestro de Cavazos, causó gran impacto en la sociedad, ya que el edil se había caracterizado por su simpatía y su buen ánimo ante la violencia que llegaba a su municipio. Miles le tenían mucho cariño.

Los funcionarios confirmaron el secuestro de Edelmiro Cavazos, y señalaron que no habían recibido ninguna llamada para pedir rescate, por lo que las investigaciones indicaban que los responsables son integrantes de un grupo de la delincuencia organizada. Nada se sabía del alcalde.

La tristeza era evidente en las calles de Santiago, más en la Presidencia Municipal. La oficina de Edelmiro estaba sola, y algunos empleados no podían ocultar su pesar, algunos no paraban de llorar. Habitantes de la localidad no podían creer la noticia, así que rápido se organizaron y realizaron misas para pedir a Dios que cuidara a su alcalde. Mientras tanto la familia Cavazos Leal se encontraba totalmente devastada. Ya sabían que los delincuentes no querían dinero —se trataba de un asunto grave.

AUGUST 16
MAYOR OF SANTIAGO ABDUCTED

Edelmiro Cavazos Leal, municipal president of Santiago, Nuevo León, was relaxing at home after attending an event organized by the town's young adults. Everything was tranquil. However, when dawn arrived, strong blows on his door awoke him. Fifteen men stormed in and identified themselves as federal judicial police officers. They had hats with the Attorney General's insignia and requested that he accompany them.

Unbeknownst to the mayor, they were not police officers. The institution they mentioned had ceased to exist almost ten years earlier.

The unknown men traveled in several vehicles, all with classic strobes from different police units, so Edelmiro did not put up a fight. They put the mayor in a truck and stuck his personal bodyguard in the vehicle's trunk.

The heavily armed commandos drove the bodyguard around for fifteen minutes until they suddenly stopped the vehicle. A group of men carried the bodyguard out of the trunk and left him on the national highway, neither handcuffed nor hurt.

When word got out that Edelmiro had been kidnapped, the community was shocked. The mayor had been known for his friendliness and upbeat mood, despite the violence that made its way into his municipality. Thousands greatly cared for him.

Government officials confirmed the kidnapping and reported that they had not received any phone calls demanding a ransom, which previous investigations showed could only mean the responsible party was part of an organized crime group. The mayor's whereabouts were unknown.

Sadness was evident on the streets of Santiago, even more so in the town hall, where Edelmiro's office remained empty. Some employees could not stop crying. Local residents were incredulous; they quickly organized Masses to ask God to take care of their mayor. Meanwhile, the Cavazos Leal family was completely devastated: They already knew that the criminals did not want money, but more blood.

16 DE AGOSTO
MASACRAN A SIETE HOMBRES EN OAXACA

Un grupo de ocho hombres que viajaba en una camioneta Chevrolet se dirigía de cacería. Sin embargo fueron sorprendidos por pistoleros, quienes los interceptaron en un camino de terracería, esto en Loma Bonita, Oaxaca.

Los sicarios le dieron el tiro de gracia a dos de los cazadores, mientras que acribillaron a los otros seis. Autoridades llegaron al lugar gracias a que un habitante del lugar pudo percatarse de la situación, ya que circulaba en su vehículo sobre el camino.

Siete hombres murieron. El octavo sobrevivió y fue trasladado de emergencia a recibir atención médica. Fue él quien pudo narrar lo ocurrido. Mencionó que cuando mataron primero a dos del grupo, un encapuchado dio la orden: "Mátenlos a todos, no debe haber testigos".

AUGUST 16
SEVEN MEN MASSACRED IN OAXACA

A group of eight men traveling in a Chevrolet truck were on a hunting trip. However, they were intercepted by sicarios on a dirt road in Loma Bonita, Oaxaca.

The gunmen gave two hunters an execution-style tiro de gracia and riddled the other six men with bullets indiscriminately. Authorities made it to the scene thanks to a local resident, who noticed something happening as he drove down the road.

Seven men died. The eighth one survived, was transported to the emergency room, and was later able to explain what happened. He said that, after the first two were killed, a hooded man gave one final order: "Kill them all; there can be no witnesses."

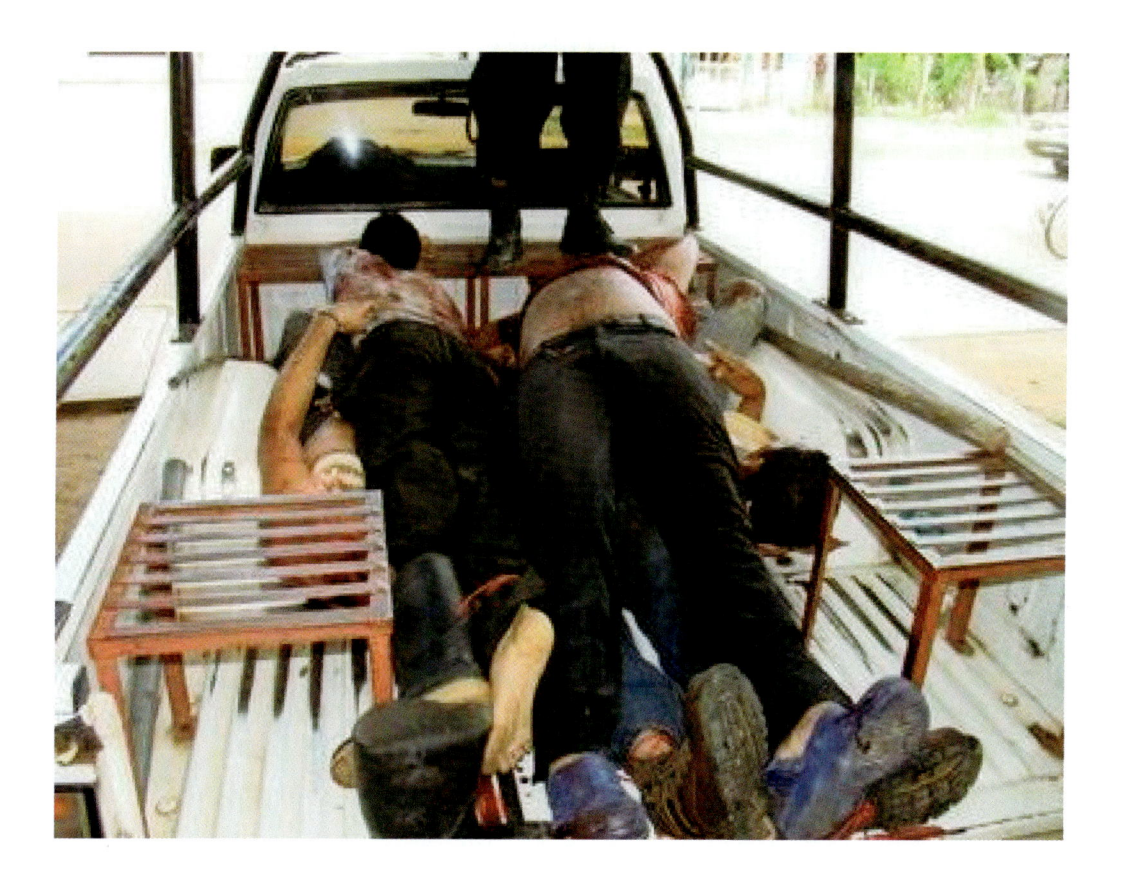

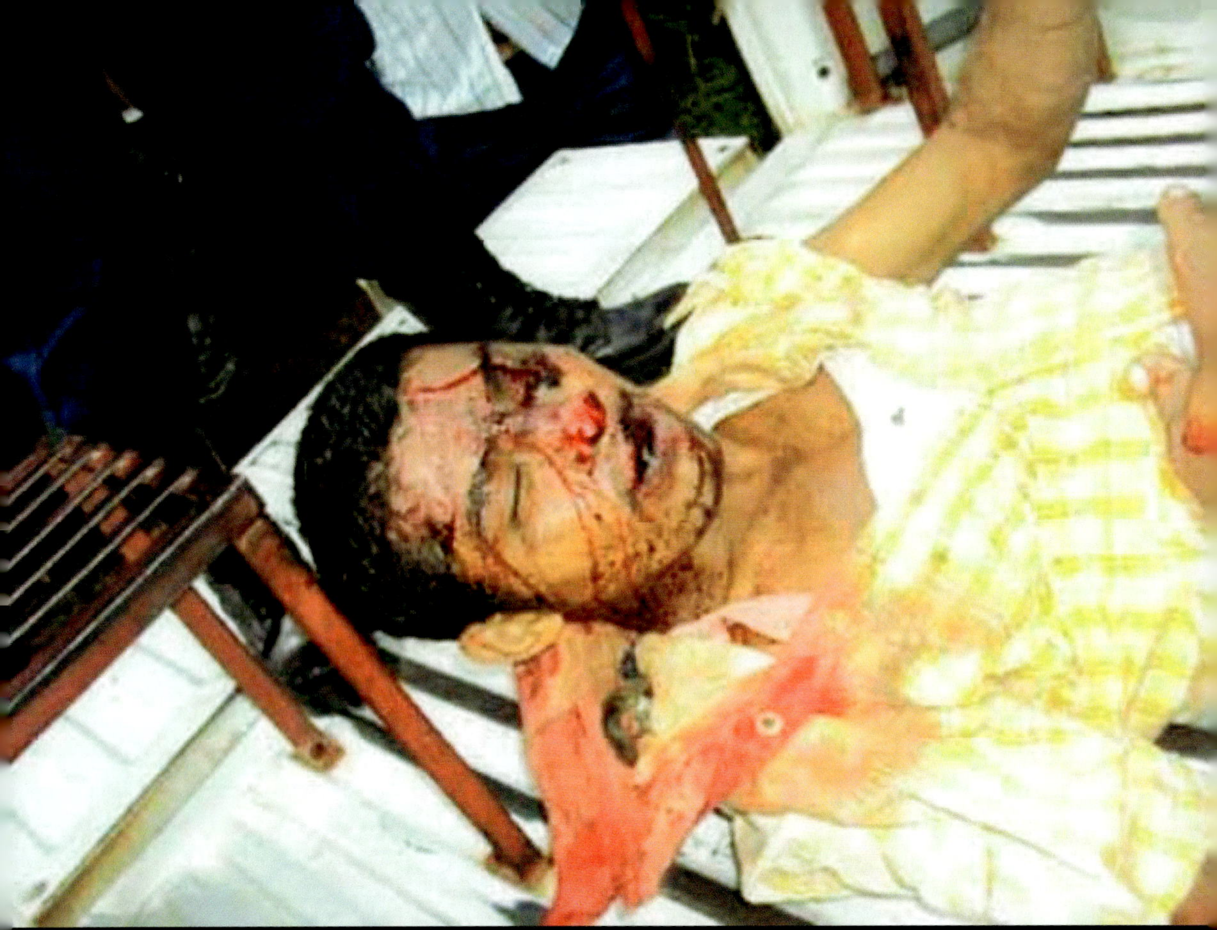

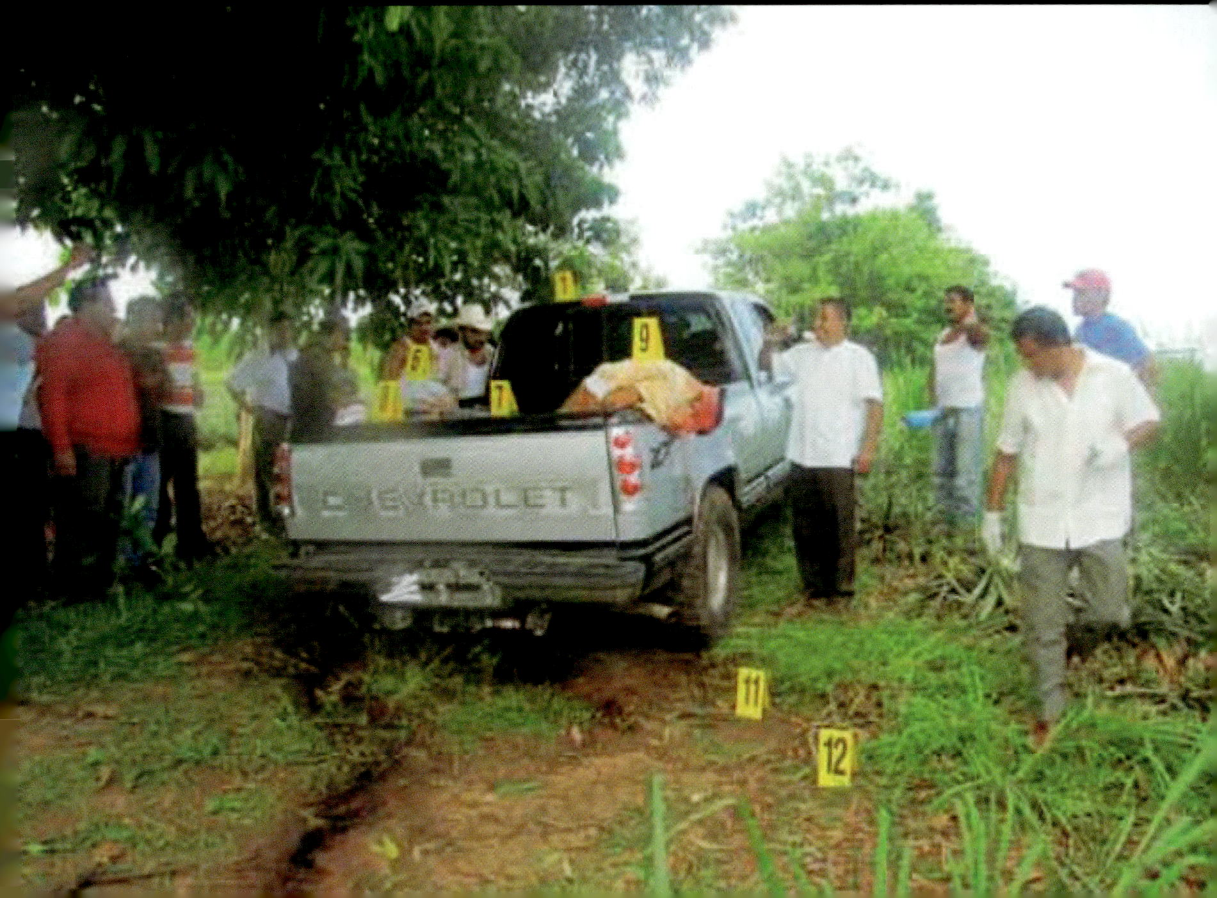
CHEVROLET
1
9
6
7
11
12

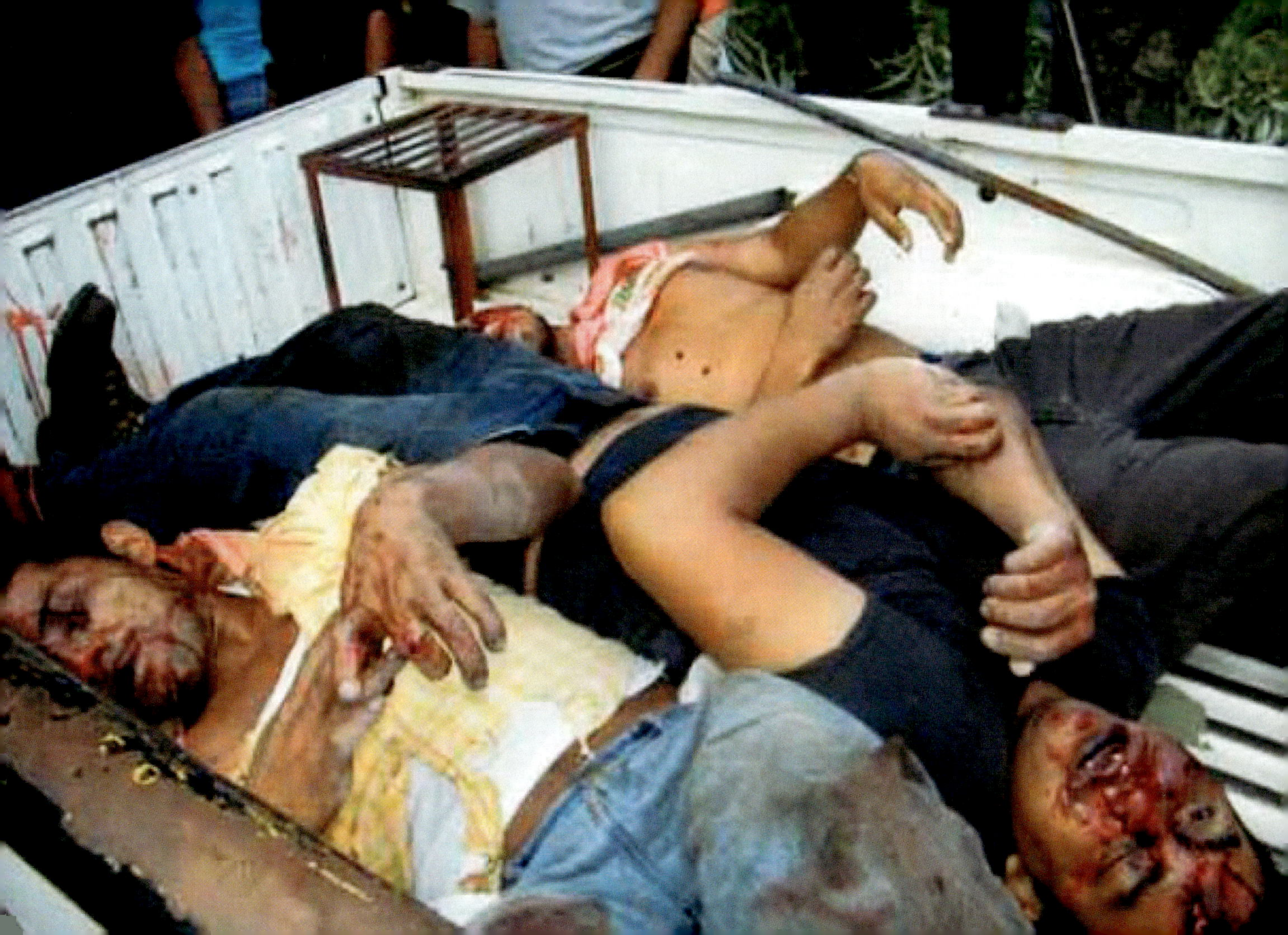

18 DE AGOSTO
ENCUENTRAN MUERTO AL ALCALDE EDELMIRO CAVAZOS

Por dos días se realizaron intensos operativos de búsqueda, mismos que tenían el fin de dar con el paradero de Edelmiro Cavazos Leal, alcalde de Santiago, Nuevo León, quien la madrugada del domingo había sido levantado por un comando armado que se hizo pasar por autoridad. No se había logrado tener buenos resultados, hasta la mañana del miércoles, cuando una llamada anónima indicó que un cadáver permanecía abandonado en una brecha de la carretera a la Cola de Caballo, justo en el kilómetro 6.

En cuestión de minutos cientos de policías y elementos del Ejército Mexicano se hicieron presentes. Efectivamente había un hombre ejecutado, quien también presentaba señales de haber sido salvajemente golpeado. El cuerpo estaba sobre una lona de plástico, y rápidamente se dieron cuenta de que podría tratarse del alcalde desaparecido.

Alto, blanco, de cabello rubio, ojos azules y sonrisa amplia, así era Miro Cavazos, como lo conocían sus amigos, pero la profundidad de su mirada ya no podría verse más. Los sicarios lo habían ejecutado de una forma brutal, destruyendo su cerebro con los impactos de bala que recibió. Llevaba puesta una camisa blanca, que ahora más bien estaba teñida de rojo, empapado de sangre. Y así, dos empleados de la Presidencia Municipal fueron los encargados de identificarlo en el lugar donde lo hallaron, sin duda una terrible escena.

Los residentes tenían muchas preguntas que parecían carecer de respuestas: ¿Qué hizo Edelmiro para tener una muerte tan violenta y precipitada? ¿A quién hizo enojar? ¿Existirían nexos con algún cártel de la droga? Todo parecía indicar que Miro Cavazos era una excelente persona, que tenía contento a su pueblo, y que de un día para otro dejó de existir, sin explicaciones, sin motivos aparentes. Nadie podría odiar a un hombre tan adorable, o tal vez sí.

AUGUST 18
MAYOR EDELMIRO CAVAZOS FOUND DEAD

For the past two days, intense search operations have been underway for Edelmiro Cavazos Leal, mayor of Santiago, Nuevo León, who was kidnapped on Sunday morning by armed commandoes posing as law enforcement. There were no new developments until Wednesday morning, when an anonymous call reported an abandoned body in a pothole on the Cola de Caballo highway at kilometer 6.

Within minutes, hundreds of police, as well as Mexican soldiers, had arrived at the scene. There was indeed an executed man, who showed signs of having received a brutal beating. The body was atop a plastic canvas and officers quickly realized that it might be the kidnapped mayor.

Miro Cavazos, as the mayor was known by his friends, was tall, white, and blond with blue eyes and a wide smile, but his deep gaze could no longer be seen. The hit men had savagely executed him, smashing his brain with the shots he received. He was wearing a white shirt that was now dyed red with blood. Two town hall employees had to identify him as found at the horrific scene.

Residents had many questions that seemed unanswerable: What did Edelmiro do to deserve such a sudden and violent death? Whom did he piss off? Was he connected to one of the drug cartels? Everything indicated that Miro Cavazos was an excellent person who kept his residents happy, but then one day, he ceased to exist, like thousands of others in Mexico, with no explanation and for no apparent reason. No one could hate such a loveable man, or could they?

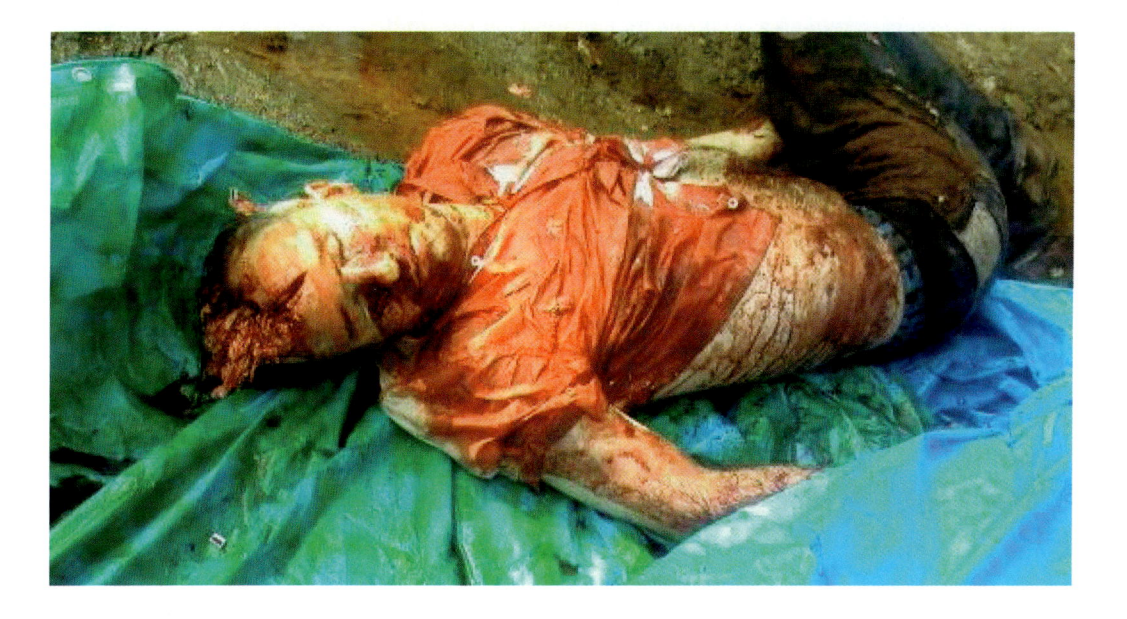

20 DE AGOSTO
ELEMENTOS DE LA POLICÍA MUNICIPAL PARTICIPAN EN LA EJECUCIÓN DEL ALCALDE

Alejandro Garza y Garza, procurador de Nuevo León, dio a conocer que varios elementos de la Policía Municipal de Santiago participaron en el levantón y la ejecución de Edelmiro Cavazos Leal. Los uniformados trabajaban para el grupo de Los Zetas.

Las autoridades revisaron el video de la cámara de seguridad instalada en casa del fallecido alcalde, mismo que mostró incongruencia en el escolta que dijo haber sido encajuelado al momento del secuestro de Edelmiro. Sin embargo en la grabación, se pudo ver como no era así, más bien el guardaespaldas subía por su propia voluntad a una camioneta, coincidiendo que fue abandonado con vida en la Carretera Nacional, lugar donde fue auxiliado por automovilistas.

El escolta fue identificado como José Alberto Rodríguez Rodríguez, quien al verse descubierto confesó su participación e informó nombres de los otros policías que también participaron en la acción.

Para los policías de Santiago, su alcalde era un estorbo, ya que siempre quería hacer las cosas como dictaba la ley y evitaba cualquier tipo de abusos contra la ciudadanía. Pero tendría que existir un motivo que desencadenara la ira entre los uniformados para poder cometer tan terrible acción, y claro que existía. Tres semanas antes de que Edelmiro Cavazos fuese levantado, a los policías les descontaron setecientos pesos de su quincena.

Todo comenzó cuando Edelmiro regañó a un grupo de uniformados por infraccionar sin razón a un grupo de personas que practicaban deporte extremo en la Sierra de Santiago. Algunos agentes de forma grosera se fueron del lugar y dejaron hablando solo a su autoridad. Cavazos Leal ordenó que como castigo se descontaran setecientos pesos a cada policía, no por la falta de respeto que le habían demostrado, sino por el abuso cometido a los turistas.

Los policías fueron con su otro jefe, al que sí respetaban, un hombre apodado El Caballo, líder de Los Zetas en el municipio, y se quejaron de Edelmiro. Más bien, le mintieron al narcotraficante, mencionando que Cavazos Leal había hecho acuerdos con el Cártel del Golfo y que era necesario eliminarlo. Así fue que se planificó el levantón y la ejecución. Pero los uniformados habían mentido, el alcalde no había hecho trato con ningún grupo delictivo. Lo único que los llevó a realizar este crimen era su enojo por los setecientos pesos que les habían descontado.

Tal parece que cada día es más común que un policía sirva fielmente a un grupo del narcotráfico, olvidándose completamente del supuesto servicio a la comunidad. Al final nadie sale ganando, ni los residentes ni los policías mismos, porque la corrupción solo lleva a más corrupción, y termina en sufrimiento y sangre.

AUGUST 20
LOCAL POLICE PARTICIPATE IN MAYOR'S EXECUTION

Nuevo León attorney Alejandro Garza y Garza revealed that several local Santiago police officers participated in the kidnapping and execution of Edelmiro Cavazos Leal. The officers were working for Los Zetas.

Authorities reviewed the mayor's home security camera footage and noticed inconsistencies with the bodyguard's statement claiming he was thrown in the trunk when the criminals kidnapped Edelmiro. The recording showed the bodyguard getting into the car of his own free will. The only similarity to his story was that he had indeed been left unarmed on the national highway where motorists rescued him.

The bodyguard was identified as José Alberto Rodríguez Rodríguez, and when confronted, he confessed to his participation and disclosed the names of other police officers who had taken part in the action.

The Santiago police felt that their mayor was in the way because he always followed the law and prevented any type of abuse against the town's residents. However, there had to be a stronger motive among the police force in order for them to commit such a vicious crime. And yes, there was one: Three weeks earlier, seven hundred pesos were deducted from several police officers' biweekly paychecks.

It all began when Edelmiro scolded a group of officers for fining a group of tourists, for no apparent reason, that were practicing extreme sports in Sierra de Santiago. Some of the officers rudely exited the premises and left the mayor talking to himself. Cavazos Leal ordered, as a form a punishment, the deduction of 700 pesos from each of the officers' paychecks, not for the lack of respect they had shown him, but rather for their abuse of power with the tourists.

The police went to their other boss, whom they did respect, a local Zetas leader nicknamed El Caballo, and complained about Edelmiro. They actually lied to the drug lord, stating that Cavazos Leal had come to an agreement with the Gulf Cartel and his elimination would now be necessary. That's how the kidnapping and execution plan came to be—even though the police officers had lied and the mayor had made no such agreement with any criminal organization. The only thing that led them to commit this crime was their anger about the seven hundred pesos that had been deducted from their checks.

It seems that day after day, it is becoming more common for police officers to serve drug-trafficking gangs more loyally than the community to which they belong. And the result is that nobody wins, neither the residents nor the officers themselves, because corruption only leads to further corruption and, eventually, suffering and blood.

24 DE AGOSTO
DESCUARTIZAN A ELEMENTO DE LA POLICÍA FEDERAL

Decenas de policías se movilizaron hasta la Prolongación Juan Pablo II, atrás de la alberca olímpica de la Universidad Autónoma de Ciudad Juárez, al recibir el reporte de un hombre destazado.

Al llegar observaron la cabeza del hombre encima de una camioneta, mientras que el resto de las extremidades mutiladas fueron colocadas en plena vía pública. Llegaron hasta un parque cercano, donde esparcieron las vísceras desde el entronque de la Presidencia Municipal hasta las instalaciones universitarias, rodeando al vehículo. Además dejaron un narcomensaje, "PFP POR APOYAR AL CHAPO". Se referían a un elemento de la Policía Federal Preventiva que había sido brutalmente ejecutado por apoyar al Cártel de Sinaloa, liderado por Joaquín "El Chapo" Guzmán.

Elementos de la Policía Federal lograron reconocer a su compañero, se trataba del agente Héctor Mendoza Guevara, quien había sido secuestrado, torturado, ejecutado y descuartizado por integrantes del sanguinario grupo delictivo denominado La Línea.

Las autoridades de la Federal no hicieron ningún comentario al respecto de la sanguinaria situación, sin embargo la sociedad de Chihuahua sigue criticando sus acciones.

AUGUST 24
FEDERAL POLICEMAN'S BODY PARTS SCATTERED

Dozens of police raced down the Juan Pablo highway, behind the Olympic swimming pool in the Universidad Autónoma de Ciudad Juárez, after receiving a report regarding a butchered man.

When they arrived, they saw the man's head atop a truck while the rest of his mutilated extremities were scattered on the public highway. In a nearby park, they found his entrails spread from the Town Hall to the university buildings, surrounding a vehicle. They also left a narcomessage: PFP FOR SUPPORTING CHAPO. They were referring to a Federal Police officer who had been brutally executed for supporting the Sinaloa Cartel.

Federal Police officers were able to recognize their partner: Officer Héctor Mendoza Guevara, who had been kidnapped, tortured, executed, and dismembered by members of the violent criminal gang La Línea.

Federal authorities made no comments regarding the situation; Chihuahua residents criticized their silence.

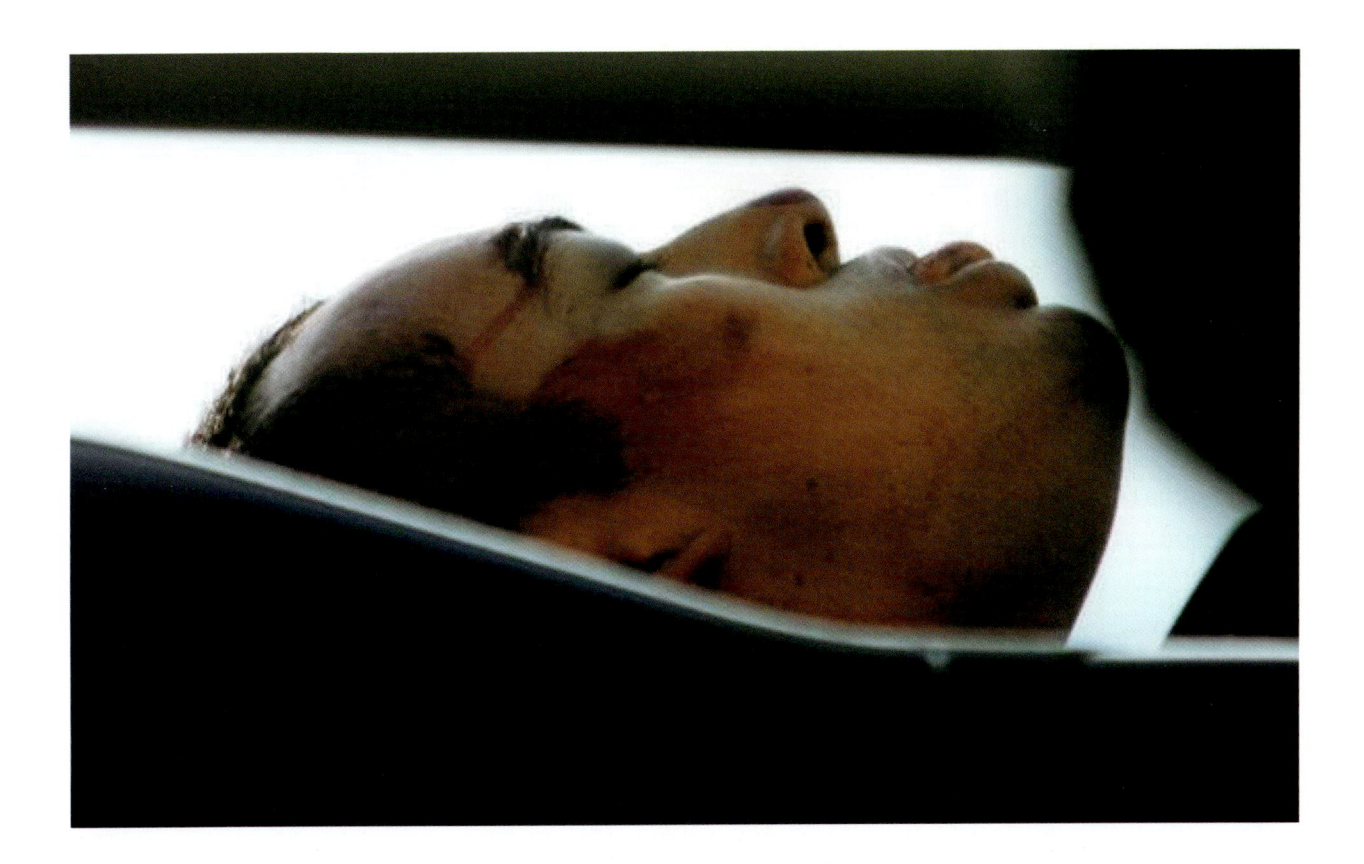

26 DE AGOSTO
MASACRE: SETENTA Y DOS INMIGRANTES MUERTOS

México es considerado para los indocumentados de América Latina la llave para llegar a Estados Unidos, el tan mencionado Sueño Americano, pero un grupo delictivo ha tomado control de esta llave y ha quitado la puerta. Ahora a las personas les ofrecían una vida mejor que arriesgarse a cruzar al vecino país: los invitaban a formar parte de Los Zetas. Y en realidad no era una elección, si rechazaban la oferta eran secuestrados, obligados a llamar a sus familiares para pedir dinero, y si no pagaban el rescate entonces los mataban.

Durante la madrugada del 22 de agosto, un autobús de pasajeros circulaba por un tramo carretero de San Fernando, Tamaulipas. Viajaban setenta y cinco inmigrantes quienes pretendían llegar a Estados Unidos, sin embargo cuando el transporte llegó al ejido El Huizachal la suerte cambió y para mal. Un grupo de hombres armados que viajaban en varias camionetas cerraron el paso al autobús, se presentaron como Los Zetas, bajaron a todas las personas y les dieron la bienvenida, mencionando que habían llegado a su territorio.

Las personas fueron llevadas caminando a los matorrales del lugar. Los sicarios hicieron la invitación formal de pertenecer a su organización, les ofrecían mil dólares cada quince días por laborar con ellos, sin embargo mujeres y hombres permanecían temerosos. Todos dijeron que no, que lo único que querían era llegar "al otro lado".

Se suponía que si se rechazaba la invitación para ingresar a Los Zetas, las personas tenían una oportunidad de vida. Se realizaría el mismo proceso que en repetidas ocasiones llevaron a cabo, llamar a familiares y exigir dinero por la libertad de los indocumentados. Pero esta vez era diferente, pensaban que perdían el tiempo en el proceso de extorsión, y lo mejor era desaparecer a los viajeros.

Volvieron a subir a las personas al camión donde viajaban, y un sicario los llevó hasta una casa donde fueron atados. Pasaron varias horas y los trasladaron hasta un rancho. En ese lugar les dieron la indicación de permanecer con la cabeza agachada, todos contra la pared. Los Zetas accionaron sus armas y rafaguearon a todos. Era una masacre, una histórica masacre.

Fue así que setenta y dos personas fueron masacradas, entre las que se encontraban cincuenta y ocho hombres y catorce mujeres. Algunos eran menores de edad, destacando una fémina con avanzado estado de embarazo. Tres jóvenes lograron sobrevivir; se hicieron los muertos y engañaron a los sicarios. Uno de ellos, originario de Ecuador, aprovechó cuando vio que se habían ido los pistoleros, y logró huir. Aunque estaba herido, caminó por horas hasta que encontró a elementos de la Marina Armada de México.

Otro sobreviviente de nacionalidad hondureña también se fue del lugar, pero escuchó un lamento y regresó. Había un muchacho ecuatoriano que estaba vivo, así que lo ayudó y escaparon juntos. El camino se vio interrumpido cuando escucharon las detonaciones de un enfrentamiento, así se separaron y cada quien por su lado pudo llegar a pedir ayuda.

AUGUST 26
SEVENTY-TWO IMMIGRANTS SLAUGHTERED

To Latin American immigrants, Mexico is the key entrance point to the United States and the renowned American dream, but a criminal gang has taken control of this key and closed the door. They now offer people a better life by telling them that, rather than risking their freedom and lives by crossing the border, they should become part of Los Zetas. And this isn't exactly a choice for immigrants. If they say no, they are kidnapped and forced to call their families for ransom money; if they don't pay up, they are killed.

In the early morning hours of August 22, a bus full of passengers was driving along a stretch of the San Fernando, Tamaulipas, highway. In it were seventy-five immigrants hoping to make it to the United States. However, when the bus arrived at El Huizachal cooperative, a gang of armed men traveling in several trucks cornered the bus. They introduced themselves as Los Zetas, made everyone get off, and welcomed them, explaining that they were now in their territory.

The Zetas walked the immigrants to the bushes, where gang members extended a formal invitation into the organization. Despite offering them $1,000 every two weeks for working with the Zetas, both women and men remained wary. Everyone said no, explaining that the only thing they wanted was to make it to the other side.

Supposedly, if they rejected Los Zetas invitation to join the group, the immigrants had one opportunity to live: They could call their families and demand money to buy their freedom. However, this time was different. Los Zetas evidently felt they were losing time with the extortion process, and decided that the best move would be to annihilate the travelers.

They returned the people to the bus, then a sicario drove the immigrants to a house and tied them up. After several hours, they transported the immigrants to a farm. Once there, they were placed against a wall and told to keep their heads down. Los Zetas then loaded their weapons and riddled them all with bullets. It was a massacre of historic proportions.

Seventy-two people were murdered: fifty-eight men and fourteen women. Some were minors, and one was a woman in the late stages of pregnancy. Three young adults managed to survive; they pretended to be dead and fooled the hit men. One of them, originally from Ecuador, escaped when he saw the gunmen had gone. Although he was injured, he walked for hours until he found Mexican Marines.

Another survivor, hailing from Honduras, also left the site, but heard a cry and came back. A third immigrant, another Ecuadorian, was still alive, so he helped him and they escaped together. Their path was interrupted when they heard explosions linked to a confrontation ahead, so they went their separate ways, and each managed to find help.

When the first Ecuadorian explained what had happened, he was immediately taken to a hospital. However, the authorities did not believe his story and thought it was a trap.

Monday afternoon, the Mexican Marines sent a surveillance flight over the area the injured man had mentioned. A group of narcogangsters began shooting at them, so they returned to the base and took cover. Everything

Cuando el ecuatoriano que pidió auxilio a los marinos mencionó lo que había ocurrido, de inmediato fue trasladado para recibir atención médica, pero las autoridades no le creyeron, imaginando que podría tratarse de una emboscada. Ya el lunes por la tarde personal de la Marina Armada de México realizó un reconocimiento aéreo por el lugar que el lesionado les mencionaba. Un grupo de sicarios comenzó a disparar contra ellos, por lo que regresaron a su base y decidieron resguardarse. Todo indicaba que el joven decía la verdad. Decenas de marinos regresaron al lugar el martes por la mañana y fueron recibidos a balazos, por lo que se generó un intenso enfrentamiento. En la acción se logró abatir a tres sicarios y detener a un pistolero menor de edad quien había participado en la masacre. De forma lamentable, un elemento de la Armada perdió la vida. En el lugar, efectivamente, hallaron los setenta y dos cuerpos.

    Las autoridades confirmaron que las personas eran originarias de Brasil, Guatemala, El Salvador y Honduras. Además de los tres que sobrevivieron, se reportaba a tres mexicanos en calidad de desaparecidos: los dos chóferes del autobús y un ayudante. Las autoridades lograron decomisar veintiún armas largas, ciento un cargadores, chalecos antibalas, uniformes tipo militar, fornituras y gorras con la leyenda marcada de Los Zetas. Millones de personas quedaron impactadas con la noticia que dio la vuelta al mundo, compartiendo sentimientos de indignación, rabia y coraje.

indicated that the young man was telling the truth. Dozens of Marines returned to the location on Tuesday morning and were received by more bullets, unleashing an intense confrontation. Three gunmen were shot dead and a third cartel member, a minor who had participated in the massacre, was detained. Unfortunately, one Marine lost his life. In the end, they found the seventy-two bodies.

Authorities confirmed that the murder victims were originally from Brazil, Guatemala, El Salvador, and Honduras. In addition to the three surviving immigrants, three Mexicans were reported missing: the two bus drivers and their assistant. Law enforcement managed to confiscate twenty-one long-range weapons, 101 clips, bulletproof vests, military-style uniforms, cartridge belts, and hats with the Zetas insignia on them. The story circled the world, and millions of people were horrified and outraged.

30 DE AGOSTO
CAPTURAN A LA BARBIE

Después de tantas muertes y tanta inversión económica, la sociedad exigía más resultados a Felipe Calderón. La presión aumentaba y para algunos funcionarios era necesario dar otro espectáculo. Durante las primeras horas del día comenzó un rumor en las redes sociales. Se hablaba de la captura de Édgar "La Barbie" Valdez Villarreal. Al principio parecía mentira, pero con el pasar de las horas se decía que algo importante ocurría en la exclusiva zona de La Marquesa, Estado de México.

La Secretaría de Seguridad Pública lanzó un comunicado de pocos párrafos, donde confirmaba que La Barbie había sido capturado en una operación realizada por más de 1.200 elementos de la Policía Federal. A los pocos minutos, la Procuraduría General de la República confirmaba los hechos. La noticia fue tomada por los medios, quienes de inmediato presentaban reportajes describiendo las tres cabañas que servían de residencia y elegante guarida de La Barbie.

Según las autoridades, desde el año 2009 comenzaron los trabajos de inteligencia que llevaron a la captura del narco. Sin embargo el mismo capo se entregó, y no hubo violencia alguna. Se trataba de una acción que llenaría de gloria al Gobierno de México en los medios y el mundo entero.

Genaro García Luna, titular de la Secretaría de Seguridad Pública, es todo un personaje, algunos lo apodan El Payaso, El Productor y hasta El Guionista. En numerosas ocasiones ha planificado no buenas estrategias de seguridad, sino más bien ha montado espectáculos de operativos, todo para impresionar al pueblo y hacer creer que están cumpliendo con su trabajo. El funcionario también ha sido criticado por ser complaciente con el Cártel de Sinaloa, ya que muy pocas veces se han visto afectados por estas operaciones.

La Barbie sabía que tarde o temprano lo atraparían, pero no quería morir. En los últimos meses se habían presentado operativos donde importantes capos como Nacho Coronel o su ex Jefe de Jefes no fueron detenidos, sino abatidos. Pero él no estaba dispuesto a morir. Se dice que comentó la situación con un grupo de importantes abogados durante varios meses, y concluyeron que lo mejor era entregarse y luego ser extraditado a su país, Estados Unidos, lugar donde nació.

En México La Barbie era el narcotraficante más sanguinario y violento, mismo que provocaba terror a millones de personas. Extrañamente, nació en un suburbio de clase media en Texas, donde era una estrella de fútbol. Como era alto, blanco, rubio y pulcro, lo apodaban con el nombre de la famosa muñeca. A los diecinueve años fue detenido por atropellar y matar a un orientador de la escuela con su camioneta. Después de la secundaria, rechazó la oferta de sus padres para ir a la universidad porque dijo que lo que él quería era "hacer dinero".

Con el tiempo, con tal de evitar los cargos por distribuir marihuana en los Estados Unidos, huyó a México y se unió al Cártel de Sinaloa, y luego se fue con la organización de Beltrán Leyva. Se transformó en el jefe de Los Negros y una leyenda viviente. Además de su reputación en cuanto a la violencia, también se lo conocía por su innovación. Supuestamente, al darse cuenta de que muchas personas estaban desempleadas por la crisis económica, La Barbie los reclutó como los primeros halcones (informantes) que ahora ya son comunes en los cárteles. También se dice que es

AUGUST 30
LA BARBIE CAPTURED

After so many deaths and so many government resources funneled into the war on drugs, the Mexican people have been demanding more results from Felipe Calderón. So, with the pressure rising, it was time for politicians to deliver another show. During the first hours of the day, a rumor began to spread through social networks. They said Édgar "La Barbie" Valdez Villarreal had been captured. At first, it seemed unbelievable, but as the hours went by, it was clear that something important was going down in the exclusive area of La Marquesa in Mexico state.

The Director of Public Safety released a short statement stating that La Barbie had been captured in an operation carried out by more than twelve hundred Federal Police agents. Minutes later, the Attorney General confirmed the statement. The news was picked up by the media and, within minutes, they were transmitting descriptions of the three cabins that served as La Barbie's elegant hideout and residence.

Authorities declared that they had been working with intelligence reports since 2009 in order to capture the capo. However, La Barbie surrendered and no violence occurred. Nonetheless, it was an action that would glorify Mexico's government in the media and the world.

Genaro García Luna, Secretary of Public Safety, is a character—some even call him El Payaso (The Clown), El Productor (The Producer), and even El Guionista (The Screenwriter). On numerous occasions he has not planned well for public safety, but has employed theatrical operations meant to impress the community. He has also been criticized for being lenient with the Sinaloa Cartel, since they have been least affected by these operations.

La Barbie knew that sooner or later he would be captured, but he didn't want to die. Within the last few months, successful military operations had led not to the capture of important capos such as Nacho Coronel Villarreal or his ex-Boss of Bosses, but rather their deaths. La Barbie was not willing to die. He is said to have consulted with a group of prominent lawyers during recent months, and concluded that his best option was to surrender and be extradited to the country in which he was born, the United States.

In Mexico, La Barbie had been the most bloodthirsty and violent drug trafficker of them all; millions of people were terrified of him. Oddly, he was born in a middle-class Texas suburb, where he was a football star. Because he was tall, white, blond, and neatly dressed, he was nicknamed after the Ken and Barbie dolls. At nineteen, he was arrested for negligently running over and killing a school counselor with his truck. After high school, he turned down an offer from his parents to go to college because he said he wanted to "make money."

Eventually, in order to avoid being charged for dealing marijuana in the United States, he fled to Mexico and joined the Sinaloa Cartel, then left with the Beltrán Leyva Organization. He became the head of the cartel's enforcers, Los Negros, and a living legend. In addition to his reputation for violence, he was also known for innovation. Allegedly, La Barbie recruited the unemployed to become the first modern *halcones* (informants and lookouts) that are now common among drug-trafficking gangs. He is also believed to be the first drug lord to use narcovideos, which are now commonly used by other gangs, along with narcomessages and narcobanners.

Many doubted his existence; others were jealous of his luck and his charm with women. Since the death of Arturo, La Barbie's Los Negros had been fighting for control of the Beltrán Leyva Organization's territory.

el primer capo en utilizar los narcovideos, que ahora son usados comúnmente por otros cárteles, así como los narcomensajes y las narcomantas.

Muchos dudaban de que realmente existiera, mientras que otros envidiaban su suerte y simpatía con las mujeres. Desde la muerte de Arturo, Los Negros de La Barbie habían estado luchando por controlar el territorio de la organización de los Beltrán Leyva.

Cuando llegó la hora, Facundo Rosas, comisionado general de la Policía Federal, encabezó la presentación de La Barbie, quien vestía una camisa tipo Polo color verde, junto con otros seis detenidos. Durante su presentación, el narco estaba tranquilo, se veía relajado y no mostraba ninguna señal de violencia, al contrario, parecía muy sereno. No dejó de sonreír, posar y mirar fijamente a las cámaras de los periodistas. Sobre sus sonrisas burlonas los expertos no tardaron en ofrecer explicaciones a los medios, mencionaban que era un comportamiento psicótico, que el detenido no sabía lo que estaba haciendo, que no estaba consciente sobre el daño que había causado. Pero La Barbie tenía razones de sobra para burlarse de ellos: no lo habían atrapado, él se había entregado.

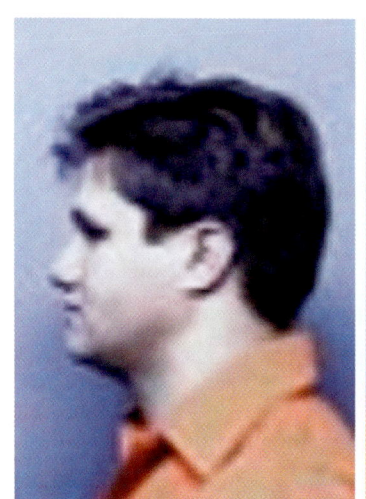

When the time came, Federal Police Commissioner Facundo Rosas escorted La Barbie, dressed in a green polo shirt, together with six other detainees.

During his arrest, the drug lord was calm. He looked relaxed and showed no sign of violence; on the contrary, he seemed very serene. He did not stop smiling, posing, and looking straight at reporters' cameras. Experts did not take long to offer explanations regarding his mocking smiles: They hypothesized that it was psychopathic behavior, stating that the detainee did not know what he was doing or the damage he had caused. However, La Barbie had more than enough reason to make fun of them, because he had not been captured, but had planned his own surrender.

SEPTIEMBRE 2010
ASESINANDO A LOS POLÍTICOS

2 DE SEPTIEMBRE
BALACERA DEJA VEINTISIETE MUERTOS

Elementos de la Secretaría de la Defensa Nacional realizaron una minuciosa acción esta mañana mientras se preparaban para sorprender a un grupo de sicarios que permanecían en un rancho ubicado en el municipio de General Terán, Nuevo León. El lugar era habitado por integrantes de la sanguinaria organización delictiva denominada Los Zetas, además el sitio se utilizaba para entrenar a sus nuevos elementos, según la información que destacaba en los reportes oficiales.

Cuando los militares llegaron al rancho, comenzó un nutrido enfrentamiento, sin embargo las fuerzas castrenses lograron tomar el control de la tensa situación, y los sicarios fueron muriendo uno a uno.

En la acción veintisiete sicarios fueron abatidos, algunos de ellos vestidos con ropa tipo militar. Tres soldados fueron heridos, pero se reportó que su salud estaba bien. Además, tres personas que permanecían privadas de su libertad lograron ser liberadas.

Autoridades de Nuevo León reconocieron la labor del Ejército, ya que se trató de un duro golpe para Los Zetas. A su vez, indicaron que era muy probable que la racha de violencia creciera, por lo que alertaron a la población a cuidarse y evitar salir de noche.

SEPTEMBER 2010
ASSASSINATING THE POLITICIANS

SEPTEMBER 2
RANCH SHOOTOUT LEAVES TWENTY-SEVEN DEAD

National secretary of defense officers carried out a detailed operation this morning as they prepared to surprise a group of sicarios staying at a ranch in General Terán, Nuevo León. Members of the bloody Los Zetas lived on the property and used it to train new soldiers, according to official reports.

When the military officers arrived at the ranch, a massive confrontation broke out. However, the armed forces managed to prevail and, one by one, the gunmen were killed.

The military operation resulted in twenty-seven dead gangsters, some of whom were wearing military clothing. Three soldiers were injured, but the report stated that they were in stable condition. Additionally, three recent kidnapping victims who were being held hostage were freed.

Nuevo León authorities recognized the army's work, as it was indeed a heavy hit for Los Zetas. At the same time, they indicated that an escalation of violence was very likely and asked residents to stay safe and avoid going out at night.

7 DE SEPTIEMBRE
APARECEN DESCUARTIZADOS EN MUSEO INFANTIL

Nadie se podría imaginar que a los grupos de la delincuencia organizada también les daba placer visitar museos, aunque fuese para dejar a personas destazadas. La historia cambió cuando un grupo de sicarios llegó a causar terror hasta las puertas del Museo Interactivo La Avispa, mismo lugar que es dedicado a los niños, ubicado en la ciudad de Chilpancingo, Guerrero.

Los sicarios dejaron junto a la reja de La Avispa a dos hombres descuartizados, que se encontraban desnudos y en las partes del cuerpo se podía percibir con facilidad que fueron brutalmente torturados. Frente a dos dinosaurios robóticos permanecían las dos cabezas y las extremidades. Fue un macabro hallazgo para las autoridades y para las personas que llegaban al lugar, ya que todo ocurrió a plena luz del día.

En cuestión de minutos el lugar fue escenario de una intensa movilización policiaca. La zona quedó completamente resguardada, mientras los Servicios Periciales realizaban las labores correspondientes. Aunque las autoridades no lograron identificar a los dos hombres ejecutados, indicaron que eran jóvenes y probablemente en vida laboraban para un cártel de la delincuencia organizada.

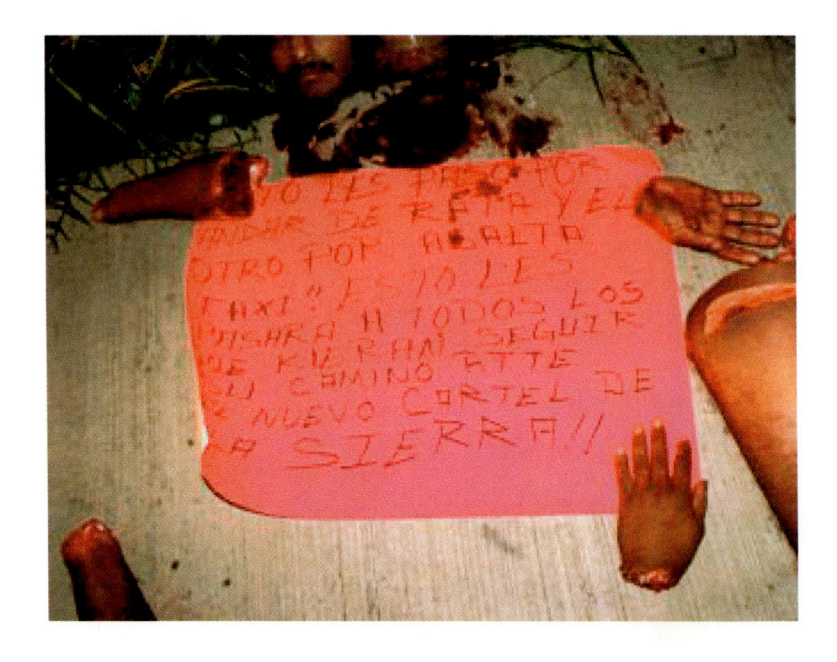

SEPTEMBER 7
DISMEMBERED BODIES FOUND IN CHILDREN'S MUSEUM

No one could have imagined that DTOs enjoyed visiting museums, even if only to slice and dice their victims. This affinity for culture became apparent when sicarios incited terror at the Museo Interactivo La Avispa, an attraction designed for children, in Chilpancingo, the capital of Guerrero state.

During the daytime, the hit men left two quartered men next to La Avispa's fence. They were naked and exhibited signs of brutal torture. The killers placed heads and limbs in front of two robotic dinosaurs.

Shortly after this ghostly tableau was discovered, police arrived at the government facility, sealed off the crime scene, and allowed forensics experts to get to work. Although unable to identify the executed men, examiners concluded that they were young and probably worked for a drug cartel.

8 DE SEPTIEMBRE
INTERROGAN A INTEGRANTES DEL CÁRTEL DEL GOLFO

Un nuevo interrogatorio, realizado por integrantes de Los Zetas, llegó a Blog del Narco. En la grabación de casi diez minutos se puede observar cómo tienen a cuatro desconocidos sometidos, vestidos de ropa tipo militar, atados de manos y pies, con los ojos tapados con cinta adhesiva color gris.

La grabación fue realizada en un rancho de Ciudad Mier, Tamaulipas, y se puede observar cómo los sicarios juegan con un hacha, como si se burlaran y advirtieran la suerte que les espera a los capturados.

Un hombre desconocido perteneciente a Los Zetas comienza el interrogatorio:

—¿Cómo te llamas?
—José Concepción Martínez Hernández.
—¿A qué te dedicas?
—Fui... soy sicario con el Comandante R1. [...]
—¿Y en qué trabajabas antes?
—Antes estaba en la Marina.
—¿Cuánto tiempo estuviste en la Marina?
—Ocho años.
—¿Y por qué te metiste a trabajar de sicarios?
—Pues por la lana.
—¿Sí?
—Sí.
—¿Y no sabías trabajar en otra cosa o qué?
—Pues sí pero se me hizo fácil.
—¿Por qué fácil?
—Pues sí.
—¿Qué más sabías hacer aparte de andar así como los soldados matando gente? ¿Qué más sabías hacer?
—Me dedicaba a hacer hamburguesas.
—¿De verdad?
—Sí.
—No pues está bien... ¿Cuánta gente andaba ahí con ustedes?
—Cuando estábamos en Reynosa, Tamaulipas éramos diez estacas. [...]
—¿Y cuánto te pagaban?

SEPTEMBER 8
MEMBERS OF GULF CARTEL INTERROGATED

A new interrogation conducted by members of Los Zetas was sent to Blog del Narco. In the almost ten-minute-long recording, four unknown men wearing military attire sit with their hands and feet bound, blindfolded with duct tape.

The recording was made in a ranch in Ciudad Mier, Tamaulipas, and in the foreground, one hit man plays around with an ax, as if warning those captured of what is about to come.

An unknown Los Zetas member begins the interrogation:

"What's your name?"
"José Concepción Martínez Hernández."
"What do you do for a living?"
"I was . . . am a hit man with Commander R1…."
"And what was your line of work before?"
"I was in the Marines."
"How long were you in the Marines?"
"Eight years."
"So, why did you start working as a hit man?"
"Well, for the cash."
"Really?"
"Yes."
"And you didn't know how to work any other job?"
"Well, yeah, but this was easier."
"Because it's easy?"
"Well, yeah."
"What else could you do apart from running around like soldiers killing people? What else could you do?"
"I made hamburgers."
"Seriously?"
"Yes."
"Well then, okay . . . How many people were with you?"
"When we were in Reynosa, Tamaulipas, we were part of ten cartel execution cells…."
"And how much did they pay you?"
"Eight hundred dollars."
"And did they actually pay you?"
"No. For a while they did, but then the payment was delayed."

—Ochocientos dólares.

—¿Y sí te los pagaban?

—No. Por un tiempo sí y después se empezó a atrasar el pago.

—¿Por cuánto te estuvieron pagando normal?

—Pues estuve tres meses nada más y me estuvieron pagando normal y luego un mes no me lo han pagado, me están debiendo ese.

—¿Por qué no te lo han pagado?

—Pues será porque nos mandan para acá, y han decir, "Pues les van a partir la madre ¿Para qué les pagamos?".

—¿Pues a lo mejor sí? ¿Verdad que sí güey?

—Sí.

—¿Y qué les dices?

—Pues ellos no piensan en la familia de uno.

El sicario que realiza el interrogatorio sigue jugando con su hacha, mientras comienza a interrogar a otro de los sometidos quien dice ser de Guatemala y fue traído por el Cártel del Golfo en un viaje de ocho horas en barco. En Oaxaca, él dice que se encontró con otros cuarenta y cinco hombres y mujeres del Salvador, Nicaragua y Honduras, quienes también habían sido importados para trabajar con el Cártel del Golfo.

La grabación finaliza, y sobre los cuatro sometidos se desconoce su suerte. Nada se sabe de su paradero ni si están vivos o muertos.

"How long did they send you your regular payments?"

"Well, I was only there for three months, and they were paying me regularly. And then there's one month they haven't paid; they still owe me that one."

"Why haven't they paid you that month?"

"It's probably because they sent us here and they must think, 'They're going to get their asses kicked, so why pay them?'"

"Well, maybe that's true? Right *güey* [fool]?"

"Yes."

"So, what do you tell them?"

"Well, they don't think of one's family."

The sicario conducting the interrogation keeps playing with his ax as he starts to question the other victim, who says he is from Guatemala and was brought over by the Gulf Cartel in an eight-hour boat ride. In Oaxaca, he says he met with four or five other men and women from El Salvador, Nicaragua, and Honduras, who were also imported to work for the Gulf Cartel.

The recording ends without revealing the fate of the four captives. No one knows of their whereabouts, and whether they're dead or alive.

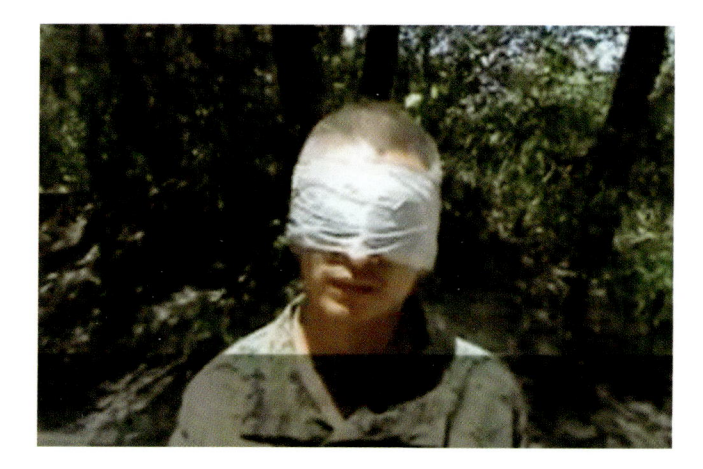

8 DE SEPTIEMBRE
EJECUTAN A ALCALDE EN SAN LUIS POTOSÍ

Alexander López García, alcalde de El Naranjo, San Luis Potosí, se encontraba en el Palacio Municipal trabajando en algunos asuntos en su oficina, cuando un grupo de hombres armados y encapuchados ingresó al lugar, dirigiéndose al despacho del edil.

El alcalde se encontraba en compañía de algunos colaboradores, pero los sicarios pidieron a la gente que se encontraba presente se movieran de inmediato. Fue así que los pistoleros se acercaron a López García, y sin pensarlo accionaron sus armas. Las balas se incrustaron en el cuerpo del alcalde y los delincuentes huyeron.

El político del Partido Revolucionario Institucional quedó muerto ante la mirada de varias personas, y ellos de inmediato llamaron a las autoridades. Era una tragedia, habían ejecutado al presidente municipal en su propia oficina. No había duda de que el crimen organizado cada día perdía sus miedos y realizaba acciones descaradas que retaban a cualquier tipo de autoridad.

Algunas fuentes indicaron que el edil ya había sufrido amenazas días antes de que lo ejecutaran, inclusive un grupo de sicarios realizó una visita a su casa. Pretendían obtener su apoyo, pero el funcionario se negó rotundamente. Los delincuentes lo cuestionaron sobre algún tipo de arreglo con otros narcos, pero Alexander afirmó que él sólo trabajaba para su pueblo, sin imaginar que esto le costaría la vida.

SEPTEMBER 8
MAYOR EXECUTED IN SAN LUIS POTOSÍ

Alexander López García, Mayor of El Naranjo, San Luis Potosí, was working in his office within the municipal palace when a group of hooded armed men burst in and went straight to his quarters.

The mayor was with some of his colleagues, but the sicarios ordered them all to leave immediately. Once they were left alone with López García, they got closer and started firing. Once the bullets were embedded in the mayor's body, the criminals fled the scene.

The PRI politician was left dead for several people to see, and the witnesses immediately called the authorities. The town was shocked that a mayor could be executed in his own office. There is no doubt that with every passing day, organized criminals are losing their fear and carrying out increasingly shameless actions that challenge any type of authority.

Some sources noted that the mayor had received threats days before his execution. According to them, a group of cartel members had paid him a visit at home to ask for his support, but were refused point-blank. The criminals asked him if he had arrangements with other cartels, but the mayor said that he only worked for his town, not realizing that this alone would cost him his life.

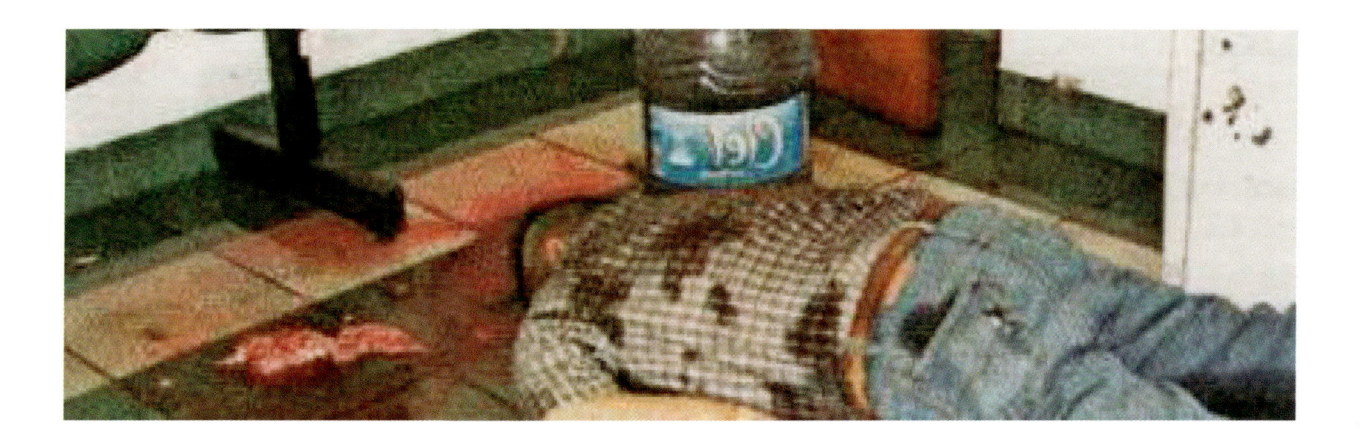

10 DE SEPTIEMBRE
SE FUGAN OCHENTA Y CINCO PRISIONEROS

A tan solo tres días de que Antonio Garza García, asumiera el cargo de titular de la Secretaría de Seguridad Pública en Tamaulipas, ochenta y cinco prisioneros se fugaron del Centro de Ejecución de Sanciones, conocido como CEDES, ubicado en la ciudad de Reynosa.

Durante esta mañana y con toda calma, los prisioneros inexplicablemente desaparecieron de sus celdas. A las pocas horas se pudo observar un mega despliegue policíaco en el penal. Los informes revelan que los prisioneros utilizaron escaleras para poder brincar la alta barda del penal. No hubo disparos y los funcionarios de la cárcel supuestamente no escucharon ni vieron nada.

Por la acción, Guadalupe Reyes, director de la cárcel, y cuarenta y cuatro empleados del penal comenzaron a ser investigados, ya que por lógica los prófugos obtuvieron ayuda de algunas personas. Además se informó que dos celadores también se encuentran desaparecidos, por lo que los están buscando.

En lo que va del año 2010 se han registrado varias fugas en Tamaulipas, demostrando la incapacidad y el descontrol que tienen las autoridades. Algunos delincuentes hasta gozan de lujos, utilizan Internet, tienen teléfonos celulares y televisión con cable. El 26 de marzo, cuarenta y un prisioneros se fugaron del penal de Matamoros; el 2 de abril, doce delincuentes se escaparon del penal de Reynosa; y de la cárcel antes mencionada, el pasado 7 de julio, doce internos escaparon.

SEPTEMBER 10
EIGHTY-FIVE PRISONERS ESCAPE

Only three days before Antonio Garza García assumed his position as head of Tamaulipas Department of Public Safety, eighty-five detainees escaped the Centro de Ejecución de Sanciones prison, located in the city of Reynosa.

During the morning, with what appears to be relative ease, the prisoners disappeared from their cells. Within a few hours, a huge police deployment was underway. Reports revealed that the detainees used ladders to scale the high prison wall. No shots were fired, and prison employees allegedly heard and saw nothing.

Prison Director Guadalupe Reyes and forty-four prison employees are being investigated, since it is believed that the fugitives received inside help. Additionally, reports noted that two prison guards were missing.

In the course of 2010, several prison breaks from Tamaulipas have been reported, highlighting the authorities' incompetence and lack of control. Some inmates even enjoy such luxuries as the Internet, cell phones, and cable television. On March 26, forty-one detainees escaped the Matamoros prison; on April 2, twelve detainees escaped the Reynosa prison; and on July 7, twelve detainees escaped the same prison in question now.

12 DE SEPTIEMBRE
CAPTURAN A EL GRANDE

En un minucioso operativo realizado por elementos de la Secretaría de Marina Armada de México se logró capturar a uno de los hombres más importantes dentro de la organización de Los Beltrán Leyva, nada más ni nada menos que Sergio Enrique Villarreal Barragán, mejor conocido como El Grande. La acción se realizó en el residencial Puerta de Hierro, ubicado en la ciudad de Puebla.

El lujoso sector quedó cercado por los marinos, y todos los vecinos que ingresaban o salían del residencial fueron revisados. Luego, un helicóptero llegó al domicilio de El Grande para asegurarlo.

El Grande es un hombre de más de dos metros de altura, de tez blanca y de ciento quince kilos, esto después de someterse a una liposucción con el fin de cambiar su imagen e intentar pasar desapercibido para las autoridades, mismas que ofrecían una recompensa de treinta millones de pesos por datos que dieran con su paradero. Después de su captura fue trasladado al Distrito Federal, junto a dos de sus colaboradores.

El Grande fue agente de la Procuraduría General de la República; después se convirtió en elemento de la Policía Ministerial en el estado de Coahuila. Luego llegó a formar su propio grupo, llamado el Cártel de La Laguna, dependiente de Los Beltrán Leyva, cuyos socios eran del Cártel de Sinaloa. Conforme pasó el tiempo, el hombre de más de dos metros de altura fue ganándose buenos amigos, entre los que destacaban políticos, empresarios y artistas; sin embargo las cosas se pusieron mal cuando Los Zetas se hicieron presentes y pelearon la plaza, logrando después de muchas muertes, correr a El Grande.

Fue así que al salir de su región se convirtió en lugarteniente de Arturo Beltrán Leyva, mejor conocido como El Jefe de Jefes, quien fue abatido en fechas recientes. Después de la muerte de su patrón se convirtió en el principal operador del Cártel de Los Beltrán Leyva, así lo revelan informes oficiales.

Según algunos datos de inteligencia, El Grande es considerado como un hombre sumamente violento y sanguinario, además trabaja de la misma forma que La Barbie. El Grande buscaba a La Barbie para matarlo, ya que le reclamaba haber traicionado a su Jefe de Jefes. Su separación y supuesta traición provocaron meses de extrema violencia, ejecuciones y represalias, los cuales se veían estampados en las narcomantas.

SEPTEMBER 12
EL GRANDE CAPTURED

In a detailed operation carried out by the Marines, one of the most important men in the Beltrán Leyva Organization was captured, Sergio "El Grande" Enrique Villarreal Barragán. They apprehended him in the Puerta de Hierro community in the capital of the Puebla state in central Mexico.

The Marines sealed off the luxury residences, and all neighbors entering and exiting the community were searched. A helicopter later arrived at El Grande's home to secure him.

El Grande is a white man, more than 6'5" and weighing over 250 pounds. He was once much heavier, but had liposuction in order to change his appearance and evade authorities, who were offering a thirty million peso reward for information regarding his whereabouts. After being captured, he was transported to Mexico City along with two of his colleagues.

El Grande had been an employee at the Federal Attorney General's Office, and later a police officer in Coahuila state. He eventually put together his own group, called the Cartel de La Laguna, which depended on the Beltrán Leyva Organization, which at the time was working with the Sinaloa Cartel. Over time, the big man added many politicians, businessmen, and artists to his powerful circle of friends, which had enabled him to miraculously evade prior arrest attempts. However, things took a turn for the worse when Los Zetas appeared on the scene and began fighting for territorial control, causing many deaths and eventually running El Grande out.

That is how, after fleeing his territory, he became Arturo Beltrán Leyva's lieutenant. Official reports state that after the Boss of Bosses' death, El Grande rose to become the Beltrán Leyva Organization's kingpin.

Some intelligence reports indicate that El Grande is considered to be an extremely violent and savage man, and that he uses the same methods as La Barbie. El Grande was hunting La Barbie down in order to kill him for betraying his Boss of Bosses. Their separation and alleged betrayal caused months of extreme violence, executions, and retaliations, much of it chronicled on narcobanners.

15 DE SEPTIEMBRE
EJECUTAN A SICARIOS DEL CÁRTEL DEL GOLFO

Después de haber recibido la grabación en donde se realizaba un interrogatorio de Los Zetas a cuatro integrantes del Cártel del Golfo, se recibió un video en donde aparecen los mismos cuatro hombres, vestidos con ropa tipo militar, tapados de los ojos con cinta adhesiva, en el mismo lugar, Ciudad Mier, Tamaulipas. Pero esta vez el contenido no era de preguntas y respuestas, se trataba de un final, un macabro desenlace.

El mismo integrante de Los Zetas que en la grabación anterior realizó las preguntas, les anuncia que todo se ha terminado para ellos. "Está bien, ¿vamos a matar a cuatro o a tres? ¿Quién va a sobrevivir? Ese no", dice y comienza a quitarles la vida uno a uno. Los cuatro hombres son acribillados, mientras los sicarios siguen burlándose de ellos.

Los cuerpos de los hombres cayeron, recibieron balazos principalmente en la cabeza, y sí, los sorprendió la muerte. Tal vez pensaban que podían salvarse, imaginaron que los sicarios podrían mostrar un poco de piedad ya que contaron que habían sufrido una serie de abusos en el Cártel del Golfo. Tal vez pretendían que los invitaran a formar parte de Los Zetas con el fin de sobrevivir, pero no fue así.

Después de arrancarles la vida, integrantes de Los Zetas se encargaron de descuartizar a sus víctimas. Los restos humanos fueron enviados a personal del Cártel del Golfo. No hay duda, la guerra cada día es más despiadada y sangrienta, y con seguridad se puede decir que las cosas seguirán y cada vez será peor.

SEPTEMBER 15
GULF CARTEL MEMBERS EXECUTED

After having received the video featuring four Gulf Cartel members being interrogated by Los Zetas, we received a recording of the same four men, dressed in military attire, *encintados* (blindfolded with tape), and held in the same location in Ciudad Mier, Tamaulipas. But this was no question and answer session. It was a horrifying conclusion.

The same Zetas member who interrogated them in the previous recording now lets them know that all is over for them. "Okay, so should we kill all four or just three?" he asks mockingly. "Who will survive? He won't." He then riddles each one of them with bullets, while the other kidnappers keep making fun of them.

The men's bodies fall to the ground, mainly receiving bullets to the head. They appear to have been surprised. Maybe they had an inkling of hope that they would be spared, thinking the sicarios might show a little mercy after hearing about the abuse they had suffered at the hands of the Gulf Cartel. Maybe they expected to be invited to join Los Zetas in order to survive, but that was not the case.

After taking their victims' lives, Los Zetas members proceeded to chop up their bodies. The human remains were sent to Gulf Cartel personnel. With each day, the war is becoming more ruthless and bloody, and it will surely only get worse.

24 DE SEPTIEMBRE
EJECUTAN A OTRO ALCALDE EN NUEVO LEÓN

El alcalde del municipio de Doctor González, Nuevo León fue ejecutado durante la noche de hoy viernes. Según las primeras informaciones, Prisciliano Rodríguez Salinas, fue ultimado a balazos alrededor de las 21:30 de la noche cuando llegaba en su camioneta a su rancho.

Según los testigos, el edil perteneciente al Partido Revolucionario Institucional había sufrido amenazas en últimos días, y comentó horas antes de morir que sentía temor por cualquier tipo de atentado, recordando la suerte del recientemente ejecutado alcalde de Santiago, Nuevo León, Edelmiro Cavazos.

Con esto, el estado sumaría la segunda muerte de un edil realizada por el crimen organizado en menos de cuarenta y cinco días. Fuentes confiables señalan que Rodrigo Medina de la Cruz, gobernador de Nuevo León, ha decidido radicar en Texas, ya que considera que el estado es muy inseguro. Ha intentado ocultar su decisión por miedo a la ola de críticas que puede provocar el descaro de no vivir donde gobierna o intenta gobernar.

SEPTEMBER 24
ANOTHER NUEVO LEÓN MAYOR EXECUTED

On Friday evening, the mayor of Doctor González, Nuevo León, was executed. According to initial reports, Prisciliano Rodríguez Salinas was gunned down at approximately 9:30 P.M. as he arrived at his ranch in his truck.

According to witnesses, the PRI mayor had received threats in the past few days, and had mentioned hours before dying that he feared for his life, as he remembered the recently executed Edelmiro Cavazos, mayor of Santiago, Nuevo León.

With Salinas' death, the state tacked on the second execution of a mayor carried out by a criminal organization in less than forty-five days. Reliable sources indicate that Rodrigo Medina de la Cruz, Nuevo León's governor, has decided to follow in the footsteps of many of the region's mayors and reside in Texas because he considers the state unsafe. He has tried to hide this move for fear of criticism that he is not living in the same place that he governs, or tries to govern.

OCTUBRE 2010
TURISTAS Y PACIENTES MASACRADOS

2 DE OCTUBRE
PISTOLEROS DESAPARECEN A TURISTAS

Un grupo de cinco hombres y mujeres, abogados y empleados de una compañía, todos ellos originarios de Michoacán, viajaron a Veracruz por cuestiones de trabajo en un Volkswagen Bora color rojo. Sin embargo, nunca llegaron a su destino —desaparecieron. Familiares de los desaparecidos señalan que la última comunicación que tuvieron con ellos fue durante la tarde del 14 de septiembre, cuando señalaban que se dirigían a una audiencia en una dependencia federal.

Mientras tanto, el sábado 25 de septiembre, un grupo de amigos —seis originarios de Michoacán y otro de Estados Unidos— salieron de viaje rumbo a Manzanillo, Colima, a bordo de una camioneta Ford Lobo, modelo 2004, color gris plata. Aproximadamente a las 19:00 horas, uno de ellos se comunicó con su padre y le informó que habían llegado a Colima y que fueron interceptados por agentes de la Policía Federal División Caminos, mismos que aplicaron una multa por llevar personas en la caja de la camioneta. Señaló que después de la infracción los dejaron continuar su viaje. Los jóvenes tenían reservación en un hotel de Manzanillo, pero nunca llegaron y sus familiares perdieron cualquier tipo de comunicación con ellos. Nadie sabe nada de ellos. El sábado 2 de octubre, las autoridades lograron localizar la camioneta abandonada, pero de los jóvenes no hay pistas para su localización.

Luego, el 30 de septiembre, a eso de las 15:30 de la tarde, un grupo de turistas llegaron al puerto de Acapulco, Guerrero. Se encontraban frente a la iglesia del fraccionamiento Costa Azul, iban llegando y pretendían buscar un hotel pero antes decidieron acudir a una tienda autoservicio para comprar bebidas y alimentos. Los hombres terminaron de hacer sus compras y se dirigieron al camión, sin embargo, Alzair Pérez Arce tendría suerte. Se tardó en decidir qué comprar y la fila de clientes creció, fue así que había que esperar, mientras el resto de sus compañeros se adelantaba a subirse de nuevo al autobús. Un grupo armado interceptó a los turistas, y realizó un levantón colectivo. Arce llegó solo para encontrar que sus veintidós amigos habían desaparecido.

Se trataba de hombres originarios de Michoacán. Viajaban en un autobús turístico en compañía de su jefe identificado como Antonio Ortiz Chávez. Eran empleados de talleres de alineación y balanceo. El patrón acostumbraba a llevarlos una vez al año de viaje, con el fin de motivar su productividad en los negocios de su propiedad.

De los treinta y cuatro desaparecidos descritos en esta sección, nada se sabe. Autoridades señalan que no

OCTOBER 2010
TOURISTS AND PATIENTS SLAUGHTERED

OCTOBER 2
SICARIOS ABDUCT TOURISTS

A group of five men and women, most of them lawyers and businesspeople, all from Michoacán, were traveling to Veracruz on business in a red Volkswagen Bora. However, they never reached their destination; they disappeared. Family members state that the last time they spoke to the missing group was on the afternoon of September 14, when they told them they were on their way to a hearing in a federal building.

Meanwhile, on Saturday, September 25, a group of friends—six from Michoacán and one from the United States—set out on a vacation to Manzanillo, Colima, in a gray 2004 Ford Lobo pickup truck. At approximately 7 P.M., one of them spoke with his father and let him know that they had made it to Colima, but had been stopped by Federal Highway Patrol officers and fined for transporting people in the back of the truck. He mentioned that after being ticketed, the officers let them continue their trip. The group had reservations in a Manzanillo hotel, but they never got there, and their family members lost all communication with them. No one has heard from them since. Authorities managed to locate the abandoned pickup truck on Saturday, October 2, but there were no signs of the young men.

Then, on September 30, at about 3:30 P.M., a group of tourists arrived at the harbor in Acapulco. They parked in front of the Costa Azul community church, in search of a hotel. First, however, they decided to stop at a supermarket to buy food and drinks. In the market, Alzair Pérez Arce was taking longer than everyone else to pick out his groceries, and the checkout line had grown. The rest of the group walked ahead with their groceries and returned to the bus, leaving him in the store to finish his transaction. Suddenly, armed commandos intercepted the tourists and abducted the entire bus. Arce arrived to find his twenty-two companions gone.

The tourists all hailed from Michoacán, and were traveling in a tourist bus with their boss, Antonio Ortiz Chávez. They were employees at an alignment-and-balance car-repair chain. The owner enjoyed taking them on yearly trips to motivate their productivity in his shops.

No one has heard anything from the thirty-four missing people. The authorities say they are not considered kidnappings, since no family members have received ransom calls. Since all vehicles had Michoacán license plates, the gunmen may have confused the different groups and thought they were part of La Familia Michoacana.

se trata de secuestros, ya que nadie se ha comunicado para pedir un rescate. Tal vez un grupo de la delincuencia organizada confundió a las personas, ya que todos circulaban en vehículos con placas de Michoacán, y pensaron que se trataba de integrantes de La Familia Michoacana.

2 DE OCTUBRE
GRANADAZO EN PLAZA DE GUADALUPE

El estado de Nuevo León es el lugar donde más ataques con granadas de fragmentación se han registrado. Al parecer, para integrantes de diferentes grupos de la delincuencia organizada, los granadazos se han convertido en una buena estrategia para presionar a las autoridades y de paso provocar terror puro en la ciudadanía.

En menos de veinticuatro horas, Nuevo León ha sufrido cuatro granadazos, y todo parece indicar que seguirán con este ataque terrorista calculado. El nuevo ataque ocurrió alrededor de las 22:00 de la noche en la Plaza Principal de Guadalupe, misma que está ubicada frente al Palacio Municipal. Cientos de personas se encontraban disfrutando del paseo, incluyendo familias enteras con niños que jugaban tranquilamente, cuando un grupo armado llegó y lanzó varios artefactos explosivos.

El terror se hizo presente en cuestión de segundos, cuando varias detonaciones provocaron la alarma. Algunos corrían, mientras otros gritaban por ver tirados a sus familiares. El ataque parecía diseñado para gente inocente que nada tiene que ver con la lucha diaria que se vive en el narcotráfico.

Reportes por parte de paramédicos de la Cruz Roja Mexicana indicaron que doce personas resultaron lesionadas, entre las que se encontraban cuatro niños.

Varios testigos indicaron que al momento del granadazo los desconocidos eran escoltados por las autoridades, que traicionan diariamente la confianza de la población. Después de que los pistoleros huyeron, los uniformados bloquearon varias avenidas que rodeaban la Plaza, para impedir el paso a elementos del Ejército Mexicano y de la Agencia Estatal de Investigaciones; de principio solo dejaron pasar a los paramédicos. Las Fuerzas Federales ordenaron a los municipales retirarse y, tras varios minutos de pelea, no les quedó opción. Como de costumbre, no se reportaron detenciones, así que los responsables pudieron salir bien librados, sin tener que dar la cara a las autoridades, libres para seguir acosando regularmente a la comunidad.

OCTOBER 2
GRENADE EXPLODES IN GUADALUPE

More fragmentation grenade attacks have been reported in Nuevo León state than anywhere else in the country. Cartels have favored grenade explosions as a strategy to intimidate authorities and cause terror.

In less than twenty-four hours, four grenade explosions hit Nuevo León, and it seems that this is only the beginning of a calculated campaign of terrorism. The latest attack happened at about 10 P.M. in Guadalupe's main plaza, located across the street from the town hall. Hundreds of people were enjoying a stroll through the plaza, including families with children, when an armed group arrived and threw several explosives.

Within seconds, a wave of terror spread through the crowd as explosions rang through the area. Some ran, while others screamed, as they noticed family members lying on the ground. The attack seemed designed to victimize innocent people.

Mexican Red Cross paramedics reported that twelve people were injured, including four children.

Several witnesses indicated that, as the attack happened, the perpetrators were escorted away from the scene by local police officers, who daily betray the community's trust. Once the attackers were gone, the officers barricaded several avenues surrounding the plaza to prevent Mexican soldiers and state investigators from making their way to the scene; they only allowed the paramedics through. Federal forces eventually ordered the local officers to withdraw and removed the barricades. As usual, no arrests were reported, and those responsible escaped unpunished and free to continue their regular assaults on the city.

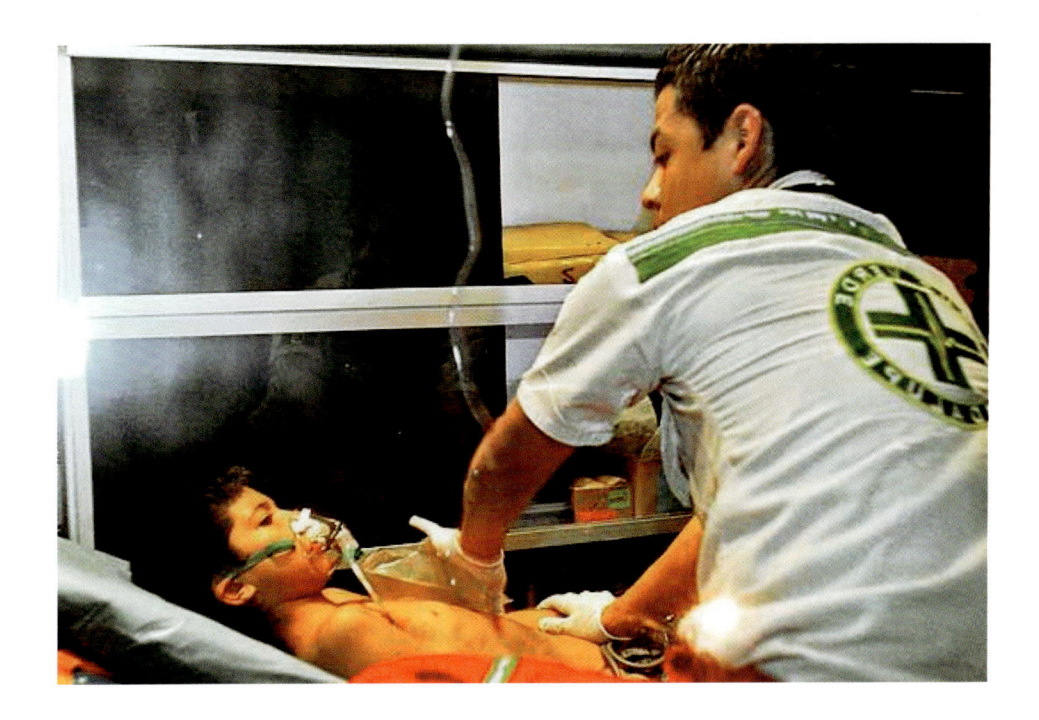

5 DE OCTUBRE
INTERROGATORIO A INTEGRANTES DE LA RESISTENCIA

El Cártel de Jalisco envió un video a Blog del Narco en donde interrogan a integrantes de La Resistencia, grupo delictivo con quien sostienen una sangrienta rivalidad. La Resistencia originalmente la formó Nacho Coronel con la intención de batallar a Los Zetas. En el video se puede apreciar el interrogatorio a Eduardo Coronado Sánchez alias El 27, acompañado de otro hombre.

Los dos sujetos aparecen en un cuarto de pared color verde, ambos sentados en unas sillas blancas de plástico y solo llevan ropa interior. Junto a ellos hay cuatro hombres vestidos de negro, encapuchados, que los vigilan y apuntan con armas, integrantes del Cártel de Jalisco.

Coronado Sánchez dice que él y Lupe Vega son los responsables del asesinato de un hombre que apareció sin orejas y sin ojos. También da a conocer que Lupe Vega y sus hermanos fueron los responsables de la ejecución del comandante Chuy González, debido a que el último se encargaba de investigarlos.

Así mismo, confesó que El J y El Chaparro secuestraron a una señora apodada Nina, y debido a que la situación se les complicó, El Papirrín ordenó que la ejecutaran. Al principio y al final del video aparece un mensaje firmado por El Cártel de Jalisco.

Después de un minuto con música, aparece Eduardo Coronado Sánchez, ahora acompañado de tres hombres que confiesan su participación en La Resistencia. Se encuentran en el mismo lugar, y cuatro hombres vestidos de negro les apuntan con sus armas calibre .50 haciéndolos confesar. Los cuatro hombres que aparecen en ropa interior, admiten que pertenecen a La Resistencia y se encargan de asesinar y descuartizar gente, señalando que cuentan con apoyo de judiciales.

Narran cómo unos colombianos fueron secuestrados cuando se encontraban en un restaurante, y que después de extorsionarlos, terminaron quemados por órdenes de El Papirrín. Entre los sucesos que comentan, destacan el secuestro y asesinato de una mujer llamada Sandra Berenice. Así mismo confiesan ser los responsables de secuestrar a diferentes agentes de la Policía Federal Preventiva.

En otra parte del interrogatorio, los hombres revelan que José Cruz Vázquez, reportero de Canal 6, trabaja con La Resistencia. Mencionan que el comunicador es encargado de hacer las narcomantas, así como de subir videos a Internet. En el material también se pueden escuchar dos grabaciones con la voz del periodista, recibiendo reportes e indicaciones por parte de integrantes de La Resistencia, dejando en claro su nexo con ellos.

Investigaciones señalan que los cuatro hombres interrogados fueron hallados decapitados y descuartizados el día 30 de septiembre, días antes de que se diera a conocer la grabación donde se les interrogara. Autoridades acudieron a la carretera Guadalajara-Chapala y junto a una parada de autobús se hallaron ocho bolsas de plástico color negro, dentro de las cuales permanecían los restos humanos.

OCTOBER 5
LA RESISTENCIA MEMBERS INTERROGATED

The Jalisco Cartel sent Blog del Narco a video showing how they interrogated members of La Resistencia, a criminal group with which they maintain a bloody rivalry. La Resistencia was originally formed by Nacho Coronel with the intention of battling Los Zetas. The recording shows those being questioned as Eduardo "El 27" Coronado Sánchez and another man by his side.

The two subjects appear in a room with green walls, sitting in their underwear in white plastic chairs. They are guarded by four hooded members of the Jalisco Cartel dressed in black, aiming their guns at them.

Coronado Sánchez states that he and Lupe Vega are responsible for the murder of a man who showed up with no ears or eyes. He also reveals that Lupe Vega and his brothers are responsible for executing police commander Chuy González because he was investigating them.

Likewise, he confessed that El J and El Chaparro kidnapped a woman nicknamed Niña, and since the situation became complicated, El Paparrín ordered her execution. A message signed by the Jalisco Cartel shows up at the beginning and end of the recording.

After a minute of music, Eduardo Coronado Sánchez appears on camera again, this time with three other members of La Resistencia. They're in the same place and, again, four men dressed in black aim .50 caliber weapons at the guys, forcing them to confess. The four men in their underwear admit they belong to La Resistencia and are in charge of murdering and chopping up people, noting that they count on judicial support.

They recount how some Colombians had been kidnapped from a restaurant and, after receiving extortion money, they followed El Papirrín's orders and had them burned. Among the incidents mentioned, they highlight the kidnapping and murder of a woman named Sandra Berenice. Likewise, they confess responsibility for kidnapping different Federal Police agents.

In another segment, the men reveal that Channel 6 reporter José Cruz Vázquez works with La Resistencia. They mention he is in charge of making the narcobanners, as well as uploading videos to the Internet. The video also plays two recordings featuring the reporter's voice receiving information and orders from La Resistencia members, clearly linking them.

The four men in the video were found decapitated and chopped up on September 30, a few days before this interrogation recording was made public. Authorities were called to a bus stop on the Guadalajara-Chapala highway, where they found eight black plastic bags containing their human remains.

9 DE OCTUBRE
SICARIOS MATAN AL HOMBRE EQUIVOCADO

Durante la madrugada del 29 de agosto, un grupo de sicarios se dirigió a la colonia Las Quintas en la ciudad de Culiacán, Sinaloa. Tenía la encomienda de ejecutar a Alfredo Guzmán, hijo de Joaquín "El Chapo" Guzmán.

Observaron a lo lejos a un joven que conducía un vehículo de lujo en color blanco, se dirigieron a él y lo acribillaron de una forma brutal. Fue así que después de realizar la ejecución que valía supuestamente oro regresaron con su jefe.

Pero se habían equivocado: el hijo de El Chapo estaba vivo. Se confundieron con Marcial Fernández, hijo de un socio del líder del Cártel de Sinaloa, es decir Manuel Fernández Valencia mejor conocido como El Animal. Los sicarios ejecutaron a Marcial mismo que conducía un Ferrari en color blanco, idéntico al del hijo de El Chapo. La operación había sido un fracaso. El sicario responsable era Israel Rincón Martínez alias El Guacho, miembro de Los Beltrán Leyva.

Al día siguiente de que muriera Marcial, El Animal recibió una llamada de El Chapo, en donde le demostraba su aprecio y además le expresaba su apoyo, brindándole la seguridad de que el responsable pagaría dos veces, por matar injustamente al joven y por intentar matar a su hijo quien, por fortuna como así lo expresó, se encontraba bien, aunque enojado por la situación, ya que el ejecutado era su amigo y también quería venganza. El Animal se tranquilizó y dejó en manos de su socio la cuestión.

El día 1 de octubre, un grupo armado de El Chapo Guzmán llegó hasta un domicilio del fraccionamiento Villas del Río, en Culiacán, lugar donde se registró una intensa balacera. Los sicarios lograron capturar a Israel Rincón Martínez, llamaron y le dijeron a su jefe, "Ya tenemos al Guacho". El Chapo llamó a El Animal y le mencionó que tenían en su poder al asesino de su hijo; sin duda se haría venganza.

Blog del Narco dio a conocer un video el día 5 de octubre, que llegó mediante un correo electrónico de forma anónima y que mostraba a Israel Rincón Martínez después de ser capturado. Permanecía esposado de las manos, visiblemente golpeado, pero sin miedo.

Confesó haber sido partícipe de una junta en donde se le informó que El Chapo había sido el responsable de la caída de Alfredo Beltrán Leyva. El hombre confiesa que se sintió obligado a contestar a favor de los Beltrán Leyva, pensó que si no participaba sería asesinado, aunque comentó que para él todo se trataba de una confusión, ya que no creía que El Chapo fuera el verdadero responsable de la muerte de Alfredo Beltrán Leyva, porque conocía su relación de amistad y compadrazgo.

La mañana del 8 de octubre, un grupo de hombres encapuchados se hizo presente en el Libramiento Antonio Toledo Corro, en Navolato, Sinaloa. Los pistoleros bajaron de sus vehículos de lujo a dos hombres que se encontraban maniatados y acto seguido los ejecutaron.

Elementos de la Policía Ministerial del Estado recibieron el reporte de dos cuerpos abandonados en el Libramiento Toledo Corro, y durante la madrugada del día 10 de octubre llegaron al lugar. Los agentes hallaron dos hombres ejecutados, uno de ellos de tez blanca, barba cerrada, cabello castaño, con un tatuaje de un dólar en la pierna. Se trataba de Israel Rincón, "El Guacho".

OCTOBER 9
SICARIOS KILL THE WRONG MAN

In the early morning hours of August 29, a group of sicarios made their way to the Las Quintas neighborhood in Culiacán. They were under orders to execute Alfredo Guzmán, another son of Joaquín "El Chapo" Guzmán.

At a distance, they saw a young man driving a white luxury car and went straight for him, brutally riddling his body with bullets. After carrying out this execution, they returned to their boss.

However, they had made a mistake: El Chapo's son was still alive. They had confused him with Marcial Fernández, son of an associate of the Sinaloa Cartel's leader, Manuel "El Animal" Fernández Valencia. The hit men had murdered Marcial as he drove his white Ferrari, which was identical to the one owned by El Chapo's son. The operation had failed. The lead hit man responsible was Israel "El Guacho" Rincón Martínez, a sicario for the Beltrán Leyva Organization.

The day after Marcial's death, El Animal received a call from El Chapo, who extended his condolences and support, offering assurance that whoever was responsible would pay twofold for unfairly killing the young man and trying to kill his own son. He further explained that his son was also angry because he was friends with the executed man. El Animal relaxed and left the problem in the hands of his partner.

On October 1, an armed group sent by El Chapo arrived at the Villas del Río development in Culiacán, where a shootout erupted. The gunmen managed to capture Israel Rincón Martínez and then called their boss to say, "We have El Guacho." El Chapo called El Animal and mentioned that they now had his son's murderer, and that revenge was imminent.

On October 5, Blog del Narco posted a video that arrived in an anonymous e-mail, which showed Israel Rincón Martínez after his capture. His hands were cuffed and he was visibly beaten, but fearless.

He confessed to having been at a meeting where he was informed that El Chapo had been responsible for Alfredo Beltrán Leyva's demise. The man said that he felt obliged to participate in the revenge plot, although he didn't believe that El Chapo was truly responsible for Alfredo's death, because he knew of their brotherly friendship.

During the morning of October 8, a group of hooded men appeared on the Libramiento Antonio Toledo Corro beltway in Navolato, Sinaloa. The gunmen took two men out of their vehicles, tied their hands, and executed them.

State police officers received reports of two abandoned bodies in the beltway, and arrived at the scene in the early hours of October 10. They found two executed men, one of whom was white with brown hair, a full beard, and a dollar tattoo on his leg. It was El Gaucho.

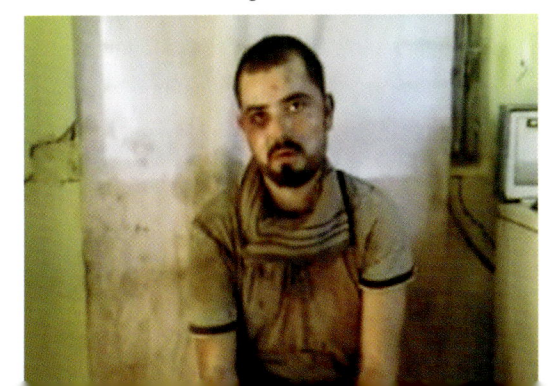

10 DE OCTUBRE
EJECUTAN A TRES PERSONAS EN HOSPITAL

Tres personas llegaban a las instalaciones de la Clínica 6 perteneciente al Instituto Mexicano del Seguro Social, esto en Ciudad Juárez, Chihuahua, cuando hombres armados se hicieron presentes y provocaron terror puro entre la gente que se encontraba en el lugar.

Las tres personas fueron ejecutadas ante la mirada de cientos de personas que se encontraban en el hospital, incluyendo pacientes, familiares de los enfermos, doctores, enfermeras, y el resto del personal de la clínica. Los hombres armados huyeron de inmediato.

Los cuerpos de los ejecutados quedaron en la puerta de entrada de urgencias. A los pocos minutos elementos de la Policía Federal y del Ejército Mexicano resguardaron la zona y además encabezaron operativos de búsqueda, sin buenos resultados.

Autoridades de Chihuahua dijeron que los muertos no han logrado ser identificados, además aceptaron que en estos tiempos de guerra es necesario implementar más seguridad en los nosocomios. En anteriores ocasiones pistoleros habían ingresado para ejecutar a pacientes o familiares de los enfermos en distintos hospitales. También se han registrado casos en donde un grupo armado llega y se lleva a un lesionado. La cruda violencia que prevalece en Chihuahua ha causado que el temor en las personas se incremente, ya que algunos piensan que ni en los hospitales pueden estar seguros.

19 DE OCTUBRE
INTERROGAN A EXTORSIONADORA DE LA LÍNEA

Las grabaciones de interrogatorios de los cárteles todas tienen un común denominador: terminan con la muerte. Blog del Narco recibió un video en donde aparece una mujer quien dice pertenecer al grupo delictivo de La Línea. De complexión robusta, tez morena, cabello corto, viste una playera color claro y un pantalón deportivo color azul. La mujer está acompañada por dos hombres armados y junto a la mujer hay un arma larga y un bate de béisbol.

OCTOBER 10
THREE PEOPLE EXECUTED IN HOSPITAL

Three people were making their way to the Mexican Social Security Institute's emergency room in Juárez, Chihuahua, when armed men burst into the hospital, creating a wave of panic.

The three people were hit by bullets and executed in front of the more than one hundred people at the hospital, including patients and their family members, as well as doctors, nurses, and hospital personnel. The armed men immediately fled the scene.

In their wake, three bloody bodies lay next to the emergency room entrance. Within a few minutes, federal police officers and Mexican army soldiers sealed off the scene and led search operations, with no results.

Chihuahua authorities did not identify the deceased, and said that in these times of war, it's necessary to implement security measures in hospitals. Previously, the gunmen had gone to other hospitals to execute patients or their family members. There have also been cases where armed groups have abducted injured patients. The unchecked violence in Chihuahua has increased fear throughout the community, where residents no longer even feel safe in their own hospitals.

OCTOBER 19
LA LÍNEA EXTORTIONIST INTERROGATED

Cartel interrogation videos all share a common ending: death. Blog del Narco has received a video showing a woman who says she is part of La Línea. Robust, with a light brown complexion, she is wearing a light-colored T-shirt and a pair of blue exercise pants. She is flanked by two men carrying a long-range weapon and a baseball bat.

The woman identifies herself as Juana Gabriela Márquez Sabá, twenty-nine, originally from Torreón, Coahuila. She responds to the questions and explains that she was arrested for extortion. She says she is a widowed single mother with two children, and confesses that her husband—originally from Matamoros, Coahuila—was executed because he belonged to a criminal organization. She adds that she had no other option but to join La Línea to support her children.

Juana Gabriela thought police had captured her and, only when the questioning began, did she realize that

La fémina se identificó como Juana Gabriela Márquez Sabá, de veintinueve años de edad y originaria de Torreón, Coahuila. Ella responde a las preguntas y dice que es madre soltera con dos hijos, viuda. Su esposo —originario de Matamoros, Coahuila— fue ejecutado por pertenecer a la delincuencia organizada, y a ella no le quedó otra opción más que integrarse a La Línea para poder mantener a sus niños.

Juana Gabriela pensó que había sido capturada por la policía, y hasta que era interrogada se dio cuenta que no era el caso. Pasaban los minutos y su rostro iba reflejando cada vez más temor, además la voz del hombre que la interrogaba iba subiendo de tono, cada vez más enfurecido. Ella dijo ser la encargada de extorsionar a cuarenta negocios, cobrándoles entre dos y quince mil pesos.

Los encapuchados golpean brutalmente a la mujer, y en su vestimenta marcan con pintura una leyenda: "SOY EXTORCIONADORA Y AL SERVICIO DE LA LÍNEA".

La mujer fue localizada muerta el 12 de octubre y se presume que el interrogatorio ocurrió el mismo día. Por la tarde apareció su cuerpo con la cabeza envuelta en cinta y varios impactos de arma de fuego; era evidente que había sido torturada.

A pesar que en Ciudad Juárez muchas mujeres han sido ejecutadas, este caso fue polémico, ya que se trataba del primer interrogatorio dado a conocer que había sido grabado, en donde habían ejecutado a una mujer, aunque no fuera asesina. Muchos dijeron que merecía la cárcel pero no la muerte.

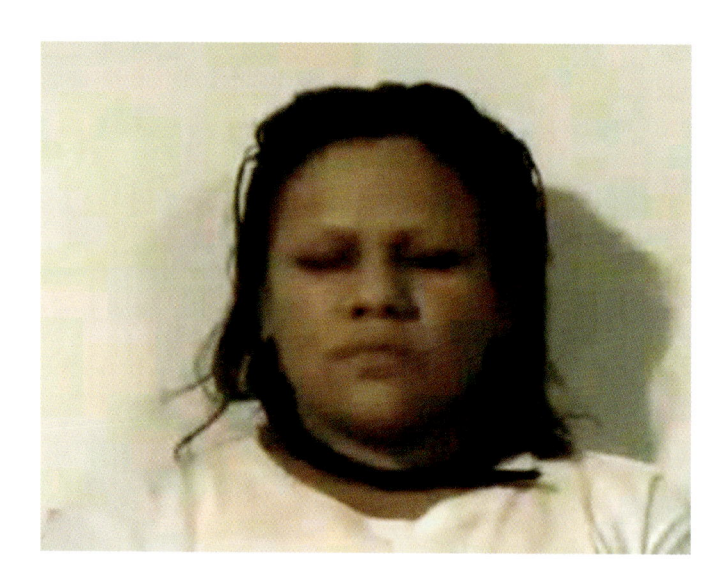

was not the case. As the minutes passed, her face reflected ever-increasing fear, and the interrogator steadily raised his voice with increasing rage. She said she had been in charge of extorting forty businesses, charging them between two thousand and fifteen thousand pesos each.

The hooded men brutally beat the woman and wrote on her clothing: I AM AN EXTORTIONIST AT LA LÍNEA'S SERVICE.

The woman was found dead on October 12, presumably the same day as her interrogation. Her body appeared in the afternoon, her head encintado and riddled with bullets, her body bearing the marks of torture.

Although many women in Juárez have been murdered, this was the first recorded interrogation that had resulted in the execution of a woman, even though she was not a murderer. Many said she deserved to go to jail, but she didn't deserve to die.

19 DE OCTUBRE
EJECUTAN A OTRO CANTANTE DE NARCOCORRIDOS

De nueva cuenta otro cantante de narcocorridos es víctima del crimen organizado. En esta ocasión se trata de Fabián Ortega Piñón, mejor conocido en la escena musical como El Halcón de La Sierra.

Alrededor de las 8:00 de la mañana autoridades del estado de Chihuahua recibieron una llamada anónima que alertaba sobre tres hombres ejecutados en la localidad de Tomóchi, por lo que se dirigieron hasta el Puente Los Polancos. A pocos metros de la carretera, descubrieron tres cadáveres, todos brutalmente torturados y presentando varios impactos de bala en el cuerpo.

Uno de los tres ejecutados era el cantante originario de Chihuahua y de veintiocho años. Reportes señalan que El Halcón de La Sierra había sido levantado junto a dos de sus amigos el 18 de octubre.

Sin embargo el cantante ya había sido relacionado con el narcotráfico y no solo por sus canciones, sino por sostener amistades que fueron peligrosas para él. En el año 2009, elementos del Ejército Mexicano realizaron un operativo en un yate atracado y capturaron a Fabián en Ensenada, Baja California, cuando se encontraba con un sujeto apodado El Cande, quien era operador del narcotraficante Eduardo Teodoro García Simental, alias El Teo.

En sus famosos corridos, El Halcón de La Sierra narraba historias de importantes narcos, y en las portadas de todos sus discos generalmente posaba con armas de alto poder, adornado de costosas joyas y con pose retadora, misma que le provocó la muerte en manos de un grupo delictivo que no tenía agrado por su persona.

OCTOBER 19
ANOTHER NARCOCORRIDOS SINGER EXECUTED

Yet another narcocorridos singer has fallen victim to the world he sings about. This time the victim is Fabián Ortega Piñón, better known as El Halcón de la Sierra.

At approximately 8 A.M., Chihuahua authorities received an anonymous call stating that there were three executed men in Tomóchi, so officers made their way to Los Polancos Bridge. They found three corpses a few feet away from the highway, all brutally tortured and shot several times.

One of the three men was the twenty-eight-year-old singer, originally from Chihuahua. Reports indicate that El Halcón de la Sierra and two of his friends had been abducted on October 18.

It wasn't only Ortega Piñón's songs that linked him to drug cartels; he also maintained some dangerous liaisons. In 2009, Mexican army soldiers carried out an operation in a stolen yacht and captured Ortega Piñón in Ensenada, Baja California, accompanying a man nicknamed El Cande, a drug trafficking operator for kingpin Eduardo Teodoro "El Teo" García Simental.

El Halcón de la Sierra's famous narcocorridos narrated stories of important drug lords while, on his CD covers, he generally posed with high-powered weapons, adorned with expensive jewelry, and striking a defiant pose. Evidently, this struck a bad note with one of the cartels.

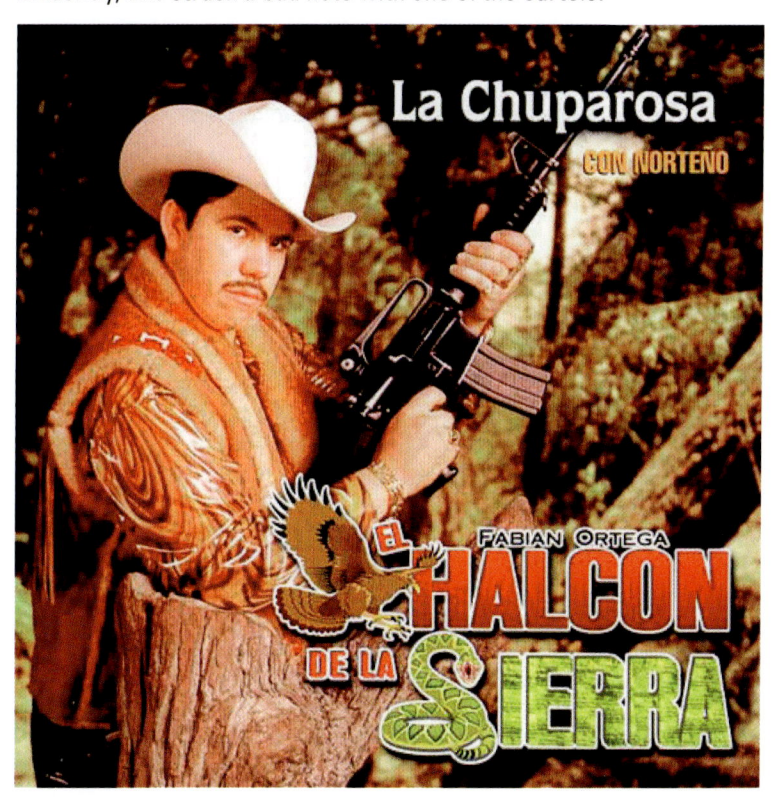

23 DE OCTUBRE
COMANDOS ARMADOS REALIZAN MASACRE EN UNA FIESTA

Ya era de madrugada pero la fiesta seguía en el domicilio marcado con el número 2079 de la calle Félix Candela, en el fraccionamiento Horizontes del Sur, ubicado en Ciudad Juárez, Chihuahua. Definitivamente ir a un antro para festejar no es nada recomendable en estos tiempos de guerra, por lo que las reuniones privadas en casa de algún amigo son lo más seguro, y así lo pensaron los jóvenes que se divertían en la mencionada vivienda.

Un grupo armado llegó al sector, cerró todo el fraccionamiento Horizontes del Sur, colocó retenes, vigilando quién entraba y quién salía. Aproximadamente veinte minutos después, más de veinte hombres encapuchados y fuertemente armados se hicieron presentes en la fiesta de la calle Félix Candela y comenzaron a rafaguear a los jóvenes que celebraban la reunión.

La música seguía sonando, pero el volumen no eran nada comparado con las ráfagas de alto poder. Cientos de disparos hicieron que vecinos del sector se mantuvieran escondidos en los closets o debajo de la cama. Después de varios minutos de ataque, los sicarios partieron, de forma tranquila, sin que nadie pudiera detenerlos. Los cuerpos de los jovencitos estaban tirados en la casa donde se realizaba la reunión.

Aproximadamente diez minutos después de las llamadas llegaron paramédicos de la localidad. Varias ambulancias trasladaron a dieciocho mujeres y hombres heridos, en su mayoría menores de edad. Después llegaron elementos de la Policía Municipal, de la Policía Federal y del Ejército Mexicano, los últimos resguardaron fuertemente la zona.

Mientras tanto, personal del Servicio Médico Forense realizó el levantamiento de quince cadáveres, también mujeres y hombres, casi todos menores de edad. Agentes investigadores recolectaron más de trescientos casquillos en el lugar que era un gigante charco de sangre. Los pistoleros habían elegido ir a esa fiesta al azar. Más inocentes asesinados.

OCTOBER 23
COMMANDOS MASSACRE YOUNG GUESTS AT HOUSE PARTY

It was close to dawn, but the party kept on going at 2079 Félix Candela Street in the Horizontes del Sur development of Juárez, Chihuahua. Celebrations in nightclubs are discouraged in this time of war, so parties amongst friends at private homes have become the safest way to go; at least, that's what these young people thought.

An armed group drove into the area, closed down the Horizontes del Sur development, created checkpoints, and kept an eye on everyone who came and went. Approximately twenty minutes later, the group of more than twenty hooded and heavily armed men made their way to Félix Candela Street and opened fire on the celebration.

The music kept playing, but the volume was nothing in comparison to the bursts of gunfire. Hundreds of shots rang through the community, and neighbors hid in closets or under their beds. After several minutes of firing, the gunmen calmly withdrew. Bodies of young men and women were scattered across the house, where minutes earlier they had been partying.

Paramedics arrived at the scene approximately ten minutes after the calls were made. Several ambulances transported a total of eighteen wounded boys and girls, mostly minors. The Local and Federal Police followed, together with the Mexican army, which secured and sealed off the area.

Meanwhile, medical examiner personnel picked up fifteen more young bodies, also boys and girls who were mostly minors. Investigative agents collected more than three hundred bullet shells floating in a huge pool of blood. By all appearances, the sicarios had chosen that party randomly. More innocents slaughtered.

24 DE OCTUBRE
SE DESATAN BALACERAS EN SALTILLO

En los primeros minutos del domingo, durante la madrugada, un grupo de sicarios causó terror entre la población de la tranquila ciudad de Saltillo, Coahuila, misma que a pesar de su cercanía con Monterrey, se mantenía alejada de la narcoguerra.

Autoridades de Coahuila recibieron el reporte de hombres armados circulando sobre el Bulevar Venustiano Carranza, por lo que de inmediato elementos de la Policía Estatal se hicieron presentes y sorprendieron a los sicarios quienes comenzaron a agredir a los uniformados, registrándose un enfrentamiento. No se registraron lesionados.

A los pocos minutos, en las calles Allende y Corona, el grupo armado vuelve a atacar a elementos de la Policía Estatal. Mientras huían, los pistoleros accionaban sus armas contra los automovilistas que circulaban por el lugar con el fin de abrirse paso. En el Bulevar Venustiano Carranza y Chihuahua se desató otra balacera, en la que resultó lesionada una civil que viajaba en su vehículo particular.

Alrededor de las 00:40 horas, otra balacera se registró sobre el Bulevar Colosio. A tan solo veinte minutos de este hecho, se reportó otra situación de riesgo, teniendo como escenario la colonia Mirasierra, en donde un grupo armado atacó a balazos a un hombre que se encontraba en el patio de su domicilio en compañía de familiares. En el mismo sector, un elemento del Grupo Especial de la Fiscalía también fue atacado, de inmediato logró recibir atención médica.

Al final se inició un operativo en donde los elementos de la Policía Estatal fueron apoyados por la Policía Federal y el Ejército Mexicano. Cerca de las 02:00 de la mañana, el grupo de sicarios se topó con las autoridades sobre la Avenida Antonio Cárdenas, donde se produjo otra balacera. Era un campo de batalla.

Desafortunadamente, aun más inocentes tendrían que pagar, ya que una familia que circulaba por el lugar en una camioneta Avalanche quedó en medio del fuego cruzado. La mujer que conducía el vehículo perdió el control al ser tocada por las balas, mientras que sus hijos habían fallecido de forma instantánea. Los pistoleros lograron huir, mientras que las autoridades corrieron para brindar ayuda a la familia afectada. Pero ya era demasiado tarde: los dos jóvenes habían muerto, fueron destrozados por las balas. La madre, María Angélica Galindo Sánchez, fue trasladada de inmediato a un nosocomio, sin embargo al llegar al hospital perdió la vida. Los tres ejecutados eran familia de Eleazar Galindo Vara, ex alcalde de Saltillo.

OCTOBER 24
SHOOTINGS ALL OVER SALTILLO

A few minutes after midnight on Sunday morning, a group of armed men caused terror in the quiet community of Saltillo, Coahuila, a place that had maintained its distance from the narcowar, despite its proximity to Monterrey.

Coahuila authorities received reports of armed men circulating Venustiano Carranza Boulevard, so state police arrived and surprised the gunmen, who responded by opening fire on the officers. No injuries were reported.

Minutes later, in Allende and Corona streets, the armed group renewed its attack on state police. While fleeing the scene, sicarios fired at the motorists in their way. Another shooting broke out on the corner of Venustiano Carranza Boulevard and Chihuahua, leaving one civilian who was driving by injured.

At 12:40 A.M., another shootout was reported on Colosio Boulevard. Twenty minutes later, in the Mirasierra neighborhood, an armed group shot and wounded a man while he was in his backyard with his family. In the same area, a member of the District Attorney's special group was also attacked and rushed to the hospital.

Eventually, Federal Police and the Mexican army joined state police to stop the madness. Close to 2 A.M., the group of gunmen ran into authorities on Antonio Cárdenas Avenue and opened fire, turning the streets into a war zone.

Unfortunately, even more innocent people would have to pay. A family driving by in their Chevy Avalanche got caught in the middle of the crossfire. The driver lost control of the vehicle when several bullets hit her and her children. The gunmen managed to escape, while authorities ran over to the family to offer help. They were too late: The women's two children had died. The mother, María Angélica Galindo Sánchez, was dead on arrival at the hospital. These three victims were family members of Eleazar Galindo Vara, former mayor of Saltillo.

24 DE OCTUBRE
EL MAYO ORDENA MASACRES

Durante la noche de hoy domingo, varios pistoleros ingresaron a un centro de rehabilitación para adictos a las drogas llamado El Camino, ubicado en Tijuana, Baja California. Sin decir ni una sola palabra, los hombres encapuchados, vestidos de negro y con fusiles en mano, ingresaron al lugar, tomaron a varios internos, los reunieron en un salón, los formaron y después los fusilaron. Los únicos que se salvaron fueron unos hombres que se encontraban encerrados en varias habitaciones.

Fueron los mismos sicarios quienes se encargaron de dar aviso a las autoridades de la masacre que acababan de realizar, ya que cuando salieron del lugar intervinieron las radiofrecuencias y comenzaron a escucharse narcocorridos. El hecho alertó a los policías. Acto seguido un hombre los saludó, indicó que habían matado a trece hombres, dio la dirección, explicó que se registrarían más masacres, ya que lo ocurrido en Ciudad Juárez y el hecho de Tijuana se trataban de una venganza. "Esto apenas empieza. Ejecutaremos a 135 personas por las 134 toneladas de marihuana que nos quitaron", amenazó un sicario por radiofrecuencia. Mientras los oficiales se dirigían a la escena del crimen, los pistoleros seguían interviniendo la frecuencia policial y ponían narcocorridos, y daban más avisos, "Esto apenas empieza".

Cuando los oficiales llegaron se encontraron con un tétrico escenario: los cuerpos estaban entre charcos de sangre y más de doscientos casquillos percutidos. Por su parte los sobrevivientes indicaron que la masacre no duró ni cinco minutos, además no entendían la razón de la acción.

Las masacres se desataron a raíz del decomiso histórico ocurrido en la ciudad de Tijuana, el día 18 de octubre cuando decomisaron 134 toneladas de droga, propiedad de Ismael "El Mayo" Zambada. Sin embargo, el aseguramiento también tiene una historia rara, ya que un grupo criminal que traicionó al compadre de El Chapo, sacó de una narcobodega toda la droga y se la robaron. La transportaban en varios camiones cuando casualmente fueron sorprendidos por elementos de la Secretaría de Seguridad Pública, encabezados por el polémico teniente coronel Julián Leyzaola, titular de la dependencia, quien pidió apoyo a elementos del Ejército Mexicano. El aseguramiento que provocó la venganza, hizo que el Cártel de Sinaloa perdiera alrededor de cuatrocientos millones de pesos, lo cual para ellos, evidentemente, justificaba quitarles la vida a 135 mujeres y hombres inocentes.

OCTOBER 24
EL MAYO ORDERS MASSACRES

On Sunday evening, several gunmen burst into El Camino, a drug rehabilitation center in Tijuana, Baja California. Without uttering a word, the hooded men, dressed in black and holding rifles, grabbed several patients and took them to a room, lined them up, and executed them. The only people left alive were a few men who had locked themselves in different rooms.

The very same murderers informed authorities of the crime by intercepting their radio frequencies and playing narcocorridos. When police heard these, they knew something was up. Immediately after, a man greeted them through the radio and indicated that they had killed thirteen men. He then supplied the address, and stated that more massacres were to come. "This is just the beginning," he threatened. "We will execute one hundred and thirty-five people for the one hundred and thirty-four tons of marijuana you took from us."

While the police drove toward the scene of the crime, the sicarios kept intercepting their police frequency and playing narcocorridos interspersed with more threats stating, "This is just the beginning."

When officers arrived at the center, they found a gut-wrenching scene: The bodies were surrounded by pools of blood and more than two hundred spent cartridges. Survivors stated that the massacre took no longer than five minutes, and were confused as to why it had happened.

The vengeful massacre was in response to a Tijuana drug confiscation on October 18, when one hundred and thirty-four tons of drugs were seized from Ismael "El Mayo" Zambada (one of El Chapo's partners in the Sinaloa Cartel).

However, the confiscation itself was not a normal seizure. A criminal group had betrayed El Chapo's pal, and robbed his drug stash from a narcowarehouse. They were transporting it all in several trucks when they were surprised by public safety officers, headed by the controversial colonel Julián Leyzaola, who requested Mexican army backup. In the end, four million pesos worth of profits were lost by the Sinaloa Cartel, which to them evidently justify taking the lives of one hundred thirty-five innocent men and women.

25 DE OCTUBRE
LOS ZETAS DECAPITAN A MUJER QUE LOS DENUNCIÓ

Eran alrededor de las 4:00 de la mañana cuando elementos del Ejército Mexicano recibieron una llamada de auxilio. Una mujer desesperada gritaba que había ocurrido una tragedia. De inmediato los efectivos se hicieron presentes en la colonia La Concordia, perteneciente al municipio de Nuevo Laredo, Tamaulipas.

Los soldados se pudieron percatar de que una mujer había sido decapitada. El cuerpo estaba boca arriba, su cabeza había sido colocada entre las piernas y además junto a ella tenía un narcomensaje. Un dedo de la mano derecha le fue mutilado y colocado dentro de su boca. La fémina también fue torturada. Su error fue denunciar al grupo de Los Zetas con el Ejército Mexicano:

A ESTA PINCHE VIEJA LA MATAMOS POR "RELAJE" PUSO EL DEDO CON LOS GUACHOS EL DIA DE LA PELOTERA DE LA "CONCORDIA". ESTO LES VA A PASAR A TODOS LOS PINCHES "RELAJES". ATENTAMENTE LA Z.

Con este narcomensaje, Los Zetas amenazaron a todas las personas que se atrevieran a denunciarlos con los militares. La mujer había llamado a la Secretaría de la Defensa Nacional cuando en días pasados se registró una balacera a pocos metros de su domicilio. Sin embargo, como los delincuentes pudieron conocer la identidad de la persona que los denunció, el anonimato de las llamadas queda en duda.

OCTOBER 25
LOS ZETAS BEHEAD WOMAN FOR CALLING AUTHORITIES

At around 4 A.M., Mexican soldiers received a call for help. A desperate woman screamed that a tragedy had occurred. The soldiers immediately arrived at the scene in La Concordia, a neighborhood in Nuevo Laredo, Tamaulipas.

The soldiers saw that a woman had been beheaded. Her body was face-up with her head between her legs and a narcomessage next to her. One of her right fingers had been severed and stuck in her mouth. The woman had also been tortured. Her mistake was to report Los Zetas to the Mexican army. The narcomessage read:

WE KILLED THIS DAMN OLD LADY BECAUSE SHE WAS CARELESS. SHE POINTED THE PIGS IN OUR DIRECTION THE DAY OF THE CONOCORDIA FIGHT. THIS WILL HAPPEN TO ALL THE CARELESS ASSHOLES. SINCERELY THE Z.

With this message, Los Zetas threatened everyone who dares to report them to soldiers or police. The woman had called the National Defense Secretariat when, days earlier, a shootout took place a few feet away from her home. Because the criminals were able to find out who had reported them, many are now questioning how anonymous these reports really are.

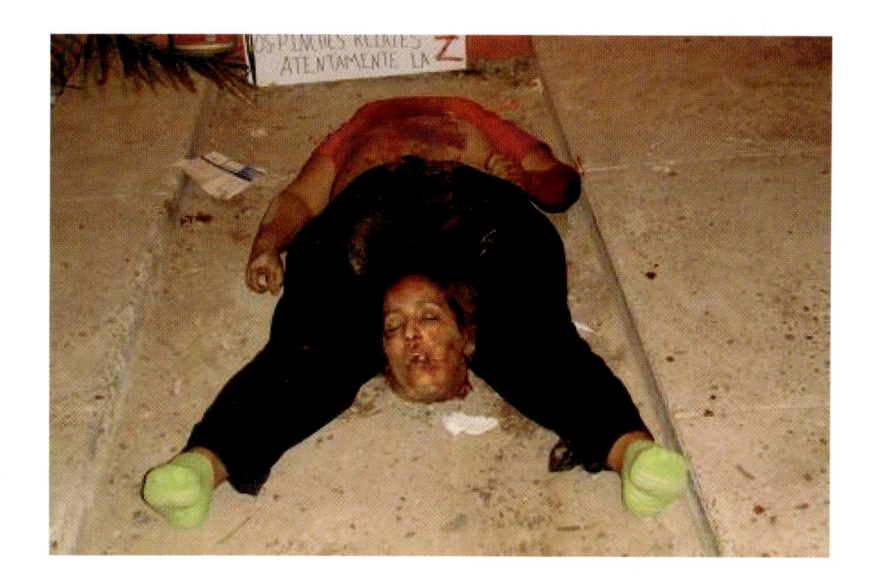

27 DE OCTUBRE
INTERROGATORIO A SOBRINA DE EL MAYO ZAMBADA

LA ORGANIZACIÓN DE ARELLANO FÉLIX EL CÁRTEL DE TIJUANA
También conocidos como: Cártel de los Arellano Félix, CAF.
Origen: Uno de los cárteles formados por la lucha de poder luego de la detención y extradición de El Padrino, Félix Gallardo.
Liderazgo: Después de Gallardo, la familia Arellano Félix —siete hermanos y dos hermanas— controlaron la ruta entre Tijuana y los Estados Unidos a través de San Diego. Sin embargo, por lo menos seis de los hermanos han sido detenidos hasta el momento (aunque uno ya sirvió su condena y no lo buscan más). En 2010, Luis Fernando "El Alineador" Sánchez Arellano y Fernando "El Ingeniero" Zamora Arellano estaban compitiendo para controlar Tijuana en contra de Eduardo Teodoro "El Teo" García Simental, quien se separó del Cártel de los Arellano Félix en abril de 2008. Pero El Teo fue capturado el 14 de enero de 2010.
Actividades y áreas de operaciones: En su mejor momento, el CAF conducía operaciones en decenas de estados y era conocido por su crueldad extrema —reclutando a adolescentes de buenas familias y usándolos para practicar la tortura y descuartizar a los enemigos. Junto con el Cártel del Golfo y de Sinaloa, el CAF era un productor y exportador importante de drogas. El 22 de junio de 2004, se dice que

Integrantes del Cártel de Los Arellano Félix levantaron a María Isabel Gutiérrez Zambada, sobrina de El Mayo Zambada, segundo hombre en importancia dentro del Cártel de Sinaloa. Los pistoleros realizaron una grabación en donde interrogaban a la mujer, y aparece junto a su pequeña hija, quien también fue privada de la libertad.

Con desesperación María Isabel Gutiérrez Zambada, pide a su tío El Mayo Zambada, que se apiade de salvar a su hija y a ella. En un video de poco más de cinco minutos de duración, María Isabel y su hija Sara (quien porta uniforme de su colegio), son apuntadas por unos hombres fuertemente armados.

La mujer y su hija se encuentran en lo que parece ser una casa de seguridad, sentadas, lucen desoladas y desesperadas ante la falta de apoyo que han recibido de la familia Zambada. En la grabación se muestra un grito de desesperación, suplicando ayuda a El Mayo Zambada, para poder salir vivas de ese lugar. Los rostros de las mujeres demuestran temor a terminar muertas como muchas personas que han salido lastimadas en diversas ocasiones por la lucha de poder entre narcotraficantes.

Un hombre desconocido comienza el interrogatorio, y la mujer responde:

—¿Nombre y edad?
—María Isabel Gutiérrez Zambada, 40 años.
—¿Qué parentesco tiene con El Mayo Zambada?

OCTOBER 27
EL MAYO'S NIECE INTERROGATED

Arellano Félix Organization members abducted María Isabel Gutiérrez Zambada, the niece of El Mayo Zambada, who is second in command in the Sinaloa Cartel. The gunmen recorded the woman's interrogation, in which she is seen with her young daughter, who was also abducted.

María Isabel Gutiérrez Zambada desperately begs her uncle El Mayo to take pity on her daughter and herself. In a video lasting a little over five minutes, heavily armed men aim their weapons at María Isabel and her daughter, Sara, who is wearing her school uniform.

The mother and daughter are sitting in what appears to be a safe house. They look devastated and desperate given the lack of support they received from the Zambada family. In the recording, a desperate cry can be heard, imploring El Mayo Zambada to help them leave the place alive. The women seem afraid of being executed, considering the fate of most other people recorded in similar situations.

An unidentified man begins the questioning:

"Name and age?"

"María Isabel Gutiérrez Zambada, forty years old."

"How are you related to El Mayo Zambada?"

"He's my uncle, my mother's brother. Her name is Mrs. Águeda Zambada García."

"Did you know your uncle abducted innocent women and children?"

"No, I didn't know and I believe it is an injustice because I believe those are issues that involve all

---

ARELLANO FÉLIX ORGANIZATION
THE TIJUANA CARTEL

Also Known As: AFO, Cartel Arellano Félix, CAF, Cartel de Tijuana.

Origin: One of the cartels formed in the power struggle after the arrest and extradition of the Godfather, Félix Gallardo.

Leadership: After Gallardo, the Arellano Félix family—seven brothers and two sisters—controlled the Tijuana route into the United States via San Diego. However, at least six of the brothers have since been arrested (though one served his term and is not currently wanted). In 2010, Luis Fernando "the Aligner" Sánchez Arellano and Fernando "the Engineer" Zamora Arellano were competing for control of Tijuana against Eduardo Teodoro "El Teo" García Simental, who broke with the AFO in April 2008. However, El Teo was captured on January 14, 2010.

Activities and Areas of Operations: In its heyday, the AFO conducted operations in a dozen states and was known for extreme cruelty, recruiting teenagers from well-to-do families and using these pampered hoodlums to torture and dismember foes. Along with the Gulf and Sinaloa cartels, the AFO was a major drug producer and exporter. On June 22, 2004, the AFO is believed to have assassinated Francisco Ortiz Franco, the publisher and editor of the weekly newspaper Zeta. The AFO may have corrupted 478 public servants. Difficulty obtaining Colombian cocaine has led the cartel to increase its marijuana production

el CAF asesinó a Francisco Ortiz Franco, el director y editor del diario semanal Zeta. El CAF puede haber corrompido a 478 funcionarios públicos. La dificultad para obtener cocaína colombiana ha llevado al cártel a incrementar su producción de marihuana y sus operaciones de metanfetaminas. Las detenciones y matanzas han debilitado al cártel, cuyo territorio actualmente se encuentra dominado por el Cártel de Sinaloa.

—Es mi tío, es hermano mi mamá, la señora Águeda Zambada García.

—¿Sabías que tu tío levantaba a niños y mujeres inocentes?

—No, no lo sabía y se me hace una injusticia porque creo que esas son cosas entre ustedes, y no entre personas inocentes como lo somos mi hija Sarita y yo.

—¿Qué opinas de las cobardías que hacen?

—Pues pienso que esas son cosas entre ustedes, y que ni nosotras, ni ninguna persona, ni hija de mi tío Mayo tiene que pagar por sus errores. Y que si él es hombre como dice ser pues que conteste el llamado de estas personas que hasta el momento se han portado bien, nos han tratado bien, y se han portado como todos unos caballeros, cosa que lo contrario que he visto que ha hecho mi tío con o sin su autorización.

—¿Hay algo que le quieras decir a tu tío si está viendo este video?

—Tío si en verdad te importamos como familia, te suplico, por favor, por la vida de mi hija, que respondas a las peticiones de estas personas que hasta el momento se han comportado a la altura, cosa que no he visto en la familia, pues hasta le cortaron la comunicación a mi mamá.

La interrogación continúa otros tres minutos y finaliza. Sin embargo a los pocos días de realizar la grabación, los pistoleros secuestraron a la madre de María, es decir la señora Águeda, hermana del importante narcotraficante. La acción se realizó debido a la falta de respuesta por parte de El Mayo, quien en diferentes ocasiones le han secuestrado a familiares, sin embargo el capo no ha mostrado interés ni dolor ante los hechos.

of you, rather than other innocent people, such as my daughter Sarita and me."

"What do you think about their cowardly acts?"

"Well, I believe those are things that should be handled amongst yourselves, and neither we, nor any other person, not even my Uncle Mayo's daughter, should pay for your mistakes. And if he is the man he says he is, he should answer these people's call, who up until now have behaved well. They've treated us well, and have been gentlemen, contrary to what I've seen my uncle do with or without his authorization."

"Is there anything you'd like to say to your uncle, if he's watching this video?"

"Uncle, if you really care about us as family, I urge you, please, for my daughter's life, to answer these people's requests, who up until now have behaved with respect, something that I haven't seen in our family, as you've even cut ties with my mother."

The interrogation continues for three more minutes, then ends. A few days after this video was taped, the gunmen kidnapped María's mother, Mrs. Águeda, sister to the drug lord. This was done due to El Mayo's lack of response to this video. By all appearances, the kingpin has shown no interest or emotion given the circumstances.

and meth operations. Arrests and killings have weakened the cartel, whose territory is currently dominated by the Sinaloa Cartel.

30 DE OCTUBRE
EJÉRCITO LIBERA A LAS MUJERES ZAMBADA

Más de cien elementos de la Secretaría de la Defensa Nacional se hicieron presentes en el fraccionamiento Real del Monte, en Tijuana, Baja California, donde se realizaría un minucioso operativo. Los militares reventarían una casa de seguridad, sin embargo cuando llegaron al lugar fueron recibidos a balazos, por lo que ocurrió un enfrentamiento que duró casi dos horas.

Después del tiroteo, en donde un sicario fue abatido, se logró ingresar al inmueble y realizar el rescate de las tres mujeres familiares de Ismael "El Mayo" Zambada. Se trataba de la sobrina del narco, su hija y la hermana. Las primeras dos mencionadas, llevaban más de veinte días encerradas.

Además de decenas de armas y 3.122 cartuchos, los soldados decomisaron quince uniformes con leyenda de la Policía Federal, más de sesenta kilogramos de marihuana y casi mil novecientos kilogramos de Crystal.

También se logró la captura de dos secuestradores, identificados como Kevin Serna Mendoza, alias El Cabo, y Mario Alberto Trejo Cortez, alias El Chuki. Los capturados indicaron que no habían realizado el secuestro de las mujeres Zambada, solamente las cuidaban. Confesaron que el encargado de grabar el interrogatorio fue el sicario que había muerto en el enfrentamiento, y que el responsable de ordenar el secuestro había sido Juan Francisco Sillas Rocha, alias El Rueda, quien perteneció al Cártel de Los Arellano Félix, pero con el que se había deslindado para formar su propio grupo delictivo, así dio inicio a la guerra contra el Cártel de Sinaloa.

María Isabel declaró que había llegado a Tijuana de paso en compañía de su hija, con la intención de viajar a los Estados Unidos, en donde la niña ingresaría a un colegio. En la ciudad pretendían estar un par de horas —hicieron una parada en el Kentucky Fried Chicken para comer, cuando un comando armado ingresó al restaurante y las levantó.

Las mujeres señalaron que recibieron buen trato durante su estancia, y que las cambiaron de casa tres veces. Ellas no dieron problemas a los secuestradores, ya que sabían que cualquier movimiento en falso podría causarles la muerte. Fuentes indicaron que integrantes de la familia Zambada fueron los encargados de recibirlas de inmediato, para trasladarlas a un lugar seguro después de sufrir en carne propia lo que viven miles de mexicanos, muchos que nada tienen que ver con un cártel de la droga, la mayoría sin resultados tan positivos.

OCTOBER 30
ARMY FREES EL MAYO'S FAMILY

More than one hundred Department of National Defense officers were present at the Real del Monte community, located in Tijuana, Baja California. A detailed operation was underway. As the soldiers arrived at a safe house, they were received by bullets and a nearly two-hour confrontation broke out.

After the shootout, in which one gunman was killed, officers were able to enter the house and rescue the three women related to El Mayo Zambada. They were the kingpin's sister, her daughter, and her granddaughter. The latter two women had been held in captivity for twenty days.

In addition to dozens of weapons and 3,122 cartridges, the soldiers confiscated fifteen uniforms with federal police insignias, more than sixty kilograms of marijuana, and almost nineteen hundred kilograms of crystal meth.

They also captured two kidnappers, identified as Kevin "El Cabo" Serna Mendoza and Mario "El Chuki" Alberto Trejo Cortez. The two men claimed that they hadn't actually kidnapped the women, but that they only had taken care of them. They confessed that the one in charge of recording the interrogation had died in the confrontation, and the one responsible for ordering the kidnapping had been Juan "El Rueda" Francisco Sillas Rocha, who belonged to the Arellano Félix Organization, but had broken ties to form his own criminal group, which was how he began the war against the Sinaloa Cartel.

El Mayo's niece, María Isabel, declared that she was just passing through Tijuana with her daughter, on their way to the United States, where her daughter was to be enrolled in school. They expected to be in the city for a couple of hours, but when they stopped at a Kentucky Fried Chicken to eat, armed commandos burst into the restaurant and abducted them.

The women noted that they were treated well during their captivity, and had been moved to three different houses. They didn't give the kidnappers any problems, knowing that any false move could bring about their death. Sources indicated that Zambada family members were the first to receive them and move them to a safe place after they had suffered firsthand what thousands of Mexicans who have nothing to do with the cartels have already gone through, most not so successfully.

NOVIEMBRE 2010
LOS CAPOS SON LLEVADOS ANTE LA JUSTICIA

1 DE NOVIEMBRE
LA SANGRE MANCHA UN LAVADO DE COCHES

Eran aproximadamente las 10:00 de la mañana del miércoles 27 de octubre. Se trataba de una jornada laboral para muchas personas en la ciudad de Tepic, Nayarit, también para los empleados de un negocio de lavado de coches, ubicado en la colonia Lázaro Cárdenas.

La tranquilidad se vio interrumpida cuando hombres armados a bordo de varias camionetas de lujo se hicieron presentes en el autolavado, y sin decir nada comenzaron a disparar sus armas contra todo lo que se movía. Fueron cientos de disparos a plena luz del día. Por varios minutos las fuertes detonaciones espantaron a las personas que se encontraban en el sector.

Un joven que se encontraba trabajando en el lugar pudo percatar que estaban matando a todos sus compañeros y lo primero que se le vino a la mente fue tirarse al piso, extender las piernas y brazos, e intentar hacerse el muerto, aunque por dentro estaba aterrado al escuchar las intensas ráfagas y los gritos de muerte. El muchacho no se movió hasta escuchar que los pistoleros se marchaban; entonces pudo percatar que dos de sus amigos estaban heridos y pedían ayuda a gritos, por lo que de inmediato se paró para atenderlos.

En cuestión de minutos elementos de la Policía Estatal Investigadora y del Ejército Mexicano custodiaron el lugar de la masacre, en donde se podían observar charcos de sangre y jóvenes de menos de veinte años brutalmente ejecutados. Las cifras eran indignantes: dieciséis muchachos habían sido masacrados, otros tres resultaron heridos, mientras que el joven que se hizo el muerto resultó ileso. Los investigadores pudieron recolectar cientos de casquillos percutidos junto a los dieciséis cadáveres, mismos que fueron levantados por integrantes del Servicio Médico Forense.

Las autoridades no encontraban un motivo por el cual se hubiera registrado la matanza. Los primeros reportes indicaron que los ejecutados trabajaban en el negocio y al mismo tiempo pertenecían a una asociación en donde estaban recibiendo ayuda para rehabilitarse de su adicción a las drogas. Las indagatorias señalaban que era el mismo tipo de masacres que en fechas recientes se habían registrado: solamente matar por matar. O quizá los cárteles hayan decidido que la rehabilitación de drogas es mala para sus negocios y ahora le quieren hacer la guerra a la gente que quiere mejorar su vida.

NOVEMBER 2010
CAPOS BROUGHT TO JUSTICE

NOVEMBER 1
MASS MURDER AT CAR WASH

It was about 10 A.M. on Wednesday, October 27, a typical workday for many people in Tepic, Nayarit, and for the employees at a car-wash located in the Lázaro Cárdenas neighborhood.

The quiet morning was interrupted when armed men showed up in luxury pickup trucks and opened fire without saying a word. Hundreds of shots were fired at anything that moved. Several minutes of bullets flying through the air scared everyone in the vicinity away.

A young man who worked at the car wash quickly figured out that his colleagues were being slaughtered, so he threw himself to the ground, extended his arms and legs, and tried to pretend he was dead, although he was gripped by terror at the sound of the shots and deathly howls. He lay there, still as a rock, and when he heard the gunmen leave, he noticed that two of his friends were injured and crying out for help, so he immediately stood up and went to their aid.

Within minutes, investigative state police and the Mexican army sealed off the crime scene, where twenty-year-old men lay brutally executed in pools of blood. The body count was horrifying: Sixteen young men had been slaughtered, another three were injured, and the one who pretended to be dead managed to survive unharmed. Agents collected hundreds of used bullet shells together with the sixteen bodies, which were retrieved by the medical examiner's office.

Authorities could find no motive for such a massacre. The first reports indicated that the young men who worked at the car wash belonged to an organization that was helping them overcome drug addiction. The investigation noted that this massacre was similar to others that had occurred recently, which involved simply killing for the sake of killing. Or perhaps the cartels have decided that sobriety and drug rehabilitation are bad for their business, and are now going to war on people trying to improve their lives.

2 DE NOVIEMBRE
EMPIEZA UNA GUERRA NUEVA

Culiacán es una ciudad que es bien conocida por tener como rey a El Chapo. Entrar a ese territorio no es nada fácil para cualquier cártel, pero en recientes fechas, con tantas peleas, corrupción y cambios, esto ha sido posible. Y con esta oportunidad, la salva inicial de la nueva guerra ha ocurrido. Tres narcomantas fueron colocadas en Culiacán, firmadas por Ramón Arellano, quien hace unos años fue ejecutado. Tal acto era una muestra de que el Cártel de Los Arellano Félix no olvidaba traiciones y que ahora más que nunca se le declaraba la guerra al Cártel de Sinaloa en su territorio.

En los mensajes destacó el hecho de que se acusaba a los dos narcotraficantes de tener arreglos de algún tipo con autoridades, retando a que también podían con gente del Gobierno. Las narcomantas decían lo siguiente:

Chapo y Mayo, para que veas que no somos tan corrientes como tu propia sobrina te lo dijo, las dejamos vivas porque no quisimos matarlas en la fiesta, no tengan miedo y manden a pelear a su gente para ver cómo nos toca, si mandan gobierno también les hacemos frente, ya estamos en Culiacán para matar a su familia y no van a ser levantones, aquí estaremos peleando hasta que me entreguen a la persona inocente que tú ya sabes, atentamente Ramón Arellano desde el infierno.

Autoridades de diferentes corporaciones policíacas fueron las encargadas de retirar las narcomantas, sin embargo algunos mencionaron que hasta temor sentían. No había duda, ahora sí la guerra entre esos dos grupos del narco estaba completamente declarada.

NOVEMBER 2
A NEW WAR BEGINS

Culiacán is a city known for having El Chapo as its ruling king. Moving into this area has been extremely difficult for other cartels, but with so much fighting, corruption, and change occurring, it has become more feasible. And with that small opening, the initial salvo in a new war has been made. Three narcobanners materialized in Culiacán, signed by Ramón Arellano, who had been executed a few years earlier. Such a move stated that the Arellano Félix Organization does not forget betrayals, and was now outspokenly declaring war on the Sinaloa Cartel in its own territory.

The messages accused Sinaloa traffickers of having some sort of deal with the authorities, and stated defiantly that they too could get inside government help. The narcobanners stated:

Chapo y Mayo, so you see we are not that ordinary, just like your own niece explained. We let them live because we didn't want to kill them in the party. Don't be afraid and send your people out to fight, and if you send the government, we'll confront them too. We are already in Culiacán ready to kill your family. These will not be mere abductions. We will fight until you deliver the innocent person we want, you know who that is. Sincerely, Ramón Arellano from hell.

Authorities from different police departments removed the narcobanners. However, some mentioned they were fearful that violence would follow, since these two cartels had, without a doubt, openly declared war.

2 DE NOVIEMBRE
TURISTAS MICHOACANOS DESAPARECIDOS APARECEN MUERTOS

Blog del Narco recibió mediante un correo electrónico, un nuevo interrogatorio, de poco más de un minuto de duración. En el material breve, aparecen dos hombres que se encuentran amarrados y presentan golpes en el rostro y el cuerpo. Hablan de un caso muy delicado: señalan que los turistas michoacanos desaparecidos están enterrados en un poblado de Guerrero, diciendo que fueron levantados por ser miembros de La Familia Michoacana. Los dos hombres que aparecen en la grabación no se identifican, uno de ellos responde las preguntas que un desconocido le realiza:

—¿Por qué mataron a los michoacanos?
—Porque nos ordenó Picachú, Tilde, Toribio y Diego. [...]
—¿A dónde los iban a llevar?
—Los íbamos a llevar a Cuernavaca, pero se nos calentó el terreno, por los soldados.
—¿Y después cuáles fueron las órdenes?
—Las órdenes fueron que los lleváramos al poblado de Tres Palos y los enterráramos.
—¿Por qué hicieron esto? ¿Por qué se desató toda esta masacre, toda esta matazón?
—Todo esto se hizo por La Familia Michoacana… porque nos quitaron la plaza de Ciudad Altamirano.

NOVEMBER 2
MISSING MICHOACÁN TOURISTS FOUND DEAD

Blog del Narco received an e-mail with a new interrogation video, a little over a minute long. In the brief recording, two men can be seen tied up, with their faces and bodies beaten. They inform their captors of the fate of the missing Michoacán tourists, claiming that they were abducted because they were members of La Familia Michoacana. The two men do not identify themselves, and only one answers the questions delivered by an unknown man:

"Why did you kill the Michoacanos?"
"Because we received those orders from Picachú, Tilde, Toribio, and Diego...."
"Where were you going to take them?"
"We were going to take them to Cuernavaca, but the area was hot with soldiers."
"So what was the next set of orders received?"
"The orders were for us to take them to Tres Palos and bury them."
"Why did you do this? Why was such a massacre, such a slaughter, unleashed?"
"All of this was done by La Familia Michoacana ... because they took our territory in Ciudad Altamirano."

3 DE NOVIEMBRE
DESCUBREN NARCOFOSAS EN ACAPULCO

El día después de recibir un video con información sobre la desaparición de varios turistas michoacanos, Blog del Narco recibió una fotografía que da a conocer el final de los interrogados. Aparecieron en un monte brutalmente ejecutados. Junto a los cadáveres fue abandonada una cartulina color verde con un narcomensaje indicando que en ese lugar permanecían los michoacanos desaparecidos:

AQUÍ ESTÁ ENTERRADA LA GENTE QUE MATARON PUTOS: TILDE, TORIBIO, SOSTENES, PICACHU, DIEGO, CHAPARRO, EL COMPADRE. DEJEN DE MATAR GENTE INOCENTE. ATTE. C.I.D.A.

C.I.D.A. son las siglas para el Cártel Independiente de Acapulco. Entonces, elementos de la Policía Estatal recibieron una llamada anónima por parte de integrantes del Cártel Independiente de Acapulco, que alertaba sobre la ubicación de los cuerpos de los desaparecidos originarios de Michoacán. Fueron más de doscientos uniformados los que se hicieron presentes en un camino rural entre el poblado de Tuncingo y El Salto, pertenecientes a Acapulco.

A las pocas horas de los trabajos de excavación se hallaron dos cadáveres, pero a simple vista no se podía saber si realmente se trataba de los turistas desaparecidos, además faltaban más cuerpos. Así que siguieron su investigación y al final localizaron un total de dieciocho cadáveres que permanecían enterrados en las fosas clandestinas, que probablemente se tratara de los michoacanos. Además se indicó que a pocos metros de las narcofosas, pudieron localizar una casa la cual aparentemente servía como oficina de tortura, ya que en el lugar hallaron varios utensilios para este tipo de castigos y manchas de sangre.

Los días que siguieron este reporte, el Departamento de Seguridad Pública de Guerrero confirmó que los dieciocho cuerpos hallados en las narcofosas eran los turistas michoacanos. Sin embargo, faltaban cuatro hombres, ya que habían desaparecido un total de veintidós personas aquel día.

Las familias de los turistas identificaron los cuerpos, aunque algunos estaban irreconocibles y tuvieron que ser sometidos a pruebas de ADN para confirmar su identidad.

A su vez, los familiares recibieron protección de las autoridades, ya que expresaron sentirse inseguros en Guerrero y temían que el grupo delictivo responsable de la masacre viniera en busca de ellos. Además, demostraron un dolor profundo por la muerte de estos hombres, quienes ellos aclararon eran personas honestas y trabajadoras a través de todas sus vidas.

NOVEMBER 3
NARCOGRAVES DISCOVERED IN ACAPULCO

The day after receiving the video with information about the missing Michoacán tourists, Blog del Narco received a photo revealing the fate of the two men who were interrogated. They were in a forest, brutally executed. Next to the bodies was a green poster board with a narcomessage stating that the abducted tourists were in that same location:

HERE LIE THE PEOPLE WHO KILLED FAGS: TILDE, TORIBIO, SOSTENES, PICACHU, DIEGO, CHAPARRO, EL COMPADRE. STOP KILLING INNOCENT PEOPLE. SINCERELY, C.I.D.A.

The C.I.D.A. stands for Cártel Independiente de Acapulco, or Independent Cartel of Acapulco. Meanwhile, state police officers received an anonymous call from Independent Cartel of Acapulco members, giving them the location of the bodies of the missing Michoacanos. More than two hundred officers arrived to the location: a country road in Tuncingo and El Salto, Acapulco.

After a few hours of digging, two bodies were found, but could not be identified as the missing tourists at first. As they moved forward with their investigation, they located eighteen bodies buried in mass graves that were very likely the missing tourists. He also indicated that a few feet away from the narcograves, they found a house that apparently was used as a torture chamber, as it was filled with several bloodstained torture tools.

In the days following this report, the Guerrero Public Safety Secretariat confirmed that the eighteen bodies found in the narcograves belonged to the Michoacán tourists. However, four men are still missing, since there was a total of twenty-two people who disappeared that day.

Tourists' family members went to the medical examiner's office to identify the bodies, although some were unrecognizable and had to undergo DNA testing to confirm their identity.

In turn, the family members received protection on behalf of the authorities, since they felt unsafe in Guerrero and feared the criminal group responsible for the massacre might come after them. Furthermore, they showed a deep sense of pain caused by the death of these men, who they said had been honest working people.

4 DE NOVIEMBRE
DECAPITAN A OCHO INTEGRANTES DE LOS ZETAS

El pasado 31 de octubre, Día de Brujas, algunos automovilistas pudieron ser testigos de una macabra escena, como en últimas fechas parece tratarse de una costumbre, ya que integrantes del Cártel del Golfo dieron otra muestra de poder a Los Zetas. Habían decapitado a varios halcones.

Blog del Narco recibió una serie de fotografías en donde se podía apreciar a ocho personas decapitadas, mismas que formaban parte de Los Zetas. Las cabezas y los cuerpos fueron colocados en la parte trasera de una camioneta que fue abandonada en la carretera a Ciudad Mante, Tamaulipas.

Se trataba de cuatro hombres y cuatro mujeres, algunas cabezas permanecían vendadas de los ojos, mientras que en todos los cuerpos se podía detectar que habían sido torturados, quienes no fueron identificados. Sin duda era una macabra acción, de nueva cuenta superaron a la ficción. Debajo de los cuerpos amontonados, y de las cabezas acomodadas, se pudo observar una manta blanca con un narcomensaje firmado por el Cártel del Golfo:

ESO LES PASA POR APOYAR A LOS ZETAS. AHÍ VAN TUS HALCONES PINCHES MUGROSOS.

ATTE. CÁRTEL DEL GOLFO

NOVEMBER 4
EIGHT LOS ZETAS BEHEADED

On Halloween, October 31, motorists witnessed a gruesome scene, which seems to be the norm lately. Gulf Cartel members gave Los Zetas a show of power by beheading several of their halcones, who typically inform cartels of authority presence and locations.

Blog del Narco received a series of photos showing eight decapitated people, all members of Los Zetas. The heads and bodies were placed in the back of a truck that had been abandoned in the highway leading to Ciudad Mante, Tamaulipas.

There were four men and four women, all unidentified. Some heads were still blindfolded, while all bodies showed signs of torture. Under the piled up bodies and carefully placed heads was a white banner with a narco-message signed by the Gulf Cartel:

THIS IS WHAT HAPPENS WHEN YOU SUPPORT LOS ZETAS. HERE ARE YOUR HALCONES, YOU FILTHY BASTARDS.

SINCERELY, GULF CARTEL.

4 DE NOVIEMBRE
APARECE EL HERMANO DE LA PROCURADORA DE CHIHUAHUA

Durante la noche del 3 de noviembre, elementos de la Policía Federal colocaron un retén de seguridad en la carretera Panamericana en la ciudad de Chihuahua. Cuando varios hombres armados que tripulaban camionetas pasaron por el mencionado retén, pero no hicieron caso cuando se les marcó el alto, los agentes de la Policía Federal comenzaron una persecución, lo que provocó un intenso enfrentamiento.

Los pistoleros fueron en dirección a la Avenida Miguel de Cervantes, en donde ya los esperaban elementos de la Policía Federal, Policía Estatal y de la Policía Municipal, así los agresores quedaron totalmente acorralados. Fue en ese momento donde los uniformados lograron detener a ocho pistoleros, dos de ellos fueron heridos en el tiroteo. Uno de los detenidos confesó que ellos habían participado en el levantón a Mario González Rodríguez, hermano de Patricia González, ex procuradora de Chihuahua.

En octubre, el hermano de la ex procuradora fue secuestrado por un comando armado. Se dieron a conocer una serie de videos en donde él confiesa que es miembro de La Línea, revela los nombres de muchos involucrados en el tráfico de drogas y admite que él sirve de lazo para la ex procuradora, quien le ofreció protección a ciertos delincuentes. Confiesa que la ex procuradora ha mandado a matar a varias personas, incluyendo los periodistas Armando "El Choco" Rodríguez y Enrique Perea.

Mario Ángel también menciona a Creel, Chihuahua, la masacre en donde mataron a trece personas inocentes, incluyendo un bebé de solo meses, y dice que nadie fue detenido porque en aquel entonces los delincuentes estaban protegidos por la procuradora. La ex procuradora luego respondió, diciendo que estas acusaciones eran puro juegos y mentiras.

En los videos, Mario Ángel se ve cada vez más nervioso, hasta que suplica: "Le pido perdón a Dios y a la gente por haber matado a tanta gente inocente. Estábamos enfermos de poder yo, mi hermana, el gobernador y la gente del cártel".

El sicario capturado, quien había filmado la interrogación de Mario Ángel, confesó el lugar donde permanecía el cadáver. De inmediato se montó un operativo en la colonia Granjas del Valle, ubicada al norte de la ciudad de Chihuahua, donde se hallaron cuatro cadáveres enterrados, uno de ellos era el de Mario.

NOVEMBER 4
CHIHUAHUA ATTORNEY'S BROTHER TURNS UP

During the night of November 3, Federal Police officers created a checkpoint on the Pan-American highway in Chihuahua. When several armed men in pickup trucks drove past the checkpoint but did not heed the officers' request for them to stop, a pursuit and confrontation ensued.

The gunmen headed to Miguel de Cervantes Avenue, where federal, state, and local police officers were waiting. They managed to corner and arrest eight gunmen, two of whom had been injured in the shootout. One of them confessed that he had participated in the abduction of Mario Ángel González Rodríguez, former Chihuahua attorney Patricia González's brother.

In October, the former attorney's brother, Mario Ángel, was kidnapped by armed commandoes. A series of videos was released in which he confessed that he belonged to La Línea, revealed the names of many people involved in drug trafficking, and admitted that he was the link with the former attorney, who offered certain criminals protection. He confessed that the former attorney had ordered several people killed, including reporters Armando "El Choco" Rodríguez and Enrique Perea.

Mario Ángel also mentioned the Creel, Chihuahua, massacre, in which thirteen innocent people were murdered, among them a baby only a few months old, and said that no one was arrested because the criminals were protected by the attorney at the time. The former attorney later responded, saying that the allegations were all games and lies.

In the videos, Mario Ángel became increasingly nervous, until he pleaded, "I ask God and the people for forgiveness for having killed so many innocent people. My sister, the governor, the cartel members, and I were sick with power."

The captured gunman who filmed Mario Ángel's interrogation revealed the body's location. Units were immediately sent to an abandoned ranch construction site north of Chihuahua city, where four bodies were found buried, one of which was Mario Ángel's.

5 DE NOVIEMBRE
ABATEN A TONY TORMENTA

Elementos de la Marina Armada de México habían realizado un minucioso operativo en Matamoros, Tamaulipas, y en el mismo había sido abatido Antonio Ezequiel Cárdenas Guillén, mejor conocido como Tony Tormenta, quien en vida fue líder del Cártel del Golfo. Un periodista de Nota Roja murió en el fuego cruzado.

Los marinos prepararon el terreno, ya que horas antes de que se iniciara el operativo dispararon contra los transformadores y dejaron sin electricidad al sector. También se cortaron las señales de telefonía celular, afectando a miles de personas. En ese momento, la gente de Tony Tormenta ya sabía que las autoridades estaban preparando algo para su jefe. Fue así que hombres fuertemente armados en decenas de camionetas ingresaron a Matamoros y llegaron a una pequeña plaza comercial, en donde el capo tenía una oficina, misma que servía como refugio de lujo.

A un costado estaba un jardín de niños, mismo en donde a esa hora permanecían alumnos y maestros. Pero es que Tony Tormenta había causado tantos grandes dolores de cabeza a las autoridades, que no les importó. En muchas ocasiones se buscó capturarlo, pero al final siempre se terminaba escapando. Esta ocasión fue diferente. Luego de un intenso combate que duró más de treinta minutos, donde los marinos utilizaron más de cincuenta granadas de fragmentación y sofisticado armamento, lograron matarlo.

Junto a Tony Tormenta fueron abatidos varios de sus sicarios personales. Casas de particulares, autos de civiles, locales comerciales y hasta el jardín de niños resultaron con afectaciones por el ataque, entre los balazos y los granadazos.

En la acción, varios civiles resultaron con lesiones, al igual que elementos de la Armada de México, incluso tres de ellos también perdieron la vida al enfrentarse a Tony Tormenta, quien luchó hasta el último minuto para poder ganar la batalla.

Fue un gran golpe para el Cártel del Golfo, ya que Tony era como un padre para los integrantes de dicha organización delictiva. Las autoridades saben que las represalias del CDG desatarán una ola sangrienta.

NOVEMBER 5
TONY TORMENTA GUNNED DOWN

The Mexican naval forces carried out a detailed operation in Matamoros, Tamaulipas, where the leader of the Gulf Cartel, Antonio Ezequiel Cárdenas Guillén, better known as Tony Tormenta, was gunned down. A Nota Roja reporter was killed in the crossfire.

The naval officers prepared the field hours earlier, shooting at the transformers and cutting off the area's electricity. Cell-phone towers were also taken out, affecting thousands of people. By then, Tony Tormenta's people knew the authorities had something in store for their boss. So dozens of his heavily armed men descended into Matamoros and made their way to a small commercial plaza where the capo had a luxurious office.

There was a kindergarten next door, with students and teachers in class at the time. However, Tony Tormenta had caused the authorities so many headaches and close calls that they didn't care. On several occasions they almost had him, but he always managed to escape at the last minute. This time it was different. After a thirty-minute battle, in which the navy used fifty fragmentation grenades and sophisticated weaponry, they killed him.

Several of his personal enforcers were also gunned down. Private homes, cars, businesses, and even the kindergarten were affected by the bullet- and grenade-filled attack.

The military operation left many civilians injured, as well as naval officers, three of whom lost their lives confronting Tony Tormenta, who fought until the very last minute.

This was a big blow for the Gulf Cartel, since Tony Tormenta was like a father to its members. The authorities expect the Gulf Cartel's retaliation to be a bloodbath.

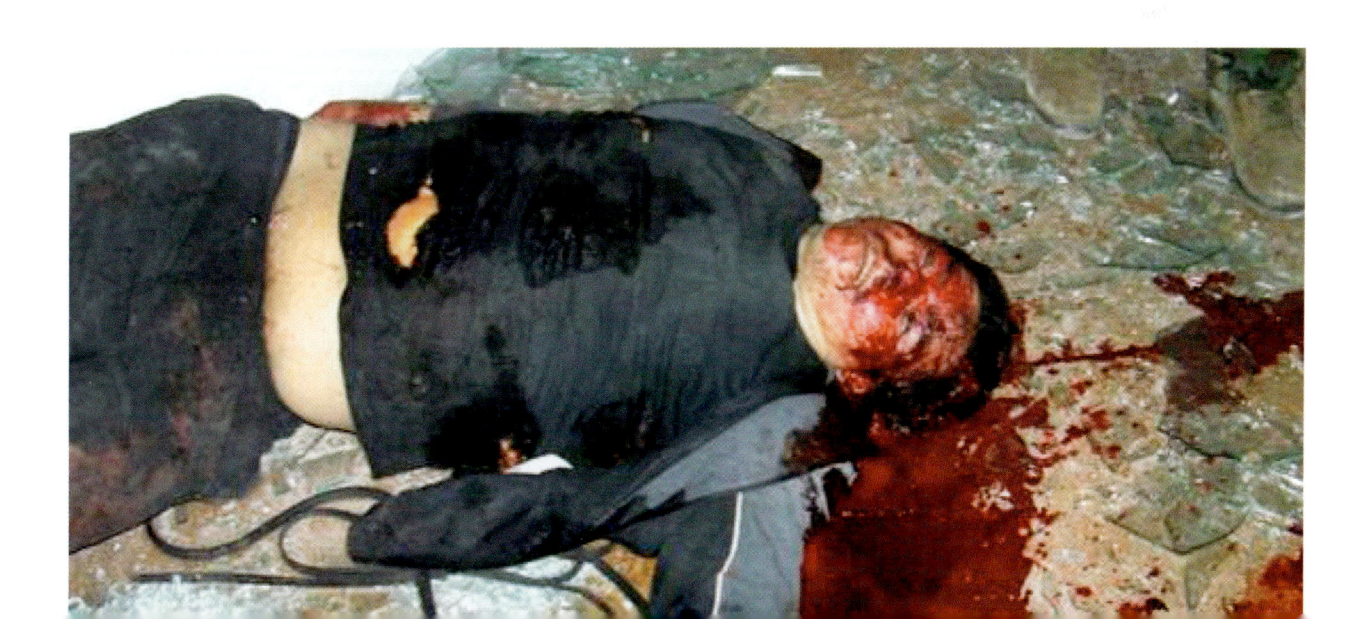

6 DE NOVIEMBRE
APARECEN MÁS DE LOS ZETAS DEGOLLADOS

Las acciones de venganza por parte del Cártel del Golfo no se hicieron esperar tras la muerte de su líder. Blog del Narco recibió un correo electrónico con una serie de fotografías en donde se podía observar otra trágica acción, en donde los sicarios se dieron el lujo de hasta posar con sus víctimas, en forma burlona y amenazante para sus contrincantes, Los Zetas.

Los sicarios fueron fotografiando paso a paso su trabajo, desde que levantaron a un grupo de tres hombres, hasta los detalles de las torturas y golpes que les dieron, finalizando con la ejecución, donde un encapuchado posa con su víctima y lo decapita. En las últimas imágenes, un pistolero vestido con ropa tipo militar acomoda varias cabezas sobre una vía y deja cartulinas con narcomensajes, indicando que los ejecutados eran halcones de Los Zetas.

Los cadáveres fueron hallados por las autoridades después de recibir una llamada de los propios sicarios que informaba lo que había ocurrido. Policías se desplazaron hasta la carretera Abasolo-Soto la Marina, en Tamaulipas, y hallaron a los tres decapitados cada uno con un narcomensaje, uno de los cuales decía:

AQUÍ ESTAN SUS PINCHES HALCONES RATAZ. ATTE: BRAVOS C.D.G.

Aunque la muerte de Tony Tormenta fue un éxito para el Gobierno mexicano, más bien los que se sintieron triunfadores fueron Los Zetas, ya que sabían perfectamente que el Cártel del Golfo sin duda se sentiría debilitado por la pérdida. Era el momento ideal para burlarse de ellos y publicitarlo. Así que mientras los del Cártel del Golfo ejecutaban a los halcones de Los Zetas, diferentes estados de la República Mexicana amanecieron con narcomantas firmadas por Los Zetas y dirigidas al Cártel del Golfo.

El mensaje era el mismo, amenazando con perseguir a "las traidoras de las golfas" hasta el infierno para "volverlos a matar". Solo en Veracruz se encontraron por lo menos diez narcomantas en lugares diferentes. En el Sur fueron vistas con sorpresa, aparecieron en Puebla, Cancún y Playa del Carmen, lugares que hasta la fecha es curioso que se registren ejecuciones. Por supuesto, también aparecieron narcomantas en el escenario de la caída de Tony Tormenta.

NOVEMBER 6
MORE ZETAS TURN UP WITH SLIT THROATS

The Gulf Cartel was quick to avenge its leader's death. Blog del Narco received an e-mail with a series of photographs showing Gulf gunmen posing with their victims, mocking and threatening Los Zetas.

The sicarios photographed every step of their work, from the moment they abducted three men to the details of the torture and beatings they inflicted on them to the execution, in which a hooded man poses with his victim and then decapitates him. In the final images, a gunman dressed in military attire arranges the various heads along a road and leaves a poster board with a narcomessage, noting that the executed men were halcones for Los Zetas.

Authorities found the bodies after receiving a call from the sicarios themselves. Police units were dispatched to the Abasolo-Soto la Marina highway in Tamaulipas, where they found the three beheaded men, each with a narco-message, one of which read:

HERE ARE YOUR NASTY HALCONES RATZ. SINCERELY, ANGRY C.D.G.

Though Tony Tormenta's death was a success for the Mexican government, it was a much bigger triumph for Los Zetas, since their rival Gulf Cartel was undoubtedly weakened by the loss. The time had come for some heavy mockery and advertising. So as the Gulf Cartel executed Los Zetas halcones, various Mexican states awoke to narco-banners signed by Los Zetas, aimed at the Gulf Cartel.

The same message threatening to chase "Gulf traitors" to hell and "kill them all once again" appeared on all banners, roughly ten of which were scattered around Veracruz alone. Even in Puebla, Cancún, and Playa del Carmen, which have been much less affected by the drug war, citizens were surprised to find narcobanners. And, of course, banners were placed in the spot where Tony Tormenta was terminated.

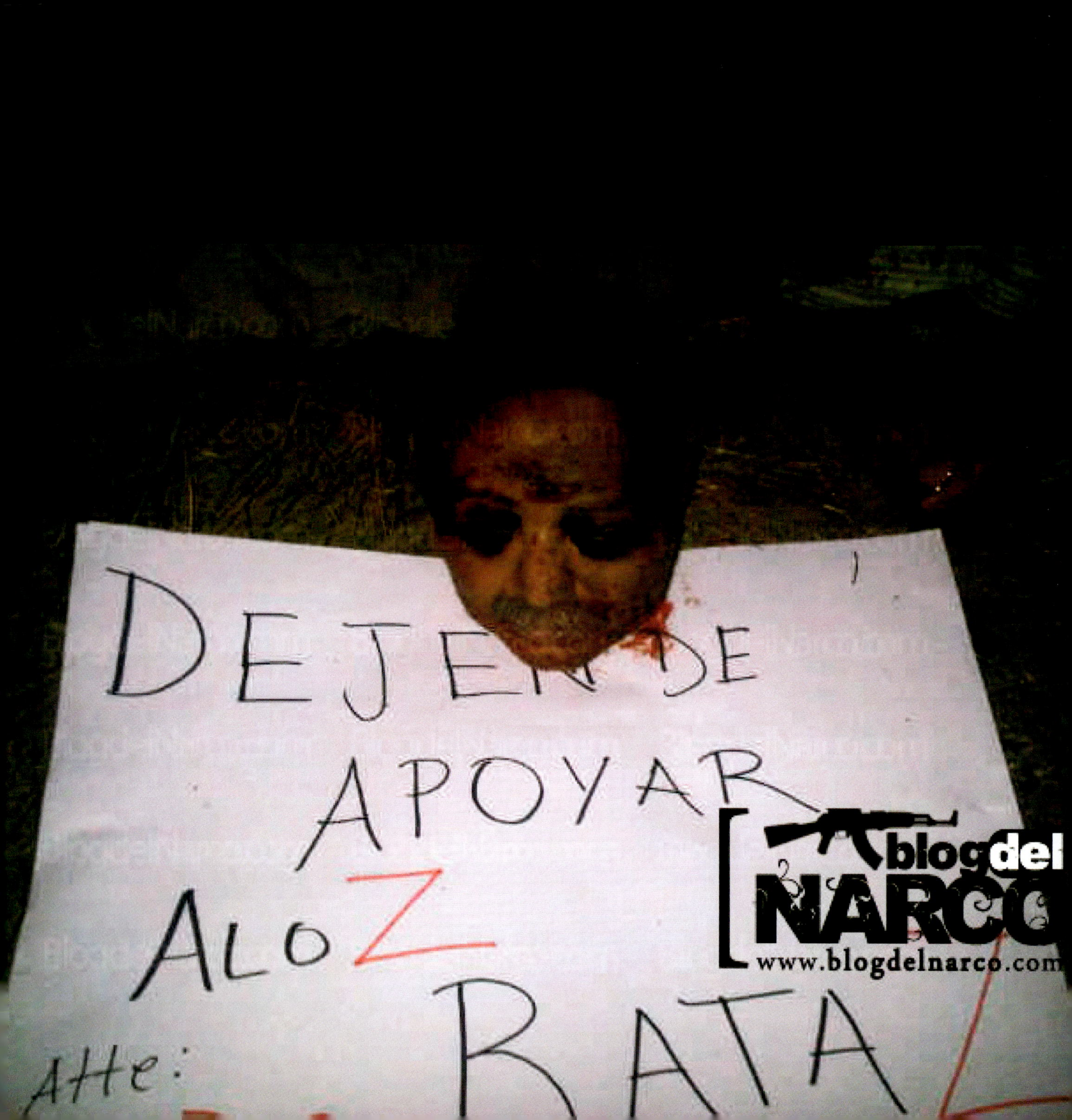
DEJEN DE
APOYAR
ALOZ
RATA
Atte:
blog del NARCO
www.blogdelnarco.com

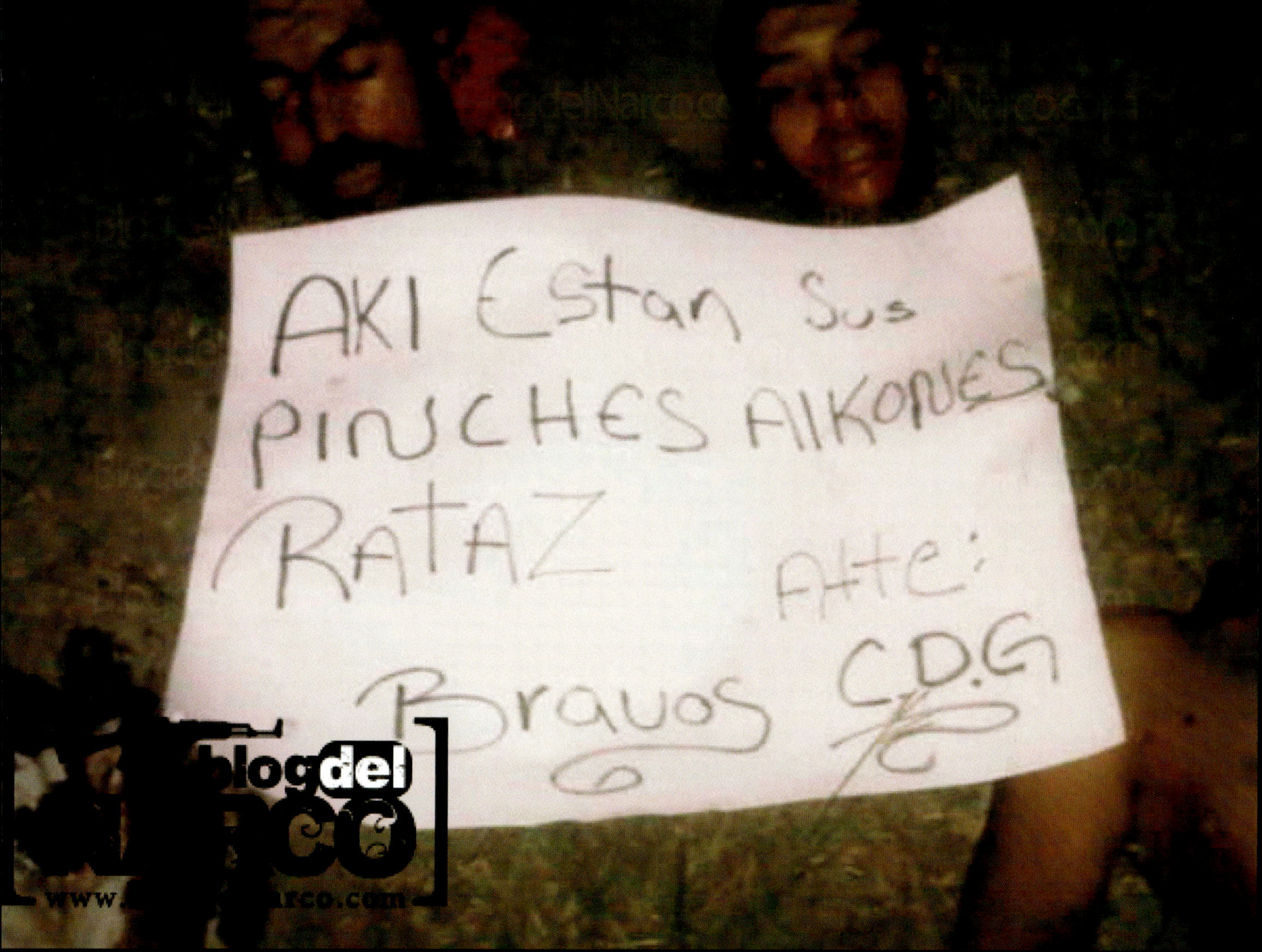
AKI Estan Sus
PINCHES AlKONES
RATAZ
Atte:
Bravos C.D.G

8 DE NOVIEMBRE
CAPTURAN A EL ANIMAL

La Policía Federal realizó un minucioso operativo en la ciudad de Culiacán, Sinaloa. Buscaban capturar a Manuel Fernández Valencia, mejor conocido como El Animal, quien se disponía a mandar un cargamento de marihuana a Estados Unidos. Los agentes realizaron la captura del socio de Joaquín Guzmán Lorea, alias El Chapo; junto a él se logró la detención de siete de sus colaboradores.

Cuando ya habían capturado a los narcos, un comando armado llegó para intentar rescatarlos, por lo que se registró un intenso enfrentamiento por casi veinte minutos. Los pistoleros no pudieron cumplir su objetivo y escaparon.

Fue el mismo Chapo Guzmán quien nombró como encargado a Manuel Fernández Valencia de la plaza de Jalisco, esto tras la muerte de Nacho Coronel. También el hijo de Joaquín colaboraba con El Animal muy de cerca y realizaban acciones juntos. Hay que recordar que El Animal es el padre de Marcial, joven que fue ejecutado hace un tiempo luego de ser confundido con otro hijo de El Chapo.

NOVEMBER 8
EL ANIMAL CAPTURED

Federal Police carried out a thorough operation in Culiacán, Sinaloa, looking to capture Manuel Fernández Valencia, better known as El Animal, who was getting ready to send a shipload of marijuana to the United States. The agents also captured eight Sinaloa Cartel cohorts who were with him.

After the drug traffickers were captured, their sicarios tried to rescue them, and a twenty-minute confrontation broke out. The gunmen eventually escaped, but without their colleagues.

El Chapo Guzmán himself was the one who placed El Animal in charge of the Jalisco drug territory after Nacho Coronel's death. El Chapo's son also closely collaborated with El Animal and carried out plans with him. Readers may recall that El Animal is the father of Marcial, the young man who was executed when rival cartel members mistook him for El Chapo's other son.

9 DE NOVIEMBRE
ALCALDE ELECTO EN VERACRUZ ES BRUTALMENTE EJECUTADO

A las 16:30 del día 8 de noviembre, Gregorio Barradas Miravete, alcalde electo del municipio de Juan Rodríguez Clara, Veracruz, se encontraba en un lujoso restaurante comiendo en compañía del ex edil Omar Manzur Assad y del chofer Ángel Landa Cárdenas. Los hombres se encontraban disfrutando la reunión, mientras Gregorio platicaba que el día primero de 2011 tomaría protesta.

Para sorpresa de los clientes del lugar, un comando armado ingresó al restaurante, ubicó a Gregorio y se lo llevó a la fuerza junto a los otros dos acompañantes. Los pistoleros subieron a los tres hombres a la camioneta Hummer color azul de Barradas y se fueron. La noticia llegó de inmediato a la esposa del alcalde electo, quien entró en pánico, naturalmente.

Gregorio Barradas, de tan solo veintiocho años, ya había sido Diputado Federal por parte del Partido Acción Nacional, ganadero reconocido y productor de maíz y piña. Amante de la música norteña, estaba casado con la hija del alcalde Nahum Tress Mánica.

Horas más tarde había noticias de Gregorio y sus dos acompañantes. Los habían encontrado muertos, pero no en Veracruz, sino en Tuxtepec, Oaxaca. Decenas de uniformados llegaron al lugar, donde los tres cadáveres permanecían en el interior de la camioneta Hummer, misma que presentaba impactos de bala. Sus manos fueron atadas con cinta adhesiva gris y la sangre escurría entre sus ropas. Habían sido ejecutados a balazos. Junto a ellos fue dejada una cartulina en color verde con un narcomensaje, una advertencia muy clara:

ESTO LE VA A PASAR A TODOS LOS QUE SIGAN APOYANDO A LOS ZETAS.

La noticia consternó a la sociedad veracruzana. Reclamaban que se hiciera justicia. Entre algunas personas que trabajaban de cerca con Gregorio, se podían escuchar historias, señalando que el propio edil electo había mantenido relación amistosa con algunos jefes de Los Zetas, y hasta había sido invitado de honor en algunas fiestas, en donde su esposa lo acompañaba.

Por su parte, el presidente Felipe Calderón mencionó en su cuenta de Twitter oficial que el asesinato de Gregorio había sido una acción contra toda la sociedad. Además lo condenó como un acto sumamente cobarde, sin embargo el mandatario de México se equivocó, ya que no redactó bien el nombre del político ejecutado.

NOVEMBER 9
VERACRUZ MAYOR-ELECT BRUTALLY EXECUTED

At 4:30 P.M. on November 8, Gregorio Barradas Miravete, mayor-elect of Juan Rodríguez Clara, Veracruz, was in a fancy restaurant with former mayor Omar Manzur Assad and his chauffeur Ángel Landa Cárdenas. The men were enjoying their meeting, especially since Gregorio was to be sworn in as mayor in less than two months.

To the surprise of the diners, armed commandos burst into the restaurant, found Gregorio, and dragged him out by force along with his two table companions. The gunmen loaded the three men in the blue Hummer belonging to the mayor-elect and left. The news immediately made its way to the mayor-elect's wife, who, naturally, began to panic.

At twenty-eight years old, Gregorio Barradas had already been a PAN federal representative and well-known animal breeder, as well as a corn and pineapple producer. He loved Norteña music and was married to mayor Nahum Tress Mánica's daughter.

News came hours later regarding Gregorio, the former mayor, and the chaffeur. They had been found dead—not in Veracruz, but in Tuxtepec, Oaxaca. Dozens of officers were present at the scene, where the three bodies were still inside the Hummer, which was now marked with bullet holes. Their hands had been tied with duct tape and blood dripped down their clothes. They were shot and executed. A green poster board with a narcomessage had been left beside them, with a very clear warning:

THIS WILL HAPPEN TO EVERYONE WHO KEEPS SUPPORTING LOS ZETAS.

The news filled the community with dismay. They demanded justice. A few stories were leaked among some of Gregorio's close colleagues, noting that the mayor-elect had maintained friendly relationships with some Zetas leaders, and he had even been a guest of honor at some of their parties, to which his wife had accompanied him.

In turn, President Felipe Calderón tweeted from his official Twitter account that Gregorio's murder had been an act against the community. He also condemned it as a cowardly act; however, the Mexican president misspelled the deceased politician's name.

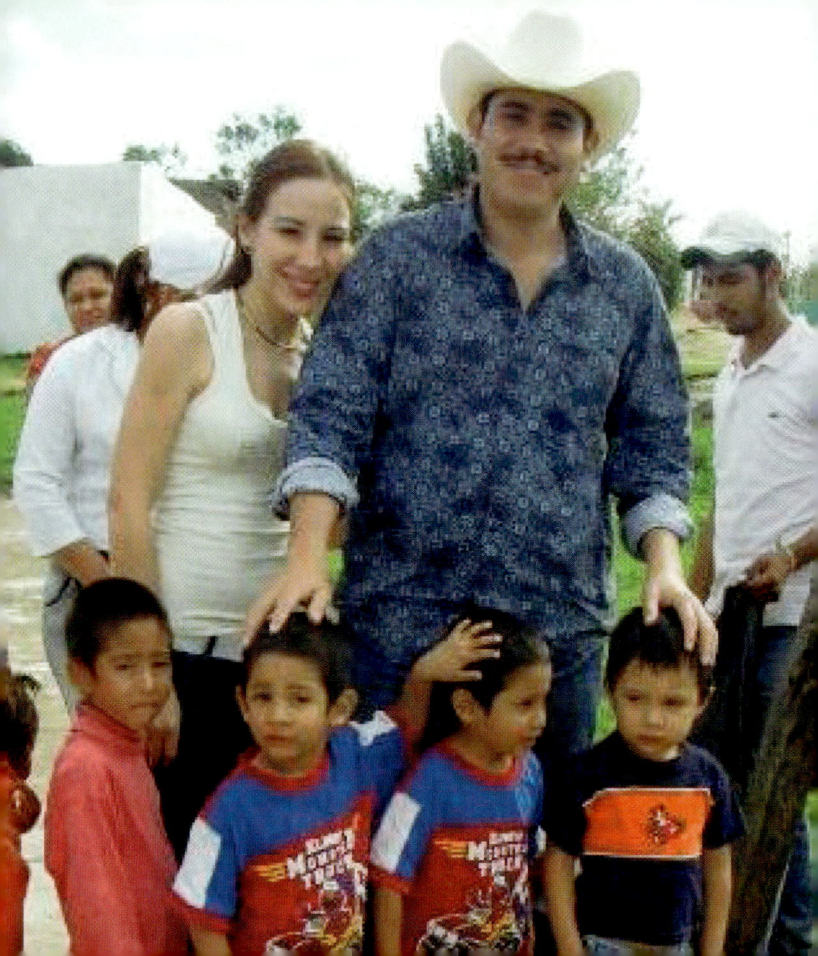

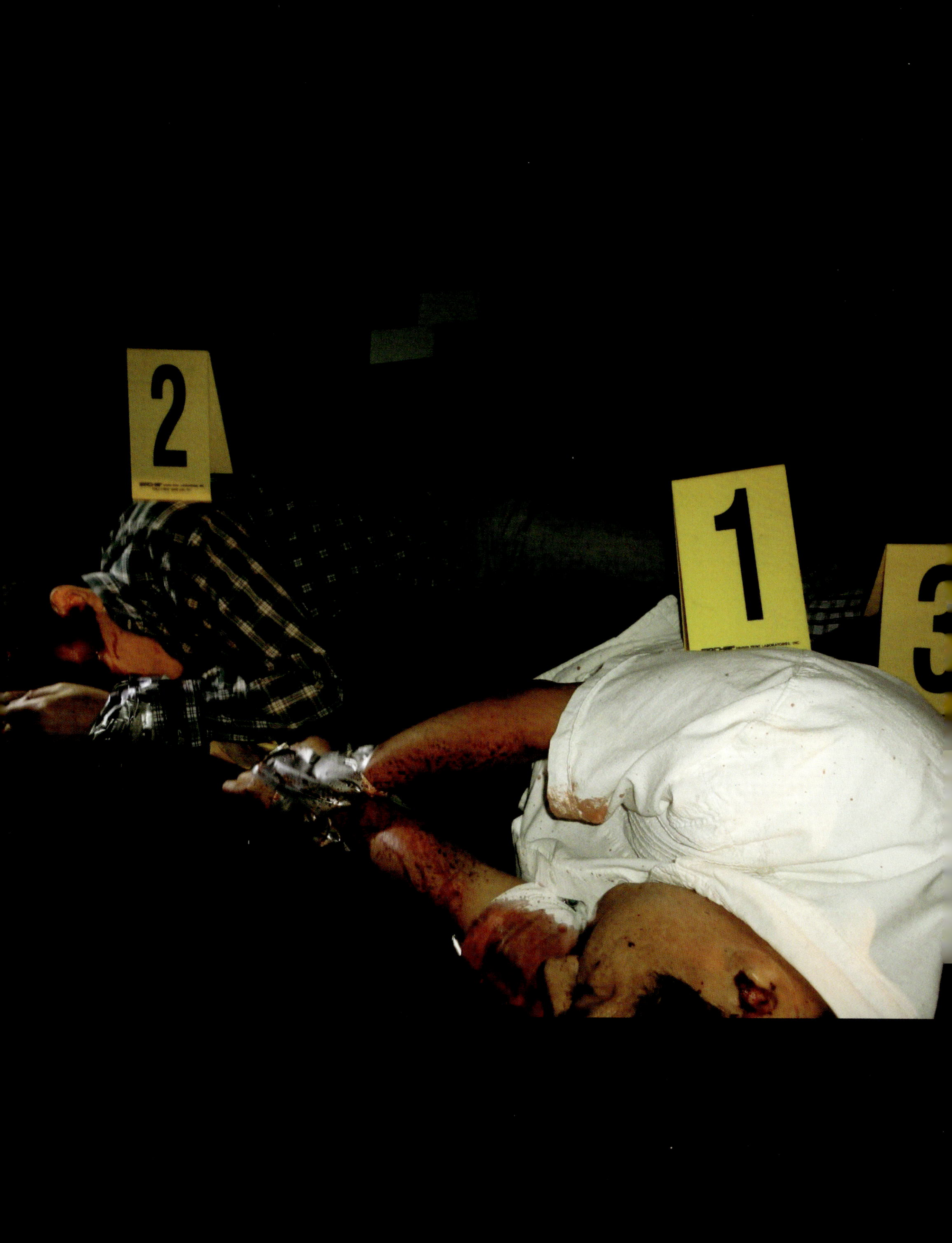
2
1
3

10 DE NOVIEMBRE
LA FAMILIA MICHOACANA EMITE NARCOCOMUNICADO

LA FAMILIA MICHOACANA
CABALLEROS TEMPLARIOS
También conocidos como: La Familia, LFM
Origen: Se dice que La Familia comenzó como una patrulla ciudadana con la intención de hacer desaparecer a los traficantes de droga y extorsionistas. Sin embargo, pronto se convirtió en un cultivador y distribuidor de marihuana, y para el año 2000, se había vuelto un ala del Cártel del Golfo, con la intención de controlar el tráfico en el estado de Michoacán. En 2005, se convirtió en su propio cártel independiente, distinguido por una pasión religiosa inusual. El grupo es conocido por predicar la Cristiandad y asegurar que su organización, hasta cuando decapita y tortura a víctimas, está haciendo "el trabajo de Dios". Normalmente, La Familia entrega Biblias y dona dinero a la comunidad, y requiere que los nuevos reclutas se limpien de sus adicciones a las drogas y el alcohol antes de comenzar el curso de adoctrinamiento que dura dos meses.
Liderazgo: El grupo oficialmente fue fundado por Carlos Alberto Rosales Mendoza. Después de su arresto en 2004, fue tomado por el fanático de la Biblia Nazario "El Chayo" Moreno González y José de Jesús "El Chango" Méndez Vargas. Sin embargo, Moreno González se separó de La Familia para formar los Caballeros Templarios —aunque se cree que lo mataron en diciembre de 2010, los Caballeros

En recientes fechas, las autoridades han convertido a La Familia Michoacana en uno de sus enemigos más perseguidos, considerando a sus integrantes como extremadamente peligrosos. Aunque esto se puede probar, no se necesita ser experto para darse cuenta de que hay organizaciones mucho más sanguinarias y que realmente están creando más terror en la sociedad. Basta considerar que la población de Michoacán siempre los ha defendido porque además de dedicarse a su "negocio", como lo llaman, se encargan de protegerlos, principalmente de los abusos que gente rica comete con los pobres.

Gracias a un correo electrónico, Blog del Narco recibió un narcocomunicado por parte de La Familia Michoacana en donde exponen su sentir y pensar a toda la sociedad en general sobre la narcoguerra y amenazan con quitarle el apoyo a su comunidad, que ellos dicen ha logrado evitar que la región se convierta en otra Ciudad Mier o Juárez.

Esa misma mañana, decenas de narcomantas con el mismo mensaje aparecieron en diferentes puntos de Michoacán. Ciudadanos reportaron que hombres desconocidos llegaban casa por casa a repartir volantes. Pósters con el texto firmado por La Familia Michoacana se podían observar en postes, casetas telefónicas y negocios. El mensaje decía:

A LA SOCIEDAD MICHOACANA EN GENERAL:
LA FAMILIA MICHOACANA, surge en el año 2005, ante la incapacidad de nuestro gobierno para

NOVEMBER 10
LA FAMILIA MICHOACANA ISSUES NARCO-PRESS RELEASE

Recently, the government has turned La Familia Michoacana into one of its most pursued enemies, claiming that its members are extremely dangerous. While there is truth to that, you don't need to be an expert to realize other drug cartels have been much more savage and have caused more chaos. The people of their home turf, Michoacán, who they've always defended, say that, apart from their so-called business, which can be as brutal as that of any other cartel, they make sure their community is protected mainly from rich people's abuse of the poor.

Via e-mail, Blog del Narco received a narco press release on behalf of La Familia Michoacana in which they express their thoughts on the drug war and threaten to pull out its support of the community, which they claim has kept the region from becoming another Ciudad Mier or Juárez.

That same morning, dozens of narcobanners with the same message appeared in different Michoacán locations. Citizens also reported unknown people going door to door, handing out flyers. Posters with the message signed by La Familia Michoacana could be found on poles, telephone booths, and storefronts. The message read:

TO THE MICHOACÁN PUBLIC:

La Familia Michoacana began in 2005, in response to the government's incompetence regarding our residents' safety. It is made up of men and women from Michoacán, willing to give their life in order to defend their state. They are human beings, who with courage and submission have driven other external

LA FAMILIA MICHOACANA
KNIGHTS TEMPLAR
Also Known As: La Familia, LFM, the Michoacana Family.
Origin: It is believed that La Familia began as a group of vigilantes whose intention was to wipe out drug traffickers and extortionists. However, it soon branched into growing and distributing marijuana and, by 2000, had become a wing of the Gulf Cartel in its attempts to control trafficking in the state of Michoacana. In 2005, it became its own independent cartel, distinguished by an unusual religious fervor. The group is known for preaching muscular Christianity and claiming that its organization, even when beheading and torturing victims, is doing the Lord's work. La Familia regularly hands out Bibles and donates money to the community, and requires new recruits to cleanse themselves of drug addiction and alcoholism before entering a two-month indoctrination course.
Leadership: The group was officially founded by Carlos Alberto Rosales Mendoza. After his arrest in 2004, it was taken over by the Bible-pounding Nazario "El Chayo" Moreno González and José de Jesús "El Chango" Méndez Vargas. However, Moreno González broke with the family to form the Knights Templar; although he is believed to have been killed in December 2010, the Knights Templar have continued to grow in power. Meanwhile, when El Chango was captured, leadership fell to his twenty-two-year

Templarios siguen aumentando su poder. Mientras tanto, cuando El Chango fue capturado, el liderazgo cayó en manos de su hijo de veintidós años, Servando "La Tuta" Gómez Martínez, un maestro escolar quien continúa recibiendo pagos por esa profesión. Tiene una reputación de ser supersticioso, usa cartas del Tarot y disfruta ser el centro de atención. También le gustan las peleas de gallos y los boleros, y toma agua obsesivamente para evitar la deshidratación. La Tuta estaba listo para casarse con una reina de belleza de veinticuatro años, proveniente de Arteaga, Michoacán, sin embargo, el casamiento se canceló cuando la detuvieron en una redada junto con otros miembros de La Familia. Se informa que La Tuta tiene excelentes contactos policíacos y militares, a quienes les paga hasta cien mil pesos por mes para recibir protección. El más pragmático Enrique Plancarte Solís es el segundo al mando.

Actividades y áreas de operaciones: Es un productor y exportador importante de metanfetaminas. También trafica cocaína, heroína y marihuana. Está activo en Michoacán y otros cuatro estados mexicanos, así como en los Estados Unidos. La organización secuestra gente que le debe dinero, así como familiares de funcionarios estatales y federales. La Tuta le viene ofreciendo a las fuerzas de seguridad nacional mexicanas una tregua a cambio de la libertad para continuar su tráfico ilegal de drogas. Sin embargo, el gobierno del presidente Calderón ha ignorado sus llamadas a dialogar y rechazado la oferta. En conjunto con los Estados Unidos, casi dos mil miembros de La Familia han sido detenidos en los Estados Unidos y México en 2011.

otorgar seguridad a los ciudadanos, está integrada por hombres y mujeres michoacanos dispuestos a dar la vida por defender a su Estado, seres humanos que con valor y entrega han expulsado de Michoacán a grupos externos que por medio de la violencia y el terror han intentado apoderarse no solo de nuestro Estado, sino de todo el país, somos hombres y mujeres decididos a tener un mejor MICHOACÁN, dispuestos a luchar ante la ineficacia y tibieza de las autoridades para erradicar de nuestro Estado a ladrones, violadores, narcotraficantes y secuestradores.

Lamentablemente el gobierno federal sigue mostrando su incapacidad y ha realizado una verdadera cacería en contra de la sociedad michoacana, utilizando como excusa el acabar con nuestra organización, ha cometido en contra de la sociedad civil innumerables atropellos, han violentado y saqueado domicilios, han asesinado y violado a hombres y mujeres. [...] Esta organización no quiere ser el pretexto para que las autoridades continúen lacerando y sobajando los derechos humanos de nuestros hermanos Michoacanos.

Por tales razones y con la incertidumbre de dejar nuevamente en manos de las autoridades la seguridad de nuestro Estado, HEMOS DECIDIDO REPLEGARNOS y reintegrarnos a nuestras actividades productivas, esto si el gobierno federal y local, la PFP y demás autoridades se comprometen a [...] salvaguardar sin temor la seguridad de los michoacanos de todos aquellos que pretendan venir a desestabilizar a nuestro hermoso Estado, con el compromiso pues, de morirse en la raya por Michoacán; si el gobierno acepta este compromiso público y lo cumple LA FAMILIA MICHOACANA SE DISOLVERÁ. [...]

Por ello, les pedimos que valoren si les servimos o desaparecemos, invitándolos a que nos hagan saber su opinión a través de los medios conducentes (Internet, redes sociales, radio, televisión, periódicos, etc.), ya que para nosotros es importante saber la opinión de todos ustedes. "MAS VALE MORIR DE PIE Y CON LA FRENTE EN ALTO, QUE VIVIR TODA UNA VIDA DE RODILLAS Y HUMILLADO".

ATENTAMENTE, —FAMILIA MICHOACANA.
Michoacán, Noviembre 2010.

groups out of Michoacán, groups that have used violence and terror to try and seize not only our state, but also our nation. We are men and women who have decided to have a better Michoacán, willing to fight in the face of the inefficiency and halfheartedness of the authorities to eradicate criminals, rapists, drug traffickers, and kidnappers from our state.

Unfortunately, the federal government continues to show its incompetence and has gone on a true hunt against the Michoacán society, using the goal of ending our organization as an excuse. They have committed countless violations against civilians; they have trespassed and looted private homes; they have murdered and raped men and women.... This organization does not want to be the authorities' pretext for them to continue lacerating and humiliating our Michoacán brothers' and sisters' human rights.

For these reasons, and with the uncertainty of leaving our state's safety once again in the hands of the authorities, WE HAVE DECIDED TO FOLD and reintegrate into our productive activities, if the federal and local government, the federal preventive police, and the rest of the authorities commit to... fearlessly safeguard the people of Michoacán from all those who want to destabilize our beautiful state, with the commitment to die in the line of fire for Michoacán. If the government accepts this public commitment and sees it through, LA FAMILIA MICHOACANA WILL DISSOLVE...

With that, we ask you to assess if we should keep serving you or if we should disappear. We invite you to share your opinion through the following media: Internet, social networks, radio, television, newspapers, and so on. We value your opinion. IT IS BETTER TO DIE STANDING WITH DIGNITY THAN LIVE A WHOLE LIFE KNEELING AND HUMILIATED.

SINCERELY, FAMILIA MICHOACANA
Michoacán, November 2010.

---

old son, Servando "La Tuta" Gómez Martínez, a schoolteacher who continues to receive payment for that profession. He has a reputation for being superstitious, consulting Tarot cards, and enjoying being in the spotlight. He also attends cockfights and boleros, and obsessively drinks water to prevent dehydration. La Tuta was prepared to marry a twenty-four-year old beauty queen from Arteaga, Michoacán; however the nuptials were called off when she was arrested in a roundup of La Familia members. La Tuta reportedly has excellent contacts with police and military officials, whom he pays up to 100,000 pesos per month for protection. Enrique Plancarte Solís is his more pragmatic second-in-command.

Activities and Areas of Operations: Major meth producer and exporter; traffics in cocaine, heroin, and marijuana; active in Michoacán and four other Mexican states, plus the United States. The organization kidnaps people who owe it money, as well as family members of state and federal government officials. La Tuta has been offering the Mexican federal security forces a truce in exchange for the freedom to continue their illegal drug trade. However, President Calderón's government has ignored their calls for dialogue and refused to strike a deal; in collaboration with the United States, nearly 2000 La Familia members were arrested in the United States and Mexico in 2011.

10 DE NOVIEMBRE
FAMILIAS ABANDONAN CIUDAD MIER

Días atrás, integrantes de Los Zetas llegaron a Ciudad Mier, Tamaulipas. Eran hombres desconocidos, principalmente jóvenes, que circulaban en decenas de camionetas lujosas, mismas que seguramente eran robadas. Los pistoleros comenzaron a realizar amenazas a la gente, y hasta colocaron anuncios y utilizaron equipos de sonido para comunicar que tomarían el lugar.

Fue así que Los Zetas advertían que Ciudad Mier se convertiría en campo de batalla. Así que la gente tenía que irse, dejar sus casas y su vida entera, porque a un grupo de pistoleros se le ocurrió que el lugar sería buen escenario para enfrentarse con gente del Cártel del Golfo. Personal de la Secretaría de la Defensa Nacional no tardó en llegar y la encomienda era evacuar a las personas. Camiones del Ejército Mexicano ayudaron a desalojar la pequeña ciudad.

Más de trescientas familias abandonaron su hogar. Algunos afortunados pudieron acudir con familiares a otros municipios o llegaron hasta Estados Unidos. En cambio había algunas personas que no tenían lugar para vivir, así que las autoridades crearon albergues. Los padres de familia buscaron trabajo en el lugar para poder sacar adelante a sus hijos, mientras que los niños retomaron clases en escuelas provisionales hechas por autoridades de Tamaulipas.

Sin embargo, Ciudad Mier, una vez considerado un lugar mágico, con habitantes arraigados a tradiciones, norteños y valientes, ahora es un pueblo fantasma. Las calles están vacías y los negocios y casas se enlutan con huellas de balas por doquier. Ahora es propiedad de Los Zetas, quienes esperan que el Cártel del Golfo llegue para luchar a muerte contra ellos.

Fuentes indican que el C.D.G. no ha llegado a Ciudad Mier todavía. Los que sí están presentes son los militares, quienes se han enfrentado contra Los Zetas, pero no han logrado tener victoria. Día y noche ocurren balaceras en las que varios soldados han resultado muertos, a tal punto que parece que nadie puede hacer nada por salvar la localidad.

NOVEMBER 10
FAMILIES ABANDON CIUDAD MIER

A few days ago, Los Zetas came to Ciudad Mier. They were unknown men, mostly young, circulating in luxury pickup trucks, which they probably stole. The gunmen began to threaten the populace, and even placed ads and used loudspeakers to communicate that they were occupying the area.

That's how Los Zetas warned Ciudad Mier citizens that their town would turn into a battleground. So people had to leave their homes and entire lives behind because a group of sicarios decided that their city would be a good spot to confront the Gulf Cartel. Even the National Defense Secretariat eventually arrived with orders to evacuate citizens. Mexican army trucks helped clear the small city.

More than three hundred families ultimately left. Some of the more fortunate were able to stay with family members in other cities or in the United States. However, some had nowhere to go, so the authorities established shelters. The heads of families looked for work, while the children went to classes in temporary schools set up by Tamaulipas authorities.

And now Ciudad Mier, once a magical town rooted in tradition, norteño, and spirit, is a ghost town. Its streets are empty, and its businesses and homes are adorned with bullet holes instead of decorations. Now it all belongs to Los Zetas, who await the Gulf Cartel to fight them to the death.

Sources indicate that the Gulf Cartel has not made it to Ciudad Mier yet, but the military have, and they've confronted Los Zetas with no success. Many soldiers have died as a result of the day and night shootings, to the point where local and state authorities feel they can't do anything to save the city.

13 DE NOVIEMBRE
PARA SEGURIDAD LO MÁS RECOMENDABLE SON LOS FUNERALES EN LÍNEA

La economía en el país se ha visto muy perjudicada gracias a la guerra que se sufre. Los comercios lucen cada día más solitarios y las empresas extranjeras dudan en invertir. Sin embargo, hay ciertos negocios que cada día son más exitosos y no es complicado imaginarse cuáles son: sí, las funerarias con sus servicios, ahí está la clave.

Las empresas que dan servicios funerarios han visto aumentar sus ganancias en los últimos meses. Muchas hasta ofrecen ofertas especiales como resultado de la narcoguerra. Por ejemplo, si una familia encuentra el cuerpo decapitado de un ser querido, algunas casas lo mantendrán refrigerado hasta hallar la cabeza (o viceversa). Otros ofrecen tratamientos cosméticos para que las víctimas de torturas se vean lo mejor posible en los velorios con ataúd abierto.

Sin embargo, en varias ocasiones se han registrado casos en donde un comando armado se hace presente en un velorio y ataca a los que están presentes. A veces el difunto tiene ciertos amigos que son buscados por las autoridades o por otro grupo rival, por lo que el funeral se vuelve aun más peligroso.

Como resultado, el dolor que sufren muchas familias por no poder ir al funeral o velorio de un ser querido es devastador. Por lo que una nueva tendencia inusual ha surgido: los funerales vía Internet. Varias empresas funerarias serias han incursionado en nuevas tecnologías, ofreciendo opciones que han de encantar a algunos importantes narcotraficantes que han perdido a queridos amigos. Los empleados ubican cámaras en el lugar para transmitir en vivo el doloroso episodio, así en cualquier lugar del mundo se puede compartir ese momento, sin correr riesgos, evitando a los enemigos y a las autoridades.

NOVEMBER 13
MEXICANS TURN TO ONLINE FUNERALS FOR SAFETY

The country's economy has been hit hard thanks to the ongoing war. Stores have become desolate and foreign companies are too scared to invest. However, a certain legal business is thriving, and it's not hard to figure out which one: Yes, funeral homes and services are the name of the game.

Companies that offer funeral services have seen an increase in their profits in the last few months. Many are even offering special deals as a result of the drug wars. For example, if a family finds the body of a decapitated loved one, some homes will keep it refrigerated until the head is recovered, or vice versa. Other enterprising undertakers are offering to apply free cosmetic treatments so that torture victims will look as good as possible for open-coffin services.

However, it has become increasingly common for armed commandoes to descend on a wake and attack those present. Sometimes, the deceased has friends who are wanted by the authorities or another rival group, in which case the funeral becomes even more dangerous.

As a result, for many families, the pain of not being able to go to a loved one's wake or burial is devastating. So an unusual solution has been devised: Internet funerals. Several funeral homes have ventured into this business, offering online options with total discretion. This undoubtedly appeals to drug traffickers who have lost dear friends. The employees place cameras in the room to transmit a live feed of the wake, so that this moment can be seen from anywhere in the world, without the risk of contact with enemies and/or authorities.

22 DE NOVIEMBRE
DON ALEJO GARZA SE CONVIERTE EN UN HÉROE

Cada día es más común que integrantes de grupos del narcotráfico roben tierras, principalmente se apropian de ranchos ubicados en los límites de Tamaulipas y Nuevo León, todo con el fin de utilizarlos ya sea como guaridas, casas de seguridad, campos de entrenamiento y más. La forma de operar es la misma: hombres fuertemente armados llegan, buscan al dueño de la propiedad y le avisan que se tiene que salir del lugar con su gente, ya que desde tal fecha será ocupado por ellos. Las amenazas son directas y crudas, así que no se debe llamar a ningún tipo de autoridad. Si el dueño del lugar no quiere aceptar por las buenas, pues lo matan. Desde hace aproximadamente cuatro años, los grandes ranchos ganaderos han sido abandonados, lo cual ha provocado que decenas de municipios norteños queden en completo olvido.

A las 20:30 horas del sábado 13 de noviembre, Alejo Garza Tamez, de setenta y siete años, se encontraba en su rancho San José, ubicado en Tamaulipas. Horas antes había pedido a todos los trabajadores que se retiraran porque había recibido amenazas de hombres de un cártel. Les dio indicaciones de llamar a las autoridades por la mañana del domingo y les rogó que no regresaran hasta que pudieran percatarse de que la situación estaba controlada. Quería estar solo y esperar a los cobardes sicarios que desde hace meses lo habían visitado y exigido que abandonara sus tierras. Le avisaron que llegarían el domingo y no querían ver a nadie instalado.

Ese domingo, Don Alejo los estaba esperando, dispuesto a defender su rancho hasta la muerte. El empresario maderero y ganadero colocó tablones en las puertas de su casa, logrando convertir la casona en una fortaleza. Tenía armas por todos lados, ya que era fanático de la cacería. A sus setenta y siete años siempre había demostrado fuerza, valentía y nunca había creído en ningún tipo de autoridad.

Los ruidos de varias camionetas alertaron a Don Alejo, quien estaba listo y a la espera, aunque estaba consciente de que lo más probable era que muriera en el enfrentamiento. Al rancho San José habían llegado más de treinta hombres jóvenes y fuertemente armados. Don Alejo escuchó disparos al aire, como si los pistoleros saludaran de ese modo. Después tocaron a la puerta y comenzaron a gritar. Al darse cuenta de que la casona estaba convertida en una fortaleza y no podían entrar, accionaron sus armas. Don Alejo los estaba esperando, y los recibió como él creía que se debería recibir a los sicarios: a balazos. Los pistoleros se alarmaron, imaginando que ese viejo norteño les había puesto una trampa con otro comando armado que los esperaba dentro de la casona, así que comenzaron a defenderse. Fue un tiroteo de más de una hora, en donde también fueron utilizadas granadas de fragmentación. Don Alejo había espantado a los delincuentes.

Los empleados de Don Alejo obedecieron la indicación, y durante la mañana del domingo llamaron a las autoridades. Los elementos de la Marina fueron los primeros en llegar al rancho San José. Era inevitable oler la pólvora, y en seguida pudieron observar la casa baleada y miles de casquillos percutidos. Al exterior de la casona observaron a

NOVEMBER 22
ELDERLY RANCHER BECOMES A HERO

One of the quickest growing enterprises among drug cartel members is the theft of land, usually ranches, in hopes of using them as hideouts, safe houses, training camps, and more. The operation is always the same: Heavily armed men arrive, look for the property owner, and let him or her know that they must leave with their families because on a certain date, cartel members will be occupying their land. The threats are direct and crude, warning the owner not to notify the authorities. If owners don't accept the terms, they are killed. In the last four years, the great cattle ranches between Tamaulipas and Nuevo León have been abandoned, turning dozens of municipalities into ghost towns.

At 8:30 P.M. on Saturday, November 13, seventy-seven-year-old Alejo Garza Tamez was at his San José ranch in Tamaulipas. Hours earlier, he had asked all his workers to leave due to threats from cartel men. He asked them to call the authorities on Sunday morning, and warned them not to come back until they felt the situation was under control. He wanted to be alone and wait for the cowardly gunmen who had visited him months ago and demanded that the businessman abandon his ranch. They said that when they arrived that Sunday, they didn't want to see anyone on the grounds.

That Sunday, Don Alejo was waiting for them, ready to defend his ranch till death. The timber and livestock merchant placed wooden planks on his house's doors, and transformed his home into a fortress. Since he was a hunter, he had weapons everywhere. Throughout his seventy-seven years, he had always shown strength and courage, and had never believed in submitting to any kind of authority.

As several trucks approached, Don Alejo was ready and waiting, although he was aware that he would likely die in the confrontation. Thirty young and heavily armed men soon arrived at the San José ranch. Don Alejo heard shots ring through the air as the gunmen greeted each other boisterously. They then knocked on the door and began to yell. When they realized the house was now a fortress and that they couldn't get in, they fired their weapons. Don Alejo received them the way he believed gangsters and bullies should be greeted: with gunshots. The sicarios were startled, thinking the old norteño had set a trap with another armed commando group waiting for them inside the house, so they began to defend themselves. A shootout lasting over an hour ensued, with fragmentation grenades added to the mix. Don Alejo had managed to intimidate the criminals.

Don Alejo's employees obeyed his request, and on Sunday morning they called the authorities. Mexican navy officers were the first to arrive at San José ranch. They immediately smelled the gunpowder, and noticed thousands of spent cartridges and holes in the home. They saw six men on the floor, right outside the big house, all of them gunmen: four dead, and two injured and abandoned by their colleagues. When they entered the house, the navy officers couldn't believe their eyes: They found only the body of an old man. It was Don Alejo, destroyed by bullets.

In that moment, Don Alejo turned into a local hero. He had successfully defended his ranch. And, yes, he did die, but before doing so, he killed four criminals, left another two injured, and caused the rest to retreat. The seventy-seven-year-old man fought like a true cowboy.

seis hombres tirados, todos pistoleros, cuatro muertos y otros dos heridos —habían sido abandonados por sus compañeros. Al entrar a la casa, los elementos de la Marina no pudieron evitar su sorpresa: encontraron el cadáver de un anciano, era Don Alejo, su cuerpo estaba destrozado por los impactos de bala.

En ese momento, Don Alejo se había convertido en un héroe, pero uno real. Defendió su rancho exitosamente. Y sí, al final murió, pero antes mató a cuatro delincuentes, dejó heridos a otros dos y causó que los demás se retiraran. El hombre de setenta y siete años peleó como un verdadero vaquero.

La historia conmovió a los mexicanos. Fue un motivo más para no aguantarse las injusticias, un ejemplo de que son más los buenos que los malos. Don Alejo fue recordado por el pueblo que lo vio nacer, y también por las tierras que lo vieron morir.

The story moved many Mexicans. It was yet another reason why they shouldn't endure any more injustice, and helped many believe that there are still more good guys than bad ones. Don Alejo was remembered by the town that witnessed his birth and by the land that saw him die.

23 DE NOVIEMBRE
INTERROGAN A MUJER PERTENECIENTE A LOS ZETAS

Una nueva videograbación llega a Blog del Narco, en donde el Cártel del Golfo interroga a una mujer identificada como Verónica Treviño Molina, quien confiesa pertenecer desde hace varios años a la organización delictiva de Los Zetas.

Verónica luce un semblante aterrorizado, ya que la hacen confesar planes estratégicos de Los Zetas para provocar a los integrantes del Cártel del Golfo:

—¿Te sabes el nombre del mando de la Policía Especializada que los ayuda y los apoya?
—Juan Carlos Gómez Anaya.
—¿Él es el que los ayuda?
—Sí.
—¿Y en qué los ayuda el Comandante Gómez?
—A limpiar cuando salimos a matar gente.
—¿Cómo más los apoya él?
—Manda a sus elementos vestidos de civiles afuera de las casas de los comandantes a cuidar, para hacer guardia. [...]
—¿Cómo le calientan la plaza al C.D.G.?
—Matando tránsitos, taxistas, policías, atacando a la Metropolitana. Matando a gente inocente y niños.
—¿Y como para qué calientan la plaza al C.D.G.?
—Para que salgan y se topen con los policías que tenemos arreglados.
—¿A ustedes no les hacen nada las autoridades si los llegan a agarrar?
—No, tenemos clave.
—¿Cuál es tu clave?
—Hablarle al Comandante Quique y decirle de las ratas.

Poco después, finaliza la grabación, sin embargo adjunto al video se han recibido fotografías que muestran a Verónica decapitada, desconociendo el día exacto de su ejecución. La cabeza de la mujer interrogada fue colocada al interior de una hielera y abandonada.

NOVEMBER 23
FEMALE MEMBER OF LOS ZETAS INTERROGATED

Blog del Narco received a video in which the Gulf Cartel interrogates a woman named Verónica Treviño Molina, who confesses she has belonged to Los Zetas for eight to nine years.

Verónica looks terrified as they make her confess Los Zetas' strategic plans to provoke members of the Gulf Cartel:

"Do you know the name of the head of the Specialized Police that helps and supports you?"
"Juan Carlos Gómez Anaya."
"He's the one that helps you?"
"Yes."
"And how does Commander Gómez help you?"
"He helps us clean when we go out to kill people."
"What else does he do for you?"
"He sends his officers dressed as civilians to safeguard the commanders' homes from the outside."….
"How do you heat up C.D.G.'s territory?"
"Killing transit, taxi drivers, police, attacking the Metropolitana, killing innocent people and children."
"And why do you heat up C.D.G.'s territory?"
"So that they come out and bump into the police we have under our belt."
"And the authorities don't do anything to you if they capture you?"
"No, we have a code."
"What's your code?"
"Talking to Commander Quique about the rats."

The recording ends shortly afterward. However, several photographs arrived along with the video, showing Verónica beheaded. The interrogated woman's head was placed in a cooler and abandoned.

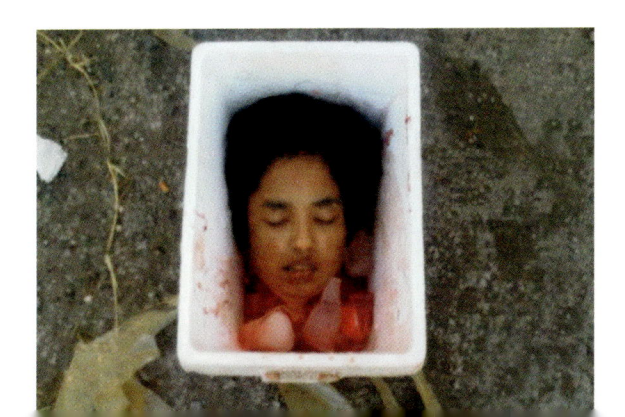

DICIEMBRE 2010
LOS NIÑOS SE CONVIERTEN EN ASESINOS EN SERIE

1 DE DICIEMBRE
HALLAN VEINTE CADÁVERES ENTERRADOS EN NARCOFOSAS

Personal de la Fiscalía General de Chihuahua se trasladó hasta un balneario ubicado en Puerto Palomas —un pueblo ubicado en la frontera del norte cerca de El Paso, Texas— ya que recibieron una llamada anónima que alertaba sobre varias narcofosas en ese lugar.

Se realizaron los trabajos de excavación, bajo una jornada difícil, descubriendo varias narcofosas, en ellas enterrados los cuerpos de veinte hombres y mujeres, quienes presentaban huellas de haber sido torturados.

A las pocas horas se logró identificar a tres mujeres, y a un hombre originario de Estados Unidos.

Jorge González Nicolás, Procurador de Justicia de ese distrito en Chihuahua, señaló que desde hace catorce meses las desapariciones de personas han incrementado considerablemente. El funcionario invitó a la gente que tiene familiares desaparecidos a que acudan a las instalaciones del Servicio Médico Forense para participar en la identificación de los cadáveres que fueron hallados en las narcofosas, informando que algunos aún llevaban cosas personales que pueden ayudar a saber si uno de ellos es su ser querido.

DECEMBER 2010
CHILDREN BECOME SERIAL KILLERS

DECEMBER 1
TWENTY BODIES FOUND IN MASS GRAVE

Personnel from the Attorney General's office in Chihuahua rushed to a site near Puerto Palomas, a northern border town just ninety miles from El Paso, Texas, after an anonymous caller tipped them off about several mass graves there.

The men dug for hours over the course of the day, unearthing various narcograves containing twenty decomposed bodies, male and female, with visible signs of torture.

Within only a few hours of uncovering the corpses, they were able to positively identify a man from the United States and three women.

The Attorney General for the northern district of the state of Chihuahua, Jorge González Nicolás, noted that people had been disappearing at an alarming rate over the past fourteen months. Nicolas invited anyone whose family members had disappeared to go to the medical forensic service building to help identify the bodies. He pointed out that some personal possessions had also been found that could help citizens determine whether their loved ones could finally be laid to rest.

3 DE DICIEMBRE
CAPTURAN A EL PONCHIS, NIÑO SICARIO

Por varios meses las autoridades han tenido en la mira a Édgar Jiménez Lugo, alias El Ponchis. De catorce años, e integrante del Cártel del Pacífico Sur, en su currícula cuenta con al menos trescientas ejecuciones. Desde los 11 años es sicario, y además es considerado ultra violento, ya que en sus asesinatos en la mayoría de los casos decapita a las víctimas.

El Ponchis fue capturado en el Aeropuerto Mariano Matamoros, ubicado en el estado de Morelos. El menor estaba acompañado de sus hermanas. Pretendían tomar un vuelo a Tijuana para después viajar a Estados Unidos, de donde el niño es originario.

Cuando Édgar fue detenido, se encontraba sumamente drogado. Aun así a pocos minutos de su captura declaró a la prensa que era un sicario. También se dijo responsable de descuartizar personas y hasta colgarlas de puentes. En su equipaje se pudieron hallar dos armas cortas, además de envoltorios de marihuana y cocaína.

Después de su captura al niño sicario se le cuestionó sobre sus padres, él señaló que no tenía, sin embargo una de sus hermanas afirmó que su madre se encontraba en Estados Unidos y que irían con ella. Las jóvenes fueron identificadas como Elizabeth y Lina Erika Jiménez Lugo, ambas llevaban envoltorios de cocaína, mismos que fueron entregados por voluntad propia a las autoridades. Además, conformaban el grupo de Las Chabelas, encargadas de transportar cadáveres y tirarlos, según fuentes de inteligencia.

El niño sicario indicó que no tenía miedo, ya que sabía perfectamente lo que iba a pasar. Confesó que El Negro Padilla era quien le indicaba las cosas que tenía que hacer, y que él le proporcionaba la droga, así que no sabía lo que hacía. Según sus palabras, él no entró por voluntad propia al C.P.S., más bien lo obligaron porque si no participaba lo iban a matar. También dijo que por cada degollado le pagaban 2.500 dólares.

Autoridades señalaron que el Cártel del Pacífico Sur son jóvenes herederos del Cártel de Los Beltrán Leyva en el estado de Morelos, sin embargo en últimas fechas han tenido arreglos con el grupo de Los Zetas, acción que ha provocado desajustes en la organización. Prueba de ello es que en recientes fechas han cometido errores que han provocado detenciones.

Algunos expertos indican que El Ponchis tiene el perfil de ser un psicópata, ya que parecería imposible que un niño desde los once años sea capaz de ejecutar a alguien y hasta tomarse fotografías con sus víctimas para después subirlas a Internet. Édgar es frío y calculador, de mente abierta y baja estatura debido a su corta edad, de cabello rizado y labios gruesos, su mirada perdida demuestra que su realidad es complicada, ahora más gracias a que será recluido en un tutelar de menores.

DECEMBER 3
EL PONCHIS "THE BOY GANGSTER" CAPTURED

Investigators had fourteen-year-old Édgar "El Ponchis" Jimenez Lugo in their sights for months. A member of the deadly South Pacific Cartel since he was only eleven, El Ponchis had an astounding three hundred executions to his credit. He was considered extremely violent even in the world of callous brutality he inhabited, since he preferred to go the extra step and decapitate most of his victims.

El Ponchis was captured at the Mariano Matamoros Airport in Morelos, a state just south of Mexico City. The teenager was traveling with his sisters. They were trying to board a flight to Tijuana, where they would then slip across the border into the United States, where the boy was born.

When Édgar was taken into custody, he was clearly under the influence of drugs. Within only a few minutes of his capture, he openly declared to the press that he was a gang member. He also bragged that he had dismembered people and even hung them from bridges. Two guns were recovered from his luggage, along with packages of marijuana and cocaine.

While in custody, the boy was asked where his parents were. He said he didn't have any, but one of his sisters admitted under questioning that their mother was in the United States and they had been trying to get to her. The girls were identified as Elizabeth and Lina Erika Jimenez Lugo. They had both been carrying quantities of cocaine, which they voluntarily surrendered to authorities. They were both members of Las Chabelas, a gang responsible for transporting bodies and disposing of them, according to intelligence officials.

The boy gangster said he wasn't afraid, since he already knew exactly what was going to happen. He confessed that "El Negro" Padilla, a leader of the South Pacific Cartel, had always given him orders, as well as drugged him. According to his statement, Édgar had not voluntarily joined the South Pacific Cartel. The gang forced him under the threat of death. He said he was paid $2,500 for each killing.

Authorities pointed out that the South Pacific Cartel started as a local cell of the Beltrán Leyva Organization, made up of young people in the state of Morelos. The group became aligned with Los Zetas and separated from the organization, resulting in instability that led to arrests.

Some experts in criminal psychology assert that El Ponchis is a psychopath. Otherwise, it would be unthinkable that an eleven-year-old boy could be capable of killing in cold blood, then taking pictures of his victims to upload on the Internet for all the world to see. Cool and calculating, short in stature in part because he is still growing, with tousled curly hair and thick lips, Édgar's lost gaze hints at his disconnection with reality, which will become even more pronounced if he is convicted and imprisoned. According to Mexican law, however, the maximum sentence for a minor is three years, so El Ponchis could be back on the streets by 2014.

CITY	STATE	NUMBER OF DEAD
Ciudad Juárez	Chihuahua	6,437
Culiacán	Sinaloa	1,890
Tijuana	Baja California	1,667
Chihuahua	Chihuahua	1,415
Acapulco	Guerrero	661
Gómez Palacio	Durango	553
Torreón	Coahuila	524
Mazatlán	Sinaloa	518
Nogales	Sonora	442
Durango	Durango	390

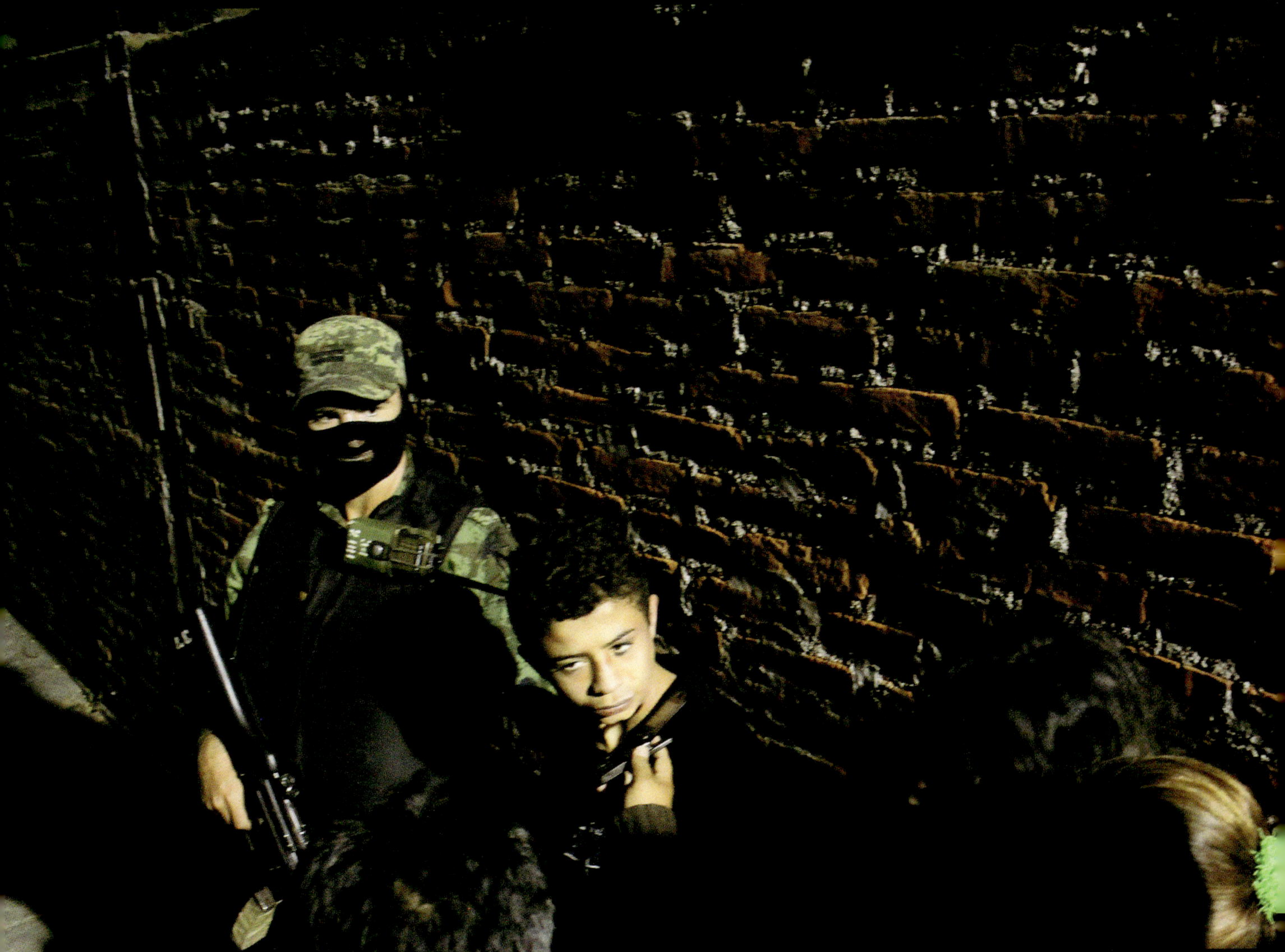

11 DE DICIEMBRE
GUERRA EN MICHOACÁN

El estado de Michoacán fue escenario de guerra entre elementos de la Policía Federal e integrantes de La Familia Michoacana, reportándose decenas de balaceras, ejecuciones y narcobloqueos en la región. El primer enfrentamiento se registró el miércoles 8 de diciembre, y el último ocurrió el sábado 11 de diciembre. La gente no salía de sus casas ya que existía miedo y confusión ante lo que estaba pasando. Algunas localidades quedaron completamente paralizadas, dejando la vida de miles violentamente interrumpida.

Las radiodifusoras locales recibieron llamadas por parte de integrantes de La Familia Michoacana, quienes alertaban a la población sobre la situación. Recomendaban a las personas que fueran por los niños a las escuelas, se mantuvieran resguardadas en sus casas y no salieran a ningún lugar mientras ocurrían los enfrentamientos entre ellos y los elementos de la ya odiada Policía Federal. Fue así que de inmediato los padres de familia acudieron por sus hijos que se encontraban en clase y las escuelas suspendieron labores, señalando que hasta nuevo aviso podrían retomar las clases. También los negocios de la localidad cerraron sus puertas, y hasta el propio alcalde permanecía resguardado en su residencia. No había labores, ni los elementos de la Policía Municipal habían ido a trabajar.

Al menos treinta y cinco vehículos particulares fueron robados y quemados en la ciudad de Morelia, y se registraron narcobloqueos en las salidas. Mientras que en la ciudad de Apatzingán, al menos veinte unidades de la Policía Federal fueron quemadas y dos helicópteros fueron derribados. También prendieron fuego a treinta vehículos de ciudadanos, mismos que utilizaron para otros narcobloqueos. Nadie entraba, nadie salía, era una zona de guerra.

Enfrentamientos también se registraban en otros diez municipios de Michoacán, en donde las acciones violentas eran parecidas. Casas, negocios y escuelas resultaron con daños por las balaceras, además un grupo de hombres armados prendió fuego al menos una gasolinera.

Gracias a trabajos de inteligencia, los elementos de la Policía Federal estaban alertados sobre una fiesta que se llevaría a cabo en Apatzingán, en honor a Nazario Moreno González, mejor conocido como El Chayo, líder de La Familia Michoacana y adorado por la comunidad. Así fue que realizaron un minucioso operativo la noche del miércoles 8 de diciembre. Los agentes lograron abatir a El Chayo cuando se encontraba en la mencionada reunión, así como a otros once pistoleros. Las respuestas violentas no se hicieron esperar, y así los integrantes de La Familia armaron su guerra contra los de la Federal.

Se tienen reportes de veintitrés civiles inocentes muertos, entre ellos una menor de edad, la hija del ex alcalde Guadalupe Jaimes Valladares. Ella viajaba en compañía de su madre y su abuela, cuando quedaron en medio del fuego cruzado de un enfrentamiento. Su familia señaló que los encargados de dispararle fueron elementos de la Policía Federal y no delincuentes. Además, un bebé de ocho meses también murió mientras viajaba en un taxi con sus padres, cuando fueron víctimas de un tiroteo.

Fueron decenas de personas heridas, mismas que eran ajenas a los hechos violentos, entre las que se encontraban hombres, mujeres, y niños. Las autoridades intentaron ocultar lo que verdaderamente ocurrió en Apatzingán, omitiendo las cifras de las personas que habían perdido la vida en tan pocos días.

DECEMBER 11
WAR IN MICHOACÁN

War broke out this week in the state of Michoacán between the Federal Police force and members of La Familia Michoacana. Dozens of gunfights, killings, and narcoblockades were reported across the region. The first confrontation erupted on Wednesday, December 8, and the last on Saturday, December 11. Local residents of this western state bordering the Pacific Ocean stayed in their homes, terrified of being caught in the crossfire. Some towns were overcome by a kind of paralysis, as all normal services and routines ground to a halt.

Local radio stations took calls from self-professed members of La Familia Michoacana, who warned the public about the battle unfolding. They advised everyone to immediately pick up their children from school, return home, and stay there until the fight between the cartel and the Federal Police ended. Parents collected their children right away, and classes were suspended until further notice. Local businesses closed their doors, and even the mayor barricaded himself in his home. No one went to work, not even members of the Municipal Police force.

At least thirty-five cars were stolen and burned in the city of Morelia, and narcoblockades sprang up on roads leading out of the city. Meanwhile, in the city of Apatzingán, at least twenty police cars were set on fire and two helicopters were destroyed. Thirty vehicles belonging to ordinary residents were also set on fire, and the smoldering wreckage was then used to erect more narcoblockades. No one got in, no one got out: It was a war zone.

Clashes also took place in ten other municipalities of Michoacán, where similar acts of violence were carried out. Houses, businesses, and schools were damaged in gunfights, and a gas station was set ablaze by a group of armed men.

Thanks to first-rate intelligence work, the Federal Police were informed about a party set to take place in Apatzingán in honor of Nazario "El Chayo" Moreno González, leader of La Familia Michoacana and respected by the community. A meticulously planned military operation was set into motion on the evening of Wednesday, December 8. El Chayo was gunned down and presumed killed by federal agents at his party, along with eleven other armed men. In the days of intense violence and chaos that ensued across the entire state of Michoacán, members of La Familia immediately launched an all-out war of retribution against the Federal Police.

According to some reports, twenty-three innocent civilians lost their lives, including one minor, the daughter of the former mayor Guadalupe Jaimes Valladares. She was traveling with her mother and grandmother when a gunfight broke out and they were caught in the crossfire. Her family members later reported that Federal Police officers fired the bullets that killed her, not gang members. An eight-month-old baby who was in a taxi with his parents also died when he was hit by a stray bullet.

Dozens of innocent men, women, and children who had no connection at all with the narcogang or federal officials were wounded. The authorities tried to obscure what had actually happened in Apatzingán, refusing to disclose the number of victims who lost their lives.

Witnesses stated that two hospitals had been closed, and inside one of them, over one hundred and ten dead bodies were piled up. They were the bodies of Federal Police officers who had been killed in various skirmishes.

In the opinion of President Felipe Calderón, originally from Michoacán, La Familia simply should not exist. He couldn't tolerate not being viewed as the unequivocal chief of his home state. The locals had shown great affection

Testigos señalaron que dos hospitales fueron cerrados, dentro de ellos permanecían al menos 110 cadáveres apilados. Eran los cuerpos de elementos de la Policía Federal que fueron ejecutados en varios enfrentamientos.

Para Felipe Calderón, quien es originario de Michoacán, el grupo de La Familia era algo que simplemente no debía existir. No soportaba la idea de no ser profeta en su tierra, ya que la población de dicho estado siempre había demostrado cariño y apoyo a El Chayo. Las mismas personas que opinaban bien de El Chayo, señalaban a Calderón como un tirano, como un hombre que jamás se ha sentido orgulloso de su población, y que los ha relegado en las acciones beneficiosas por parte del Gobierno Federal. Quizá por eso uno de sus objetivos personales era terminar por completo con La Familia Michoacana.

and support for El Chayo. The same people who thought well of El Chayo saw Calderón as a tyrant who had never been proud of where he came from and who did not direct enough federal government resources to his home state. Perhaps that is one reason why Calderón made it his personal mission to annihilate La Familia Michoacana.

11 DE DICIEMBRE
LA FAMILIA MICHOACANA NO HA MUERTO

Blog del Narco recibió un correo electrónico con una carta firmada por integrantes de La Familia Michoacana, en donde reaccionan ante el duro golpe realizado por elementos de la Policía Federal. En el texto, La Familia Michoacana manda un mensaje muy delicado al presidente de México, Felipe Calderón, a quien le indica que su organización no ha muerto:

Cuídate Felipe Calderón, reza a tu santo porque nosotros traemos la bendición de nuestro Dios. Nuestro Dios Nazario, que Dios lo tenga en su gloria. Esto no va a parar hasta que la Familia Michoacana muera. […] Esto no es narco-terrorismo, es una guerrilla, es la guerra por la paz y fuerzas federales de Michoacán, el Don Juan de Arantepacua tiene su gente y vamos a dar la vida por todo, saludos.

A este, le agregaron un mensaje para los michoacanos:

No se asusten, traten de no salir a la calle para que los puercos federales no les falten al respeto y para evitar las balas perdidas y más pérdidas. No vayan a hospitales, no vayan a tiendas, vean la tele y quédense en su casa por favor.

11 DE DICIEMBRE
PISTOLEROS REALIZAN ATAQUE EN PLENA CELEBRACIÓN DE LA VIRGEN DE GUADALUPE

Faltaban pocos minutos para que iniciara el día sábado 11 de diciembre, y cientos de personas se congregaron en la Plaza Principal de Tecalitlán, Jalisco, para la celebración tradicional de la Virgen de Guadalupe, en donde un mariachi tocaba Las Mañanitas, a un costado del lugar la Parroquia, y a pocos pasos la comandancia de la Policía Municipal.

DECEMBER 11
LA FAMILIA MICHOACANA NOT DEAD

Blog del Narco received an e-mail message signed by members of La Familia, reacting to the harsh blow the federal police had just dealt them. In the text, La Familia sent a pointed message to President Felipe Calderón, assuring him that their organization is not dead:

Watch your back Felipe Calderón. Say a prayer because we have the blessing of our God. Our God Nazario, who God has in his Glory. This will not end until La Familia Michoacana dies. . . . We're going after you Calderón and your whole fucking family. . . . This is not narcoterrorism, it's guerrilla war, it's a war for peace and the federal forces of Michoacán, the Don Juan of Arantepacua has his people and we're going to fight to the death, have a nice day.

They added to this a message for the people of Michoacán:

Don't be afraid. Try not to go out into the streets so the federal pigs don't abuse you and to avoid stray bullets. Don't go to hospitals, don't go to stores, watch TV and stay at home please.

DECEMBER 11
GUNMEN OPEN FIRE AT VIRGIN OF GUADALUPE CELEBRATION

It was just a few minutes before midnight on December 10, and hundreds of people gathered in the main plaza in Tecalitlán, Jalisco, for the traditional Virgin of Guadalupe celebration. The crowd enjoyed the festivities as mariachis played "Las Mañanitas" in the center of the square, flanked by the town's church and police headquarters.

The happy celebration ended abruptly when commandos sped into the square. The mariachis fell silent as gunshots rang out. The gunmen opened fire and tossed grenades into the crowd, which included women and children. Many were wounded. People ran in all directions in sheer terror.

None of the townspeople who peacefully gathered in the square to listen to the mariachi band and celebrate the Virgin were armed. They were utterly defenseless victims of a massacre.

Era un ambiente de celebración que de repente fue interrumpido cuando un comando armado llegó al lugar. El mariachi dejó de tocar y las balas comenzaron a sonar. Un grupo de pistoleros accionaba sus armas contra mujeres y niños, y lanzaba granadas de fragmentación al público. Fueron varios minutos de terror. La gente corría, gritaba, muchos estaban tirados.

Entre las personas que estaban escuchando al mariachi y celebrando a la Virgen de Guadalupe, no había ni una persona armada, no tenían cómo defenderse, y fueron víctimas de una masacre.

En el ataque se reportaron diez hombres, mujeres y niños ejecutados. Además por lo menos otras treinta personas resultaron heridas, principalmente ancianos y niños, quienes fueron trasladados a recibir atención médica pocos minutos después de la acción.

El escenario era triste: charcos de sangre, entre zapatos y cientos de casquillos percutidos de fusil AK-47, mientras flores y veladoras que eran tributo a la Virgen de Guadalupe estaban regados por doquier. La población estaba triste, de luto, y no comprendía por qué un grupo de hombres armados los había visto como cualquier enemigo.

17 DE DICIEMBRE
SE FUGAN 191 REOS EN TAMAULIPAS

Minutos antes de las 10:00 de la mañana, de forma inexplicable, desaparecieron 191 reos que estaban internos en el Penal Número 2 de Nuevo Laredo, Tamaulipas. De inmediato se organizaron operativos de búsqueda por toda la zona, mismos que eran realizados por elementos del Ejército Mexicano, de la Policía Federal, Policía Estatal, y Policía Municipal. Las acciones no resultaron favorables, ya que hubiese parecido que la tierra se había tragado a los 191 reos.

Algunas fuentes expusieron que la mayoría de los prófugos son de alta peligrosidad y que participan devotamente con el grupo de Los Zetas, por lo que se teme el aumento de la ola violenta en la región. La Procuraduría General de la República consignó a cuarenta y un celadores del penal, quienes colaboraron con la fuga de los reos.

Ten men, women, and children were among the dead. At least thirty others, mostly the elderly and children, were wounded and taken to a nearby hospital.

The scene in the square after the senseless bloodbath was tragic: Blood splattered over abandoned shoes and hundreds of spent AK-47 bullet casings, contrasting starkly with the flowers and votive candles that townspeople had brought to honor the Virgin. Local residents were left devastated and confused, unable to understand why ruthless armed men would treat them as a despised enemy.

DECEMBER 17
191 PRISONERS ESCAPE IN TAMAULIPAS

Shortly before 10 A.M., 191 inmates in Nuevo Laredo's Prison Number Two disappeared as if by magic. Search parties quickly formed to comb the surrounding area across the border from Laredo, Texas. The army, as well as federal, state, and local police officers took part in the effort to no avail. It was as if the earth had opened up and swallowed the contingent of convicts.

Some sources warned that most of the escapees, thought to be aligned with Los Zetas, were extremely dangerous, and that a new wave of violence would sweep the region in the wake of the breakout. The Attorney General arrested forty-one prison guards for facilitating the prisoners' escape.

19 DE DICIEMBRE
COMANDOS ARMADOS TERMINAN CON POSADA NAVIDEÑA

Durante la madrugada del domingo un comando armado llenó de horror una tradicional posada familiar que se celebraba en la colonia Mitras, en la ciudad de Monterrey, Nuevo León.

Los hombres armados irrumpieron en una casa y comenzaron a disparar, para después exigir a los asistentes que entregaran sus pertenencias. En el lugar se encontraban aproximadamente veinte personas. Algunas mujeres y niños lograron resguardarse en una de las habitaciones de la casa, pero los delincuentes tiraron la puerta trasera de la casa, y entraron al lugar.

Uno de los invitados se opuso al robo, siendo atacado a balazos por negarse a cooperar. Otro de los invitados logró apoderarse de un arma y disparó contra uno de los asaltantes, dándole en la cara. El comando armado rescató al herido y se lo llevó, huyendo con rumbo desconocido.

Momentos después del ataque llegaron a la residencia más hombres armados y levantaron a cuatro jóvenes que se encontraban en la fiesta, todos ellos estudiantes universitarios y que se encontraba celebrando las fiestas junto a familiares. De los muchachos nada se sabe.

En una zona cercana a la colonia Mitras, autoridades encontraron un coche abandonado, donde se encontraba un joven muerto a consecuencia de un disparo recibido en el rostro. Según las primeras indagatorias se trataba del pistolero que había sido herido por el hombre que se encontraba en la posada.

DECEMBER 19
SICARIOS BRING CHRISTMAS PARTY TO A VIOLENT END

In the early hours on Sunday, a group of armed men burst in on a family Christmas party in a home in the Mitras neighborhood of Monterrey, Nuevo León.

The gunmen fired shots, terrifying the shocked partygoers, and demanded that everybody hand over their valuables. There were about twenty people in the home at the time of the attack. Some women and children managed to hide in a back room of the house, but gunmen broke down the back door and found them.

One of the party guests resisted, and was shot at. Another guest managed to wrestle a gun away from one of the attackers and fired, hitting the intruder in the face. The commandos carried the injured man out of the house and fled the scene.

A few minutes later, another group of armed men descended on the same home and forced four of the terrified guests, all young men and university students celebrating the holiday with their families, to come with them. No one knows what happened to them.

In an area of the city not far from where the attack took place, police found a car that had been abandoned with a body of a young man who had been shot in the face, presumably the same gunman who had been fired on by one of the partygoers.

20 DE DICIEMBRE
LOS NIÑOS Y NIÑAS JUEGAN A SER SICARIOS

Los pequeños ya no jueguen fútbol en las calles de México como antes, ahora juegan a ser sicarios. Forman equipos, eso siempre, pero ahora arman sus mini comandos armados para enfrentar batallas imaginarias, que tal vez en un futuro resulten su realidad. Las niñas también forman parte de este juego, dejando las muñecas a un lado para convertirse en sicarias, algunas hasta comandan los grupos de juego con los niños.

Algunos de los infantes logran esquivar las órdenes de sus padres y, aunque saben que no los dejan tener pistolitas entre sus pertenencias, recurren al ingenio y van a comprar dichos juguetes de contrabando, pagando precios accesibles por conseguirlas, ya que en algunos mercados o misceláneas pueden comprar una por seis pesos.

Aunque la situación es más común en ciudades del norte de México, el Departamento de Educación ha lanzado en días recientes un exhorto nacional a los comerciantes para que no vendan en estas épocas navideñas pistolas, metralletas o rifles. El objetivo resulta claro: no fomentar la violencia en los pequeños.

Se han dado decomisos y hasta canjes de armas miniatura. Y algunos niños han decidido que no deben contribuir a la violencia con el tan polémico porte, mientras niños pacíficos han tirado a la basura sus juguetes de guerra. Quizás ver a las víctimas de asesinatos expuestas públicamente en sus vecindarios también ha ayudado a convencerlos de que esto no es un juego.

DECEMBER 20
LITTLE CHILDREN PLAY NARCOGANG

Kids don't run around playing soccer in the streets in Mexico like they used to. Now they play at being sicarios. They still choose sides, but now they form into teams of commandos and fight make-believe turf wars. In many cases, when they're a little older, these games become their reality. Young girls are joining in the fun too, trading their dolls for an imaginary life of crime, sometimes even playing the role of commander, barking orders at the boys.

As a result, many parents have forbidden their children from playing with toy guns. However, knowing that they're not allowed to have fake guns, some children buy them illicitly just like real criminals, since the toys can be had for as little as 6 pesos (less than a dollar).

Although this phenomenon is most common in the north of Mexico, the Secretariat of Public Education has made a plea to retailers across the entire country to not sell toy pistols, assault weapons, or rifles at all during the Christmas season. The goal is clear: Don't foster a culture of violence in children.

There have even been programs for children to turn in their toy guns. And, in a rare good omen for the future, some little boys and girls have decided all on their own to adopt a pacifist stance, and have voluntarily thrown their play weapons in the trash. Perhaps seeing murder victims placed on public display in their neighborhoods has also helped convince them that this is not a game.

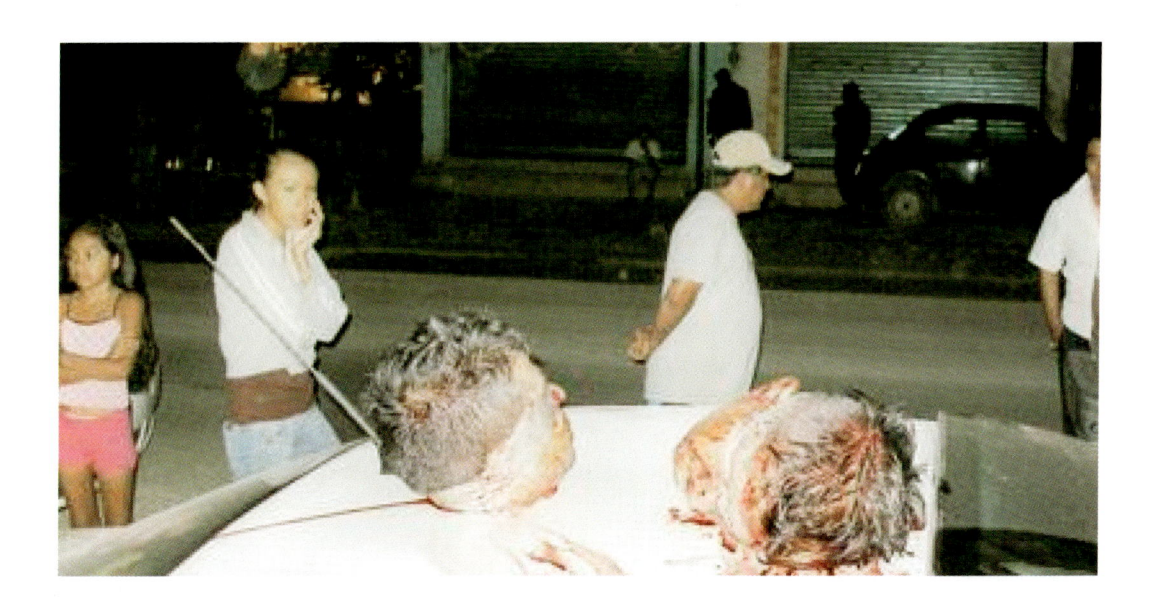

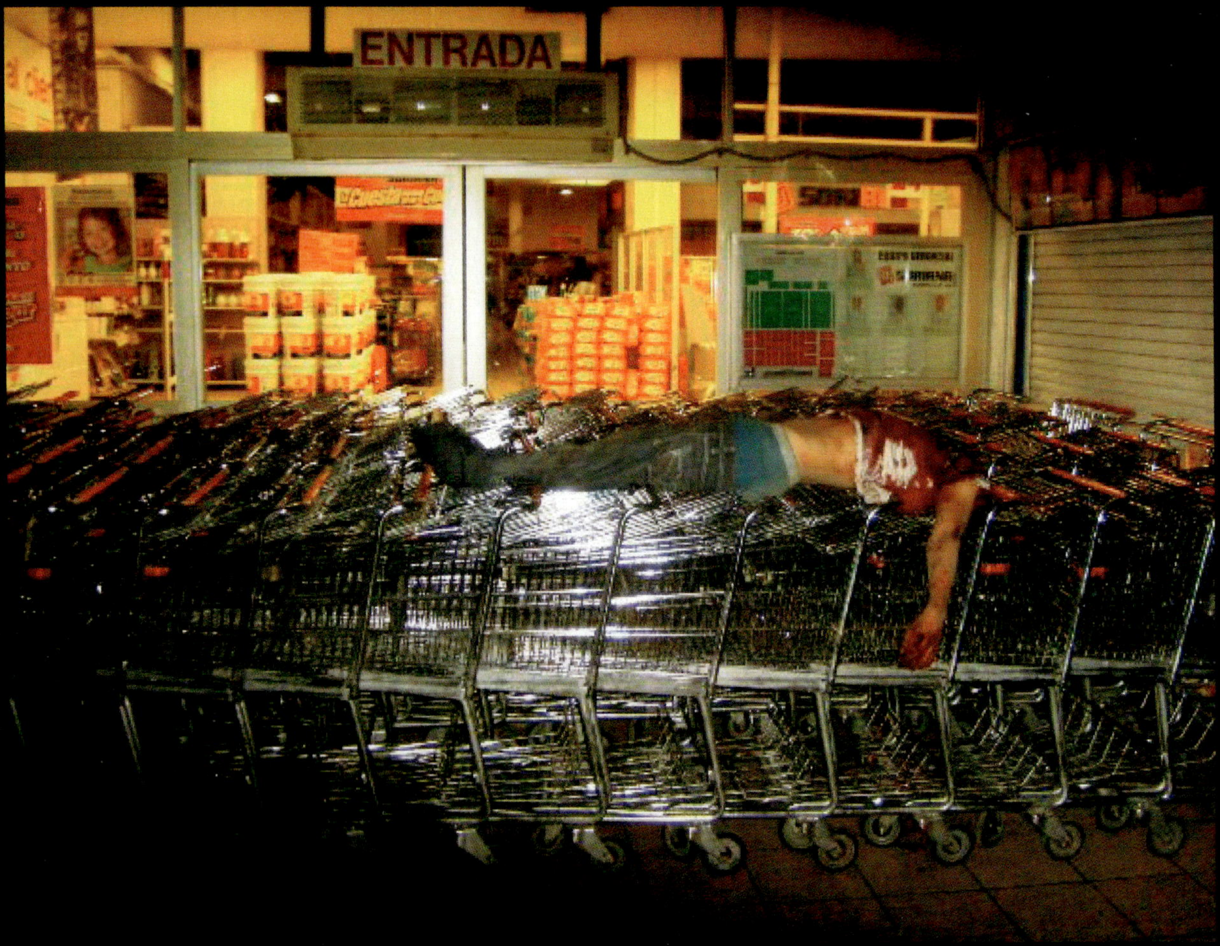
ENTRADA

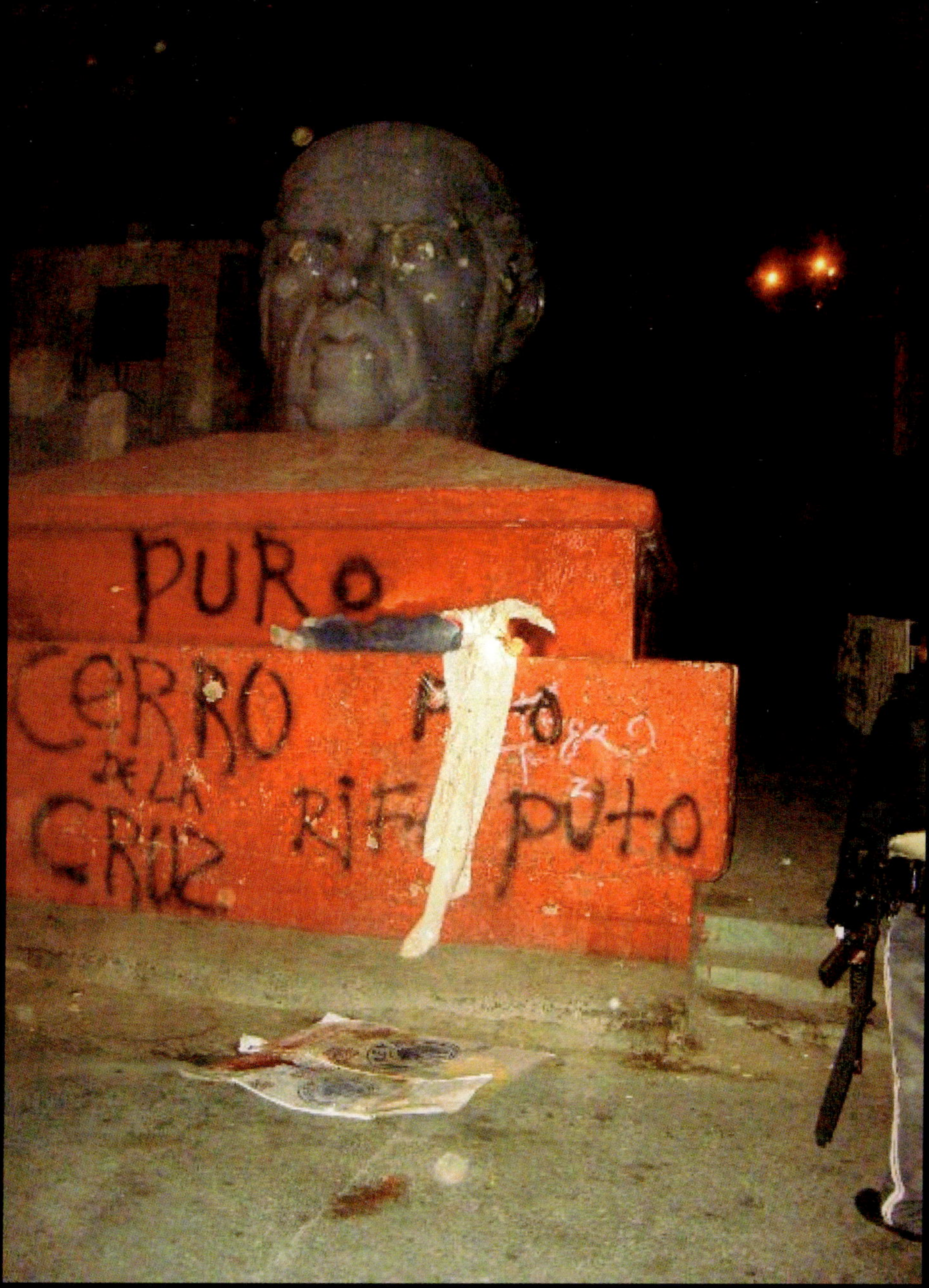
PURO
CERRO
DE LA
CRUZ
puto

27 DE DICIEMBRE
DESTAZAN A DOS HOMBRES Y LOS DEJAN AFUERA DE UN BAR EN ACAPULCO

El puerto de Acapulco, Guerrero, en las fechas navideñas alguna vez fue un lugar muy solicitado para vacacionar, pero hoy en día las brutales ejecuciones y macabros hallazgos han indudablemente afectado el porcentaje bajo de turistas que se puede observar en la localidad. Ahora las fiestas no terminan con risas, se acaban con lágrimas de terror.

Durante la madrugada, un grupo armado colocó a dos hombres descuartizados a la entrada del Karaoke Bar Secret. Hace unos días en ese centro de entretenimiento irrumpió un comando, comenzó a disparar contra los clientes y levantó a once personas, mismas que horas después aparecieron ejecutadas.

En esta ocasión, a los hombres descuartizados también les desprendieron la piel, la cual fue colgada en los tubos de la fachada del lugar. Testigos aseguraron que los hombres armados después de realizar su carnicería humana realizaron disparos con fusiles AK-47 y AR-15, para luego huir con rumbo desconocido.

Los primeros reportes oficiales indican que no se ha logrado identificar a los hombres brutalmente torturados y ejecutados, además indicaron que por la saña cometida en la acción, es muy probable que las dos personas en vida hayan pertenecido a un grupo del narcotráfico.

Junto a los destazados y desollados, fueron colocadas dos cartulinas color verde que contenían narcomensajes. Una decía: "Soy El Gato y El Gafe esto nos pasó por matar al tiendero del Sector 6 y El Vichi en el Tecate".

Los dos hombres habían sido cortados en veinticinco partes. Pero más escalofriante era observar la palabra "Metro" sobre la banqueta, misma que había sido pacientemente formada con parte de los intestinos de los ejecutados.

Sin embargo, eso no era todo, ya que cámaras de seguridad pudieron grabar algo más terrorífico: los sicarios habían destazado y desollado a los dos hombres en el lugar donde fueron abandonados, sin temer ser sorprendidos por cualquier clase de autoridad.

DECEMBER 27
TWO MEN SKINNED AND LEFT OUTSIDE ACAPULCO BAR

Acapulco had been a very popular vacation spot, especially around Christmas time. But brutal executions and mass graves have had a detrimental effect on the tourism industry.

This year the holidays were not rung in with laughter, but with screams of terror.

In the early morning hours, a group of armed men left two dismembered bodies at the entrance of the Secret Karaoke Bar. Just days earlier, commandos swarmed into this popular nightspot, firing into the crowd and taking eleven people away with them. A few hours later, the eleven were found executed.

The two bodies in front of the bar were not only cut up, they had been skinned. The creators of the unspeakably horrific display had hung up pieces of the skin on the nightclub's façade. Witnesses reported that after completing their task, the gunmen shot off some rounds from an AK-47 and AR-15 as they fled so that no one would follow them.

Two green poster boards were hung up near the body parts and skin, with messages from the killer narcos. One read: "We are El Gato and El Gafe, this happened to us because we killed the head of Sector 6 and El Vichi in el Tecate."

The two bodies were cut up into a total of twenty-five pieces. Perhaps most disturbing of all was that on close inspection, it was apparent that parts of one of the posters had been meticulously written out with one of the victim's intestines.

And that wasn't all. Security cameras had captured something as terrifying as the carnage itself: The narcos had painstakingly dismembered and skinned the bodies right there in front of the bar, without any fear that they might be caught in the act.

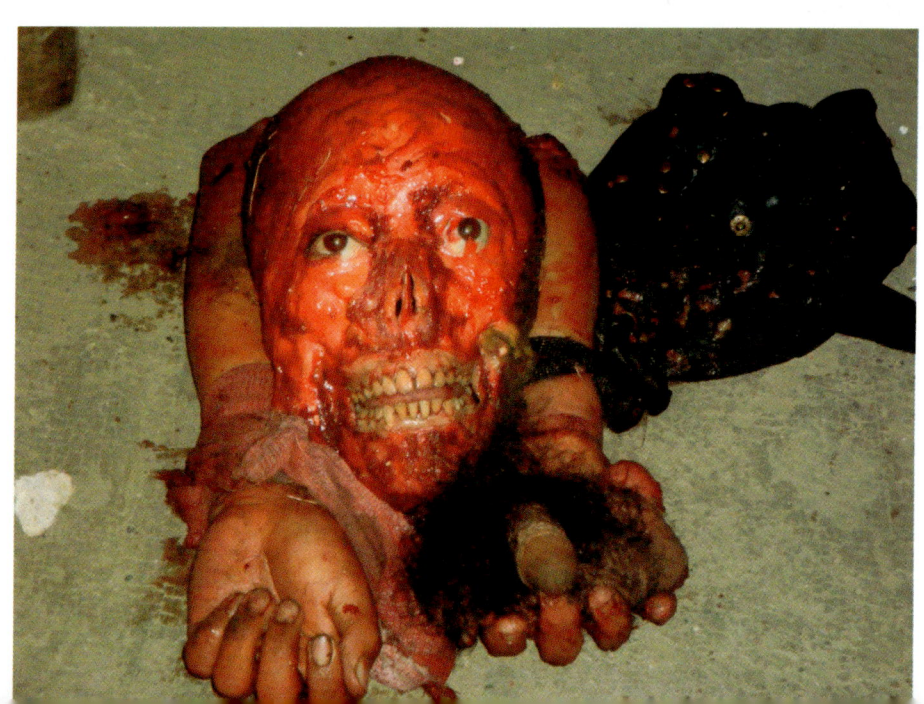

SOY "EL GATO"
Y "EL CA
ESTO NOS PASO POR
AL TENDERO DEL
SECTOR "6" Y AL
EN "EL

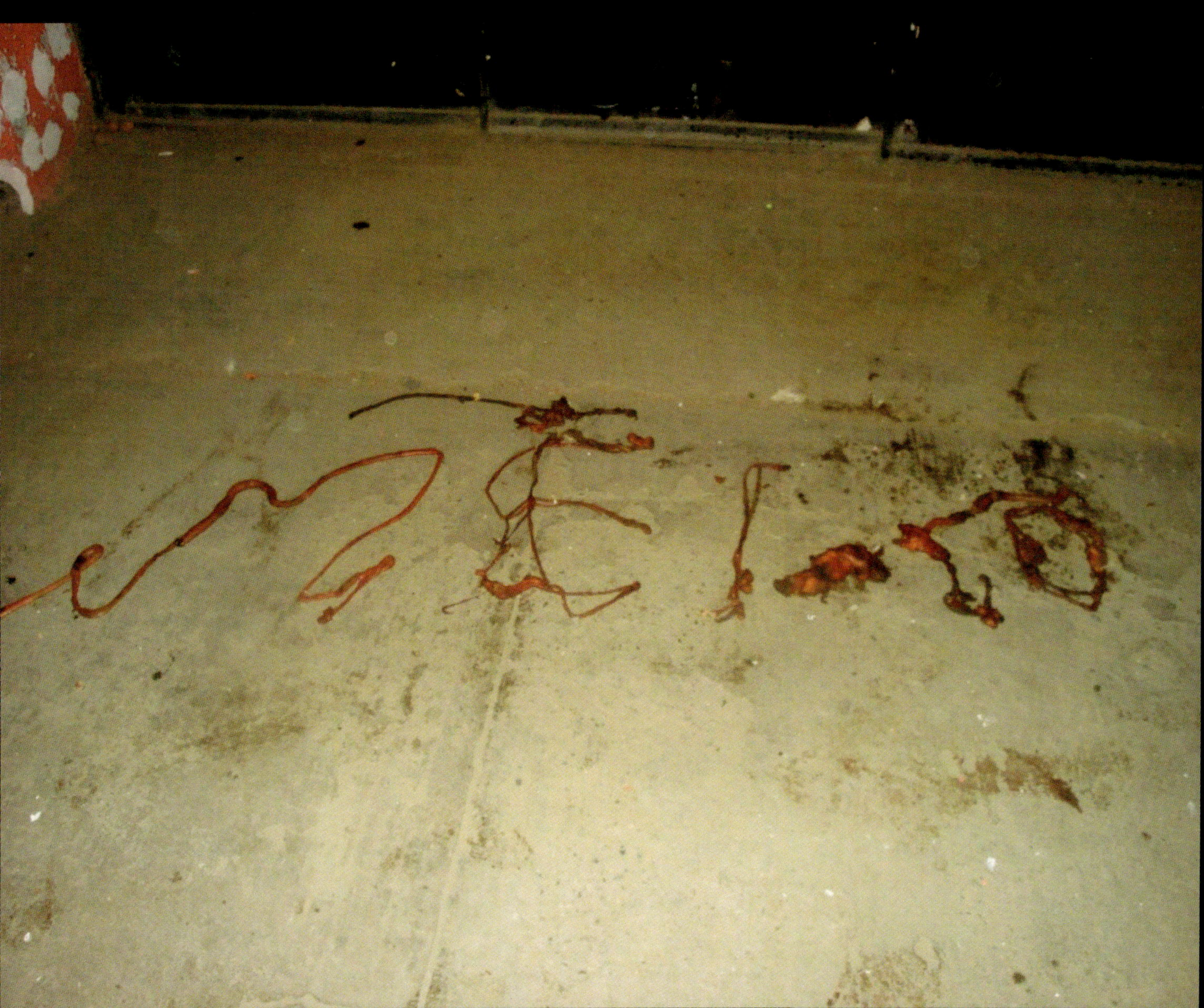

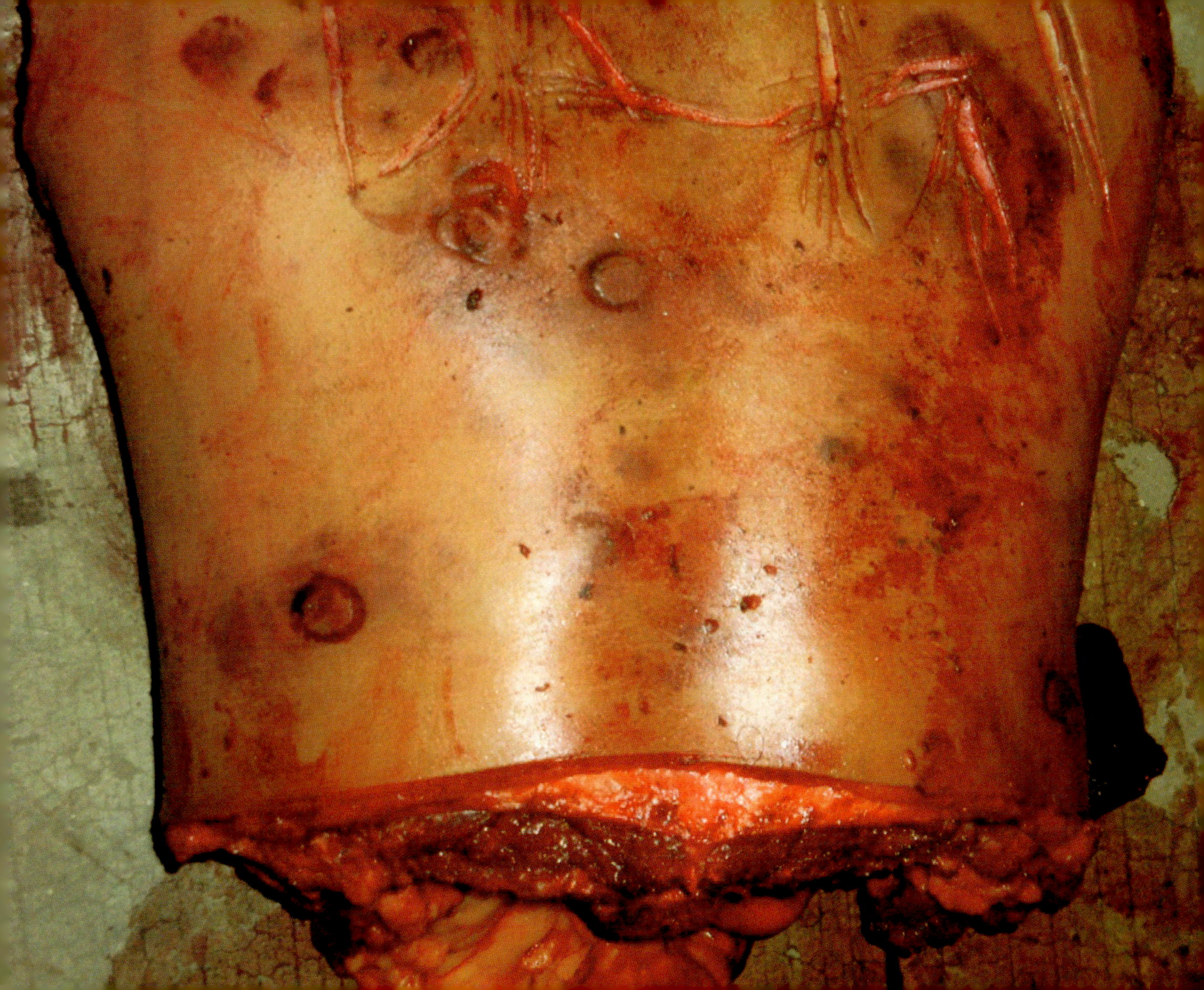

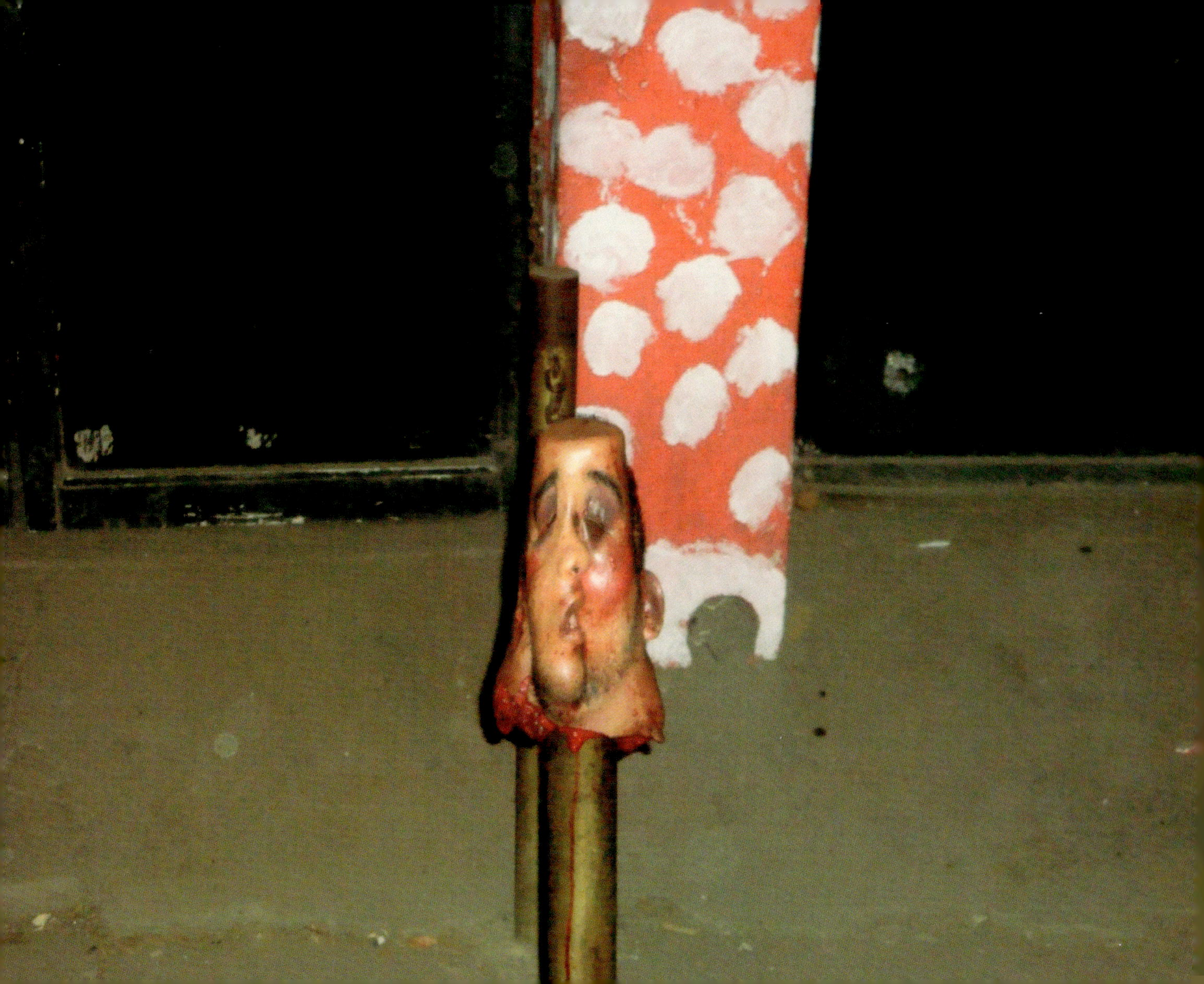

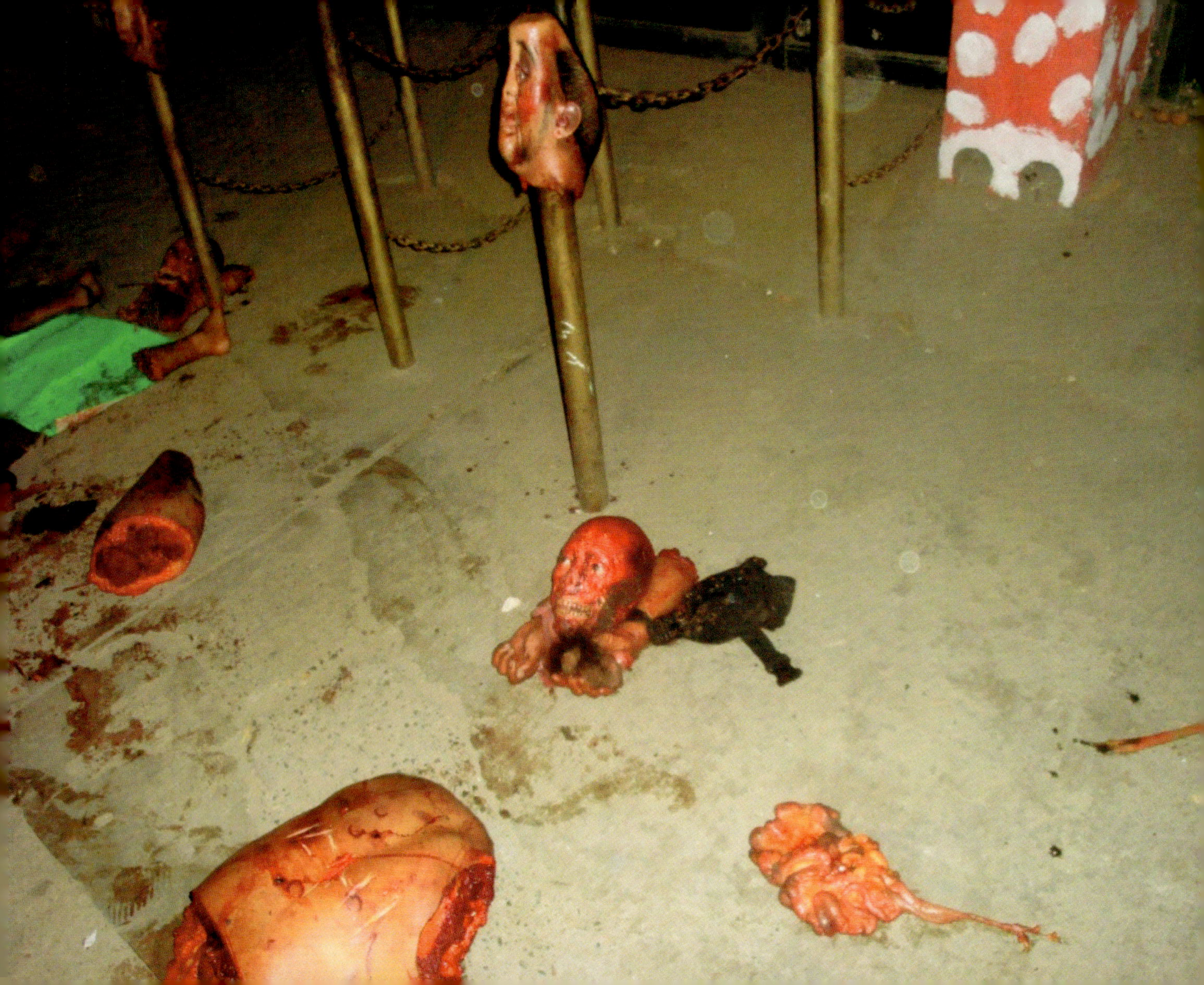

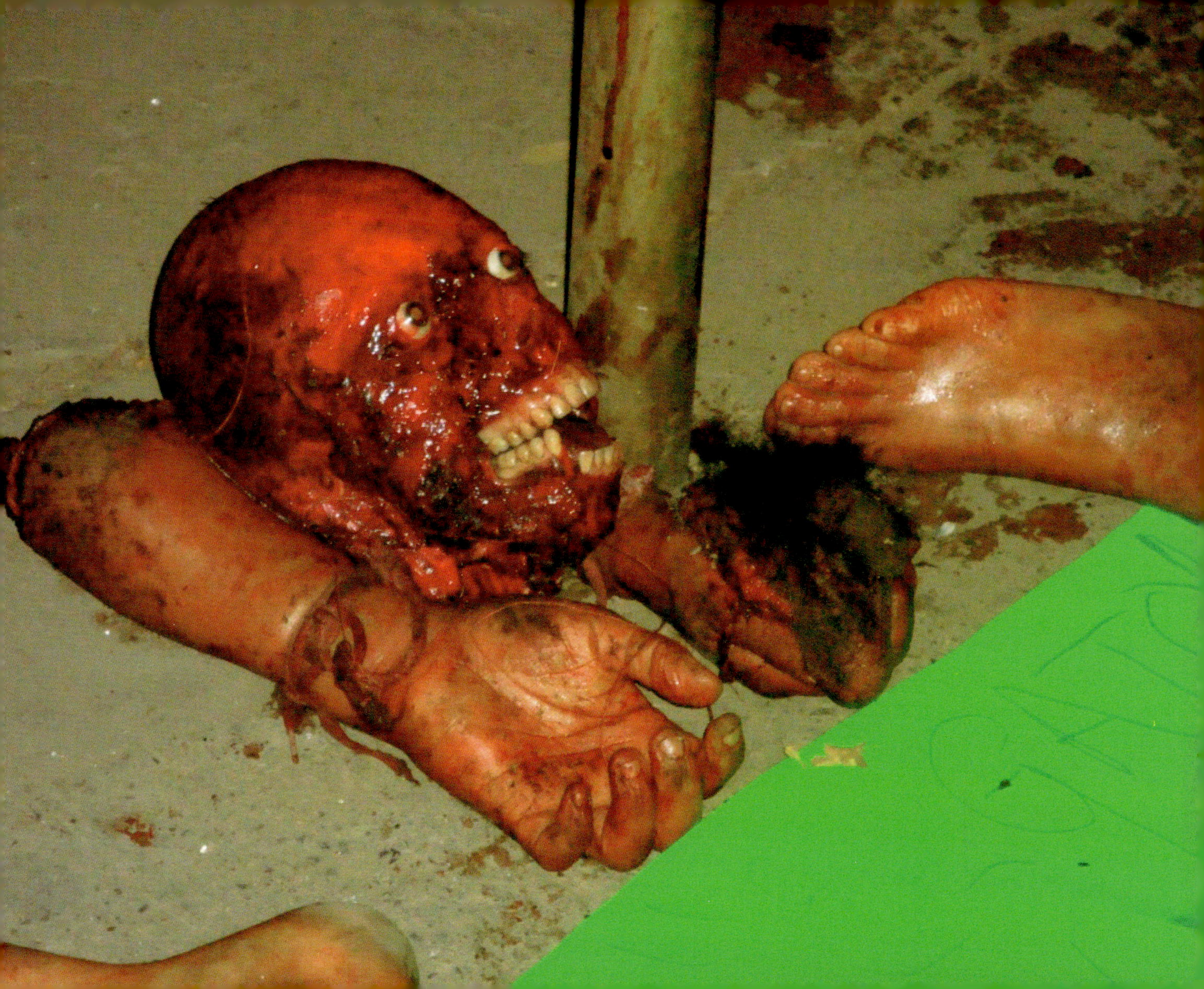

29 DE DICIEMBRE
SE DESATA EL PÁNICO EN NUEVO LEÓN

Otra noche violenta para Nuevo León. De nueva cuenta las instalaciones de la Secretaría de Seguridad Pública de este estado, que comparte una frontera de nueve millas con Texas, fueron escenario de un ataque por parte de un grupo armado.

La tragedia comenzó cuando un comando armado llegó al lugar y comenzó a disparar. Reportes confirman que cinco policías resultaron heridos de gravedad, tres de los cuales perdieron la vida mientras se les realizaban intervenciones de urgencia. Un doctor que se encontraba de guardia en las instalaciones también perdió la vida. Varias patrullas que se encontraban estacionadas en el cuartel quedaron totalmente baleadas.

Simultáneamente se dio a conocer que una oficial de la Policía Municipal de Guadalupe fue asesinada a balazos cuando circulaba en su patrulla sobre calles de la colonia Balcones de San Miguel. Mientras, otro elemento policíaco del municipio de Guadalupe fue atacado en su patrulla cuando circulaba sobre la Avenida Miguel Alemán; autoridades confirmaron que murió en el lugar. Momentos después del ataque a la autoridad municipal, el comando armado regresó a la escena del crimen, ya con elementos que resguardaban el área y medios de comunicación locales presentes, y pretendían rescatar el cuerpo de su víctima. El pánico entre los presentes se dio cuando comenzaron a escuchar fuertes detonaciones por parte de los pistoleros.

Al mismo tiempo, mediante redes sociales, se comenzó a reportar que en diferentes municipios como Apodaca, San Nicolás y Santa Catarina, entre otros, ya circulaban comandos armados. Se recomendaba no salir a la calle si no era necesario, ya que los ataques no habían terminado.

La noche en Nuevo León sin duda fue roja. En los últimos minutos del día un comando armado provocó un choque, para después levantar a dos personas que se encontraban dentro del vehículo.

DECEMBER 29
PANIC IN NUEVO LEÓN

Another violent night for Nuevo León. Once again, the grounds of the public safety administration in this northeast state that shares a nine-mile border with Texas were attacked by a group of armed men.

The tragedy began when armed commandos descended on the facility and opened fire. Reports confirmed that five police officers were critically wounded, three of whom died while receiving medical attention. A doctor who was on duty at the facility also lost his life. Several patrol cars that were parked on public safety grounds were riddled with bullets.

On the very same day, a female officer of the Guadalupe Municipal Police Force was killed when a hail of bullets struck her car as she patrolled the streets of the Balcones de San Miguel area. Meanwhile, another police officer on patrol on Miguel Alemán Avenue in Guadalupe was also fired on, and died at the scene. Just a few minutes after the shooting, the gunmen returned to the scene of the crime and apparently tried to carry the victim's body off with them, in spite of the presence of police officers and media. The crowd of curious onlookers that began to gather panicked as the commandos reappeared and began firing again.

While this was happening, social media sites began to report that armed commandos were also circulating in other cities and towns, including Apodaca, San Nicolas, and Santa Catarina. The public was advised not to leave their homes for any reason until the violence ended.

The sky in Nuevo León must have been burning blood-red that night. Just before midnight in downtown Monterrey, an armed commando in an SUV deliberately crashed into another car, so that they could then seize the two passengers inside the disabled vehicle and carry them off into the night.

31 DE DICIEMBRE
CUELGAN A LA PELIRROJA DE UN PUENTE

La ciudad de Monterrey amaneció con un terrible hallazgo en el último día del año 2010, una fecha que muchos recordarán porque fueron testigos de una macabra escena. Gabriela Muñiz Tamez, conocida como La Pelirroja, apareció alrededor de las 6:30 de la mañana colgada de un puente en la concurrida Avenida Gonzalitos.

Algunas personas que esperaban el transporte en una parada de camión, lograron ver cómo veinte hombres con fusiles en la mano bajaron a una mujer de una camioneta de lujo. Ella estaba viva, pero no se podía mantener en pie por haber sido brutalmente golpeada con anterioridad. Era La Pelirroja a la que le habían pintado el cabello de otro color —ahora era rubia. Los sujetos subieron al puente, le amarraron una cuerda y la aventaron. Muchos pudieron ser testigos de cómo la fémina moría colgada.

Con visibles señales de tortura, el torso desnudo y el nombre de *Yair* en la espalda y el pecho, la mujer colgaba macabramente. Los sujetos armados se quedaron unos minutos en el lugar y le tomaron algunas fotografías a La Pelirroja colgando del puente, como si se tratara de una postal para Fin de Año. Después se fueron y nadie los pudo detener. Cientos de automovilistas transitaban por la Avenida Gonzalitos a esa hora, por supuesto la situación les provocó terror.

En el año 2009, Gabriela Elizabeth fue detenida por autoridades. Según informes, la mujer era líder de una banda de secuestradores. Desde un principio los mismos medios de comunicación le dieron el apodo de La Pelirroja, y a través de los años fue conocida por el proceso que llevaba en su contra. Tras pasar tiempo en el Penal del Topo Chico, el día 27 de diciembre La Pelirroja fue sacada del lugar para ser trasladada al Hospital Universitario, en donde se le realizaría unos exámenes. Sin embargo, la camioneta en donde era trasladada la mujer en compañía de cuatro celadores fue interceptada por un comando armado. Presuntamente se había rescatado a la secuestradora aunque con su ejecución quedan dudas sobre si fue rescatada o secuestrada por dicho comando armado.

Después de la desaparición de La Pelirroja, autoridades de la Procuraduría de Justicia ordenaron el arraigo a los cuatro celadores que custodiaban a la mujer cuando fue interceptada. También quedó detenido el encargado de la dirección del Penal del Topo Chico, así como el doctor que autorizó su salida y el jefe de seguridad.

El nombre que le fue marcado en la espalda y en el pecho también causó mucha controversia. Algunos decían que así se llamaba un niño al que había secuestrado y que después de recibir el rescate fue ejecutado. Esa versión tenía algo de real, ya que La Pelirroja era experta en secuestrar a menores de edad. La realidad por la que le fue colocado ese nombre no mucha gente la conocía: Yair era novio de Elizabeth, ambos formaban parte de Los Zetas. Cuando a ella la capturaron él seguía libre, sin embargo cambió de organización y se unió al Cártel del Golfo, eso provocó muchas peleas entre la pareja, lo que hizo que se separaran.

También pocos pudieron enterarse de que antes de que La Pelirroja fuera colgada, el grupo armado encargado

DECEMBER 31
"THE REDHEADED LADY" HUNG FROM BRIDGE

The city of Monterrey awoke to a gruesome scene on the last morning of 2010, a date many will remember as the day they saw the most sickening sight of their lives. Gabriela Elizabeth Muñiz Tamez, better known as the Redheaded Lady, was found hung from a pedestrian bridge over Gonzalitos Avenue at around 6:30 A.M.

A few people who had been waiting at a nearby bus stop watched in utter shock as some twenty gun-toting men arrived at the bridge and dragged a woman out of a luxury SUV. She was alive, but could not stand because she had been brutally beaten. It was the notorious Redheaded Lady, although her hair had been dyed blonde. The men carried her to the middle of the bridge, tied a rope around her neck, and threw her over the side. Many people could see how she met her agonizing end, strangled over the busy street.

Showing clear signs of torture, nude from the waist up, and with the name *Yair* painted on her back and chest, the woman swung in the air grotesquely. The men who put her there lingered on the bridge and took some snapshots of their victim, like a New Year's postcard. Then they left, and no one could stop them. Hundreds of cars passed through Gonzalitos Avenue at that time of day, and no doubt received the fright of their lives.

The hanging was not just a random act of violence. In 2009, Gabriela Elizabeth had been arrested. According to reports, she was the ringleader of a deadly kidnapping and extortion gang. From the beginning, the news media dubbed her the Redheaded Lady ("La Pelirroja"), and her case was widely reported. After serving time in the Topo Chico prison in Monterrey, on December 27 she was taken from the jail, supposedly to be transported to the University Hospital to undergo medical tests. While en route to the hospital, the prison vehicle she was riding in with four guards was intercepted by armed commandos, who took her away with them. It was initially assumed that the gunmen had rescued her, but after her heinous execution, it seemed clear that she had in fact been abducted herself.

After Tamez was taken from the prison van, authorities from the Office of the Attorney General ordered the arrest of the four prison guards who had accompanied her. The warden of the prison was also taken into custody, along with the doctor who authorized her trip to the hospital and the chief of security.

The word painted on Tamez's back and chest also generated a great deal of controversy. Some asserted that Yair was the name of a boy she had kidnapped, and who had been killed after his family paid the ransom. This theory was plausible, since Tamez was seen as an expert in kidnapping children. However, the real story, which few people know, is that Yair is actually the name of Gabriela Elizabeth's ex-boyfriend. They had both been members of Los Zetas, and at the time of her arrest, Yair was still free. While Tamez was in jail, he switched allegiances, joining up with the Gulf Cartel. This caused a great deal of tension between the couple, and led to their breakup.

In addition, before Tamez was hanged, her executioners had announced her killing on Blog del Narco. On the night of December 29, a message was posted in the comments section below an article about the wave of violence in Nuevo León, which read, in part:

de hacerlo ya había dejado un aviso en Blog del Narco. En la sección de comentarios de una nota relacionada con los hechos que habían ocurrido gracias a que la violencia se había desatado en Nuevo León, en parte decía:

A partir de este momento LA NUEVA FEDERACIÓN controla el estado de Nuevo León. Estamos limpiando la plaza. De toda la escoria con Z. La muerte de los distribuidores de droga, fue para mandar un mensaje para que se alineen con La Nueva. Pueblo desgraciadamente la mayoría de los distribuidores de droga son puros niños con alma de sicario. No se asuste... (pinches Z lavándoles el cerebro a nuestros niños). El chavito Luis Rodríguez, de 15 años (El Pony) era un distribuidor de Los Z, desgraciadamente no comprendió el mensaje y tuvo que ser victimado. La liberación de La Pelirroja, la muy pendeja se creyó que la íbamos a liberar... (je) solo fue un ajuste de cuentas, pronto daremos la ubicación de su cuerpecito... (Solo le hicimos justicia al pueblo). Los ataques que se llevaron a las corporaciones de Nuevo León y policías victimados el día de hoy (29 de diciembre) son para que se alineen con La Nueva. A todos los poliziaz alinéense déjense ya de chingaderas... Pueblo, la mayoría de los poliziaz trabajan para Los Z (Ya sabemos que esto no es noticia). Este mensaje va también dirigido al Gobierno de Nuevo León, dejen de ser los títeres de Los Z. Gober estás en la mira... cámbiale... no se le frunza... de la vida por Nuevo León. [...] Gente de Nuevo León cuídese y cuiden a los suyos de cualquier situación en estos días. ¡Feliz Navidad! Y queremos un próspero Año Nuevo sin ZZZ. Esto no es broma, por eso empezamos todo el desmadre este día... Hasta el próximo mensaje. Atte. La Nueva Federación "Para Vivir Mejor".

Fuentes informaron que durante el año 2011 se verán ejecuciones masivas en Nuevo León, y que la Nueva Federación está encargada de terminar con las autoridades ligadas a los Zetas.

From now on THE NEW FEDERATION controls the state of Nuevo León. We are cleaning the house out. Of all the Z scum. Killing the drug dealers was to send a message so they align themselves with The New Federation. People, unfortunately most of the drug dealers are only children with the souls of gangsters. Don't be afraid . . . (goddamn Z brainwashing our children). The boy Luis Rodriguez, 15 years old (El Pony), was a dealer for Los Z. Unfortunately he didn't get the message and he had to be a victim. Freeing the Redheaded Lady, the stupid bitch thought we were rescuing her . . . (Ha!) it was just a settling of accounts. Soon we'll give the location of her little body . . . (we only got justice for the people). The attacks that will take place today (December 29) against the corporations of Nuevo León and police killed are so they align with The New Federation. To all the polize, go along and stop fucking around. People, most of the polize work for Los Z (we know that's hardly news). This message is also for the government of Nuevo León, stop being a puppet for Los Z. We're watching you . . . you'd better change . . . don't pout . . . do it for Nuevo León. . . . People of Nuevo León, be careful and protect your loved ones. Merry Christmas! And we wish you a Happy New Year with no ZZZ. This is no joke, that's why we're starting the whole shitstorm today . . . until the next message. Sincerely the New Federation "For a Better Life"

Sources warn that in 2011, Nuevo León will see a massive wave of killings, and that the New Federation is under orders to execute any police officers and authorities linked to Los Zetas.

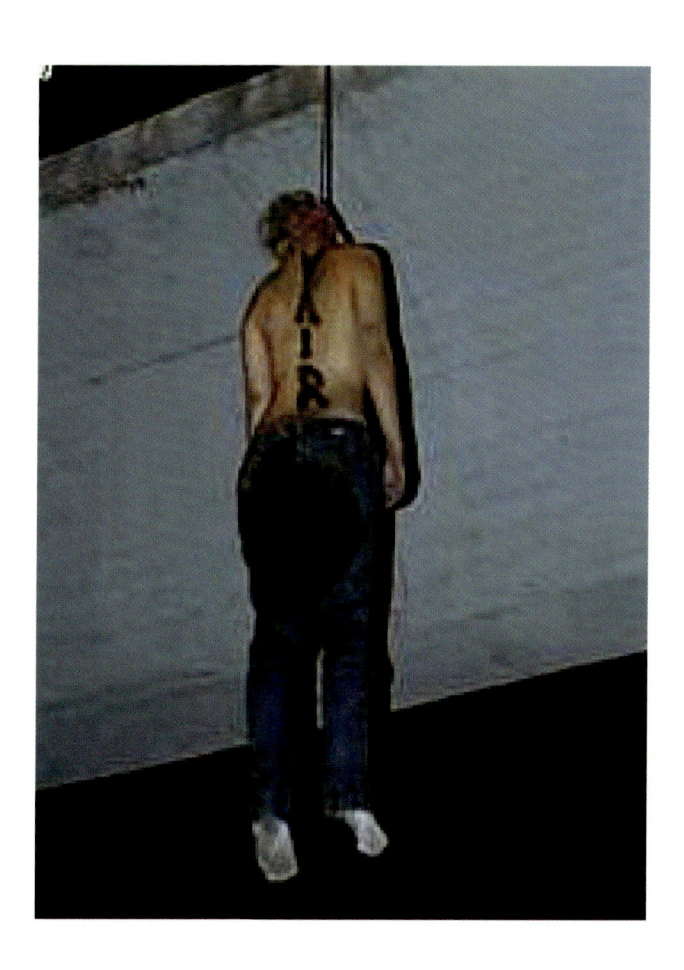

ENERO 2011
LA GUERRA SE EXTIENDE EN EL AÑO NUEVO

1 DE ENERO
INICIA EL AÑO 2011 CON MUERTE

El año 2011 inició sin ningún tipo de tregua, ya que las acciones violentas por parte de integrantes de diversos grupos delictivos iniciaron en los primeros minutos del día 1 de enero. Por supuesto la sociedad de México pierde esperanza de próxima paz, ya que también se han conocido amenazas de que la guerra seguirá, y cada vez será peor.

Eran las 00:02 horas cuando elementos de la Secretaría de Seguridad Pública del Estado de Nuevo León realizaban un patrullaje de rutina en los límites de Monterrey y San Nicolás de los Garza, cuando hombres armados que viajaban a bordo de una camioneta los atacaron a balazos.

Mientras las autoridades se encontraban en la movilización por el ataque, se recibía el reporte de un joven de veintiún que había sido acribillado cuando se encontraba afuera de su casa en una celebración con la familia por el Año Nuevo. También en el municipio de San Pedro Garza García, Nuevo León, otro hombre había sido acribillado, sin embargo no logró ser identificado.

Al mismo tiempo pero en la playa de Las Hamacas perteneciente al estado de Guerrero, la niña Cintia Paz Solís, de diez años, se encontraba junto a sus primos festejando. Salieron para observar la pirotecnia en los primeros minutos de 2011. Había gritos y emoción por parte de los pequeños, pero de pronto se escucharon intensas detonaciones que no eran fuegos artificiales. De nuevo hubo gritos, esta vez de desesperación: Cintia había caído, una bala perdida llegó a su cabeza, ya que en un lugar cercano se estaba registrando un enfrentamiento. En medio de la felicidad de millones, esa familia sintió el desgarrador dolor de perder a una niña inocente.

Simultáneamente la familia Ariza celebraba el Año Nuevo en una cancha de fútbol, donde se realizaban las fiestas de la comunidad llamada Piedra Imán, también en Guerrero. La celebración fue interrumpida cuando llegó un comando armado y disparó contra varios hombres, matando a cuatro.

En Tabasco, dos sujetos vestidos de payasos fueron encontrados sin vida ayer por la mañana en la zona de la Chontalpa, con notables huellas de tortura.

JANUARY 2011
WAR EXPANDS IN THE NEW YEAR

JANUARY 1
DEATH RINGS IN 2011

The onslaught of violence carried on without a pause as the New Year dawned. Several narcogangs carried out vicious attacks beginning just minutes after midnight on January 1. Hopes are dimming among the Mexican people that there will ever be peace in their country. The drug cartels have issued warnings that their bloody turf wars will continue unabated and only get worse.

At 12:02 a.m., officers from the Public Safety Secretariat in Nuevo León were out on a routine patrol on the outskirts of Monterrey and San Nicolás de los Garza when gunmen driving in a pickup truck opened fire on them.

While the ensuing pursuit was taking place, a murder was reported. A twenty-one-year-old man was shot while standing just outside his own home, celebrating the New Year with his family. Meanwhile, in the city of San Pedro Garza García, Nuevo León, the country's most affluent municipality, an unidentified man was shot and killed.

And in Las Hamacas Beach on the Pacific coast in Guerrero, ten-year-old Cintia Paz Solís was celebrating the New Year with her cousins by watching a fireworks display. At first, these children laughed and shouted, but it soon became clear that the explosions they heard were not firecrackers, rockets, and Roman candles, but gunfire. The children screamed in terror when suddenly Cintia fell. She had been hit in the head by a stray bullet from a gun battle raging nearby. While millions welcomed the New Year throughout the nation, Cintia's parents experienced the indescribable agony of losing a child.

At the same time, the Aria family celebrated the New Year on a soccer field along with friends and neighbors from their town, Piedra Imán, in Guerrero. The festivities ended suddenly when commandos drove up and started firing on a group of young men, killing four of them.

Meanwhile, in Tabasco, two men were found dead and dressed as clowns with notable signs of torture.

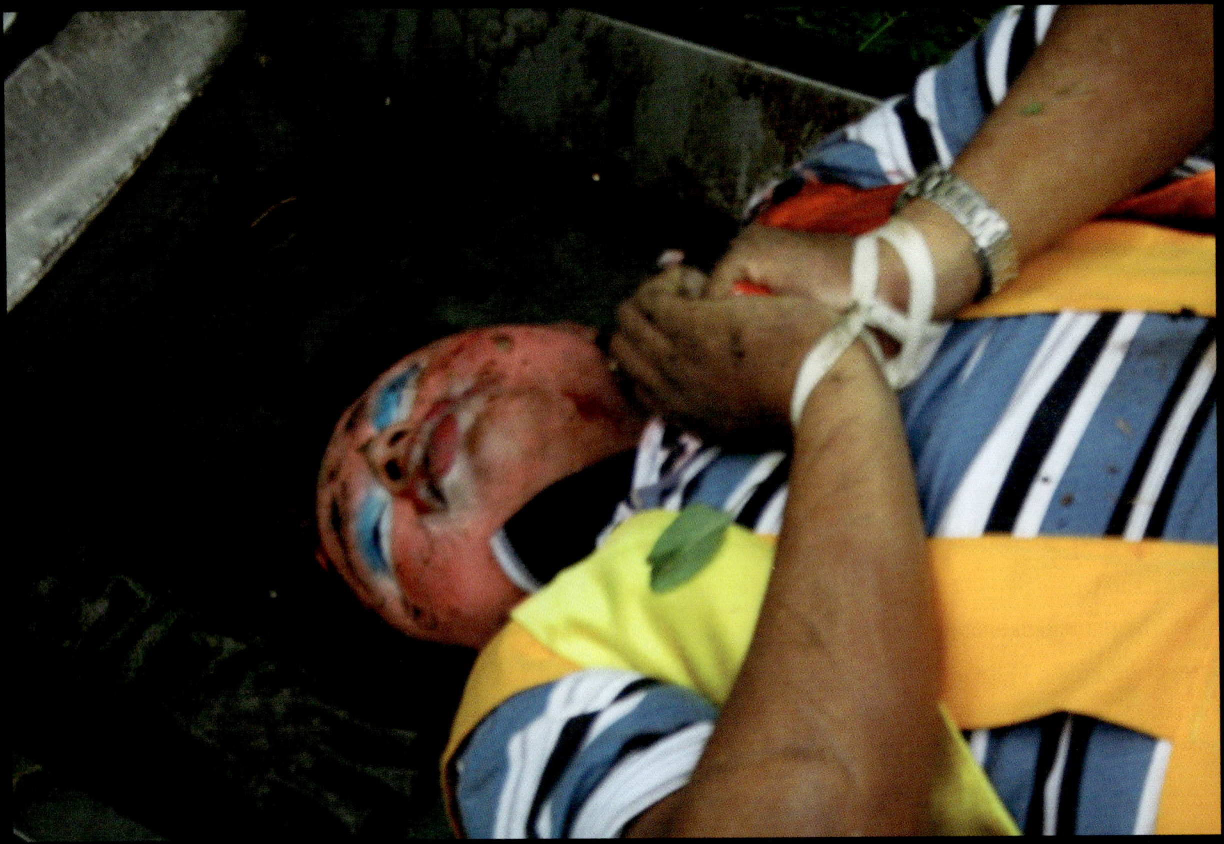

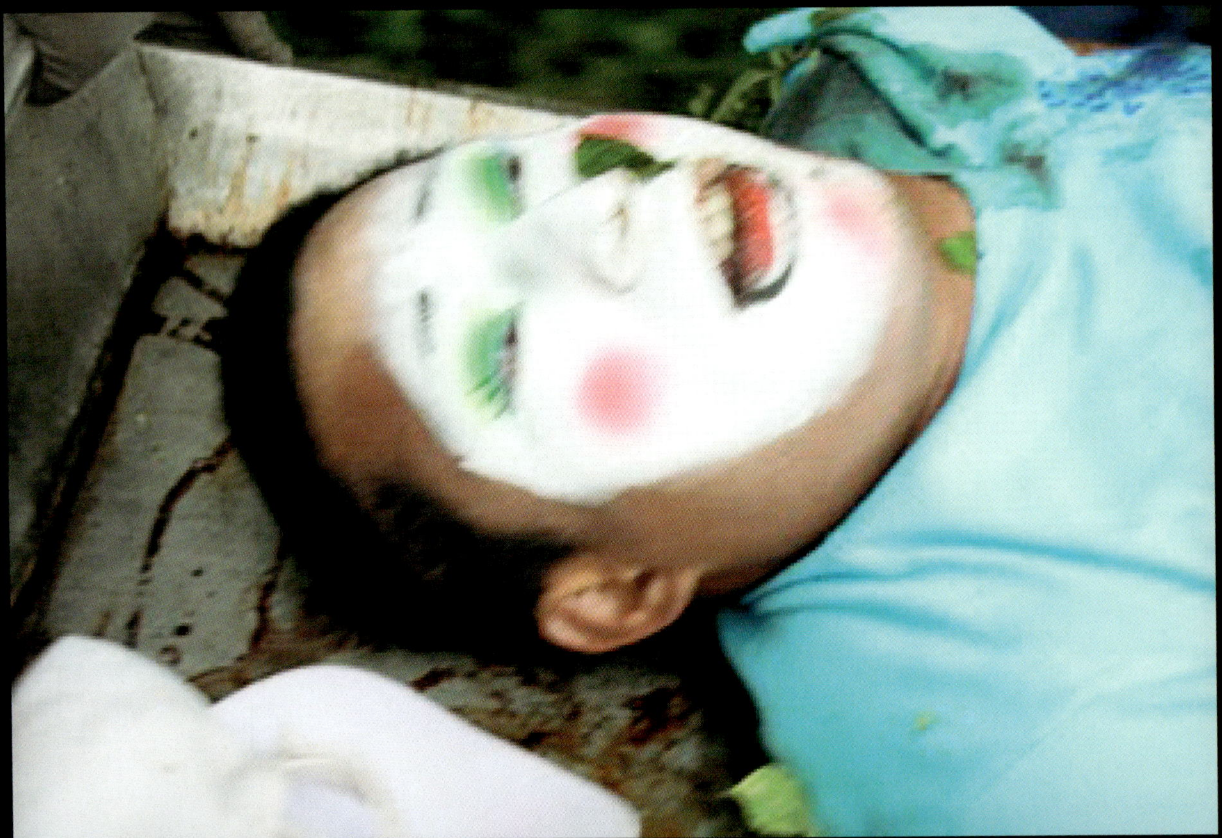

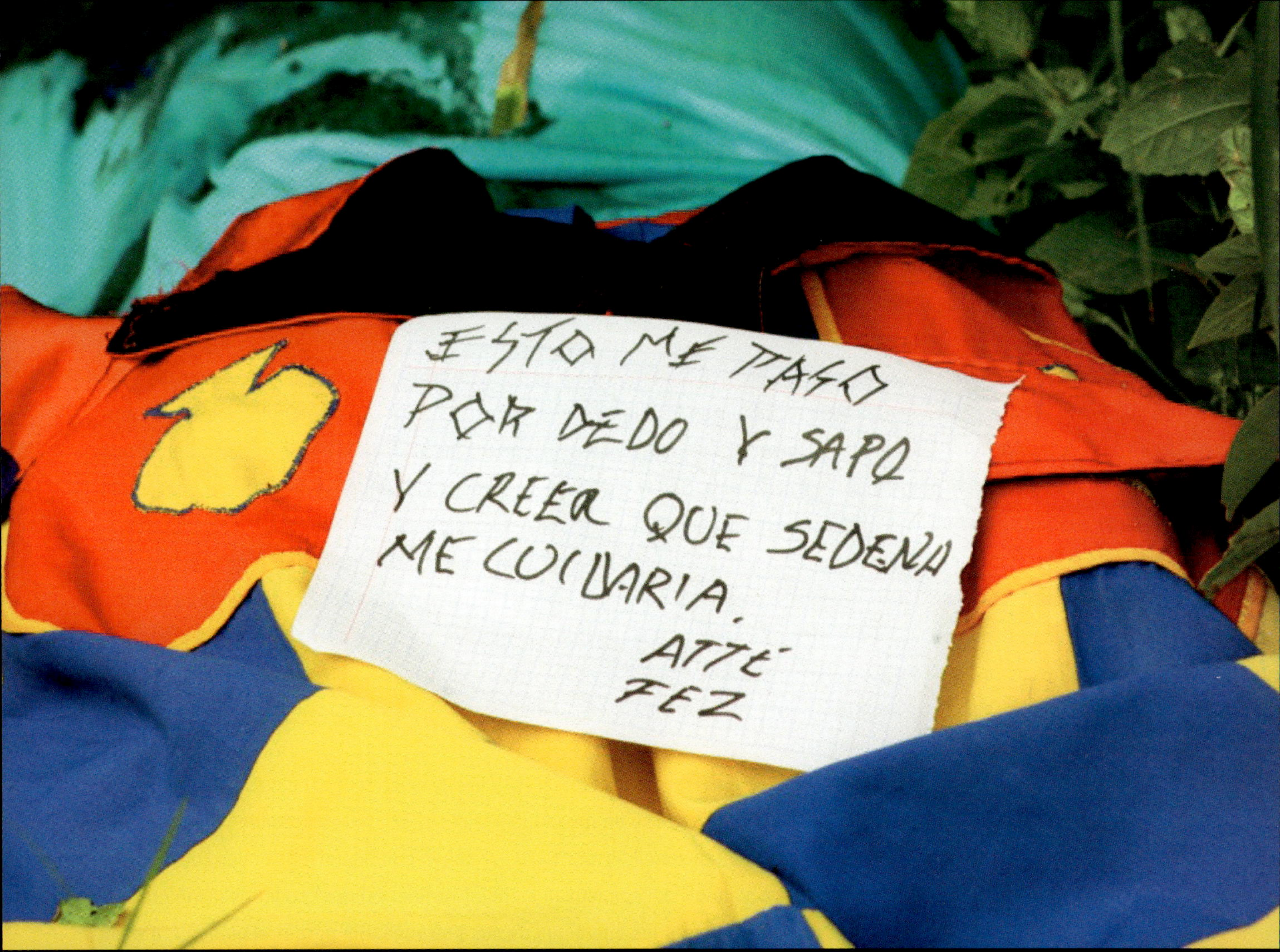
ESTO ME PASO
POR DEDO Y SAPO
Y CREER QUE SEDENA
ME CUIDARIA.
ATTE
FEZ

4 DE ENERO
LAS MUJERES DEL NARCO SON BONITAS… PERO SON MÁS PELIGROSAS

Hace años las mujeres en el narcotráfico solo eran utilizadas por los capos para recibir placer; en estos tiempos las cosas son diferentes. Tal parece que la igualdad ha llegado para el negocio de las drogas en México. En algunos casos las mujeres del narco suelen ser muy atractivas, sin embargo no solo sirven para presumir, ya que con su inteligencia han logrado escalar posiciones en la organización para la que trabajan.

En últimas fechas se ha visto que chicas de cualquier barrio pobre lucen bien vestidas y arregladas, con su radio Nextel siempre en la mano. Se vuelven informantes de la delincuencia, laboran como halconas. No están jugando, están trabajando y es un riesgo hacerlo.

Si bien el dinero que ganan les sirve para comprar sus propias dosis de droga, esos zapatos que usan las hijas de papá o tal vez ir a colocarse uñas y extensiones en los lugares más exclusivos a los que solo tienen acceso las mujeres de la televisión local, algunas lo hacen por necesidad. A estas, la pobreza las ha llevado a tal límite que tienen que trabajar con la mafia para poder tener una mejor vida. Eso sí, disfrutan de la buena vida, muchas con la firme convicción de sacar adelante a su familia, y así siguen arriesgando todo por cumplir sus objetivos.

Las narcomenudistas no siempre consumen, como es el caso de La Mary, quien tenía que vender droga para pagar la protección de su esposo, quien se encontraba preso por robo en el penal de San Luis Potosí. Estaba amenazada, y lo único que buscaba era que su marido no fuera ejecutado, así que llegó a hacer arreglos con las custodias para poder introducir droga en la comida que llevaba cuando iba de visita. Su esposo tuvo que vender droga dentro de la cárcel porque las cuotas de protección cada vez eran más altas. La Mary y su familia estaban atrapados en el peligro, no había opción.

Ya dentro del narco y sin medir consecuencias, algunas mujeres comienzan a adentrarse más en su organización, para después aprender de los pistoleros y convertirse en todas unas mujeres sicarias, quedando ya comprometidas con el riesgo. Los primeros trabajos no resultan sencillos, pero a la vez saben que tienen más poder con un arma de fuego, engañarlas ya no será tan fácil para algunos, así comienzan a encontrarle el sabor al poder de la violencia.

Tienen inteligencia y valor hasta para vencer a los enemigos de sus patrones. Sin perder el glamour, atacan cuando se sienten en peligro, desatando el desconcierto de sus contras que muchas veces atolondrados por su presencia se equivocan al disparar. Algunas hasta encabezan a un comando armado en plena operación

Por venganza, necesidad o placer, cada una de ellas tiene su historia con razones incluidas, por la cual eligen esa vida. Muchas han llegado a relacionarse con sus jefes, aunque otras se han topado con la trágica sensación de

JANUARY 4
NARCO GIRLS ARE PRETTY . . . BUT DEADLY

Years ago, women involved in drug gangs served one purpose only: to pleasure the bosses. However, it seems that gender equality has arrived in the lucrative drug trafficking business in Mexico. Some of the women are extremely attractive, but they are not there simply to take orders. Relying on their wits, they have managed to ascend to positions of real power within their organizations.

Lately in any poor neighborhood, well-dressed girls can be seen carrying Nextel radios, working as halconas or lookouts for the drug gangs by tracking the movements of the authorities. This is serious work and they're taking an enormous risk.

The girls might spend their earnings on drugs for themselves, designer shoes like the rich girls wear, or a manicure at an exclusive salon. Some work for the drug gangs as the only way to escape the grinding poverty into which they were born. They keep on risking death to enjoy the so-called good life, while often helping their families financially.

A woman known as La Mary, for example, sold drugs strictly to protect her husband, who was serving time in a San Luis Potosí prison for robbery. He had been the target of threats, and she wanted to do whatever was possible to prevent him from being killed behind bars. La Mary cut a deal with the prison guards: They let her conceal drugs in the food she brought her husband. In turn, he sold the drugs to afford the higher and higher rates for protection that thugs were demanding. La Mary and her family were trapped and didn't have a choice.

Once they join up with the drug cartels, some women get more deeply involved in the organization, without thinking of the consequences. They learn from the gunmen and become all-out gangsters themselves. The first few jobs aren't easy, but at the same time the women know they have more power with a gun in their hand. They won't be so easily taken advantage of. They get a taste of the power of violence, and many like it.

These women are cunning and fearless enough to go after their boss's enemies, attacking when they feel threatened. The rival gangs are sometimes so perplexed by the sight of a woman that they're slow to fire back. Some women have even headed commando operations.

For revenge, necessity, luxury, or thrills, they all have their own reasons for choosing the gangster life. Many have gotten romantically involved with their bosses, while others have made the tragic mistake of falling for the wrong man, maybe a member of a rival cartel—an error in judgment that can get them killed.

Seeing one or a few women arrested when law enforcement conducts a sting operation is becoming increasingly common, as is discovering female leaders of cartel cells. As an inevitable consequence, it's not unusual to hear about women being gunned down, mutilated, or hung from bridges.

In coming years, we will no doubt see growing numbers of women working in organized crime. Right now there are more job opportunities in that area than any other sector of the economy, even though narcos may end up paying for the high paycheck with their lives.

enamorarse de la persona equivocada, algún hombre que no pertenece a su cártel, y eso, suele ser un gran error que hasta la vida les ha costado.

Es más común ver la detención de una o varias mujeres en algún operativo realizado por autoridades; ya no solo son hombres los líderes. Y qué decir de las ejecuciones, cada vez es más frecuente conocer que alguna fue acribillada, mutilada o hasta colgada de un puente.

No hay duda de que, con el paso de los años, seguirá creciendo el número de mujeres trabajadoras de la mafia. En los tiempos de hoy hay más oportunidades en el mundo del narcotráfico que en cualquier otra área laboral, aunque esta les termine cobrando la vida.

8 DE ENERO
REALIZAN PRIMER MASACRE DE 2011

México amaneció con una tétrica noticia: en distintos puntos veintidós personas habían aparecido ejecutadas en el puerto de Acapulco, Guerrero, y los asesinatos estaban relacionados.

Entrada la madrugada autoridades recibieron llamadas de alerta, en donde se informaba que varios hombres habían sido ejecutados y se encontraban sobre la banqueta del concurrido centro comercial Plaza Sendero. De inmediato uniformados de diferentes corporaciones llegaron al lugar, para percatarse de que dieciocho personas habían sido ejecutadas y abandonadas en el estacionamiento de Sendero. Todas las víctimas eran hombres menores de treinta años.

La escena era impactante, ya que quince de los muertos se encontraban decapitados, en el cuerpo tenían restos de arena y junto a ellos se apreciaron varios narcomensajes, los cuales hacían alusión al Cártel de Sinaloa. Además lo más macabro del caso es que a las personas les habían cortado la cabeza en ese sitio, mismo que estaba con charcos de sangre por todos lados.

Se trataba de una masacre realizada por el Cártel de Sinaloa, ya que en los narcomensajes se podía leer: "Esto les pasará a los que intenten entrar en la plaza. Atentamente El Cártel Pesado. Chapo Guzmán".

Seis vehículos se encontraban abandonados en el estacionamiento del lugar; también se reportó el incendio de uno de ellos.

Más tarde, autoridades recibieron otra alerta: el cuerpo de un hombre ejecutado había sido abandonado dentro de un vehículo, en la colonia Vicente Guerrero. El cadáver presentaba señales de brutal tortura y además estaba maniatado. Después, taxistas de la localidad pudieron percatarse de que tres ejecutados habían sido tirados cerca de un mirador del puerto junto a un taxi abandonado.

Los reportes oficiales indican que todas las ejecuciones están relacionadas por la forma en que fueron realizadas, resaltando la brutalidad en ellas. También se informó que las víctimas no lograron ser reconocidas.

JANUARY 8
THE FIRST MASSACRE OF 2011

Mexico awoke to horrific news this morning: Twenty-two bodies were found scattered around Acapulco, all apparently connected to the same killings.

In the early morning hours, police began fielding distraught calls from residents telling them that they had found the crumpled bodies of executed men lying on the sidewalk in the Plaza Sendero shopping center. Uniformed officers quickly descended on the scene, where they discovered that eighteen people had been executed, their bodies left in the parking garage. All of the victims were men under the age of thirty.

It was a harrowing scene: Fifteen of the bodies had been decapitated, and there were several narcomessages around the bodies implying that the Sinaloa Cartel was behind the massacre. The large pools of blood around the bodies indicated that the decapitations were carried out right there in the parking garage.

The narcomessages, signed by the leader of the Sinaloa Cartel and written on poster boards, read: "This happened to the ones who tried to come into La Plaza [our territory]. Sincerely El Cartel Pesado. Chapo Guzman."

Six vehicles were found abandoned in the garage, one of which had been set on fire.

Later, police got another call reporting that the body of a man was found in a car in the Vicente Guerrero development. The cadaver showed signs of brutal torture, and his hands were tied behind his back. A short time later, local taxi drivers found three more bodies lying near an abandoned cab.

Official reports indicate that all of the killings were related, because of the similarities in how they were carried out and their unusually brutal nature. The victims could not be identified.

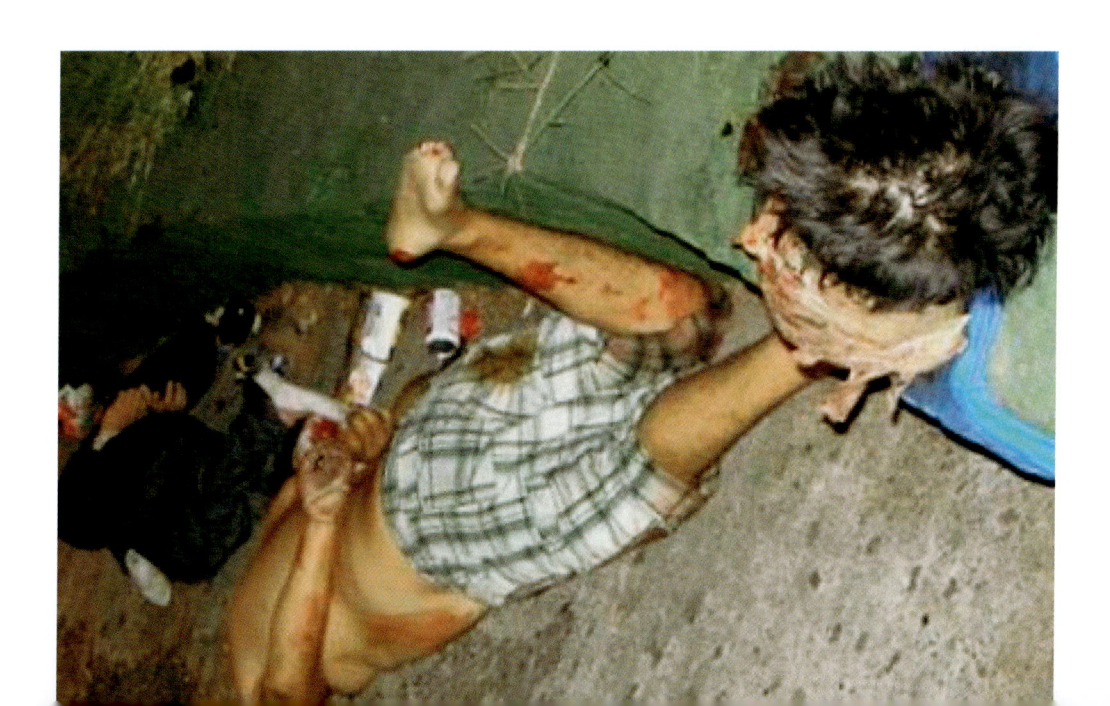

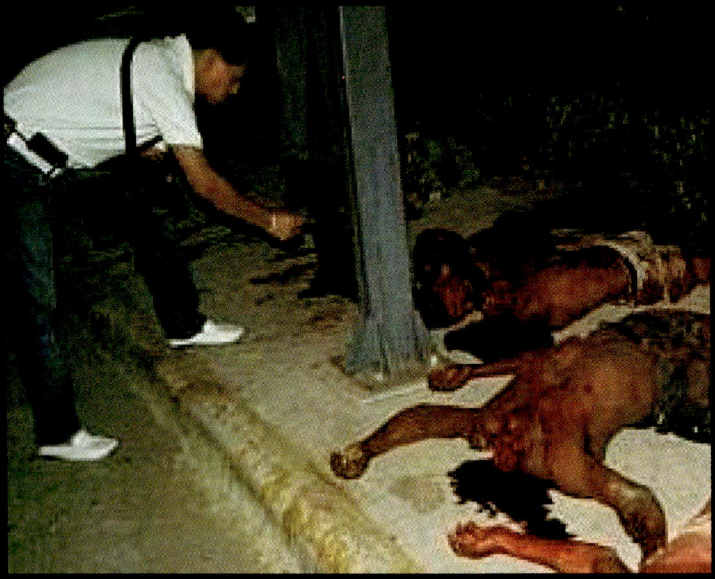

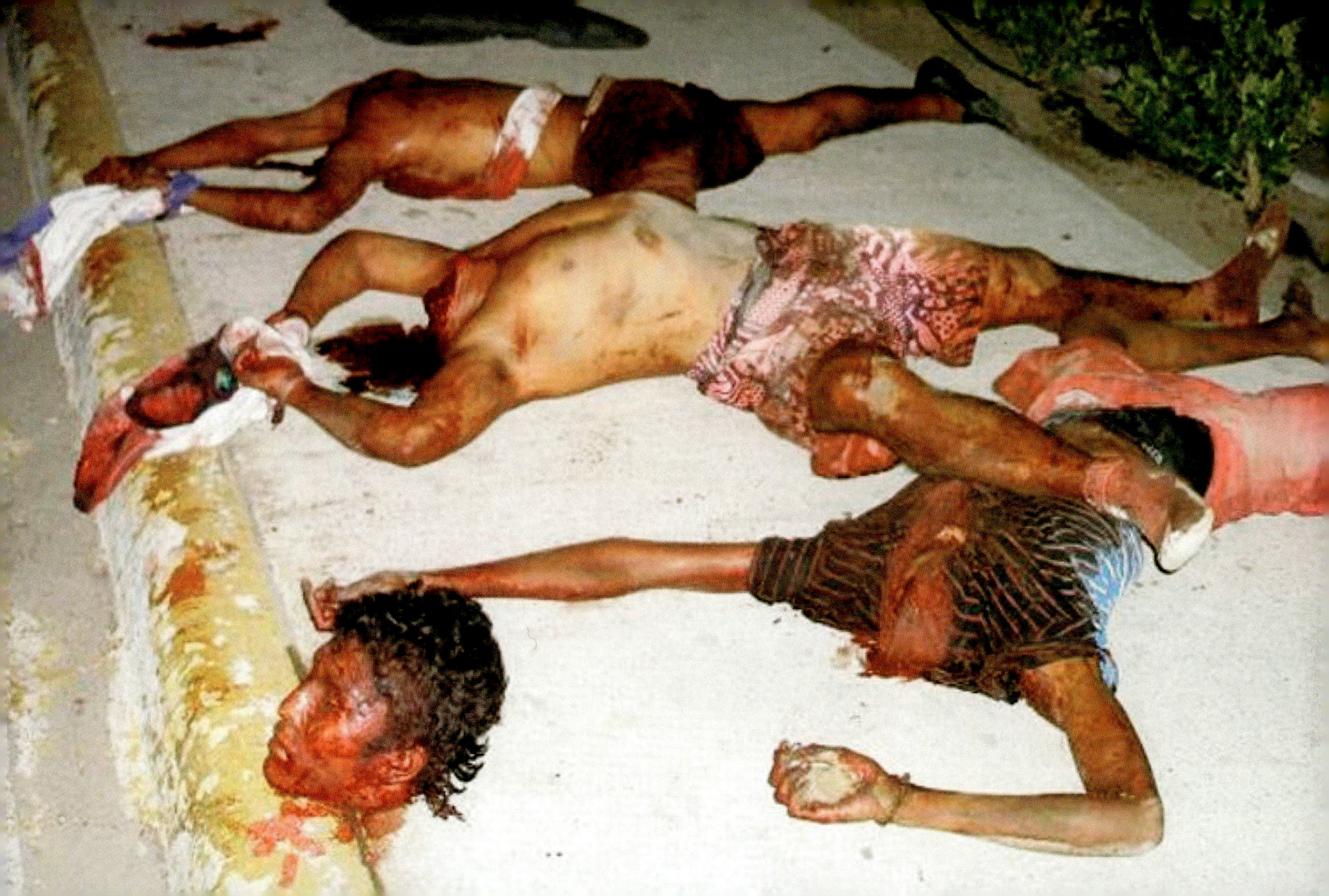

8 DE ENERO
LA NUEVA FEDERACIÓN LANZA MENSAJE A MEDIOS DE COMUNICACIÓN

La Nueva Federación entró a la cuenta oficial en Twitter del noticiero local de nombre Telediario, perteneciente al grupo Multimedios, falsamente anunciando la muerte de Rodrigo Medina, gobernador de Nuevo León. Uno de los mensajes decía: "Hasta el momento no se tiene conocimiento sobre alguna detención de los responsables de la ejecución de Rodrigo Medina…". Otros mensajes amenazaban a los del canal, acusándolos de aceptar sobornos de Los Zetas: "Esto es para que no se sigan vendiendo cabrones, dejen de recibir lana, cumplan con su jale y aliniense".

En los volantes que repartieron por las calles, el grupo delictivo señalaba que también su limpia de Los Zetas en el territorio incluía a los comunicadores que mantuvieran nexos con el narcotráfico. Los volantes decían:

Al pueblo de Nuevo León: Avisamos que lo que ocurrió la semana pasada de hackear la cuenta de Twitter de Telediario es el comienzo, para limpiar la ezcoria que también existe en los medios de comunicación locales. A los que dicen ser periodiztaz y cumplir con su trabajo, tengan mucho cuidado medios que supuestamente informan las cosas reales, ya no sean mentirosos y dejen de venderse, los periodistas que sigan recibiendo dinero de la ezcoria también se van a embarrar de mierda. Confiados sigan recibiendo favores y regalos de los políticos corruptos, sigan estando del lado equivocado, que La Nueva Federación les va a enseñar. Comenzamos con multimedios por que son los más embarrados de mierda, sus tratoz zeran conozidos. […] Ciudadanos abran los ojos y dejen de idolatrar a quien a traicionado su verdadera responsabilidad, que es con ustedes, dejen de vivir engañados por personajes que también son beneficiados por la ezcoria. Queremos limpiar y vamos a limpiar todo el territorio, los de corbata y las de tacones, cuidado porque ustedes no se salvan. Aliniense, cumplan con su trabajo y dejen de mostrar su doble cara, porque ustedes también son alcohólicos y drogadictos. Gente de Nuevo León, gente de bien y trabajadora, ayúdenos, queremos verdadera pas sin "Z", nosotros no tocaremos a inocentes, comprenda que alguien tiene que hacer algo para que usted pueda recuperar su tierra.

Atte, La Nueva Federacion "Para Vivir Mejor"

JANUARY 8
NARCOS TURN TO HACKING TO SPREAD TERROR

The New Federation, also known as the Union of Cartels, hacked into the Twitter feed of the local broadcaster Telediario, part of the Multimedios Group, falsely announcing the death of Nuevo León Governor Rodrigo Medina.

One spurious message read: "Presently we have no knowledge on the arrest of those responsible for the execution of Rodrigo Medina." Other messages threatened the broadcaster, accusing it of taking bribes from Los Zetas: "This is so they don't keep selling shit, stop taking payoffs, do what's right and get in line."

In flyers they also distributed, the narcogang warned that their elimination of Los Zetas from the area would include media outlets tied to narcotrafficking. The flyers read:

To the people of Nuevo León: Hacking Telediario's Twitter account last week was just the beginning, to clean out the scum in the local news media. To everyone who claims to be journalistz just doing their jobs, watch your back news media who are supposedly just reporting the truth. Don't be liars and stop selling yourselves. The reporters who take money from the scum are going to be covered in shit. They keep on accepting gifts and favors from the corrupt politicians, they are still on the wrong side, The New Federation will show them. We are starting with the media because they are the most covered in shit, their backroom deals will come to light. . . . Citizens, open your eyes and stop idolizing people who have betrayed their true responsibility, to you, don't be fooled by people who are on the scum's payroll. We want to clean out and we will clean out the whole territory, the corporate bloodsuckers in ties and high heels, look out because no one will save you. Get in line, do the job you are supposed to do and stop being two-faced, because you are drug addicts and alcoholics too. People of Nuevo León, good hard-working people, help us, we want peace without any "z," we don't harm innocent people, understand that somebody has to do something so that you can get your country back.

Sincerely, La Nueva Federacion "For a Better Life"

9 DE ENERO
POLICÍAS DE NUEVO LEÓN TIENEN MIEDO DE MORIR

Gracias al incremento de ataques contra elementos de las corporaciones de la Policía Municipal y de Tránsito en Nuevo León se han tomado varias medidas de seguridad, todo por el miedo a ser víctimas de más atentados y ejecuciones, olvidándose de servir a la comunidad, teniendo como prioridad su seguridad personal.

Altos mandos de los municipios de Monterrey y Guadalupe dieron la orden de que los elementos de las corporaciones de Tránsito y Vialidad se acuartelaran. En otros municipios como San Pedro y San Nicolás, se prohibió que los elementos viajaran solos, formando grupos de por lo menos cuatro oficiales. Muchos policías del último municipio decidieron resguardarse y no salir, sin importar que la comunidad los necesitara. También en las corporaciones de Policía Municipal, se dio indicación de que solo se podría circular en convoy conformado por lo menos con tres patrullas.

Los primeros días del reciente 2011 han resultado ser violentos en Nuevo León. Ataques a elementos de corporaciones policíacas, así como a sus instalaciones, han sido la noticia frecuente en Nuevo León. Tal parece que el crimen organizado pretende exterminar a los oficiales, aunque los funcionarios señalan que solo se trata de acciones para amedrentarlos.

Claro está que la ciudadanía se pregunta cómo los van a proteger si se acuartelan en las instalaciones. Nadie ha contestado eso. Mientras tanto, el gobernador Rodrigo Medina de la Cruz sigue viviendo en Estados Unidos ya que teme por su vida, por supuesto el hecho ha generado mucha polémica.

JANUARY 9
POLICE IN NUEVO LEÓN STAY INDOORS

Because of escalating attacks against them, units of the Municipal and Transit Police of Nuevo León have taken measures to try and ensure their own security. Naturally, with all the attacks against them, their own personal safety has become the highest priority, while protecting the community they serve has taken a back seat.

High commanders in Monterrey and Guadalupe gave orders to the Highway and Transit Police to remain at headquarters. In other municipalities, like San Pedro Garza García and San Nicolas, officers were strictly forbidden from traveling in groups of fewer than four people. Many police officers from San Nicolas decided to stay at police headquarters and not venture into the streets at all, even though the community needed them. At Municipal Police headquarters, officers were instructed only to drive on the streets in convoys made up of three or more patrol cars.

The first days of 2011 have been very violent for Nuevo León. Attacks on police officers and law enforcement installations have become everyday occurrences. It seems as if organized crime wants to eliminate the police altogether, although government officials believe the attacks and killings are only meant to intimidate.

Of course, this has left the general public wondering how law enforcement can protect them if they have barricaded themselves in their stations. No one has given them an answer. Meanwhile, the Governor, Rodrigo Medina, is living in the United States, afraid for his life and causing further uncertainty among the people he governs from afar.

10 DE ENERO
APUÑALAN A LÍDER DE LOS ZETAS

Desde el pasado junio del año 2009, Gabriel Ayala Romero, mejor conocido como Don Gaby, se encontraba preso en el Penal del Topo Chico. Era considerado por las autoridades el zar de la piratería en el estado de Nuevo León, y capturado gracias a denuncias anónimas de los ciudadanos.

Sin embargo Don Gaby no solo se dedicaba a la piratería, ya que por muchos años fue el terror de los comerciantes legales e ilegales. Él realizaba el cobro de piso, extorsionaba y secuestraba a gente que nada tenía que ver con el negocio de materiales apócrifos o narcotráfico. La banda de Gabriel Ayala realizaba sus extorsiones y levantones haciéndose pasar como elementos de la Policía Federal. Hasta en algunas ocasiones realizaron violaciones a las mujeres que privaban de su libertad, para después quitarles vehículos y dinero. Los sujetos siempre hablaban del Comandante Ayala, se trataba nada más y nada menos que de Don Gaby, mismo que hundió a miles de familias que trabajaban decentemente.

Después de la detención del delincuente, familiares de Gabriel se dedicaron a seguir con el negocio de la piratería, actuales responsables de la distribución directa del material en todo Nuevo León, principalmente su hijo mayor y sus sobrinos, todos ellos millonarios y relacionados en la alta sociedad de Monterrey. Versiones apuntan que Don Gaby era quien controlaba todo desde el Penal del Topo Chico, seguía dando órdenes y cobrando. La Procuraduría General de Justicia indicó que el delincuente recibía 25 millones de pesos mensuales por el cobro de piso en los estados de Nuevo León, Coahuila y Veracruz; la cuota que aportaban los comerciantes iba desde los 500 hasta los 5.000 pesos.

Aproximadamente a las 22:00 horas del día 9 de enero, Don Gaby fue brutalmente apuñalado veintitrés veces, catorce de ellas en el tórax. Su asesino, Osvaldo Alejandro "El Valdo" Muñoz Montoya —encarcelado por asesinar a dos de sus amigos— utilizó un cuchillo de aproximadamente treinta centímetros.

Autoridades señalan que todo ocurrió por una riña entre internos, que en este caso habría comenzado cuando Don Gaby lo acusó a El Valdo de robo. Sin embargo, otros creen que Don Gaby fue brutalmente ejecutado para terminar con el poder que ejercía dentro del reclusorio. Fuentes aseguran que como Gabriel Ayala era perteneciente a Los Zetas, el Cártel del Golfo mandó asesinarlo.

Aun con la muerte de Don Gaby su red delictiva sigue funcionado en Nuevo León, controlando la piratería. Su familia quedó millonaria, mientras que su hijo que ocupó su lugar sigue libre y socializando con importantes figuras en el estado.

JANUARY 10
LOS ZETAS LEADER STABBED TO DEATH

Gabriel Ayala Romero, better known as Don Gaby, had been in jail at the Topo Chico Prison in Nuevo León since June 2009. He was dubbed the "King of Piracy" by the authorities, heading up Los Zetas' highly lucrative business in counterfeit DVDs and CDs. He'd been captured thanks to anonymous tips to the police.

Don Gaby wasn't just involved with piracy. For years he had terrorized legitimate and illicit businesses, extorting, kidnapping, and executing people who had no connection to narcotrafficking or counterfeit merchandise. Often, his gang dressed in uniforms to pass themselves off as Federal Police officers. Sometimes, they kidnapped women and then stole their cars, raped, and robbed them. The victims always mentioned a "Comandante Ayala," who was none other than Don Gaby himself, the man who crushed thousands of hardworking families who were just trying to earn an honest living.

After Don Gaby was arrested, his oldest son and nephews, millionaires who circulated in Monterrey's highest social circles, took charge of distributing the counterfeit DVDs and CDs throughout Nuevo León. Don Gaby, at age fifty-two, continued to oversee the operation from his prison cell, collecting payments. The Attorney General's Office reported that Don Gaby had also been receiving twenty-five million pesos every month in extortion fees from small businesses. The struggling shopkeepers and vendors had to pay anywhere from 500 to 5,000 pesos a month.

At approximately 10 P.M. on January 9, his profits ended. He was viciously stabbed twenty-three times. Fourteen of those stab wounds were in his neck. His killer, Osvaldo Alejandro "El Valdo" Muñoz Montoya, who'd been incarcerated for killing two of his friends, used a knife approximately eleven inches long.

Prison officials said it was a typical fight between inmates, which in this case began when Don Gaby accused El Valdo of robbery. Others, however, believe the bootlegger was executed to bring an end to his rule at the prison. He was a member of Los Zetas, and apparently one of their rivals, the Gulf Cartel, ordered the killing.

In the wake of his death, Don Gaby's piracy business continues to flourish in Nuevo León. His family has made millions, and his son, who took over running the business, walks free, living the high life and mingling with society's elite.

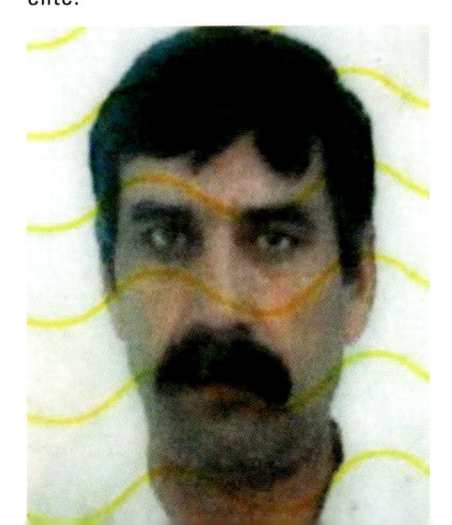

11 DE ENERO
PISTOLEROS EJECUTAN A DOS NIÑAS EN GUADALAJARA

Los hechos en los que personas inocentes pierden la vida, siempre han resultado indignantes para la sociedad. Lamentablemente ese tipo de acciones cada día son más frecuentes en México, sin que las autoridades puedan resolver los casos, dejando a familias de miles sin respuesta.

Durante la tarde del día 11 de enero, dos niñas murieron en el fuego cruzado de una balacera. Las menores se divertían en una reunión familiar y las habían mandado a realizar unas compras. Las hermanitas, Betzabet Sarahí Hernández García de ocho años de edad y Evelyn Yosafat Hernández García de doce, se encontraban saliendo de una tienda de abarrotes, en Guadalajara, Jalisco, cuando un comando armado llegó al sitio y disparó contra dos hombres, quienes resultaron ser dueños del negocio.

Las niñas perdieron la vida instantáneamente, y sus cuerpos quedaron tirados sobre la banqueta. Mientras, los dueños de la tienda de abarrotes solo resultaron heridos. En el lugar también resultaron lesionados otros dos clientes, ambos de dieciocho años.

Peritos encontraron treinta y dos casquillos percutidos y realizaron sus labores en medio de personas que lloraban desconsoladamente por la muerte de las dos hermanitas. Autoridades no han encontrado a los responsables de la ejecución.

JANUARY 11
GUNMEN KILL TWO YOUNG GIRLS

Sadly, the killing of innocent people has become all too common in Mexico, and law enforcement rarely captures the killers, leaving grieving families with no answers.

On the afternoon of January 11, two young girls died when they found themselves in the middle of a gangland execution scene. The sisters, eight-year-old Betzabet Sarahí Hernández García and twelve-year-old Evelyn Yosafat Hernández García, had been enjoying a family gathering, and were sent to the store to buy refreshments. The girls were leaving the convenience store in Guadalajara, Jalisco, carrying their shopping bags when an armed commando group arrived on the scene and opened fire on the store's two owners.

The girls were shot and died instantly, their bodies crumpled on the sidewalk. The owners of the store and the intended targets of the shooting were wounded but survived. Two other customers in the store on that unlucky day, both eighteen, were also wounded.

Police investigators found thirty-two spent bullet casings at the scene. As they gathered evidence, shocked and grief-stricken onlookers wailed inconsolably for the senseless deaths of the two sisters. No arrests have been made in the case.

11 DE ENERO
NUEVE PERSONAS SON ASESINADAS EN NAYARIT

Durante la noche del miércoles 10 de enero, ocurrieron varios secuestros en el estado de Nayarit. Autoridades recibieron diversos reportes de familiares de personas que habían sido privadas de su libertad por comandos armados.

Para los primeros minutos de la mañana del jueves, elementos policíacos recibieron llamadas que avisaban sobre la presencia de varios ejecutados en varios puntos de la ciudad de Tepic y del municipio de Xalisco. De inmediato las autoridades que acudieron a investigar los hechos.

El primer hallazgo se reportó sobre la carretera Tepic-Mazatlán, en donde tres jóvenes se encontraban sin vida y con visibles señas de tortura. En el cuello tenían amarrados mecates y sus rostros se encontraban masacrados. Decenas de personas se acercaban al lugar para observar los cadáveres, pensando que tal vez estaría alguien conocido.

Después, elementos de la Policía Municipal se trasladaron a la colonia 5 de febrero, en donde se percataron de dos cadáveres, quienes también presentaban señales de tortura. Así mismo, se reportó el hallazgo de dos hombres ejecutados en una brecha de la comunidad de Pantanal.

Poco antes de las 10:00 de la mañana, elementos policíacos acudieron al municipio de Xalisco, ya que en la localidad de La Curva habían sido tirados un matrimonio que había desaparecido desde varios días antes. Las investigaciones apuntan que sus captores los martirizaron antes de ejecutarlos, ya que presentaban varias mutilaciones en el cuerpo.

Los nueve cuerpos de los ejecutados, fueron trasladados al Servicio Médico Forense de la localidad, en donde una gran cantidad de personas intentaron identificar si algún muerto era su familiar desaparecido.

JANUARY 11
NINE KILLED IN NAYARIT

Several kidnappings took place in the state of Nayarit on the night of January 10. Authorities received calls from family members reporting that their loved ones had been levantados by armed commandos.

Early the next morning, police units received calls telling them about bodies that had been found executed at different spots in the cities of Tepic and Xalisco. Authorities sent officers to investigate right away.

The bodies of three young men were found on the Tepic-Mazatlán highway. The corpses showed clear signs of torture, with ropes tied around their necks, their faces swollen and grotesque. Dozens of people came to the scene to look at the bodies, thinking that they might know one of the victims.

Meanwhile, in the 5 de Febrero Development, police found two more dead bodies exhibiting signs of torture. At the same time, it was reported that the bodies of two additional executed men were found in a ditch in the small town of Pantanal.

But that wasn't all in Xalisco on this bloody day: Shortly before 10 P.M., police officials arrived at La Curva, a small hamlet with fewer than eight hundred residents, where they found the bodies of a married couple who had been missing for several days. Investigators reported the couple had been brutally tortured before being killed and mutilated.

The bodies of the nine victims were taken to the local Forensic Medicine Service. Many people from the region showed up, desperately trying to find out if one of the most recent victims was a missing family member.

15 DE ENERO
DON VICENTE SE CONVIRTIÓ EN HÉROE

El pueblo de Tierras Coloradas, en el estado norteño de Durango, justo en el medio del centro de cultivos de marihuana y amapolas conocido como el "Triángulo dorado", era el hogar de la gente indígena que hablaba el español como segundo idioma. Ubicado a once horas de la capital de Durango, con caminos de terracería, la gente no recibía electricidad ni agua corriente. Para los habitantes de Tierras Coloradas el domingo 26 de diciembre de 2010 quedará grabado en sus mentes como el día que recibieron su propio héroe, Don Vicente.

Vicente Cabada dio su vida al defender a la gente, cuando un grupo de diez pistoleros entró a la comunidad con el fin de repartir pánico y terror. Los sicarios intentaban saquear las treinta y siete casas que existen en Tierras Coloradas, cuando Don Vicente se enfrentó a balazos con ellos acribillando a uno de los delincuentes. Sin embargó fue asesinado por el resto del grupo, quienes lograron escapar.

A los días de los hechos, el comando armado regresó con refuerzos al lugar y causó desastres. Testigos señalan que eran aproximadamente sesenta sujetos. Prendieron fuego a treinta y siete casas, veintisiete automóviles, y destruyeron dos escuelas, junto con el centro de salud.

Los residentes perdieron todo, pero ganaron un héroe. Don Vicente no era de tez blanca, ni era empresario, no tenía dinero, solo era conocido como un hombre trabajador en su comunidad. Era un indígena y el foco nacional de la prensa no se hizo presente, como lo hicieron con el caso de Don Alejo, quien defendió hasta la muerte su rancho en el estado de Tamaulipas.

Mientras, los habitantes de los municipios de El Mezquital y Pueblo Nuevo, decidieron abandonar sus tierras por miedo a los terribles actos violentos que realizan integrantes de diversas organizaciones delictivas. Faustino Flores, presidente municipal de El Mezquital, señaló que las personas se defienden con sus propias armas porque saben que el gobierno no los va a ayudar. "Defender lo suyo a como puedan", dijo, comentando el caso de Don Vicente.

Para algunos, el valor de Don Alejo y de Don Vicente es de aplaudirse, debido a que la violencia ya rebasó a las autoridades de casi todos los estados de la República Mexicana. El enfrentarse a los criminales es tal vez algo que en un futuro sea común para los mexicanos, ya que la incapacidad del gobierno no deja otra salida.

JANUARY 15
DON VICENTE BECOMES A HERO

The remote village of Tierras Coloradas, in the northern state of Durango, and in the middle of Mexico's marijuana- and poppy-growing heartland, is known as the "Golden Triangle," home to indigenous people who speak Spanish as a second language. Located over eleven hours from Durango's state capital over poorly maintained dirt roads, the people there have no electricity or running water. For the residents of Tierras Coloradas, December 26, 2010, will be forever remembered as the day they got their very own hero, Don Vicente.

Vicente Cabada gave his own life to defend his people when a band of gunmen invaded their village, with the sole purpose of terrorizing them. The sicarios were attempting to destroy all thirty-seven houses in the village when Don Vicente confronted them and managed to shoot down one of the thugs. The rest of the narcos fired back, fatally wounding him, and then fled the scene.

A few days later, the armed commandos invaded the village again, this time with even more gunmen: Witnesses said they saw about sixty in all. The invaders set fire to thirty-seven homes and twenty-seven cars, and destroyed two schools and the health clinic.

The villagers lost everything, but gained a hero. Don Vicente wasn't white, he wasn't a successful businessman, and he didn't have any money. He was only known as a hard-working laborer in his indigenous community, and the glare of the media spotlight was nowhere to be seen in Tierras Coloradas, unlike what happened a month earlier when Don Alejo defended his ranch to the death in Tamaulipas.

In the wake of this devastating violence aimed at an entire village, residents of the municipalities of El Mezquital and Pueblo Nuevo decided to abandon their lands before they met the same fate. Faustino Flores, the municipal president of El Mezquital, insinuated that people should defend themselves against drug cartel violence with their own guns, because the government was not going to help them. "Defend what's yours, however you can," he said, commenting on Don Vicente's case.

For some, what Don Alejo and Don Vicente did was heroic, since the violence of the drug wars has overpowered the authorities of most Mexican states. In the future, common people defending themselves from imperialist drug cartels with their own weaponry may become an everyday occurrence. The government's incompetence may leave them no other choice.

16 DE ENERO
GUADALAJARA SE CONVIERTE EN ZONA DE GUERRA

Guadalajara, ocasionalmente un campo de batalla pero nunca una zona de guerra, se ha convertido en la última pieza de dominó en caer dentro de lo que se suma a una revolución criminal que de a poco va acaparando el país.

Alrededor de las 20:00 horas del sábado, dos sujetos a bordo de una motocicleta atacaron con dos granadas de fragmentación el domicilio del director de la Policía Municipal de Chapala. Unas horas más tarde, un grupo de pistoleros realizó un narcobloqueo sobre la carretera a Chapala, esto a la altura de El Salto. Varios conductores se vieron afectados, ya que fueron víctimas del comando armado que bajó a personas de sus automóviles, para después comenzar a emitir disparos y lanzar granadas de fragmentación. Como saldo se confirmaron daños materiales en varios vehículos, entre ellos un remolque de un tráiler. Además personas resultaron con quemaduras y dos automovilistas fueron levantados por los criminales.

Minutos después, justo a la medianoche, en el Periférico, otro grupo lanzó una granada a la unidad de elementos de la Secretaría de Vialidad. Aunque no explotó, de inmediato comenzó una fuerte movilización. Acto seguido, autoridades tuvieron el reporte de un ataque a balazos en la colonia El Collí. Una pareja se encontraba en el interior de su vehículo cuando hombres encapuchados llegaron y comenzaron a dispararle veinticinco veces sin razón. Las víctimas lograron sobrevivir y fueron trasladadas a un nosocomio de la localidad, sin embargo la mujer perdió la vida en el hospital.

Simultáneamente, ocurrió un granadazo a las instalaciones de la Policía de Guadalajara, reportando solo daños materiales. Y hasta la Cruz Verde resultó atacada, ya que poco después de la 1:00 de la mañana, desde un vehículo en movimiento lanzaron una granada al estacionamiento del lugar.

Al final, a las 5:00 de la mañana en punto, sicarios que se encontraban en un centro de entretenimiento llamado Vida Divina, ubicado en la colonia Vallarta Poniente, ejecutaron a dos integrantes de un grupo musical. Los hombres de la banda Excelencia habían terminado su presentación, cuando sujetos armados pidieron que siguieran tocando. Los músicos se negaron y fue ahí que comenzaron las detonaciones. Una mujer que se encontraba disfrutando del baile, resultó herida al recibir un balazo en el tobillo.

Durante la noche violenta se realizaron varias detenciones de integrantes de la organización criminal denominada La Resistencia, originalmente formada por el Cártel de Sinaloa en 2006 para luchar contra Los Zetas.

La sociedad mostró sorpresa por la violenta noche y madrugada, ya que mucha gente inocente resultó afectada. Además señalaron que no iban a permitir que Jalisco se convirtiera en propiedad de grupos del narcotráfico, aunque es bien conocido que ese estado es uno de los más consentidos por importantes capos.

JANUARY 16
GUADALAJARA TURNS INTO A WAR ZONE

Guadalajara, occasionally a battlefield but never an all-out war zone, has become the latest domino to fall to what amounts to a criminal revolution slowly sweeping its way across the country.

At around 8 P.M. on Saturday, January 15, two thugs on a motorcycle tossed grenades at the home of the Director of the Municipal Police in Chapala. A few hours later, a gang of gunmen set up a narcoblockade on the Chapala highway, near the city of El Salto. Armed commandos forced people out of their cars, firing guns and throwing grenades. Several vehicles sustained damage, two drivers were abducted, and some people were injured and burned by the grenades.

A few minutes later, at exactly midnight, another sicario tossed a grenade at the Secretary of Highways and Transit Administration Office, although it did not explode. Afterward, in the El Colli district, a couple was sitting inside in their car when another vehicle with masked men inside pulled up alongside and started firing, for no apparent reason. The gunmen fired a total of twenty-five times. The victims of the senseless shooting were still alive when police arrived, and were taken to a nearby hospital, where the woman tragically died.

At the same time, a grenade attack was launched on the Guadalajara Police headquarters. The building was damaged, though fortunately no one was injured. Even the Green Cross was attacked when, a little after 1 A.M., a grenade was thrown from a moving car into their parking lot.

Finally, at exactly 5 A.M., narcothugs at a nightclub called Vida Divina, in Vallarta Poniente, murdered two musicians in a band. The group banda Excelencia had just finished their set, but gunmen ordered them to keep playing. The band refused, and then the bullets started flying. A woman who had been enjoying the night of music and dancing was also injured when a bullet struck her ankle.

Over the course of the long, bloody night, several members of the crime syndicate called La Resistencia, originally formed by the Sinaloa Cartel in 2006 to take down Los Zetas, were brought into custody.

The people of Guadalajara were shocked by the night of violence, since many innocent people were affected. They vowed not to let Jalisco fall under the control of drug cartels, although it's no secret that several very powerful narcokingpins have close ties to the state and enjoy spending time there.

23 DE ENERO
LOS ZETAS SE ADJUDICAN COCHE BOMBA

Poco a poco muere la esperanza de que las cosas mejoren. Días antes se registró una acción de completa burla y desafío por parte de Los Zetas hacia las autoridades para demostrarles quién manda. Elementos de la Policía Estatal recibieron una llamada anónima que informaba sobre un cadáver dentro de un vehículo Bora blanco, que se encontraba abandonado en la localidad de El Carmen, en Hidalgo. De inmediato los agentes se hicieron presentes, apenas se daban cuenta de que el automóvil tenía una cartulina con un narcomensaje pegado al vidrio, cuando el coche explotó.

Reportes oficiales indicaron que el ataque dejó como saldo a tres elementos gravemente heridos. Aunque también se reportó un fallecido, el comandante Víctor Manuel Peña. El narcomensaje iba dirigido a él y a otros mandos policíacos.

Blog del Narco recibió una serie de imágenes en donde se aprecia el automóvil antes y después del atentado. También se observa el narcomensaje, en donde el grupo delictivo señala como traidor a Víctor Peña, y así deja una clara amenaza a otras autoridades policíacas:

Este es el destino de los traidores igual que tú Víctor Peña. Así quedarán. Ojala que el dinero les alcance para su funeral o deja guardado algo. Después vamos por ti Roberto Cordero. Este es el comienzo y una pequeña muestra de lo que significa y quieren guerra, pues hoy empieza. […]

Atte. Z

JANUARY 23
LOS ZETAS DETONATE CAR BOMB

Little by little, hopes for a more peaceful year are slipping away. A few days ago, Los Zetas carried out a cruel attack meant to show the authorities who's boss. A unit of the state police received an anonymous tip telling them about a dead body found inside an abandoned white Volkswagen Bora in the town of El Carmen in Hidalgo. When the police arrived at the scene, they barely had enough time to notice a poster with a narcomessage stuck to the windshield before the car exploded.

Official reports indicate that the car bombing critically injured three officers. The attack also killed one of its intended targets, Commander Victor Manuel Peña. The narcomessage was addressed to him and other high-level law enforcement officers.

Blog del Narco has received a series of photos showing the car before and after the attack. The narcomessage can be read in one of the photos, accusing Victor Peña of betraying them and sending a clear threat to other law enforcement officials:

This is what will happen to all the other traitors like you Victor Peña. They'll end up like that. Hopefully there will be enough money for their funerals, or they saved some up. Then we're coming after you Roberto Cordero. This is just the beginning, a little demonstration of what the war will bring, and it starts today. . . .

Sincerely, Z

25 DE ENERO
DESCUARTIZAN A INTEGRANTES DE LOS ZETAS

Las terroríficas sorpresas no paran en el estado de Nuevo León, ya que el pasado día 18 de enero, autoridades localizaron cinco cuerpos mutilados en el municipio de Montemorelos. Personal de la Agencia Estatal de Investigaciones de inmediato acudió al lugar reportado, a unos metros de la Presidencia Municipal y de la comandancia de Policía, demostrando que el hecho era un desafío para las autoridades.

Días después, Blog del Narco recibió por medio de un correo electrónico varias fotografías en donde se observan varias personas completamente descuartizadas. Se trataba de los restos humanos que habían sido abandonados en Montemorelos, solo que las imágenes fueron captadas por los mismos sicarios en el lugar donde realizaron la masacre.

Entre los mutilados se encontraba una mujer. Todos presentaban señales de tortura, algunos aun con cinta en el rostro, así también las cadenas con que fueron amarrados. La carnicería fue adjudicada por la organización del Cártel del Golfo, quienes afirmaban por medio de un narcomensaje que los ejecutados eran miembros de Los Zetas: "Sigue mandando Gente como esta pinche Mamito de Mierda Sigues tu Nico Guerra Luna ATTE: CDG Metro 32".

Sin embargo además de las fotografías, los integrantes del C.D.G. también enviaron un video, en donde pueden observarse los cuerpos de las personas que fueron descuartizadas. Un individuo filmó el escenario sangriento de la masacre, y se podían escuchar las voces de varios hombres que conversaban de lo sucedido. En la tétrica escena la cámara posaba sobre las cabezas, brazos, manos, piernas, pies y demás partes humanas.

JANUARY 25
LOS ZETAS MEMBERS KILLED AND DISMEMBERED

The terror continues unabated in Nuevo León. On the morning of January 18, residents in Montemorelos called the police to tell them they had found five bodies that had been cut into pieces. Personnel from the State Agency of Investigations quickly arrived at the scene, a few yards from the City Hall and Police Headquarters. Clearly, the grotesque carnage was meant as a direct challenge to state authorities.

A few days later, Blog del Narco received an e-mail with photos clearly showing several bodies that had been completely dismembered. They were the same bodies that had been dumped in Montemorelos, but these photos were taken by the killers at the place where they had carried out the murders and butchering.

A woman's body was among the corpses. The victims had been tortured, with ropes around their necks and their bodies tied with heavy chains, ropes, and belts. The bloodbath was carried out by the Gulf Cartel. In their narco-message claiming responsibility for the heinous crime, they asserted that the victims were members of Los Zetas: "Keep sending your people, like this punk-ass bitch. You're next, Nico Guerra Luna—CDG Metro 32."

To make sure there was no doubt as to the degree of their depravity, members of the Gulf Cartel sent a video along with the photos, the camera slowly lingering over the pile of carnage. Men's voices can be heard talking about the killing. The film was more horrifying than anything in a *Saw* movie, especially with the men's casual conversation so shocking in its banality.

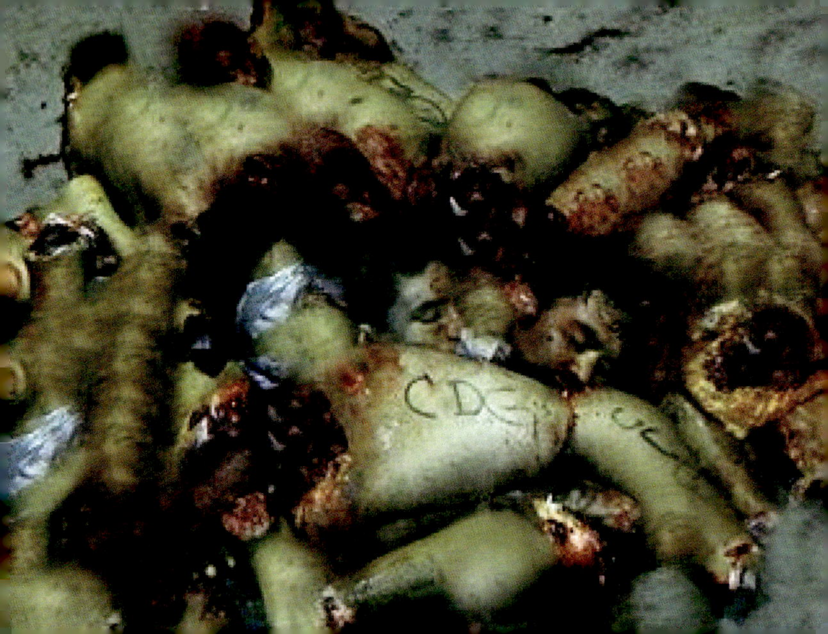

Sigue mandando
Gente como esta pinche
Mamito de Mierda
ATTE:
C.D.G.
Nico
Guerra
Luna

FEBRERO 2011
LA MASACRE DEL DÍA DE SAN VALENTÍN

1 DE FEBRERO
EJECUTAN A NIÑO JUNTO A SU PADRE

Durante la tarde del domingo 30 de enero, Alberto Arroyo Aviña y su pequeño hijo de seis años, Bryan, viajaban en una camioneta. Se dirigían a hacer unas compras en la localidad de Ecuandureo, Michoacán. De pronto un comando armado los sorprendió y les cerró el paso. Los desconocidos bajaron del vehículo al padre de familia y al niño, caminaron unos metros para llegar a un monte y en ese lugar los ejecutaron brutalmente.

Es increíble imaginar que los pistoleros no le perdonaron la vida a un pequeño niño, ya que lo acribillaron con total brutalidad.

Habitantes de la pequeña comunidad michoacana de donde eran originarios el padre y su hijo, se encontraban tristes por la noticia. Sin duda era una tragedia, misma que comprobaba la brutalidad con la que los sicarios operan, sin importarles arrancarle la vida a un niño inocente. Hasta el momento no se ha encontrado a los responsables de la doble ejecución y el gobierno de Michoacán no ha mostrado interés al respecto.

FEBRUARY 2011
ST. VALENTINE'S DAY MASSACRE

FEBRUARY 1
A CHILD AND FATHER EXECUTED

During the afternoon of January 30, Alberto Arroyo Aviña and his six-year-old son, Bryan, were in a truck on their way to shop in Ecuandureo, Michoacán. Suddenly, a group of armed commandos surprised them and blocked their way. The unknown men grabbed the man and his child from the vehicle, walked them a few feet toward a wooded area, and brutally executed them.

It's astonishing to imagine that the gunmen didn't spare the boy's life, but they savagely riddled his body with bullets.

The killings saddened residents of the small community in which they lived. The tragedy showed the brutality with which sicarios operate nowadays. They snuffed out an innocent boy's life without even blinking. Police have not tracked down the killers, and the Michoacán government has shown no interest in this case.

12 DE FEBRERO
ATACAN EL BUTTER CLUB EN GUADALAJARA

Ya casi amanecía pero la fiesta seguía en el bar Butter Club, un lugar que se anunciaba como de los más exclusivos en Jalisco, en donde solo podían divertirse personas importantes. El lugar se llenó de terror cuando un grupo de hombres armados llegó al lugar y causó pánico entre los asistentes del lugar cuando fuertes detonaciones comenzaron a escucharse. Los pistoleros primero rafaguearon la entrada principal del Butter Club, después ingresaron y accionaron sus armas, también lanzaron varias granadas de fragmentación. La música dejó de sonar y las luces se apagaron, solo se escuchaban llantos, gritos y balas. La gente intentó resguardarse en donde podía.

Fuentes oficiales confirmaron que seis personas fueron ejecutadas en el lugar, entre las que se encontraban cinco extranjeros. Además, las autoridades confirmaron que treinta y siete personas resultaron heridas, mismas que fueron trasladadas a diferentes nosocomios de la localidad, algunos gravemente heridos. Entre los lesionados se identificaron a once venezolanos y dos colombianos.

Pero el Butter Club no era cualquier lugar, ya que en muchas ocasiones se pudo observar a importantes empresarios, artistas y hasta a narcotraficantes disfrutando del ambiente. Las autoridades indicaron que el dueño del antro estaba asociado con un líder de una de las células del Cártel del Milenio, el cual tenía lazos con La Familia Michoacana.

Antes el lugar se llamaba Tatu, y su dueño era Édgar Moreno Pratt, conocido como El Peque, quien apareció ejecutado el 29 de enero de 2010 en Zapopan, Jalisco. Cuando los policías hallaron el cadáver del hombre, pudieron observar que le habían clavado cuatro cuchillos en el pecho para colocarle una cartulina con un narcomensaje, que estaba firmado por La Resistencia MFG, siglas que significan la unión entre el Cártel del Milenio, La Familia Michoacana, y el Cártel del Golfo.

En Jalisco los ataques en lugares de diversión no son frecuentes, sin embargo las ejecuciones en bares y antros cada día son más frecuentes en estados como Chihuahua,

Coahuila, Tamaulipas, y Nuevo León, localidades donde la vida nocturna es primordial para la economía. Restaurantes, bares y antros son la fuente de trabajo de muchos norteños, donde su población y el turismo disfrutan de los más novedosos conceptos. Sin embargo muchos lugares han cerrado sus puertas, ya sea por la falta de clientes o por la misma presencia de ciertos delincuentes que les piden cuota para seguir trabajando, ofreciéndoles protección. Por su parte los jóvenes prefieren realizar reuniones discretas en alguna casa, procurando estar dentro del lugar y sin realizar gran escándalo, intentando evitar un ataque por parte de algún grupo de la delincuencia organizada.

FEBRUARY 12
BUTTER CLUB IN GUADALAJARA ATTACKED

It was almost dawn, but the party at Butter Club in Guadalajara—one of the most exclusive nightclubs in Jalisco—was going strong. That is, until armed men opened fire on the establishment's entrance. Next, they burst inside and continued shooting, hurling several fragmentation grenades onto the dance floor. The music stopped and the lights went out as cries, screams, and bullets filled the air. The people took cover wherever they could.

Official sources confirmed that six people were killed, five of whom were foreigners. Authorities also confirmed that thirty-seven people were injured and transported to local hospitals, some in serious condition. Among those hurt were eleven Venezuelans and two Colombians.

The Butter Club was not just any nightclub: important businessmen, artists, and, of course, drug traffickers hung out there. Authorities noted that the club's owner was affiliated with a leader of one of the cells of the Milenio Cartel, a group associated with La Familia Michoacana.

The club's owner, Édgar "El Peque" Moreno Pratt, was discovered executed on January 29, 2010, in Zapopan, Jalisco. When police found his body, they noticed that he had four knives driven into his chest that held a narcomessage signed by La Resistencia MFG, an abbreviation for a union between the Milenio Cartel, La Familia Michoacana, and the Gulf Cartel.

In Jalisco, attacks in nightclubs are uncommon. However, executions in bars and clubs have become increasingly frequent in other states, such as Chihuahua, Coahuila, Tamaulipas, and Nuevo León, where nightlife is key to the economy. Restaurants, bars, and clubs are both job resources for many locals as well as entertainment oases for residents and tourists alike. However, many nightspots have shut down, either due to lack of customers or because the owners can't afford to pay for protection. Young people prefer to discreetly gather at someone's house, making sure to stay inside and not make too much noise, so they don't become some organized crime group's target.

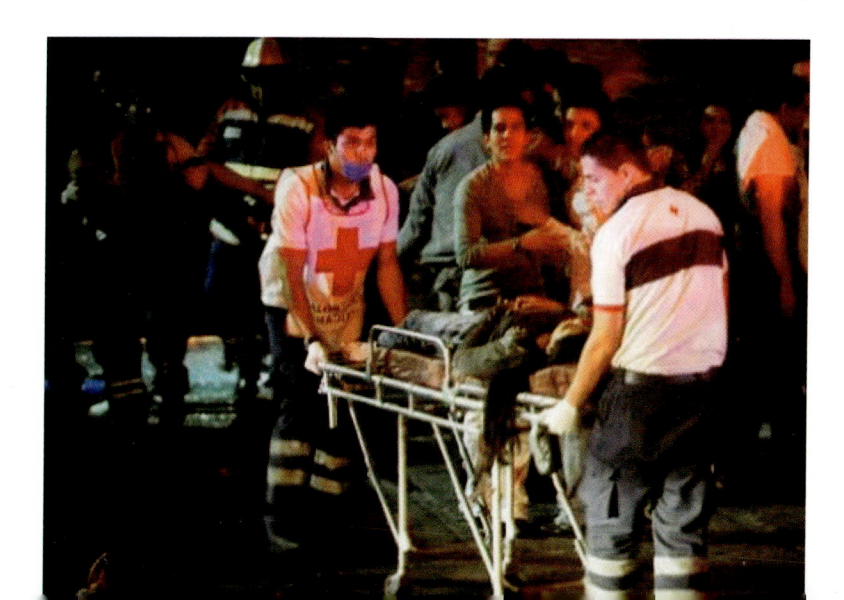

12 DE FEBRERO
APARECE GRABACIÓN EN DONDE TORTURAN AL HERMANO DE LA PROCURADORA PATRICIA GONZÁLEZ

De nueva cuenta el caso del hermano de la ex procuradora de Chihuahua, Patricia González da de qué hablar, ya que un nuevo video fue difundido, considerado la tercera parte de las grabaciones que habían sido anunciadas. La grabación resulta un golpe muy bajo para la funcionaria, ya que los supuestos responsables de la muerte de su hermano habían sido capturados, así lo mencionaron las autoridades, aunque con la difusión del material queda claro que los encargados de eso siguen libres.

En el material titulado "Hermano de Patricia González la piñata", se puede observar Mario Ángel González Rodríguez atado de pies y manos, mientras que cinta gris cubre su boca. Se ve frágil dentro del cuarto de fondo color rojo ladrillo, el mismo lugar donde había sido filmado con anterioridad cuando fue interrogado.

Los torturadores tienen de fondo musical la canción llamada "La Piñata", y el terror de Mario crece cuando observa a dos hombres con bates, dispuestos a golpearlo. El maniatado realiza ruidos de desesperación, de alguna forma su expresión indica que pide piedad a los desconocidos, pero no le hacen caso y por varios minutos es sometido a una brutal tortura.

Mario sufre y llora mientras recibe choques eléctricos en sus genitales. Después es brutalmente golpeado por los individuos que utilizan bates de béisbol. La desesperación es evidente. Como se encuentra en manos de sus captores, nadie puede hacer nada para salvarlo del terrible castigo.

El Puma Original, quien en los videos anteriores donde apareciera Mario ya se había adjudicado la acción, deja nuevamente un mensaje a la ex funcionaria: "Lo prometido es deuda. Aquí está el regalo de San Valentín para la ex Procuradora Patricia González. Con cariño de El Puma Original… saludos, saludos, saludos". Con ese mensaje finaliza la grabación donde Mario era torturado.

FEBRUARY 12
ANOTHER VIDEO OF PATRICIA GONZÁLEZ'S BROTHER BEING TORTURED

Once again, former attorney Patricia González's brother is in the news. A new video, titled "Patricia González's Brother, the Piñata," has been spreading through the media, considered to be the third part to the previous two that were released. The recording is a blow to Patricia, since those responsible for her brother's death had supposedly been captured, or so said the authorities. But with this video, it is clear that those responsible are still free.

In the recording, one can see Mario Ángel González Rodríguez with his hands and feet bound, a piece of duct tape covering his mouth. He looks fragile in the brick-red room, which was the same place he had been filmed in the previous videos.

The torturers are playing the song "La Piñata" in the background, and Mario Ángel's terror is heightened by the sight of two men with bats, ready to go at him. He groans with desperation, seemingly asking the unknown men to have mercy on him. But they don't give a damn and he is subsequently subjected to several minutes of brutal torture.

Mario Ángel suffers and cries while receiving electric shocks in his genitals. He is later savagely beat up by the men with the baseball bats. His despair is evident, since clearly no one can do anything to save him from this horrendous punishment.

The interrogator, who asks to be called El Puma Original, leaves a message for the former attorney: "A promise is a promise. Here's former attorney Patricia González's Valentine's gift, with love from El Puma Original . . . greetings, greeting, greetings." And with that, the video showing Mario Ángel's torture ends.

14 DE FEBRERO
MASACRE DEL DÍA DE SAN VALENTÍN

Muchos se preguntan: ¿Qué sentirán los sicarios cuando matan a gente inocente? ¿Tendrán algún cargo de conciencia? Solo ellos tienen las respuestas. En este Día de San Valentín, la sangre de inocentes nuevamente corrió por el estado de Tamaulipas, demostrando una vez más la falta de control del gobierno actual.

Eran aproximadamente las 23:30 de la noche del 13 de febrero, cuando alrededor de treinta hombres armados que viajaban en lujosas camionetas comenzaron a disparar contra un autobús de la línea Futura que pasaba por Padilla. Una pasajera murió y dieciséis fueron heridos. Entonces, las abandonaron en medio de la nada y se robaron el camión. Minutos después del ataque se reportaba un narcobloqueo en la entrada a la localidad. Los delincuentes habían utilizado el autobús, todo con el fin de que no pudieran ingresar elementos de la Policía Federal y del Ejército Mexicano.

En los primeros minutos del 14 de febrero, el grupo armado atacó a diez personas que estaban en la Plaza Principal de Padilla, ejecutándolas a todas, entre las que se encontraban mujeres y niños. Las intensas detonaciones hicieron que la gente se resguardara en sus casas —ya por instinto entendían que lo único que podían hacer era alejarse de las puertas y ventanas, además tirarse pecho tierra. Sin embargo, algunos inocentes que se encontraban en sus domicilios resultaron heridos por las balas que perforaban las paredes.

No había duda de que los sicarios querían provocar terror, así que durante esa misma madrugada aventaron en alrededores de la cabecera municipal los restos de diez personas ejecutadas, todas descuartizadas. Los sicarios aprovecharon para rafaguear las instalaciones de la Presidencia Municipal y otros edificios de Gobierno que se encontraban por la zona, en donde utilizaron granadas de fragmentación. Casas, negocios, escuelas, vehículos y más fueron dañados.

FEBRUARY 14
ST. VALENTINE'S DAY MASSACRE

Many people ask themselves, "What do cartel members feel when they kill innocent people? Do they have a heavy conscience?"

Only they know. Because, on Valentine's Day, the blood of innocents was once more shed in Tamaulipas state, demonstrating once again to the people the present government's lack of control.

At approximately 11:30 P.M. on February 13 in the Padilla municipality, around thirty armed men traveling in luxury trucks opened fire on a Futura bus passing through Padilla. One bus rider died, and sixteen people were injured. They were then left in the middle of nowhere, while their attackers stole the bus. Minutes later, a narcoblockade was reported at the town's entrance. The criminals had used the bus to prevent Federal Police officers and the Mexican army from entering the location.

During the first few minutes of February 14, the armed group attacked ten innocent locals at the town square in Padilla, executing them all, including women and children. Although locals instinctively know by now to hit the ground and stay away from all windows and doors when they hear explosions, bullets still perforated walls and injured some residents in their homes.

There was no doubt that the sicarios wanted to cause terror. During those early morning hours, they threw the remains of the ten executed people around the town hall. Disturbingly, all of them had been quartered. The gunmen then sprayed bullets and threw fragmentation grenades into the mayor's facilities and other government buildings in the area. Homes, stores, schools, vehicles, and more were damaged.

15 DE FEBRERO
GRUPO ARMADO ATACA A DOS AGENTES DEL ICE

Eran aproximadamente las 15:00 horas cuando comenzó a circular información sobre un enfrentamiento entre sicarios y elementos de la Policía Federal, que tenía como escenario la carretera Federal 57, en San Luis Potosí. Sin embargo no había un enfrentamiento, sino más bien una emboscada. Pero no estaba dirigida a autoridades mexicanas: era un ataque contra dos agentes de los Estados Unidos.

Todo comenzó cuarenta minutos antes, cuando dos agentes especiales del Servicio de Inmigración y Aduanas de Estados Unidos (ICE), asignados a la Embajada de Estados Unidos en la Ciudad de México, viajaban en una camioneta blindada sobre la carretera 57, regresando de Monterrey, Nuevo León. Los estadounidenses decidieron hacer una parada para comer algo. Después de terminar se subieron al vehículo pero se percataron que hombres sospechosos los observaban.

El agente Jaime Zapata conducía la camioneta, mientras que su compañero Víctor Ávila viajaba de copiloto. Los hombres sospechosos estaban a bordo de dos vehículos y comenzaron a perseguirlos. Los estadounidenses al sentirse alcanzados realizaron una llamada por teléfono celular para pedir ayuda. Sin embargo, de repente la camioneta de los agentes salió de la carpeta asfáltica y quedó en medio de las dos que conducían los pistoleros.

Zapata y Ávila no portaban armas, ya que el Gobierno de México no lo permite. Alrededor de quince sujetos armados se acercaron al vehículo blindado. Zapata bajó un poco el vidrio y mostró su identificación diplomática, sin embargo a los sicarios no les importó y comenzaron a disparar contra los dos agentes.

A los pocos minutos en el lugar del ataque se hizo presente el helicóptero de la Policía Federal, elementos del Ejército Mexicano y paramédicos. Los dos agentes se encontraban gravemente heridos y de inmediato fueron trasladados hasta el Hospital de la Salud de San Luis Potosí. Llegaron al nosocomio aproximadamente a las 15:30 de la tarde.

El agente Jaime Zapata recibió al menos cinco balazos en el abdomen y las piernas. Luchó por su vida, sin embargo a las 16:00 de la tarde fue declarado muerto, mientras que su compañero, Víctor Ávila, logró ser estabilizado por el doctor Félix Hernández Báez.

Jaime Jorge Zapata nació en Brownsville, Texas, y se unió al ICE en el año 2006. Recientemente había sido asignado para la oficina en la Ciudad de México. Se trataba de un hombre comprometido con su trabajo y que murió en manos de sicarios mexicanos.

FEBRUARY 15
ARMED GROUP ATTACKS US AGENTS

At approximately 3 P.M., information began circulating about a confrontation between sicarios and Federal Police officers at Federal Highway 57 in San Luis Potosí. However, it was not a confrontation, but an ambush. And it was not directed at Mexican authorities, but US agents.

It all began forty minutes earlier. Two Immigration and Customs Enforcement (ICE) agents assigned to the US Embassy in Mexico City were traveling in a bulletproof truck from Monterrey, Nuevo León. The Americans decided to stop and grab a bite to eat. When they were done and heading back to their vehicle, they realized that some suspicious men were observing them.

Agent Jaime Zapata was driving the truck, while his partner Victor Ávila was in the passenger's seat. The suspicious men began to follow them in two separate vehicles. When the Americans felt they were closing in on them, they made a cell-phone call requesting help. But then, suddenly, the two vehicles sandwiched the Americans' truck and forced it off the road.

Zapata and Ávila were not armed since the Mexican government does not allow US law enforcement to carry weapons in the country. Around fifteen sicarios made their way toward the bulletproof vehicle. Zapata slightly rolled down the window and showed them his diplomatic identification, but that meant nothing to these men, who opened fire on the agents.

A few minutes later, a Federal Police helicopter made its way to the scene of the crime, along with Mexican army soldiers and paramedics. The two agents were seriously injured and immediately transported to the Hospital de la Salud in San Luis Potosí. They arrived at around 3:30 P.M.

Agent Jaime Zapata had at least five bullet wounds in his abdomen and legs and fought for his life. However, he died at 4 P.M. Meanwhile, Dr. Félix Hernández Báez managed to stabilize the other agent, Victor Ávila.

Jaime Jorge Zapata was born in Brownsville, Texas, and joined ICE in 2006. He had recently been assigned to the office in Mexico City. He was committed to his job and died at the hands of Mexican sicarios.

23 DE FEBRERO
LOS ZETAS SON RESPONSABLES DE ATACAR A LOS DOS AGENTES DEL ICE

La semana pasada, Blog del Narco recibió un correo electrónico del Cártel del Golfo y Cárteles Unidos, en donde mencionaban que el grupo de Los Zetas había sido responsable del ataque contra los dos agentes especiales del Servicio de Inmigración y Aduanas de Estados Unidos (ICE).

Según el correo, Los Zetas eran los responsables del secuestro del investigador privado americano Félix Batista en Coahuila, el ataque al consulado de Estados Unidos en Monterrey, la ejecución de Mauro Enrique Tello Quiñones, el asesinato del turista americano David Hartley en la represa Falcón y los recientes ataques a los dos agentes estadounidenses en San Luis Potosí.

Ahora la Secretaría de la Defensa Nacional confirmó que gracias a un minucioso operativo se había logrado capturar al presunto sicario que acabó con la vida del estadounidense Jaime Zapata.

La SEDENA informó que se trataba de un integrante de Los Zetas, indicando que se complicaba la identificación del detenido, porque el sujeto había cambiado de nombre en muchas ocasiones. Era algo histórico que las autoridades mexicanas actuaran tan rápido, cuando en la mayoría de los casos nunca se logra capturar al o a los responsables de hechos violentos.

A las pocas horas de confirmar la acción, Ricardo Nájera Herrera, vocero de la Procuraduría General de la República, realizó la presentación de varios integrantes de Los Zetas en las instalaciones de la SEDENA. Habían capturado a Julián Zapata Espinosa, alias El Piolín, líder de Los Zetas en el estado de San Luis Potosí y principal responsable del ataque a los dos agentes especiales estadounidenses. Otros doce Zetas también fueron detenidos, incluyendo a dos mujeres y cuatro menores de edad.

En la presentación varios de los detenidos estaban golpeados, principalmente en el rostro y en el cuerpo. Todos ellos confesaron ser de Los Zetas, y también participaron en el ataque a los agentes del ICE.

FEBRUARY 23
ZETAS MEMBERS LINKED TO ATTACK ON US AGENTS CAPTURED

Last week, Blog del Narco received an e-mail from members of the Union of Cartels and the Gulf Cartel. The text mentioned that Los Zetas was behind recent attacks that have directly affected both Mexico and the United States.

According to the e-mail, Los Zetas was behind the kidnapping of American security consultant Félix Batista in Coahuila, the Monterrey US Embassy attack, the execution of general Mauro Enrique Tello Quiñones, the murder of the American tourist David Hartley in the Falcón dam, and the recent attack against two US Immigration and Customs agents in San Luis Potosí.

Now, the National Defense Secretariat has confirmed that—thanks to an extensive operation—they have captured the alleged gunman who assassinated US agent Jaime Zapata.

SEDENA (the Secretariat of National Defense) stated that the killer was a Zetas member, and noted it was difficult to identify the arrested man because he had changed names several times. It was historic to see authorities act so quickly when, in most cases, they never manage to arrest any of the people responsible for such violent events.

A few hours after confirming this action, Ricardo Nájera Herrera, the Attorney General's spokesperson, presented several Zetas in the SEDENA facilities. They had captured Julián "El Piolín" Zapata Espinosa, Zeta leader in San Luis Potosí and architect of the recent attack. Twelve other Zetas were also arrested, including two women and four minors.

When presented, several of these people were clearly beaten, both in the face and body. They all confessed to being part of Los Zetas and participating in the attack against the ICE agents.

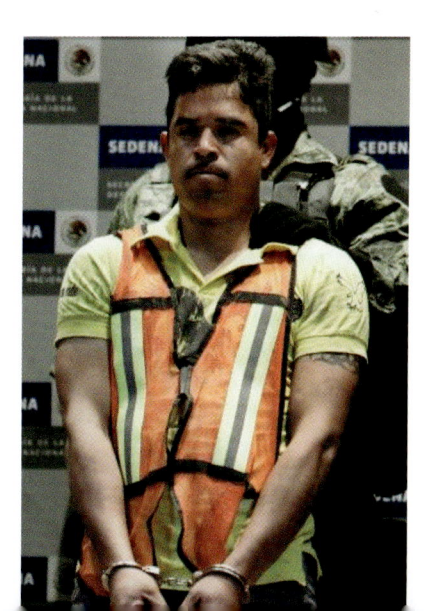

25 DE FEBRERO
JAIME RODRÍGUEZ CALDERÓN SUFRE ATENTADO

Durante la madrugada del viernes 25 de febrero, levantaron a un elemento de la Policía Municipal. El uniformado antes de ser plagiado logró dar aviso a sus compañeros, quienes en cuestión de minutos acudieron para auxiliarlo. Las autoridades lograron rescatar al elemento secuestrado y se registró un intenso enfrentamiento, sin embargo los delincuentes lograron huir.

El oficial que logró ser rescatado indicó que los responsables habían sido ex elementos de la Policía Municipal, ya que el alcalde Jaime Rodríguez Calderón había realizado una depuración policiaca cuando comenzó a ser autoridad en el municipio de García. Entonces la mayoría de los uniformados que habían sido despedidos por pertenecer al narcotráfico, servían especialmente al grupo de Los Zetas.

Ya por la mañana del viernes, el edil Jaime Rodríguez, realizó llamadas telefónicas a los noticieros matutinos de las televisoras locales, en donde desesperado pidió ayuda públicamente a las autoridades del estado y del Ejército Mexicano. Rodríguez Calderón dio los nombres de las personas identificadas que habían secuestrado al oficial y confirmó que eran ex policías de García que pertenecían a Los Zetas. Pero cuando el alcalde mencionó al grupo delictivo, las entrevistas de inmediato fueron saboteadas —en todos los casos se dijo que había fallas técnicas. En realidad el canal estaba autocensurándose por miedo a sufrir consecuencias al mencionar a Los Zetas.

Grupos de sicarios luego intentan asesinar al alcalde dos veces, pero sus guardaespaldas lo protegen valientemente y luego demuestra su sentido de humor norteño al informar que si no se había hecho del baño en los pantalones, había sido porque no tomó agua. Admitió que sentía miedo, mucho miedo, sin embargo seguiría adelante enfrentando a la delincuencia organizada, protegiendo ante todo al pueblo de García, Nuevo León.

Mientras el edil realizaba sus primeras declaraciones al respecto, elementos del Ejército Mexicano se encontraban abriendo una alcantarilla debajo de su camioneta. Jaime señaló que le pidió a su chofer que estacionara la camioneta sobre la alcantarilla, ya que había observado que varios sicarios se habían ocultado en ese lugar. Así que eso se lo hizo saber a los militares quienes en quince minutos encontraron a los pistoleros atrapados como ratas. Los soldados dispararon contra la alcantarilla y luego la abrieron. Se trataba de un hombre y una mujer, quienes estaban heridos y fueron capturados por participar en el atentado.

El ahora heroico alcalde se ha ganado el apodo de la gente "El Bronco". En esta guerra, la esperanza es inusual, pero cuando llega, es un estímulo poderoso y muy necesario para los espíritus de los millones de trabajadores mexicanos atrapados en una guerra que desean que simplemente se acabe.

FEBRUARY 25
JAIME RODRÍGUEZ CALDERÓN'S MIRACULOUS ESCAPES

Early on February 25, a police officer was abducted in García, Nuevo León. But before his capture, the policeman alerted his colleagues, and within minutes they saved him. Despite an intense confrontation, the criminals escaped.

The rescued officer recognized his abductors as former local cops whom Mayor Jaime Rodríguez Calderón had fired upon taking office. Many of the discharged officers gravitated to Los Zetas and other DTOs.

On Friday morning, Mayor Jaime Rodríguez Calderón called the local TV morning news show to seek assistance from state authorities and the army. The mayor released the names of those responsible for the officer's failed abduction and confirmed that they were former Municipal Police officers who had joined Los Zetas.

When the mayor mentioned this particular criminal group, the interview was immediately halted due to so-called technical difficulties. In fact, the news anchor was practicing self-censorship, fearful that mentioning a deadly cartel would spark repercussions against his station.

Teams of sicarios then made two attempts to assassinate the outspoken mayor. Bodyguards valiantly protected the mayor, who demonstrated his norteño sense of humor. He said that he didn't piss his pants because he didn't drink any water. He admitted to feeling very afraid, but said that would not stop him from confronting the criminal organizations to safeguard his constituents.

While the mayor was making these statements, soldiers opened a drain that was under his truck. He had asked his driver to park in that spot because he had seen several gunmen hide in the underground opening. He alerted the soldiers, who, in fifteen minutes, found the gunmen trapped like the rats they were. The soldiers opened fire and discovered a now-injured man and woman, who were placed under arrest at once for participating in the attack on the mayor.

The heroic mayor has now earned the nickname from the people "El Bronco," the unbroken one. In this war, hope is rare, but when it comes, it is a powerful and much-needed stimulus to the spirits of tens of millions of hardworking Mexican people caught in a war they just want to end.

25 DE FEBRERO
UN AÑO DE LA GUERRA ENTRE LOS ZETAS Y EL CÁRTEL DEL GOLFO

El 24 de febrero se cumplió un año de que oficialmente se declararan la guerra el Cártel del Golfo y Los Zetas. La lucha constante ha dejado miles de muertos y ha destruido a comunidades, dejando a muchos mexicanos con miedo de siquiera salir de sus casas por terror de encontrarse atrapados en fuego cruzado.

Narcomantas, levantones, granadazos, balaceras, narcobloqueos, comunicados, videos, interrogatorios, torturas, ejecutados, descuartizados y masacres son todos parte del día a día, especialmente en los estados de Nuevo León y Tamaulipas, en donde el carácter norteño se ha convertido en una nube de miedo, existiendo solo la esperanza de sobrevivir olvidándose por completo de vivir.

A los habitantes de Valle Hermoso, Tamaulipas, no se les va a olvidar nunca el 24 de febrero de 2010, ya que ese día alrededor de cien vehículos marcados con las siglas C.D.G., XXX y M3 llegaron a la localidad, que desde hace muchos años era considerada como tierra de Los Zetas. Las personas decían que letrados Zetas no se comportaban mal en el municipio, siempre respetaron y no se metían con inocentes, pero las cosas cambiaron cuando llegaron los integrantes del Cártel del Golfo.

Ese día, la zona de guerra se declaró en Valle Hermoso y salir a la calle significaba arriesgar la vida. Los policías y militares nunca llegaron. Decenas de casas, negocios, y edificios del Gobierno fueron quemados, además vehículos fueron dañados por las balas y las granadas de fragmentación que no dejaban de sonar. De esa guerra no hubo un reporte oficial, pero se sabe de buenas fuentes que más de setenta personas fueron ejecutadas, incluidas víctimas inocentes, algunos niños y ancianos.

Cualquiera que se asomara a la ventana podía observar charcos de sangre, destrozos y cadáveres regados en las calles. Los sicarios violaron a varias mujeres y realizaron numerosos robos, ya que no había autoridad que pudiera impedirlo.

Al final, el Cártel del Golfo sacó a Los Zetas del municipio de Valle Hermoso. Las cosas cambiaron, ya que los primeros comenzaron realizar actos de terror, y se paseaban armados por las calles, nadie les decía nada. Mientras que en el estado de Nuevo León también ocurrían actos similares. Las ejecuciones comenzaron a incrementarse, al igual que otros actos violentos que hicieron que la población fuera presa del pánico.

La animosidad entre Los Zetas y sus ex jefes el Cártel del Golfo continuó aumentando este año, como se pudo ver en los mensajes que intercambiaron. Cara a cara con la ola de terror, las autoridades y los medios miraron para otro lado o minimizaron la situación, diciendo que se trataba solo de rumores propagados por residentes enojados.

FEBRUARY 25
THE WAR BETWEEN LOS ZETAS AND THE GULF CARTEL: ONE YEAR LATER

The Gulf Cartel and Los Zetas, longtime allies, declared war against each other one year ago on February 24, 2010. The constant battles have left thousands dead and destroyed communities, leaving many Mexicans too scared to even leave their homes for fear of being trapped in the crossfire.

Narcobanners, abductions, grenade explosions, shootouts, narcoblockades, bulletins, videos, interrogations, tortures, executions, dismembered bodies, and massacres have all become everyday occurrences, especially in the states of Nuevo León and Tamaulipas, where the norteño personality has turned into a cloud of fear and all hopes of living a normal life have disappeared.

Residents in Valle Hermoso, Tamaulipas, will never forget February 24, 2010, when some one hundred vehicles marked with C.D.G., XXX, and M3 abbreviations arrived in what, for many years prior, was considered Zetas territory. People said that Zetas members did not behave badly in their town; they always respected and did not involve innocent people. However, things changed when Gulf Cartel members came into the picture.

During that week, a war zone was declared in Valle Hermoso, and wandering outside meant risking one's life. Meanwhile, police and soldiers never arrived. Dozens of homes, stores, and government buildings were burned; vehicles were damaged by bullets; and fragmentation grenades resounded everywhere. This battle was never officially reported, but reliable resources indicate that more than seventy people were executed, including innocent victims, children, and elderly people.

Anyone who peered through his or her window could see pools of blood, destruction, and corpses throughout the streets. The hit men raped several women and committed numerous burglaries, with no authorities present to stop them.

Eventually, the Gulf Cartel chased Los Zetas out of Valle Hermoso. Change was imminent. The new kingpins carried out acts of terror and swaggered through the streets with weapons as citizens cowered before them. A similar situation haunted Nuevo León, once an oasis of cosmopolitan affluence and civility, where executions now explode amid fire bombing, street blockades, kidnappings, and countless acts of extortion.

The animosity between Los Zetas and their former Gulf Cartel employers continued to increase this year, as reflected in the vitriol spilling from the messages they exchanged. In the face of surging terror, authorities and the mainstream media either turned a blind eye or minimized the situation as simply rumors spread by disgruntled residents.

Blog del Narco has sought to fill this information vacuum by disseminating reports and videos that have reached our offices. We hope that our efforts not only informed citizens, but warned innocent people to get out of

Blog del Narco buscó ocupar ese vacío de información al diseminar reportes y videos que han llegado a nuestras oficinas. Esperamos que nuestros esfuerzos no solo ayuden a informar a los ciudadanos, pero le adviertan a la gente inocente que evite el peligro. Vivir durante doce meses, una vez considerado un derecho de todo mexicano —y cualquier ser humano— ahora se ha tornado en un regalo al cual se le agradece.

El año relatado en estas páginas ha alertado a nuestros lectores sobre crímenes violentos, actos horripilantes y una ineptitud flagrante —a veces con la complicidad de autoridades que supuestamente deberían estar protegiendo a la gente de estas situaciones. Al escribir esto, una serie de fotos nuevas acaba de entrar a nuestro correo electrónico de dos hombres que han sido desollados, con sus corazones arrancados de sus cuerpos y expuestos enfrente de una tienda en Nayarit. Ya no estamos lidiando son seres humanos, ni siquiera con animales. Los animales no se mutilan entre sí por placer y luego exponen el resultado como una obra de arte. Estamos lidiando con pura maldad.

Y aunque hemos recibido amenazas y condenas difamatorias, continuaremos luchando por informar, iluminar e inspirar a nuestros seguidores. Son tiempos de guerra, tiempos de sangre y tiempos de muerte. Pero para darle fin, también debe ser tiempo de la verdad. Nuestro futuro está ligado al de ustedes.

harm's way. Living through these twelve months, once considered the birthright of every Mexican—and any human being—became a gift to be thankful for.

The year recounted in these pages has alerted our audience to violent crimes, appalling acts of horror, and gross incompetence—sometimes with the connivance of the authorities who are supposed to be protecting people from these situations. As we write this, a new set of photos has just arrived in our inbox of two men who have been skinned, with their hearts plucked out, left on display in front of a store in Nayarit. We are not dealing with human beings anymore, nor are we even dealing with animals. Animals don't mutilate each other for pleasure, and then display the result like artwork. We are dealing with pure evil.

Even though we have received threats and libelous condemnations, we will continue to strive to inform, enlighten, and inspire our followers. It is a time of war, a time of blood, and a time of death. But in order for it to end, it must also be a time of truth. Our future is entwined with yours.

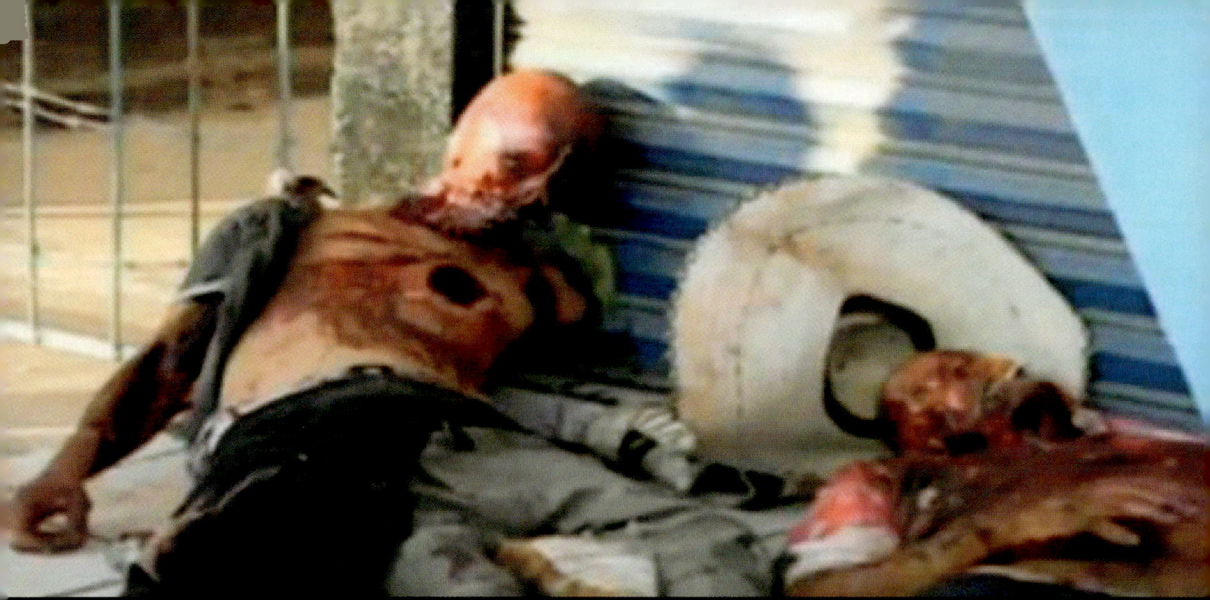

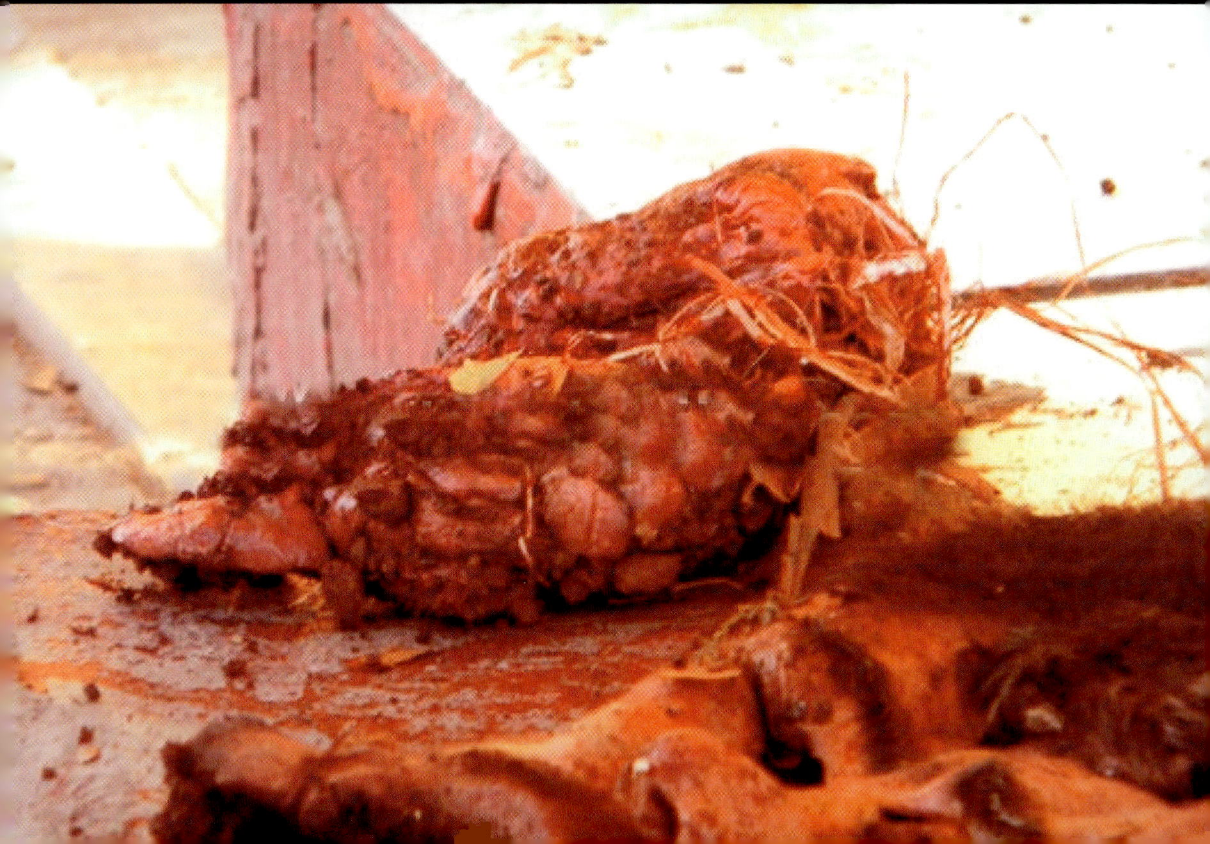

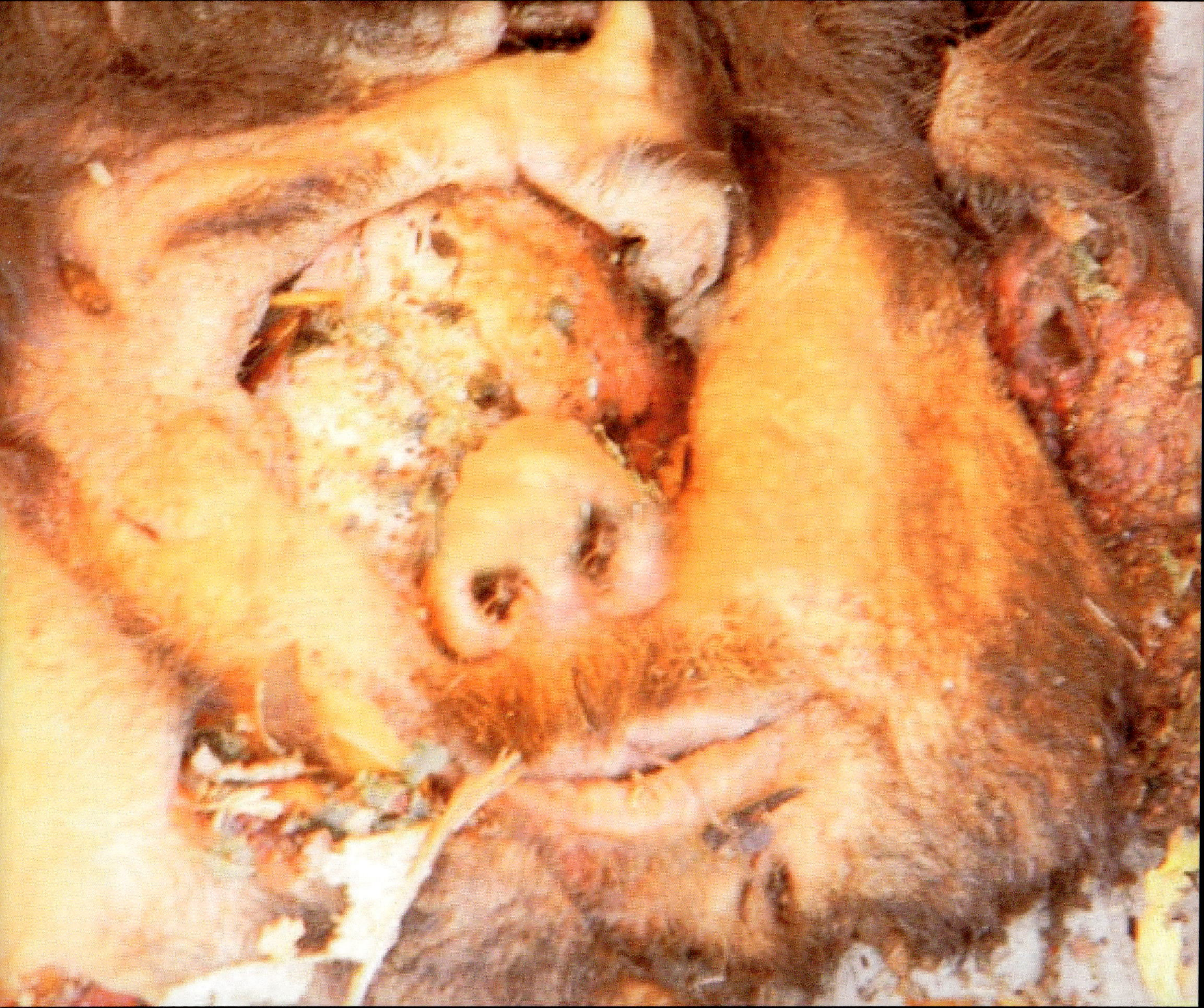

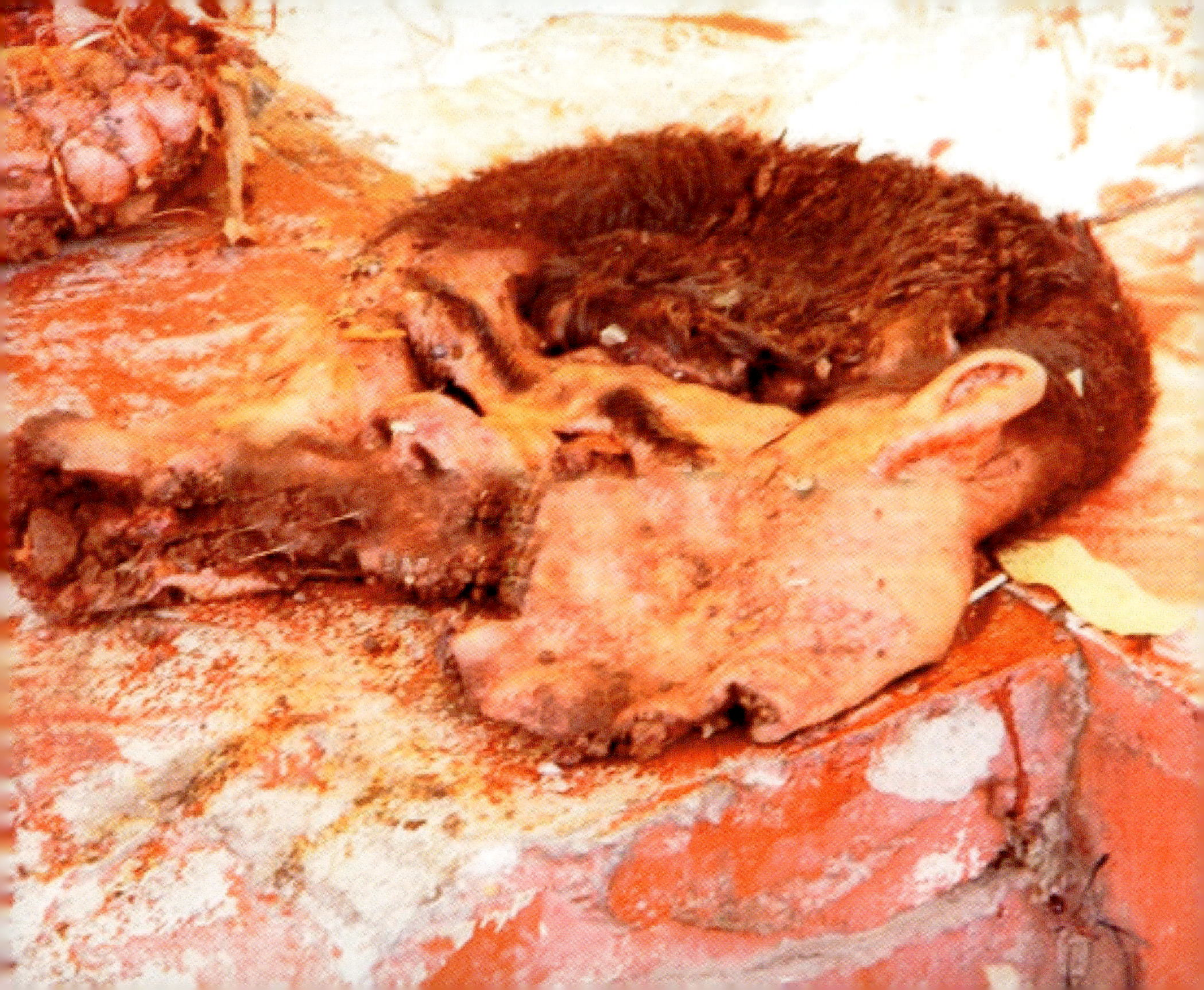

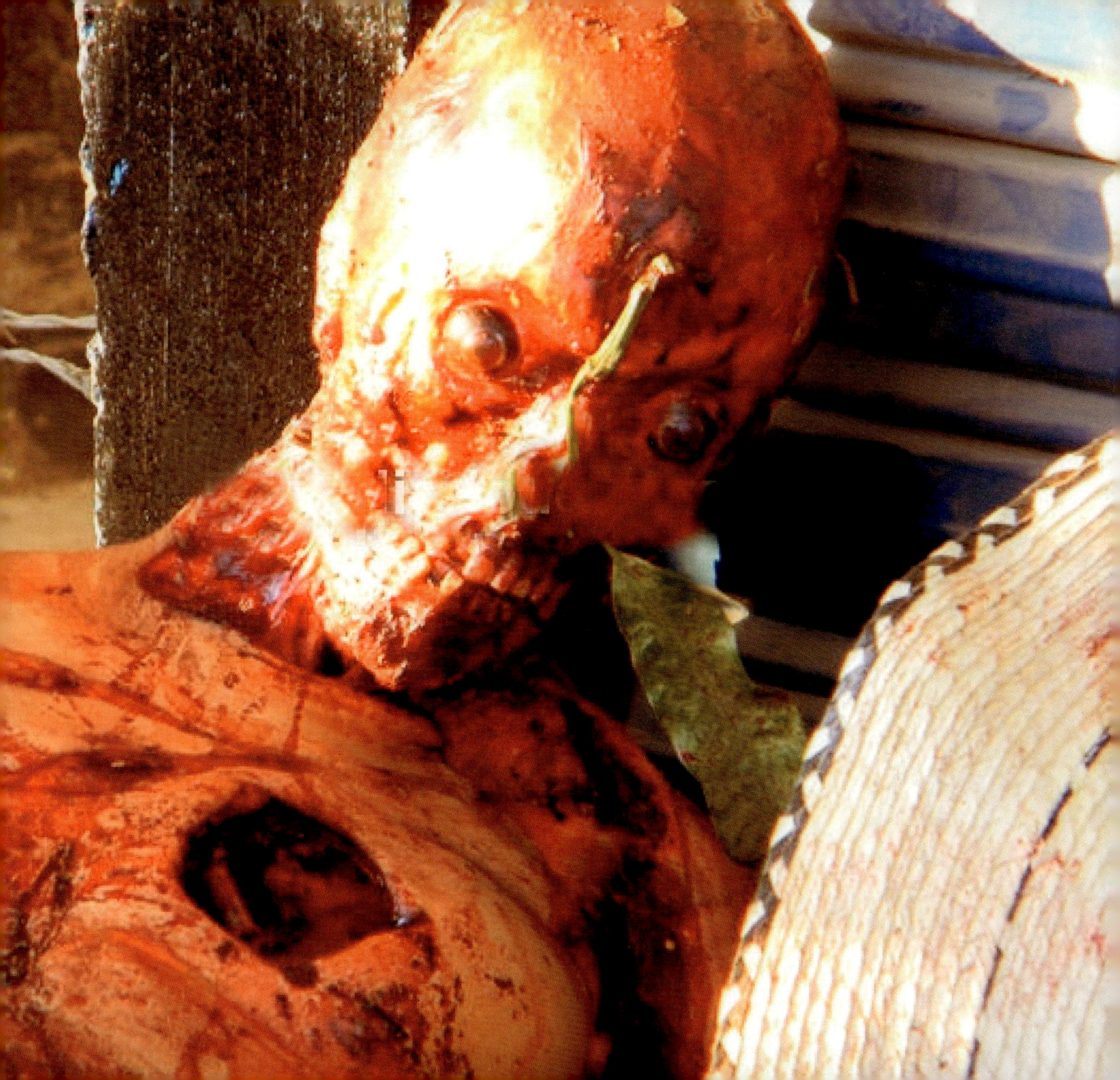

CONCLUSIÓN
ENFRENTANDO EL PRESENTE Y EL FUTURO

La presidencia de Felipe Calderón llegó a su fin poco antes de la publicación de este libro, pero su sello indeleble en la vida nacional durará años, quizá décadas, dado su enfoque mayormente militar para combatir al crimen organizado.

Toda una nueva generación —el futuro de México— ha sido bañada en sangre. Decenas de miles de niños en pequeños pueblos y grandes ciudades conviven con una violencia increíble. Qué tragedia que un niño en edad de jardín de infantes comparta la historia de su primera balacera como si fuera el recuerdo de una Navidad o un cumpleaños. Cuando llegan a la adolescencia, muchos de ellos ingresan a los carteles y a las pandillas para ganar dinero, comprar ropa de moda y ser dueños de iPads. Un observador hasta encontró a niñas de doce años haciendo de aprendices de sicario.

Hoy en día, en especial al norte de México, las calles están vacías, la economía está en decadencia y la gente está descorazonada. Las personas que han tenido la oportunidad de abandonar el país lo han hecho, y las que no la han tenido continúan siendo esclavos del miedo, tirándose al suelo cada vez que falla el caño de escape de un auto. En vez de encender la radio para escuchar el informe del tránsito, los civiles se dirigen a las redes sociales para averiguar qué caminos deben evitar en caso de que se informe de una balacera, o que soldados han cortado ciertas calles, o que se ha levantado un narcobloqueo.

Presionado por la gente, el Gobierno Federal ha creado una Base de Datos de Muertes en la que se ingresa y se cuenta cada persona que ha sido víctima de una ejecución o que ha muerto víctima de un enfrentamiento entre carteles. Este sistema permite que el público vea el resultado de muertes desde 2006, causadas por la guerra contra el tráfico de drogas, y la ola de sangre es alarmante. Para mostrar cómo ha afectado dramáticamente a cada estado en México esta guerra, comparamos el número de muertes violentas en 2006 con las de 2010 y 2011 en una lista que ha sido agregada. al Glosario.

Cabe notar que la mayoría de estos números tiende a ser más baja de lo que tendría que ser en realidad. Los números oficiales no incluyen gente inocente que murió en la línea de fuego o que fue confundida con otra persona. Las autoridades tampoco cuentan a las víctimas de ejecuciones cuyos cuerpos fueron robados por grupos armados, que a menudo los queman o los entierran en narcofosas. Sumado a esto, hay muchas víctimas de secuestros de las que, hasta el día de la fecha, no se sabe nada.

A pesar de que el Gobierno Federal informa oficialmente que se producen más de 48.000 muertes asociadas a los carteles entre 2006 y 2011, las organizaciones no gubernamentales y las fundaciones de apoyo a los familiares de víctimas manejan la cifra de más de 70.000 muertes asociadas con el crimen organizado hasta el final de 2011.

CONCLUSION

FACING THE PRESENT AND THE FUTURE

Felipe Calderón's presidency will come to a close shortly after the publication of this book, but its indelible imprint on national life will endure for years, perhaps decades, in light of his largely militaristic approach to combatting DTOs.

A whole new generation—Mexico's future—has been bathed in blood. Tens of thousands of children in small towns and big cities are living side by side with incredible violence. How tragic that a kindergartener can share the story of the first shootout he witnessed as if it were a Christmas present or a birthday memory? As they are entering adolescence, many of them are turning to cartels and gangs as a means of making money to buy fashionable clothing and iPads. One observer even found twelve-year-old girls serving as hit men's apprentices.

Today, particularly in the North of Mexico, the streets are empty, the economy is in decline, and people feel disheartened. Those who have had the opportunity to leave the country have done so, and those who can't continue to be enslaved by fear, dropping to the ground every time they hear a car backfire. Instead of checking the radio for traffic congestion reports, residents turn to the social networks to find out which avenues to avoid in case a gun battle has been reported, soldiers have cut off certain streets, or a narcoblockade has been erected.

Giving in to the people's pressure, the federal government has created a database of deaths that enters and counts everyone who was an execution victim or died in a cartel confrontation. The system allows the public to see the results for deaths ranging from 2006 to 2010 caused by this war against drug trafficking, and the tidal wave of blood is alarming. In order to show how every state in Mexico has been dramatically affected by the war, we compared the number of violent deaths in 2006 with those in 2010.

Note that most of these numbers are skewed on the low side. The official figures do not include innocent people who died in crossfire or were confused with someone else. The authorities also do not count execution victims whose bodies were stolen by armed groups, which often burn them or bury them in a narcograve. In addition, there are many abduction victims whose fates remain unknown.

Although the federal government officially reports more than 48,000 cartel-related deaths between 2006 and 2011, nongovernmental organizations and foundations that support war victims' families report over 70,000 deaths related to organized crime through 2011.

Looking to the near future, the outlook is not positive. The bloodshed only seems to be getting worse. Despite the government's supposed best efforts, the blows against DTOs have been selective, with a focus on Los Zetas and La Familia Michoacana. Meanwhile, the increased military presence on the streets has resulted in increasing civilian deaths. The cartels have become so emboldened that it seems unlikely they will ever go back to playing by the rules of civilized society. Unless there is a change in strategy, it's likely that the situation will worsen in the next sexenio.

Citizens have unfortunately accomplished little to reconfigure policy through well-attended demonstrations,

Mirando hacia un futuro cercano, la perspectiva no es positiva. El baño de sangre parece empeorar. A pesar de los supuestos esfuerzos del gobierno, los golpes contra el crimen organizado han sido selectivos —con la atención puesta en Los Zetas y La Familia Michoacana. Entretanto, la creciente presencia militar en las calles ha resultado en el aumento de muertes civiles. Y los carteles han llegado a ser tan inescrupulosos, que parece poco probable que alguna vez vuelvan a seguir las reglas de juego de una sociedad civilizada. A menos que haya un cambio de estrategia, es probable que la situación empeore en el próximo sexenio.

Desgraciadamente, los ciudadanos han logrado poco para reconfigurar políticas por medio de demostraciones de gran participación, desfiles y discursos estridentes frente a Los Pinos. Entretanto, los políticos siguen en su mundo con impunidad, cuidando sus carteras en vez de a sus electores.

En Colombia sólo se produjo un cambio cuando la violencia en las calles ascendió a terrorismo con el bombardeo de tiendas, cines, supermercados, estadios y otros espacios públicos. Fue en ese momento que la elite se dio cuenta de que estaba dentro de sus intereses combatir el crimen organizado. ¿Logrará alguno de los sucesores de Calderón concientizar a la clase privilegiada para reducir el baño de sangre y auxiliar a víctimas inocentes de esta carnicería? ¿O se levantará el pueblo mexicano que es tanto más numeroso que los carteles y los soldados?

Más allá de la destrucción de nuestros hogares y nuestra cultura, un efecto positivo de estos eventos es que elementos muy dispares de la sociedad mexicana se han estado uniendo. Su nuevo grito de guerra: "Si las autoridades no nos protegen, nos protegeremos nosotros, juntos".

torchlight parades, and strident speeches in front of Los Pinos. Meanwhile, incumbent politicians go about their business with impunity, taking care of their wallets instead of their constituents.

Change only took place in Colombia when street violence escalated to terrorism with the bombing of shopping malls, cinemas, supermarkets, sports arenas, and other public venues. At that point, the elite realized that it had a stake in combatting organized crime. Will any of Calderón's successors help raise the awareness of the privileged class to reduce the bloodshed and come to the aid of innocent victims of the carnage? Or will other countries intervene more actively as the cartels continue to spread their violent tentacles across borders? Or will the Mexican people, who greatly outnumber the cartels and the soldiers, take a stand?

Despite the destruction to our homes and culture, one positive effect of these events is that disparate elements of Mexican society have been coming together. Their new battle cry: "If the authorities won't protect us, then together we will protect ourselves."

GLOSSARY

STATE	VIOLENT DEATHS 2006	VIOLENT DEATHS 2010
Aguascalientes	0	46
Baja California	8	540
Baja California Sur	0	10
Campeche	0	10
Chiapas	0	384
Chihuahua	0	101
Coahuila	0	101
Colima	1	4,427
DF	1	191
Durango	0	834
Guanajuato	0	152
Guerrero	12	1,137
Hidalgo	0	52
Jalisco	1	593
Mexico State	0	623
Michoacán	24	520
Morelos	0	335
Nayarit	0	377
Nuevo León	4	620
Oaxaca	0	167
Puebla	0	51
Querétaro	0	13
Quintana Roo	0	64
San Luis Potosí	0	135
Sinaloa	3	1,815
Sonora	5	495
Tabasco	1	73
Tamaulipas	0	1,209
Tlaxcala	0	4
Veracruz	1	179
Yucatán	1	2
Zacatecas	0	37

Arellano Félix Organization (AFO)
Also known as the Tijuana Cartel. Weakened by killings and arrests of members of the Arellano-Félix family. As a result, the Sinaloa Cartel now dominates Tijuana.

Beltrán Leyva Organization (BLO)
Also known as the Cártel de los Beltrán Leyva or CBL. Led by Héctor Beltrán Leyva, debilitated by capture of key members; as of this writing, has situational alliances with Los Zetas.

Capo
Drug kingpin, responsible for supervising a cartel's drug operations, appointing territorial leaders, and planning high-profile executions.

CERESO
Centers for Social Readaptation (Centros de Readaptación Social) medium-security state correctional penitentiaries operated by the Mexican government.

Cuotas
Extortion payments demanded by cartels.

Cuerno de chivo
Literally goat's horn, the common name for an AK-47 assault rifle, derived from the curved shape of the magazine.

DEA
The United States Drug Enforcement Administration.

DTOs
Drug trafficking organizations, or cartels.

Encajuelado
Literally trunked; the stuffing of a murdered body in the trunk of a car.

Encintado
Literally taped; the binding or blindfolding of a victim with electrical or duct tape.

Encobijado
Literally blanketed; the wrapping of a murdered body in a blanket or sheet.

Funeraria
Funeral home, a tragically booming business.

Fusilado
Executing someone in the style of a firing squad or with a close-up shot to the head; derived from the Spanish word for rifle.

GAFES
Airborne Special Forces Group (the Grupo Aeromóviles de Fuerzas Especiales). Mexican Army special forces from which many original members of Los Zetas were recruited.

Guadalajara Cartel
One of the pioneering drug cartels in Mexico, believed to be the first to transport cocaine for the Colombian cartels; the division of its trafficking corridors and its breakup during the pursuit, arrest, and extradition of leader Félix Gallardo ("The Godfather") led to the formation of many of Mexico's current DTOs, including the Sinaloa Cartel, the Arellano-Félix Organization, and the Gulf Cartel.

Gulf Cartel
Also known as the Cártel del Golfo or CDG. Powerful drug syndicate based in Matamoros, Tamaulipas; it is one of the oldest criminal organizations in Mexico.

Halcones

Literally falcons; bike-riding teenagers, taxi drivers, street merchants, corrupt police, and other lookouts for drug cartels; they typically report on movements of the military, police, and rivals.

Independent Cartel of Acapulco

Also known as the Cartel Independiente de Acapulco or CIDA. A cartel that came to national attention after its execution of twenty tourists in 2010. Since the arrest of La Barbie that same year, the cartel has been warring with the local Street Sweeper gang for control of Acapulco.

Jalisco Cartel

Also known as the Jalisco New Generation Cartel (the Cartel del Jalisco Nueva Generacion or CJNG). It has a unit called Mata Zetas, devoted to killing Zetas. As of this writing, also fighting the Milenio Cartel.

Jesús Malverde

A Robin Hood-type bandit with a shrine in Culiacán, Sinaloa, to whom some narcocriminals pay homage.

Juárez Cartel

A cartel based in Juárez, Chihuahua that is loosely allied at the time of this writing with Los Zetas; it has become weakened and is believed to be run by its paramilitary wing, La Línea.

Kaibiles

Special operations forces of the Guatemalan Military who helped Los Zetas hone their ruthless techniques.

Knights Templar

Born in 2010, the latest incarnation of La Familia Michoacana; its name derives from a medieval order known for acts of charity and savage fighting in the Crusades.

La Familia Michoacana

Also known as La Familia and LFM. A Michoacán-centered drug cartel, some of whose leaders claim that they are doing the Lord's work; it suffered a serious split, with the Knights Templar emerging as an independent and powerful faction.

La Línea

A bloodthirsty gang with chapters in Ciudad Juárez and El Paso that cooperates with the Juárez Cartel; as of this writing, the expanding La Línea appears to be the tail that wags the Juárez Cartel.

La Resistencia

Founded in 2006 by the Sinoloa Cartel, and originally a multicartel union of gunmen trained to fight Los Zetas; it continues to operate as an alliance between multiple cartels, including the Milenio Cartel, La Familia Michoacana, and Gulf Cartel.

Levantado

The kidnapping of a rival gang member, police officer, informant, journalist, or other enemy not for ransom, but to torture and kill him or her.

Los Negros

Paramilitary group started by the Sinaloa Cartel to fight Los Zetas; it left with the Beltrán Leyva brothers during the split and became part of their organization. In 2010, became an independent DTO, headed by Édgar "La Barbie" Valdez Villarreal until his arrest.

Lieutenant
In Spanish, Lugarteniente. The second highest position in a DTO, responsible for supervising sicarios and halcones within a certain territory.

Mara Salvatrucha
Also known as MS-13. A street gang composed largely of Salvadorans, who first organized in Los Angeles before returning to Mexico and Central America.

Mata policía
Literally "cop killers," the name for FN Five-seven Herstal semiautomatic pistols, favored for firing body-armor-piercing bullets.

Milenio Cartel
Also known as the Cártel de los Valencia. The organization, now weakened, specialized in methamphetamines, and competed with La Familia Michoacana in Michoacán and nearby states.

Monster trucks
Ugly, menacing armored vehicles, with openings for weapons, used by Los Zetas and other cartels in urban warfare.

Mordidas
Bribes.

NAFTA
North American Free Trade Agreement, trilateral trade bloc among the United States, Mexico, and Canada that took effect on January 1, 1994.

Narcobanner
In Spanish, narcomanta. Giant paper, cardboard, or cloth poster unfurled in public places by cartels for the purposes of propaganda or recruitment.

Narcoblockade
In Spanish, narcobloqueo. A street obstruction, usually created through the placement of vehicles hijacked by cartel gunmen. The purpose is typically to delay the arrival of the military or police, or to terrorize a city in retaliation for a police or government operation.

Narcocorridos
Ballads about criminals, cartels, and crimes, usually glorifying them.

Narcofiestas
Lavish parties thrown by cartel hierarchy, complete with popular singers, dancers, prostitutes, and copious drugs.

Narcomenudeo
Small-time sales of drugs, which were much less frequent in Mexico before the drug war.

Narcomessage
In Spanish, narcomensaje. Messages to rivals, government officials, and citizens written by drug cartel members and hung, distributed, or posted in public places.

Narcopatrol
Like a police officer's beat, the regular tour of an area by cartel members to keep an eye on residents in the streets, avenues, and highways.

Narcotunnel
Tunnels dug under the border between two countries, usually the US–Mexico border, that facilitate the flow of drugs, illegal aliens, cash, and weapons.

The New Federation
Also known as the Union of Cartels (Unión de Cárteles), La Fusión de Cárteles, La Fusión, and La Nueva Federación. The troika of organizations—the Gulf Cartel, the Sinaloa Cartel, and the La Familia Michoacana—battling Los Zetas in Northeast Mexico for access to Nuevo Laredo and other portals on the US border.

Ni Nis
Literally "neither nors," a pejorative term applied to Mexican teenagers who neither work nor study but may be attracted to gangs and cartels.

PAN
National Action Party (Partido Acción Nacional); center-right party to which ex-President Vicente Fox and Felipe Calderón belong.

Pemex
Petróleos Mexicanos; Mexico's corrupt state oil monopoly.

PGR
Procuraduría General de la República; Mexico's Attorney General's Office.

Plaza
An area coveted by cartels for the storage, processing, and transit of drugs.

PRD
Democratic Revolutionary Party (Partido de la Revolución Democrática); a political organization composed of leftist and centrist currents that frequently war with each other.

PRI
Institutional Revolutionary Party (Partido Revolucionario Institucional); party that controlled the presidency from 1929 to 2000.

Santa Muerte
The saint of death, venerated by some Mexican criminals.

Sicario
Hit man for a drug cartel, responsible for assassinations, kidnappings, intimidation, extortion, and protection operations, and both offensive and defensive turf battles against other cartels and the military.

Sinaloa Cartel
Also known as the Pacific Cartel or the Guzmán-Loera Cartel (the Cártel de Sinaloa or CDS). The most powerful cartel and possibly the world; led by Joaquín "El Chapo" Guzman, the most wanted fugitive in the world.

South Pacific Cartel
Also known as the Cártel del Pacífico Sur or CPS. Formed after the death of Arturo Beltrán Leyva in 2009 by his brother, Héctor to control drug trafficking in Morelos state.

Tijuana Cartel
See Arellano Félix Organization.

Tiro de gracia
A shot to the head, usually execution style, meant to finish a victim off.

Union of Cartels
See the New Federation.

Zetas
Also referred to as Z's. Mexico's most violent cartel, began as a rigorously trained mercenary army of Mexican special forces deserters organized by the Gulf Cartel before breaking off into an independent DTO.

Zetillas
Literally little Zetas; teenagers and minors who work for Los Zetas, usually as hit men.

AGRADECIMIENTOS

Dicen que la vida se escribe diariamente; como un libro, sin embargo en diversas ocasiones la misma vida te lleva por caminos que nunca imaginaste. Nosotros pensamos que todos tenemos una propia misión, misma que no estamos obligados a cumplir ya que ciertas veces cambiamos el camino, sin embargo lo correcto es aceptar las señales e intentar hacer un bien, un bien que puede ser mínimo o enorme, según nos toque.

Si algo hemos aprendido en los últimos meses es disfrutar al máximo las cosas buenas que nos ocurren, disfrutar las cosas a las que nunca les dimos tanto valor como en la actualidad: respirar, sonreír, llorar, simplemente despertar y observar que el calendario nos regala un nuevo día del año.

A ti, te agradecemos la forma de intentar que las cosas malas no nos afectaran hasta el punto de acobardarnos y morirnos de miedo. Esa forma de hacernos crecer y de hacer interminables los puntos suspensivos, los que no tienen final. Gracias por indicarnos el camino que la vida nos tenía contemplado y, por supuesto, por acompañarnos y dejarnos acompañarte, aunque fuera a tu modo. Por cierto, nunca hemos tenido un mejor regalo.

Agradecemos profundamente a nuestras familias y a las personas que se han hecho presentes en nuestro camino, esas personas que nos ayudaron a que pudiéramos seguir hasta este final. Gracias a las personas que nos impregnaron de fuerza, las que nos dieron valor y nos enseñaron a no tener miedo de seguir adelante. Gracias a quienes no se quedaron callados y pudieron brindarnos el coraje para poder gritar.

Gracias a los que dieron la vida, a los que literalmente murieron para que esto siguiera su curso, a ellos que dieron su sangre por la verdad, por la cruel y aterradora verdad de lo que ocurre en nuestro país, en México. Todos los días recordamos a las personas que se quedaron a mitad de camino; nos dejaron su ejemplo. Así es que hasta donde podamos llegaremos y, como ellos, seguiremos luchando por no callar, por informar.

ACKNOWLEDGMENTS

They say life is written on a daily basis. As a book, however, on occasion, life itself takes you along roads you could have never imagined. We believe we all have a personal mission, one that we are not obliged to carry out since at times we take another road, yet the right thing to do is accept the signs and try to do good—a good that can be small or huge, depending on what's in store for us.

If we've learned anything in these last few months, it has been to enjoy to the fullest the good things that happen to us, to enjoy those things which we never valued as much as we do now: breathe, smile, cry, and simply wake up and see that the calendar is giving us a new day in the year.

To you: We thank you for trying to make sure the bad things did not affect us and make us cower and die of fear. This has helped us grow and made the never-ending ellipses endless. Thank you for showing us the way that life had contemplated as our journey, and, of course, for accompanying us, and letting us accompany you, even if it was in your own manner. By the way, we've never had a better gift.

We deeply thank our families and the people who have been present along our journey—those people who have allowed us to keep going to reach this end. We thank the people who drenched us with strength, those who gave us courage and taught us to lose our fear and forge ahead. We thank those who did not remain silent and were able to grant us the anger that made us scream.

We thank the people who gave their lives, those who literally died so that this could continue to be, those who shed their own blood for the truth, for the cruel and terrifying truth about what is going on in our country, in Mexico. We remember those we lost every single day; they are our example. So we will trudge along as far as we are able, and, like them, we will keep fighting for our voice, to continue to inform on our reality.